编委会

主　　任	洪崎　贾康
副 主 任	徐林　李万寿　白重恩　姚余栋　黄剑辉　刘培林　王庆　滕泰
执行主编	姚余栋　黄剑辉　王广宇
执行编委	冯俏彬　金海年　张茉楠　刘薇

中国新供给经济学研究书系

BOOKS OF STUDIES IN CHINA NEW SUPPLY-SIDE ECONOMICS

中国住房制度与房地产税改革

贾 康 ○ 等著

企业管理出版社
ENTERPRISE MANAGEMENT PUBLISHING HOUSE

图书在版编目（CIP）数据

中国住房制度与房地产税改革 / 贾康等著. —北京：企业管理出版社，2017.1

ISBN 978-7-5164-1435-4

Ⅰ.①中… Ⅱ.①贾… Ⅲ.①住房制度改革－研究－中国 ②房地产税－税收改革－研究－中国 Ⅳ.①F299.233.1 ②F812.423

中国版本图书馆CIP数据核字（2017）第305212号

书　　名：	中国住房制度与房地产税改革
作　　者：	贾康　等
出 品 人：	官永久
责任编辑：	聂无逸
书　　号：	ISBN 978-7-5164-1435-4
出版发行：	企业管理出版社
地　　址：	北京市海淀区紫竹院南路17号　　邮编：100048
网　　址：	http://www.emph.cn
电　　话：	总编室（010）68701719　发行部（010）68701816　编辑部（010）68701891
电子信箱：	niewuyi88@sina.com
印　　刷：	虎彩印艺股份有限公司
经　　销：	新华书店
规　　格：	170毫米×240毫米　16开本　27.5印张　420千字
版　　次：	2017年1月第1版　2018年1月第2次印刷
定　　价：	78.00元

版权所有　翻印必究·印装错误　负责调换

前 言

住房是关系国计民生与经济社会发展的重大现实问题。党的十八届三中全会通过的《中共中央关于全面深化改革若干重大问题的决定》，提出要健全符合国情的住房保障和供应体系，加快房地产税改革立法并适时推进改革。以此精神为指引，需要深化住房制度体系改革，推进房地产税的攻坚克难，完善房地产市场调控的相关制度建设，着力发挥政策的扶持、导向、带动作用，解决好全体社会成员住有所居的问题和发挥好房地产业对国民经济发展的支柱作用。

基于贾康为总负责人、刘军民等为骨干科研人员所完成的社科重大课题成果《完善我国住房政策体系和规范房地产市场秩序研究》，我们写成了这部书稿，力求将理论与实际紧密结合而形成对读者有价值的读本。

一、本书主要内容

近年来我国大中城市高房价原因十分复杂，既与经济发展阶段、人口结构、城市化进程等客观因素有关，也有制度缺失、政策体系不完善的原因。同时，房地产涉及政策面十分广泛，既有土地（供应和规划）政策、财税体制、税收政策、金融（利率、信贷、住房公积金）政策等宏观经济政策，也有来自于房地产行业的预售制度、信息披露制度、价格统计、交易监管政策、财务会计制度等方面的原因。在这种情况下，单项的、短期的调控政策不仅成效难奏，还易产生负面效应。因此，科学的住房政策、宏观调控和微观管理，不仅需要考虑短中期稳定市场房价的需要，更应着眼于长效机制建设、制度完善和体制理顺，特别需要依托制度建设加强政策的综合集成，增强系统性、协调性和综合性。

本书由绪论和 12 章内容构成。绪论部分提出房地产作为一种具有居住属性的商品和具有投资属性的资产，内在核心驱动力来自于房地产需求的"基本面"——人口总量、人口结构及家庭的裂变速度、城镇化进程等因素，作为投资属性则受货币供应量、社会收入及财产分配结构的影响；第一章研究构建我国房地产调控总体框架，从工业化、城镇化等现实出发，并基于我国的经济社会转轨的现实情况，探讨适合中国国情的、可持续发展住房政策体系总体框架；第二章研究分层次的住房供应体系和住房保障制度研究，旨在对建立健全符合国情、可持续发展的住房供应和保障体系研究提出基本思路、发展路径和政策措施；第三章研究了新型城镇化进程中的住房保障问题，主要从城镇化对住房保障的需求和影响的角度出发，分析了住房保障制度存在的矛盾和问题，并提出建立和完善合理有效的保障房供应体系的思路；第四章为保障性住房公共财政保障机制研究，通过全面分析公共财政住房支出的基本理论、我国近年来政策实践、取得成效和存在的主要问题，研究提出构建住房公共财政支出管理体制与制度框架设计和相关政策建议；第五章探讨如何通过政策引导形成符合国情的住房建设和消费模式，通过发展背景、国际住房建设和消费发展路径的比较借鉴，研究引导合理住宅建设和消费的经济政策；第六章为我国房地产市场宏观调控政策研究，重点分析影响我国房地产调控效果的主要因素，研究提出房地产宏观调控长效机制建设的基本思路和重点内容；第七章专题研究了房地产税制改革问题，系统分析了我国房地产税制体系现状及存在问题，并在比较借鉴日本等国经验的基础上，提出了完善房地产税制体系的政策建议；第八章进一步研究提出房产税的作用及改革方向、路径、要领，房产税的改革方向应当充分肯定和坚持，路径选择上应注重试点突破与渐进推动，改革要领则应考虑"基本住房免税，重在调节高端"；第九章为完善住房金融政策体系，研究从制度的顶层设计角度重构住房金融政策体系；第十章提出要创新住房供应模式，积极探索土地年租制，在土地公有体制框架下，推行土地年租制，可以使土地出让金收取平滑化，并配之以科学合理的相关设计，以化解我国住房土地制度的一些矛盾和问题；第十一章为住房土地供给制度改革研究,提出应遵循"平权"与"共享"基本理念,启动新一轮土地制度改革,并研究提出了框架性设计与政策建议;第十二章为规范房地产市场秩序的财务会计管理,针对房地产企业普遍存在的会计核算不健全、利润隐藏等突出问题,研究提出了规范房地产企业会计制度和财务管理以及相关信息监督的建议。

二、主要观点和政策建议

关于住房供给机制。从我国国情看,总的方向是构建以政府为主提供基本保障、以市场为主满足多层次需求的住房供应体系。要构建"双轨统筹"的供给体系,加强顶层设计,加快建立统一、规范、成熟、稳定的住房供应体系,其中关键是政府和市场各司其职:政府在做好国土开发和不动产建设"顶层规划"的基础上,侧重于提供为低收入阶层托底的"保障轨"上的廉租房和适合于收入"夹心层"的适租房,同时让"市场轨"去配置普通商品住宅等产权房,政府在加强制度建设和制定好"顶层规划"的同时,在产权房领域主要职责是管好市场规则,科学利用税收等经济杠杆来调控市场。在"双轨统筹"模式下,政府重点应加大住房保障制度和财力供给,分类地做好住房保障,积极推进制度创新,配套跟进货币化补贴机制,满足中低收入家庭的住房需求;同时要做好住房"市场轨"的调控、监管与服务,完善配套财政金融政策,通过促进房地产市场的健康规范运行,为有条件的家庭提供更多的住房选择。

关于完善住房保障体系建设。近年来我国住房保障理论和政策研究在广度和深度上都取得了很大进展。但总体来看,我国保障性住房道路模式和管理框架仍在探索中,亟待加强制度顶层设计。如,目前住房保障的目标模式、框架内容和实现路径都还不够清晰,包括政策、机制、保障范围、保障方式等缺乏充分论证,现有多种类型的保障性住房相互之间还缺乏系统整合、有机衔接,亟待加快健全和完善。做好住房保障,要处理好政府提供公共服务和市场化的关系、住房发展的经济功能和社会功能的关系、需要和可能的关系、住房保障和防止福利陷阱的关系。课题研究提出，应按照"守住底线、突出重点、完善制度"的基本思路，坚持公平和效率的原则，注重分类指导，建立有效区隔的住房保障体系，满足群众基本住房需求、实现全体人民住有所居目标。同时创新保障方式，积极探索发展共有产权房等保障房供应模式。既要做到应保尽保，保障社会全体成员"住有所居"，又要避免落入福利陷阱。

关于房地产税制改革。从大方向上必须明确，房地产税属于制度建设层面的重大问题和中国进入现代社会必须打造现代税制的历史性考验。作为不动产保有环节征收的房产税，有助于降低房产投资投机收益预期、抑制不合理需求，助益房地产市场的健康运行。房地产税具有显著的受益税特征，税源相对稳定，适宜于作为地方政府的主体税种。党的十八届三中全会通过的《中共中央关于全面深化改革若干重大问题的决定》提出要加快房地产税立法并适时推进改革，这进一步锁定了改革方向，实际工作中应义无反顾地加快推进。加快房产税改革，具有多重的重大正面效应：有利于引导住房合理消费和市场预期，有利于标本兼治地建立促进房地产市场稳健发展的长效机制；有利于促进社会收入再分配和优化利益调节机制；也有利于构建地方税主体税种，为地方政府提供持续稳定的收入来源并促进政府职能转变。鉴于房产税改革相关配套条件和征管要求都比较高，而我国目前居民房产又具有明显的类型多样、产权情况复杂的特征。因此，须在认真总结上海、重庆等地试点经验的基础上，加快房地产税立法并适时加快推进改革，建立起符合中国国情和房地产发展实际的房地产税制框架。房地产税改革应符合以社会总体利益增加为标准的"卡尔多－希克斯"原则，同时要符合"戴维斯－诺斯"标准，重在以制度供给为社会提供理性预期，改革要充分将社会成本考虑在内，更多注重权利与公正等社会诉求，推进在社会层面形成广泛的公共理性和改革共识。

关于住房金融政策。保障房融资需要针对不同情况，对产权性保障房和租赁性保障房的融资情况加以区分。基于社会公平原则，要建立有效区隔的住房供应体系，封杀保障性住房的套利空间，政府财力应集中用于租赁性保障房建设。面对租赁性保障房建设巨大的资金需求压力，各级政府应更新观念、转变思路，改变直接投资保障房建设的模式，更多地通过财政补贴、财政贴息、担保等方式，使租赁性保障房的投资能够获得稳定的长期收益，吸引社会资金主动进入保障房投资建设，鼓励企业和其他机构参与公共租赁住房建设和运营，可积极探索建立非营利机构参与保障性住房建设和运营管理的体制机制，积极发展公私合作伙伴关系（PPP）概念下的新机制——房地产信托投资基金（REITs）。对于住房公积金制度改革，要以"公开、规范"为基本要领，改进住房公积金提取、使用、监管机制。

关于"土地财政"问题与土地制度改革。土地供应及其收益模式是中国房地产市场诸多问题的源头和症结所在。解决好社会反映强烈的"土地财政"问题，关键是要建立地方土地批租收入可合理延续的机制和使地方政府职能、行为趋于合理化的地方政府收入体系。首先，要完善土地政策，坚持民生优先，科学编制土地供应计划，增加住房用地供应总量，优先安排保障性住房用地；其次，可先期在保障性住房领域推行土地年租制，实现地租与房价分离。土地年租制将使土地出让金收取平滑化，再配套科学合理的制度设计，可化解我国住房土地制度的一些矛盾和问题，如有效降低居民取得住房时的一次性投入，扭转地方政府寅吃卯粮式的土地财政模式，实现土地收益的代际均衡，并消除囤地囤房等不良行为；再次，从中长期改革的视野来看，则应加快完善土地所有权、占有权、使用权、出让权和相关权益等根本性制度，理顺城镇化过程中从土地开发开始的不动产形成、交易、持有、税收调节全流程以及相关的利益分配关系。

关于房地产调控政策的完善。我国房地产宏观调控成效受到房地产市场机制缺陷、利益分配与博弈机制扭曲、从众心理的非理性驱动、宏观经济形势扰动及相关政策的外部冲击等诸多因素的影响。完善房地产市场调控政策，应更多地采用税收、信贷等经济的和法律的手段，在完善住房和住房用地供应体系、房地产税收制度、金融制度和推进住宅产业化等方面健全长效机制。从近期看，要根据经济形势的变化和区域差异，分类指导，把握调控时机和力度，增强调节的针对性和有效性，采取堵疏结合的调控措施；从中长期来看，要进一步规范"保障轨"与"市场轨""双轨统筹"的运行模式，构建理性的利益博弈机制，促进调控方式转型，同时解决房地产税、土地供应模式等深层次体制性问题，以建立起稳定长效的调控机制。

目 录

绪论　建立符合国情和可持续发展要求的"双轨统筹"住房制度模式

一、我国住房制度改革的基本成效 / 001

二、中国住房政策与市场调控面临的困境：相关因素与问题分析 / 003

 （一）城镇化因素 / 003

 （二）人口总量与结构的变化：总规模上升、老龄化和家庭"小型化" / 005

 （三）社会收入分配和不动产配置（占有）的失衡与秩序紊乱，加剧住房矛盾，并形成恶性循环 / 006

 （四）房地产属性的日愈金融化 / 008

 （五）城市发展模式问题 / 010

 （六）土地供应制度以及土地财税制度 / 011

三、建立符合国情和可持续发展要求、"双轨统筹"的中国住房制度模式 / 012

 （一）将住房制度提升至国家能力和社会建设的战略高度来定位 / 013

 （二）以构建"双轨统筹"的住房制度目标模式作为政策优化的前提和依托 / 014

第一章 我国住房改革、房地产调控回顾和房地产税改革概况

一、改革开放以来城镇住房制度改革和"调控新政"下的双轨框架 / 018
 （一）简要回顾 / 018
 （二）调控新政下的"双轨统筹"框架 / 022

二、调控新政的应有水准，需体现在制度建设、长效机制打造上 / 026
 （一）保障房的投融资制度 / 026
 （二）保障房的管理制度 / 028
 （三）商品房的经济调节制度 / 029

三、房地产税制度建设是长效调控机制的重要内容 / 032
 （一）国际经验和我国转轨发展的客观要求 / 033
 （二）房地产税改革具有多重正面效应 / 034

四、房产税改革试点及评述 / 038
 （一）沪渝两地房产税改革试点基本情况 / 039
 （二）沪渝两地试点效果 / 043
 （三）房产税的基本职能及对房地产市场的影响 / 048

五、房产税改革试点及其启示 / 053
 （一）两地"敢为天下先"值得充分肯定 / 053
 （二）两地试点的特色和初步成效 / 054
 （三）前瞻：房地产税改革的逐步全面推广 / 055

六、关于房地产税改革中几个现实问题的讨论 / 056
 （一）土地出让金问题 / 056
 （二）土地终极所有权问题 / 057
 （三）"新老不平"问题 / 058
 （四）评估管理问题 / 058
 （五）小产权房等问题 / 059
 （六）关于改革试点与立法先行的问题 / 059

第二章 分层次的住房供应体系和住房保障制度研究

一、我国住房制度改革及当前住房供应体系框架 / 062

二、"双轨制"住房供应体系的目标定位及政府职责 / 064

三、我国住房保障制度的发展现状及主要问题 / 068

四、发达国家住房保障制度建设的经验借鉴 / 076

 （一）美国公共住房制度（Public House）/ 076

 （二）英国社会住房制度（Social House）/ 082

 （三）德国住房保障制度 / 086

 （四）日本的住房保障政策 / 092

 （五）国外住房保障制度总结 / 097

五、进一步完善我国住房保障制度的政策建议 / 101

第三章 新型城镇化进程中的住房保障问题

一、新型城镇化对住房保障的总体要求 / 105

 （一）新型城镇化的科学内涵 / 105

 （二）应科学地处理好新型城镇化与房地产业发展的关系 / 108

 （三）保障性住房制度建设是实现"人的城镇化"的重要机制保障 / 109

 （四）保障性住房建设应把握好城镇化道路方向 / 110

二、城镇化对住房保障的需求和影响 / 112

 （一）人口流动规模和结构明显变化，住房保障面临新的任务 / 113

 （二）区域产业转移和"产城融合"发展，为完善住房保障体系提供了历史机遇 / 114

 （三）住房市场价格与结构发生变化，对住房保障体系调整产生重要影响 / 115

 （四）政府财政负担增加，亟须增强住房保障的可持续性 / 116

三、新型城镇化中住房保障发展的重点问题及建议 / 117
 （一）住房保障方式与保障性住房供应规模 / 118
 （二）关于保障性住房的供给范围和供给标准 / 120
 （三）关于保障性住房的供应方式 / 123
 （四）完善保障性住房建设融资 / 124
 （五）完善保障性住房管理机制：建立健全分配、准入与退出机制 / 127
 （六）建立健全居民住房信息系统 / 129

第四章　完善我国保障性住房公共财政保障机制

一、公共财政住房保障支出的理论分析 / 132
 （一）政府在住房领域实施干预的基本理论探析 / 132
 （二）公共财政住房保障支出模式选择 / 138

二、近年来公共财政支持住房保障建设的情况 / 142
 （一）"十二五"以来公共财政住房支出情况 / 142
 （二）2012年财政支持保障性安居工程建设情况 / 147

三、完善公共财政住房支出体制、机制与政策的建议 / 150
 （一）健全公共财政住房支出管理体制 / 150
 （二）分类确定不同类型保障性住房公共财政的支出责任与实现方式 / 157
 （三）完善住房公共财政预算保障机制 / 163
 （四）创新公共财政住房支出方式，提高政策保障绩效 / 169
 （五）适时转换公共财政住房保障支出模式 / 171
 （六）进一步改革和完善住房税式支出 / 172

第五章　引导符合国情的住房建设和消费模式

一、我国住房建设现状、问题与评价 / 176
 （一）对当前我国住房产业化发展的基本评价 / 176

（二）存在的问题与原因分析 / 176

二、处理好住房投资品与消费品属性的关系 / 180

　　（一）居住消费功能是住房最基本和根本的功能 / 180

　　（二）住房具有作为投资品的天然优势 / 180

　　（三）住房过度成为投资品的危害 / 181

　　（四）公共政策调控的重要任务是要尽可能地使住房回归消费品属性 / 182

三、构建符合国情的、可持续发展住房消费模式必要性 / 184

　　（一）中国城镇住房需求粗略预测 / 184

　　（二）必要性分析 / 185

四、符合国情、可持续发展住房消费模式的内涵及要求 / 187

　　（一）倡导住房适度消费 / 188

　　（二）倡导"先租后买"，逐步实现居者有其屋 / 188

　　（三）以多层次梯度消费为中心 / 189

　　（四）大力发展节能省地住宅 / 190

五、政策建议 / 190

　　（一）科学制定适合我国国情的居住标准，引导住宅建设与消费可持续发展 / 191

　　（二）转变住宅建设的生产方式和增长方式 / 194

　　（三）制定配套政策，对住房开发建设和消费实施双向调节 / 196

　　（四）制定引导住房合理消费的经济政策 / 198

附：创新商品房合作建设模式——众美定制实践的案例 / 200

第六章　我国房地产市场宏观调控实证分析

一、2003年以来我国房地产市场政策调控的阶段、特点及效果 / 207

　　（一）2003年以来我国房地产调控的主要阶段 / 207

　　（二）近年来房地产市场宏观调控政策的特点 / 228

　　（三）近年来房地产市场宏观调控政策效果 / 230

二、影响我国房地产调控效果的主要因素 / 239
    （一）房地产市场机制的缺陷 / 239
    （二）利益分配与博弈机制的扭曲 / 240
    （三）房地产调控政策的内在不足 / 241
    （四）从众心理的驱动 / 243
    （五）宏观经济形势的扰动及相关政策的外部冲击 / 243
    （六）基础信息和资料的不完善 / 246

三、现阶段我国房地产调控政策潜在风险的判断 / 246
    （一）放松当前的调控政策可能带来的风险 / 247
    （二）继续维持当前的调控政策可能带来的风险 / 247

四、消除认识误区，明确调控思路 / 249

五、完善我国房地产宏观调控政策的具体建议 / 250
    （一）加大结构调整力度，纾解"阵痛"，摆脱对房地产业的过度依赖 / 250
    （二）增强政策明确性和稳定性，形成稳定的市场预期，削弱市场非理性冲击 / 250
    （三）按照差异化与灵活性原则，把握微调时机和力度，增强其针对性 / 251
    （四）明确政府责任，规范"保障轨"与"市场轨""双轨统筹"的运行模式 / 252
    （五）强化制度建设，构建一个透明、合理的利益博弈机制 / 253
    （六）短期调控与长期制度建设相结合，在配套改革攻坚克难中促进调控方式转型，形成稳定调节长效机制 / 254
    （七）完善堵疏结合的调控方式，处理好保护耕地和稳定土地供给的关系 / 255

第七章　房地产税制体系改革问题研究

一、我国房地产税制体系概况 / 257
    （一）我国房地产税制的主要沿革 / 257

（二）现行房地产税制体系 / 258

二、我国当前房地产税制存在的主要问题 / 259

（一）房地产税制体系结构不合理，重流转、轻保有 / 259

（二）现行房地产税制设计落后于经济现实需求 / 259

三、现行房地产税制不完善引发的问题 / 261

（一）房地产税制不完善是形成地方政府"土地财政"收入格局的重要原因之一 / 261

（二）房地产税制体系不完善导致税收对房地产市场调控受限 / 264

四、发达国家房地产税制体系的借鉴——以日本为例 / 265

（一）日本房地产税制体系概况 / 265

（二）具体税种 / 266

（三）对中国房地产税制改革的借鉴 / 270

五、完善房地产税制体系的政策建议 / 271

（一）完善房地产税制体系的总体目标 / 271

（二）完善房地产税制体系的总体思路 / 272

（三）近期房地产税制体系的改革建议 / 273

（四）中长期房地产税制体系改革设想 / 274

第八章 房地产税的作用、依据及改革方向、路径、要领

一、改革的缘起与思考的要点 / 279

二、大方向与正面效应 / 283

（一）实施房地产税改革在大方向上别无选择，是大势所趋 / 283

（二）实施房地产税改革的多重正面效应 / 286

三、房地产税改革试点的观察与评价 / 287

四、大方向下的改革路径选择与基本要领 / 288

第九章　改革和完善我国住房金融政策体系

一、住房金融的内涵及作用 / 291
  （一）内涵 / 291
  （二）住房金融的重要作用 / 293
  （三）政府干预住房金融领域的理论依据 / 294

二、国外住房金融模式及政策启示 / 295
  （一）资本市场融资模式 / 296
  （二）合同储蓄融资模式 / 301
  （三）强制储蓄融资模式 / 303

三、我国住房金融的作用及存在的问题 / 306
  （一）我国住房金融的作用 / 306
  （二）我国住房金融体系存在的问题 / 307

四、构建我国住房金融体系的基本思路与框架建议 / 310
  （一）构建我国住房金融体系的基本思路 / 310
  （二）构建完善合理的住房金融体系框架建议 / 312

五、关于我国住房金融几个重点问题的分析 / 315
  （一）发展住房抵押贷款的证券化业务 / 315
  （二）改革住房公积金制度 / 319
  （三）发展租赁性保障房信托投资基金 / 328

第十章　积极探索土地年租制，创新住房供应模式

一、我国政府土地出让收入的历史沿革 / 331

二、土地出让金性质辨析 / 334

三、现行土地批租制+"招拍挂"机制的诸多弊端 / 336

四、现行保障性住房体系的缺陷和年租制的制度优势 / 339
  （一）现行保障住房体系的缺陷 / 339

（二）年租制的制度优势 / 341
五、推进租、价分离，积极发展土地年租制保障房 / 343
　　（一）制度框架的初步设计：租、价分离 / 343
　　（二）土地年租制的推行：区分属性，分类管理，分步实施，双轨运行 / 345
　　（三）一些具体问题解决的配套解决方案 / 346

第十一章　以"平权、共享"理念，启动新一轮土地制度改革

一、我国土地制度的历史变迁 / 350
　　（一）"均"、"平"、"均等"等观念是影响数千年来土地制度变迁的重要因素 / 350
　　（二）我国古代土地结构具有浓厚的土地公有、国有（王有）的特征，并呈现"二重性" / 351
　　（三）国家政权稳定并不必然取决于某一特定的土地所有制形式，而在于土地收益分配状况 / 352
　　（四）土地产权制度从模糊、简单到清晰、复杂，土地使用权逐渐长期化 / 353
　　（五）"抑兼并"或"不抑兼并"成为土地制度变迁的重要动因 / 354
二、土地制度改革面临的主要矛盾及应着力解决的重点问题 / 355
　　（一）土地制度改革面临"五个矛盾" / 355
　　（二）土地制度改革应着力解决"六大问题" / 359
三、新一轮土地改革的基本理念与总体思路 / 361
　　（一）遵循"平权"与"共享"两大基本理念 / 361
　　（二）推进新一轮土地改革的总体思路 / 363
四、新一轮土地制度改革的框架性设计与政策建议 / 364
　　（一）在平权和赋权的基础上，分步改革"两种所有制"结构 / 364
　　（二）实行"两级所有权"模式，构建以使用权为核心的土地产权体系 / 365

（三）完善分配机制，形成公平合理、社会共享的土地增值收益分配模式 / 366

（四）创新土地征收制度，改革征地补偿机制 / 367

（五）完善保障与管理机制，促进改革平稳推进 / 370

第十二章 规范房地产市场秩序的财务会计管理

一、财务会计管理在规范房地产市场秩序中的作用 / 373

二、房地产行业财务会计管理现状分析 / 375

（一）房地产行业会计核算与信息披露现状分析 / 375

（二）房地产行业会计规范情况分析 / 383

（三）房地产行业财务状况分析 / 387

三、结论与建议 / 392

（一）研究结论 / 392

（二）对策建议 / 394

（三）小结 / 400

附录

华夏新供给经济学研究院简介 / 403

中国新供给经济学50人论坛简介 / 405

中国养老金融50人论坛简介 / 407

参考文献 / 409

后记 / 417

绪论

建立符合国情和可持续发展要求的"双轨统筹"住房制度模式

在我国工业化、城镇化快速推进的近十余年中,多数城市住房价格持续快速上涨,大大超过经济增长和居民收入增长,与"住有所居"和"房地产业发展"相关的各种矛盾和问题日益凸显,"房奴"、"蜗居"、"蚁族"与"房姐"、"房叔"、"房婶"并存的巨大反差和不公平感,引发并加深社会不满情绪。关于住房制度和房地产市场调控,政府高度重视,出台实施了多轮调控与改革措施,但经验教训仍待全面深入总结。在迈向全面建成小康社会和经济发展新常态下,为低收入群众提供住房保障、稳定房地产市场发展的任务重、压力大、形势严峻,迫切需要加强和优化制度与政策的顶层设计,按照党的十八大报告提出的"建立市场配置和政府保障相结合的住房制度"和新型城镇化的要求,深化住房制度改革,加快构建以政府为主提供基本保障、以市场为主满足多层次需求的住房供应体系,促进房地产业的健康、可持续发展和社会和谐,满足全体社会成员"住有所居"之需。

一、我国住房制度改革的基本成效

住房制度改革是我国经济体制改革的重要组成部分。1994年7月,国务院下发了《关于深化城镇住房制度改革的决定》(国发〔1994〕43号),确定房改的根本目标是：建立与社会主义市场经济体制相适应的新的城镇住房制度，实现住房商品化、社会化；加快住房建设，改善居住条件，满足城镇居民不断增长的住房需求。城镇住房制度改革的基本内容是：把住房建设投资由国家、单位统包的体制改变为国家、单位、个人三者合理负担的体制；把各单位建设、分配、维修、管理住房的体制改变为社会化、专业化运行的体制；把住房实物福利分配的方式改变为以按劳分配为主的货币工资分配方式；建立以中低收入家庭为对象、具有社会保障性质的经济适用住房供应体系和以高收入家庭为对象的商品房供应体系；建立住房公积金制度；发展住房金融和住房保险，建立政策性和商业性并存的住房信贷体系；建立规范化的房地产交易市场和发展社会化的房屋维修、管理市场，逐步实现住房资金投入产出的良性循环，促进房地产业和相关产业的发展。

1998年7月3日，国务院发布《关于进一步深化城镇住房制度改革加快住房建设的通知》（国发〔1998〕23号），进一步确定了深化城镇住房制度改革的目标是：停止住房实物分配，逐步实行住房分配货币化；建立和完善以经济适用住房为主的多层次城镇住房供应体系；发展住房金融，培育和规范住房交易市场。同时决定，1998年下半年开始停止住房实物分配，逐步实行住房分配货币化。国发〔1998〕23号文被人们称为中国住房制度改革的里程碑，它宣告了福利分房制度的终结和新的住房制度的开始。

总体而言，我国城镇住房制度改革的推进顺应了市场经济体制发展的要求，基本建立了与社会主义市场经济体制相适应的城镇住房制度体系框架，并根据经济社会发展的不同阶段不断改革和完善住房政策，取得了一系列积极成效。城镇居民住房基本实现自有化和商品化。根据住房和城乡建设部提供的数据显示，截至2010年底，我国城镇居民人均住房面积已经超过30平方米，家庭自有住房率达到80%以上；根据中国金融调查（CHFS）数据，2011年全国家庭自有住房拥有率为89.68%，城市家庭自有住房拥有率为85.39%。以商品房、限价商品房、经济适用住房、公共租赁房和廉租住房等结合构成的住房供应体系初步成型；住房多元化的投资、持续化的融资、专业化的生产和服务、市场化的交换、货币化的分配和多数社会成员家庭住房消费主要由市场调节的体制基本建立。住房制度改革使住房资源配置优化，住房扩大再生产持续实现，房地产业迅速崛起，房地产投资快速增长，房地产增加值在国民经济中占有重要地位，并带动几十个相关产业的发展，为拉动GDP增长做出了重要贡献；城镇居民住房面积、住房质量和住房成套率显著提升；基础设施、公共服务和居住环境显著改善。作为配套改革重大措施之一，住房改革减轻了国有企业负担，促进了企业经营机制的转化；缓解了财政沉重的投资建房和维修管理费用；撬动了住宅需求和住房投资，带动了国民经济的发展，增加了政府财政收入。

二、中国住房政策与市场调控面临的困境：相关因素与问题分析

近年来，随着市场房价总体水平持续快速攀升，房价收入比不断走高，越来越多的进城务工人员和不少城市"收入夹心层"人员难以从市场上获得"承担得起"的住房。而一轮比一轮"严厉"的房地产宏观调控，却被社会指责为"空调"，不仅让很多民众继续"望房兴叹"，也有损政府的公信力。住房市场的供求矛盾、特别是带有结构性特征的住房可支付能力的社会分层和社会矛盾问题随之加剧，房地产市场秩序紊乱，社会成员的不动产配置状况两极分化，威胁社会公正，影响社会安定。

影响住房价格与住房不动产配置的，不仅有房地产市场供需变动的即期因素，更有影响供需力量的长期、潜在、综合因素，包括城镇化、社会分配差距拉大、房地产过度金融化、土地供应机制和不动产溢价的调节机制等。从某种意义上来说，我国住房制度改革和房地产市场调控中的困境集中且典型地映射了我国经济转型和社会变迁中的深层次、综合性、全局性的矛盾和问题。

（一）城镇化因素

改革开放以来，我国城镇化率年均提高1.02个百分点；2000年以来，城镇化率年均提高1.36个百分点。过去30多年，城镇化率（常住人口城镇化率）从1978年的17.9%上升至2012年的52.57%，2015年进一步提高到为56.10%，已与世界平均水平大体相当。根据世界各国城市化的一般规律可知，当前我国仍处在城镇化率

30%~70%的快速发展期。新型城镇化的核心问题，是要有序推进农业转移人口的市民化。据公安部统计，2010-2012年，全国农业人口落户城镇的数量为2505万人，平均每年达到835万人，再加上并不落户但却在城镇常住和工作的流动人口，这一部分社会成员的住房需求十分庞大。未来20-30年，估计我国的城镇化率仍将保持年均1%左右的增长速度，相当于每年平均约有1400万农村人口转移至城市。目前城镇人均住房面积为35平方米左右，假定新移民人均住房面积需求较低——平均为30平方米，则为满足这些新移民居住的住宅面积将年均达到4.2亿平方米。以住房套均面积70平方米估算，则每年城镇住房新增需求要达到600万套，这还不包括原有城镇居民的改善性住房需求。

新型城镇化对住房政策体系提出了新的挑战。首先，"住有所居"对住房保障目标与重点产生深远影响。"住有所居"首先强调的是保障中低收入群体的居住权利，而不是住房产权。其次，社会和谐的城镇化对住房保障客体及保障房布局等提出了更高要求。在住房方面，社会和谐的城镇化主要体现在要解决农民工住房问题与促进不同收入阶层在社会层面的混合居住等。再次，提高城镇化质量对保障性住房周边的公共基础设施提出了同步要求。城市的本质内涵是使人们生活更加美好，宜居成为新型城镇化的客观要求，而为低收入群体创造一个宜居的住房环境，特别是对保障性住房相关的周边公共基础设施建设，成为政府完善住房保障工作的重点内容。这些都可归于公共财政必须推进的"基本公共服务均等化"的重要内容。

上海易居研究院刘卫卫、朱光等研究人员利用经济学弹性系数原理，通过定量分析，得出城镇化率变化与住房指标变化间可量化的相关关系。譬如，全国城镇化率提升1%，相应住房投资增长7%，住房销售面积增长5.7%，住房竣工面积增长2.7%，人均住房面积增长1.4%等。① 在这种背景下，城市住房"供不应求"带有长期趋势特征，十分需要建立市场配置和政府保障相结合的住房制度，推动形成总量趋于基本平衡、结构基本合理、房价、房租水平与消费能力基本适应的住房供需格局，有效保障城镇常住人口的合理住房需求。

---

① 易尚斌：《新型城镇化是未来中国经济发展重点》，《房地产时报》2013年05月03日。

（二）人口总量与结构的变化：总规模上升、老龄化和家庭"小型化"

人口是房地产需求的基础性因素，一个国家的住宅需求量主要是根据这个国家的人口数量、年龄结构和家庭分裂速度决定的。人口总量、家庭结构、地域集聚特征是影响住房需求的长期因素。经济学中"刚性需求"是指社会主体为了满足自身生存需要而产生的需求，住宅属于生活必需品，人们为了满足生存和发展的基本需要势必会对其提出的需求，就属于"刚性需求"。在这种"刚性需求"作用下，住宅需求量始终伴随人口数量和结构性变化而在总体上发生改变。我国仍处在总人口的上升区间但未来会达峰值而转为稳定状态，截至至第六次全国人口普查，我国较2000年底净增人口达到近7390万。伴随人口增长，我国房屋竣工面积也从2000年底的80715万平方米上升到2009年底的245402万平方米，9年时间增加了两倍以上。房屋建筑面积显著增长的趋势与人口对住房提出的"刚性需求"密切相关，同时也与中国步入"中等收入"社会而必然产生的大基数人口对住房提出"改善性需求"有关，因此人口数量的逐年增加极大地刺激新增基本需求、改善性需求合成的住房总需求的上升。同时，中国的家庭人口平均数已从1990年的3.96人／户下降到了2008年的2.96人／户，并在不断的下降中，这种家庭向"小型化"的裂变，自然也会对住房需求的上升带来可观的影响。

当然也应看到，我国人口抚养比自1950年到1964年保持上升趋势，从61.0%上升到79.4%。从1964年开始，人口抚养比持续下降，使中国进入人口红利时代，这种趋势持续到2013年左右。2013年之后，人口老龄化速度加快，中国将从"人口红利期"转为"人口负债期"（图绪-1），与此相关全社会老龄化及储蓄率的降低，会带来未来对房地产价格的降低影响。

1991-2009年近20年间，中国的购房年龄人口总数从3.45亿增长到4.65亿，增幅为34.8%，而全国普通商品住宅价格则从每平方米756元增长到4474元，扣除通货膨胀因素的影响，增幅为392%。但从2015年之后，适龄购房人口数将开始呈现下降趋势。截至2015年底，我国60岁以上的老人达2.22亿人，根据国家统计局的数据，2015年城镇人口的比重达到56.1%。30年以后，按照平均寿命预期值计算，加上上世纪五六十年代高峰时期出生的人口，将一共约有 4 亿以上的人口死亡。上世纪七八十年代出生的 2 亿多人口，届时也开始进入老龄化阶段。前 30 年，在城里购买商品房居住或投资的主要是这两代人群体，而 30 年后，城市将可能空出一亿套以上的商品住房。随着人口出生率的下降，中国人口进入负增长时期适龄购房人口总数的持续减少①，以及老龄化社会特征继续显现，又将会对商品住宅市场产生很大影响，很多城市将不但很难再有新增的住房需求，原有住房需求可能还会表现为下降。虽然会有一些更新、改善房产的需求，但总体上届时房地产业需求下降不可避免，除少数人口聚集效应仍十分显著的大城市外，一般城市的住房将会出现普遍过剩。中国家庭规模"小型化"趋势会在未来几十年内一定程度上抵消人口下降带来的影响，但作用毕竟有限。

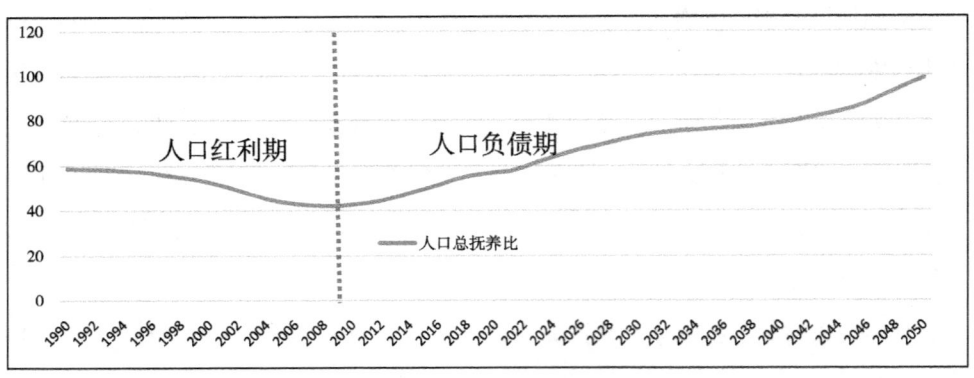

图绪 -1 "人口红利期"向"人口负债期"的转换

（三）社会收入分配和不动产配置（占有）的失衡与秩序紊乱，加剧住房矛盾，并形成恶性循环

党的十七大报告提出"创造条件让更多群众拥有财产性收入"，对此社会上有

---

① 根据许子枋（2013）的测算，我国购房适龄人口（25-49 岁）总量将于 2015 年开始下降，2017 年全国首次购房适龄人口（25-35 岁）将在达到 2.5 亿人的高峰之后进入长时间的下降通道。见许子枋：《中国房地产，大萧条还有多远》，p26，p266，p267，湖南人民出版社，2013 年 8 月第 1 版。

一种误读，认为就是要让更多人拥有资产，尤其是住房资产。在收入分配差距扩大的发展过程中，如不在人们更多拥有财产性收入的同时，配之以必要的"抽肥补瘦"式的再分配调节，则会助长"两极分化"，因为收入分配差距的扩大和财产在不同拥有者间配置（占有）差距的扩大是如影随形、互相激励的，特别是在不动产由低价迅速走向高价的变化时期，后者在极大程度上决定着前者。2012 年我国全国居民收入的基尼系数已高达 0.474，此后有所下降，2015 年为 0.462，但仍属于一般可判断为明显"过高"的状态，高于 0.4 的国际警戒线。同时，研究发现，与其他收入形式相比，城镇居民财产性收入分布的基尼系数是最高的，而且近年来对总收入差距的贡献也在迅速扩大。从国际经验来看，财富的两极分化也远远高于收入的分化情况。

　　基于中国财富分布和收入分配的严重失衡，房地产价格对于占人口大概 10% 到 15% 的富人而言并不贵——基于其房价收入比而言。但是对于社会多数人口而言，这种房价就变得贵、太贵甚至根本不可负担。当能够负担房子的这些阶层只占人口的百分之二三十的时候，又恰值城镇化加速、人口规模上升、改善性需求快速形成、住房总体上供不应求的发展阶段，再加上住房商品化改革不可避免地推出，使商品房在市场上通过房价上升机制在更大的一个层面上投资品属性不断得到强化，而逐渐偏离消费品属性。此时，房价的驱动力更多的是部分高端收入人群的投资、资产和金融变量，而不是总计的社会消费和收入变量。现实中，目前中国一线城市的房价收入比已经高达十几、二十甚至几十倍，远高于一般认为的 4-6 倍的合理区间，这就是在社会收入分配严重失衡情况下，全国富有阶层的住房购买力通过地区间转移流动所致。

　　在我国国民收入分配结构中，劳动收入（雇员薪酬）份额近些年呈持续下降趋势，资本收入份额则持续上升。而在近年来我国房地产价格持续攀升的背景下，来自于房地产溢价或不断上涨的出租收益等资本性收入，实际上又进一步恶化了国民收入分配格局，再加上不动产投资、住房交易领域存在的较为突出的秩序紊乱、设租寻租、黑色与灰色收入膨胀等问题，在实际制造各地的一批"房姐"式的暴发户，又以这些人为甚肆无忌惮地进入"炒房"交易，从而形成某种恶性循环。经过了这些年不动产投机的持续高涨，我国的房地产在不小的程度上脱离了居住的基本功能而异化成投资（当然未必都是"不正之风"，有许多主要属于或纯属于"理财"的"技术路线"选择）、投机的工具。一方面，高收入者或部分中等收入者通过大量购房置业投资，在过去十年的房价上扬过程中进入财富增值的通道，其财富迅速积累，财富效应不断放大。在这部分人的收入结构中，财产性收入占据了绝大部分，远超工资性收入。积累的结果，这一部分中等收入者迈入高收入者行列，而高收入者迈入超高收入行列；另一方面，低收入者或部分中等收入者由于无力购买或者持币观望，也就没有机会进入财富上涨通道（自己居住的首套用房增值只能带来一些心理满足意义），因为这部分人群的收入结构主要是工资性收入占主体，于是在房价的上扬过程中，因货币进一步贬值而使其财富地位进一步受损。由于房价上涨的速度超过工资上涨的速度，结果导致低收入者依然是低收入者，一部分中等收入者因购买高价的居住性住房而成了实质上的低收入者（以"房奴"为典型状态）。最终的结果是，在近年房地产价格的高涨过程中，加剧了我国两极分化，"富者愈富，穷者愈穷"，马太效应凸显。

（四）房地产属性的日愈金融化

住房是必需的消费品，又是基础、大宗的跨期消费品，同时也可以是资本品，成为被投资、被炒作的对象。特别是在我国居民投资渠道有限的情况下，流动性充裕或泛滥的时候，住房就首当其冲被作为投资或投机的对象。

新世纪以来，我国广义 M2 呈现快速增长态势，金融市场流动性曾呈现持续宽松状态（见图绪-2 所示），M2 与名义 GDP 的比值在不断上升。2003 年以来，外汇占款快速增加导致货币供应量的被动释放。M2 的快速增长更多流向了房地产市场，充足的流动性对房地产价格也产生了很大的影响，加剧了房地产价格的上涨趋势。同时，M2 的增加，也使得房地产商从银行获得贷款可能性增加，潜在购房者流动性约束下降，从而对房地产需求的更为旺盛和新建筑投资决策的更为积极和扩张冲动产生相当大的影响，导致房地产价格显著抬升的变化。个人住房按揭贷款刺激了需求，拉升房地产价格；而房地产开发贷款又大大缓解了房地产开发建设中的资金压力，为房地产开发商"惜售"、"囤房、囤地"等行为提供了便利。又由于房地产具有建设周期长，自然寿命和经济寿命长以及土地供给有限等特点，这决定了房地产短期供给是缺乏弹性的，房地产价格的变动主要受城镇化加快背景下又加入了其他因素的持续向上需求变动的影响。因此，M2变动通过需求面对房地产价格的影响大于通过供给面对房地产价格的影响。

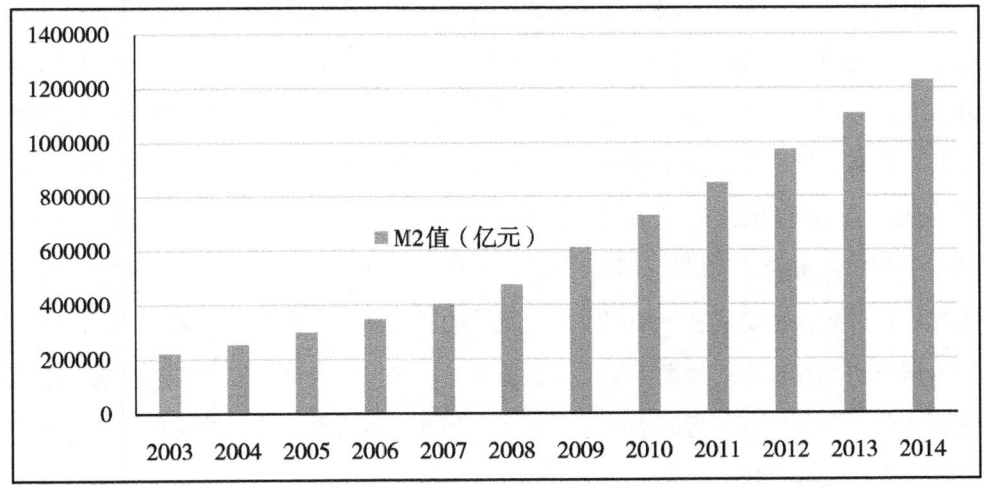

图绪-2 近十年M2供应量变化

现阶段中国的投资渠道单一，商品房投资成为比存款利息收入高而风险相对小、且不需要过多专业技术与管理能力的最佳投资选择。从静态收益率比较看，由于近年来人口向大中城市流动趋势进一步增加以及每年规模庞大的大学生毕业等新增就业人口，使得大中城市的住房租赁需求持续普遍上涨，表现在租金上中国的住宅租金水平收益率水平要高于主要发达国家和发展中国家，直接平均租金收益率在4.8%，而主要城市的租金收益率达到7%左右，远远高于银行存款的收益率。从动态看，由于中长期趋势上中国大部分城市的房地产价格都在上涨，使房地产投资产生了较大的资产溢价收益。这种利益驱动在"羊群效应"和"金融化"的共同作用下，以很快的速度表现为投机、投资交易的增长，加剧了房地产市场中的非理性需求。

（五）城市发展模式问题

住房商品具有典型的异质性和"宜居"评价的复杂性，其价格不仅取决于住宅本身的建筑质量、户型结构、面积、朝向、社区环境等，而且与城市布局、空间区位、设施配套等一切与人居相关的社会、经济、环境因素息息相关。

城市住房问题与城市空间多种构成要素问题有关，这是住房有别于其他商品的基本特征之一。虽然现阶段住房问题的主要矛盾是快速城市化等造成的供求数量失衡，但对住房供求的"空间失配"问题也亟须重视。住房供给并非单纯的数量问题，它还包含城市空间结构、交通联系、服务设施配套等因素。城市住房市场客观上呈"板块化"分布，其主要原因是住房本身的高度差异化——由其地理位置、环境品质、交通便利性、社会基础设施和服务网点配套等条件而分化为次级子市场，体现为板块内部的"均质性"和外部的"异质性"并存。板块化即是一种空间分割现象，是导致住房供求易出现"空间失配"的重要原因。例如在高端地段工作的低收入群体很难在较小的通勤半径内寻觅适当的住房，只能支付较高的通勤成本而远距离居住；而如果保障房的选址过于偏远，基本服务缺乏，且交通成本过高，则同样不适合低收入群体。

充分认识住房的"空间粘性"特征，也就要充分重视住房市场中的价格机制失灵。从理论上说，假如土地供给充分，在长时期里，价格机制会引导住房供求平衡并且平抑房价；但由于存在"优势区位土地短缺"和"空间粘性"，短中期内很难改善供求关系。现实中，城市中的优势区位土地总是短缺的，当房价上涨时，虽然有些城市可以扩大土地供给，但可能主要分布在城市外围，短期内很难形成对中心区优势区位土地的替代。并且，住房建造周期很长，从获得土地到最终形成住房供给往往需要几年时间。因而，虽然房地产行业的高利润率会促使大量资本集聚，但短期扩大供给殊非易事。因此，短期游资更青睐于在需求环节抬升投资和投机需求的炒作，从而会进一步加剧供求矛盾。

我国住房问题也集中反映了城市空间发展的挑战。在高人口密度的城市中心区，住房资源的稀缺和不当配置会衍生出一系列问题。当住房价格上涨快于经济增长时，住房问题表现为中低收入群体难以支付住房价格；任由价格机制发挥作用，必将导致日益明显的住房资源分配不公平；而缺乏合理和有效的规划与调节干预则有可能助长住房开发的无序和混乱，并使得城市公共基础设施的运行效率低下。但与此同时，政府方面的规划水平不高、前瞻性不足，也会产生中心城区过分拥堵、居住群落的社会阶层分化、环境污染等种种不良效应，困扰着社会生活的方方面面。

近年来，我国"城市病"问题日益突出，城市服务管理水平不高。一些城市空间无序开发、人口过度集聚，重经济发展、轻环境保护，重城市建设、轻管理服务，交通拥堵问题严重，食品药品等公共安全事件频发，大气、水、土壤等环境污染加剧，城市公共服务供给能力不足，城中村和城乡结合部等外来人口聚集区人居环境较差。现实生活正向城市发展模式问题提出挑战，包括多类住房如何合理配比供应，各种相关因素怎样成龙配套，社会和谐感、民生幸福感依靠什么样的房地产供应体系及政策得到提升？

面向未来，应探求和遵循城镇化发展规律，以推进人口城镇化为核心，提高城市可持续发展能力，加快转变城市发展方式，优化城市空间结构，统筹中心城区改造和新城新区建设，以有效预防和治理"城市病"。完善城镇基础设施和公共服务设施，提升社会服务和居住服务水平，增强城市承载能力，增强城市经济、基础设施、公共服务、资源环境对人口集聚的支撑作用，以提升城市可持续发展能力。其中，一个"托底"的事项就是切实将保障性住房等基本公共服务合理有效地覆盖到城镇常住人口。

（六）土地供应制度以及土地财税制度

在土地制度方面，改革开放以来，尤其是近十多年暴露出的明显问题，一是城乡土地分割；二是管理体制不顺，城镇土地国有制度变成"地方政府的多部门实际占有"；三是政府垄断土地情况下的决策透明度和约束、监督、问责机制均不到位。在一级"市场"上，政府集"管地者"、"用地者"和"裁决者"于一身，形成"买方垄断"，极力压低征用补偿标准。在二级市场上，政府集唯一的土地管理者、出让方和监管者为一身，形成"卖方垄断"，加之不够完善的招拍挂制度，不利于抑制土地价格攀升。

与此同时，地方政府对房地产领域的财税收入依赖十分严重。2010年中国地方政府的税收中有16%来源于土地及房产相关的税收，如土地使用税、契税等，约6500亿元。来自建筑业与房地产相关行业的营业税[①]，企业和个人所得税的税收达6800亿元。再加上3万亿元左右规模土地出让金，2010年中央及地方各级政府从土地、房产及相关行业获得的税费达4.4万亿元，占GDP的10.6%。此外，中国地方政府融资平台利用土地向银行抵押贷款等各种形式举借的债务超过10万亿。

土地批租收入（出卖土地使用权收入）在部分有条件"把地皮卖个好价钱"的地方政府那里，成为最被看重的收入来源，客观上是极不均衡地形成了地区之间差距悬殊的土地出让收入。不同年度和阶段上收入规模的跳跃性亦十分严重，且极易伴随种种不规范、不公正的行为，被人们诟病为贬义的"土地财政"现象。这方面的问题又与房地产业及住房供应问题形成了千丝万缕的联系。亟需通过改革和完善财税体制，消解地方政府的"土地财政"问题，形成统筹兼顾基础上的正确、理性的方案。

三、建立符合国情和可持续发展要求、"双轨统筹"的中国住房制度模式

如前所述，近年来的高房价原因和住房供应领域的问题十分复杂，既与经济发展阶段、人口总量和结构变动、城市化进程有关，也有制度缺失、政策体系不完善方面的原因。单一、孤立、着眼短期的调控政策不仅成效难奏，而且还极易产生负面影响。因此，系统、科学、完备的住房政策和宏观调控与管理，不仅需要考虑短期需要，更应着眼于长效的机制建设、制度完善和体制理顺，应更加注重基于治本的制度框架建设进行整体性的政策优化、综合集成，增强政策调控的系统性、协调性和有效性。

---

① 自2016年5月1日全面试点"营改增"，营业税已取消。书中不一一注明。

绪论
建立符合国情和可持续发展要求的"双轨统筹"住房制度模式

（一）将住房制度提升至国家能力和社会建设的战略高度来定位

住房问题涉及国家经济体制和社会管理，住房制度和住房保障水平是国家能力和社会建设水准的一种集中体现。住房供给与房地产调控对居民消费行为、居住与就业的空间匹配、城市建设投融资、公共服务资源布局与机制合理化、社会和谐状况等都具有广泛和深刻的影响。

从历史看，1949 年至 1978 年之间，中国对城镇国有与集体就业职工实行"统一生产、无偿分配"的福利住房模式，这与当时的计划经济体制、低工资等相适应，但也造成了国家财政难以重负、个人对就业单位强烈人身依附、住房建设资金短缺、供应匮乏、维修管理不善等诸多问题和弊端。1980 年以后的住房模式，逐步从福利制向分配货币化、供应社会化和市场化转变，成为经济体制改革开放的重要组成部分，与住房相关的巨额经济资源配置得到改进和优化，并对劳动力市场发展起到了重要推进作用。1998 年住房供应模式全面市场化，对 21 世纪初中国快速城市化和经济大发展推动作用十分明显，但过度投资品化的住房模式所产生的房地产过热、居民住房条件两极分化、低收入居民基本居住条件保障不足等问题，也给中国经济与社会发展带来了诸多矛盾、负担与隐忧。

很多国家在从中等收入国家向发达国家转型时，都把住房模式的选择放在国家发展战略层面给予高度重视。具有代表性的新加坡，"新加坡的住房政策，从一开始就是其国家建设的一个基本国策，是新加坡国家建设核心中的核心"（郑永年，2009）[1]。新加坡一系列社会政策，都是围绕其住房模式展开，政府规划下的组屋成为这一系列社会政策的实现平台。同为"亚洲四小龙"的韩国和我国香港、台湾地区，在住房制度建设上也都有颇为值得关注与借鉴的经验。面对如此重大而牵动亿万人心的问题，我们必须把住房制度的合理化建设提升到打造现代化国家能力和实现可持续发展的社会建设的战略高度来定位，进而寻求通盘的优化设计。

（二）以构建"双轨统筹"的住房制度目标模式作为政策优化的前提和依托

---

[1] 郑永年：《在住房政策上中国要设计自己的道路》，2009 年 9 月 21 日，http://www.cnr.cn/newscenter/gnxw/200909/t20090921_505480099.html。

中国住房制度改革与建设的根本目标是以多层次、多样化的住房供应和保障制度，维护公民居住权利，满足城乡居民基本住房需求，实现住有所居，并以市场为资源配置基础机制有效率地实现居民的住房改善需求以及部分高端需求。实现这一目标模式，就要切实按照党的十八大报告提出的"建立市场配置和政府保障相结合的住房制度"精神，加强顶层规划，建立和不断发展完善"双轨统筹"的住房制度模式。即在坚持"低端阶层基本住房需求由政府保障，进一步改善居住需求通过市场来解决"的原则下，建立健全"市场轨"、"保障轨"的双轨运行机制，在总体的资源配置格局中，政府和市场应合理地各司其职，又分工协作，互为补充并形成合力。

"顶层规划"，就是要落实国家"十二五"规划提出的"立足保障基本需求、引导合理消费，加快构建以政府为主提供基本保障、以市场为主满足多层次需求的住房供应体系。对城镇低收入住房困难家庭实行廉租住房制度。对中等偏下收入住房困难家庭，实行公共租赁住房保障。对中高收入家庭，实行租赁与购买商品住房相结合的制度。""顶层规划"之下，最概括的资源配置机制可分为"市场轨"与"保障轨"。住房的"市场轨"由市场机制主导，政府的职责重点在于做好基于公平竞争规则的调控和监管。而优化房地产调控，追求房地产市场持续健康稳定发展，应以经济手段为主，其中包括税收的手段，从土地开发到商品房的交易和保有各环节上的税费应系统地合理化。调控中原则上宜区别住房的居住需求、投资性需求和投机性需求，采取差异化政策区别对待。原来付诸阙如的住房保有环节税收，必须"从无到有"、攻坚克难，形成在高端上实施有效调节的制度框架。

同样在"顶层规划"之下，"保障轨"由政府为主体来主导，政府职责重点在于组织资源、制定规则和实施对保障房入住者的"进与退"的管理。建设方面应发挥财政资金的杠杆效应和引导作用，带动地方政府、金融机构、相关企业等多方参与，组织引导资金、土地、建设主体、社会组织等资源进入保障房运营。在明确保障对象和保障标准的同时一并设置合理的退出标准，制定科学有效的工作机制，加强监督管理，努力确保公平。

"双轨统筹"的要义在于明确政府与市场的作用边界,并以"良性互动互补"的合作机制对住房双重属性(准公共品和私人品)作创新性的供给管理,使统筹协调"市场轨"与"保障轨"共存、互补的良性运转。两者始终应统一协调在住房供应体系的顶层设计之下。政府必须组织专家加强研究做好规划,使住房供应体系建设在整体国土开发中和新型城镇化发展道路相一致,与居民收入水平和社会和谐的需求相吻合。

总之,"双轨统筹"的原点是统筹于必须由政府牵头的顶层规划,其下政府在"保障轨"上主要管托底、管进退;在"市场轨"上主要管规则、管收税。完善我国住房制度和政策体系,需要坚持以保障社会全体成员"住有所居"作为根本出发点和落脚点,以"双轨(市场轨和保障轨)统筹"作为基本框架,以有效区分消费性需求和投资性需求为调控的基本要领,从供给、需求和结构等全面入手,突出综合治理,强化各项政策的针对性和有效性及政策间的协同配套,促进房地产市场和经济社会平稳、健康、规范运行。

第一章

我国住房改革、房地产调控回顾和房地产税改革概况

房地产属于不动产，是指土地、建筑物及固着在土地、建筑物上不可分离的部分及其附带的各种财产权益。按地上建筑物的类型和用途来分类，房地产可以分为居住用房（住宅）和非居住用房两种形式。其中，居住用房是指供家庭或个人较长时期居住和使用的房地产，包括普通住宅、高档公寓、别墅、集体宿舍等；非居住用房又可以进一步分为商业地产、工业地产、写字楼、旅游酒店、餐饮物业、娱乐物业、社会公共服务房地产等。国内现作为热点讨论的房地产调控问题，一般均特指前者即住房的调控。

广义的住宅可分为商品房（拥有者持完全产权）和保障性住房。商品房是指房地产开发经营企业经批准用于在市场上按照完全产权出售而建造的房屋。凡是自建、参建、委托建造，又是自用的住宅或其他建筑物，不属于商品房范围。

保障性住房是与商品性住房相对应的概念，是专门针对特定对象建设与供应的具有社会保障性质的特殊住房，这种类型的住房性质上明显有别于完全由市场形成价格的商品房。我国保障房建设与供给主要包括城镇区域的棚户区改造、廉租房与公租房的建设使用和有限产权的"经济适用房"的建设使用。

一、改革开放以来城镇住房制度改革和"调控新政"下的双轨框架

自 1994 年国务院发布《关于深化城镇住房制度改革的决定》以来,我国城镇住房实物分配的福利制度已基本停止,货币化住房分配、市场化和社会化供给体系已总体建立。尽管住房商品化改革取得了巨大成绩,但也暴露了不少问题,伴随着工业化、城镇化大潮和经济社会转轨的"矛盾凸显期",居民住房矛盾一个时期以来不断加剧,成为一个重大的经济社会问题。

(一)简要回顾

1.总体脉络

新中国成立后,我国实行"统一管理、统一分配、以租养房"的公有住房实物分配制度。城镇居民的住房主要由所在单位解决,各级政府和单位统一按照国家的基本建设投资计划进行住房建设,住房建设资金主要来源于政府,少量靠单位自筹。住房建好后,单位以低租金分配职工居住,住房成为一种重要福利。

1980 年 4 月,邓小平同志就住宅问题发表了重要讲话,首次较为系统地提出了出售供方、调整房租(发放补贴)、提倡个人建房买房的改革总体设想,实现了对传统住房制度下住房公有制思想的重大突破。1980 年 6 月,中共中央、国务院批转《全国基本建设工作会议汇报提纲》,正式允许实行住房商品化政策,自此揭开了中国城镇住房制度改革的序幕。

1994 年 7 月,国务院下发了《关于深化城镇住房制度改革的决定》(国发〔1994〕43 号),明确住房改革的根本目的,就是要建立与社会主义市场经济体制相适应的新的城镇住房制度,实现住房商品化、社会化。同时提出,要建立以中低收入家庭为对象、具有社会保障性质的经济适用住房供应体系和以高收入家庭为对象的商品房供应体系。

1998 年 7 月,国务院发布了《关于进一步深化城镇住房制度改革加快住房建设的通知》(国发〔1998〕23 号),进一步确定了深化城镇住房制度改革的目标:停止

住房实物分配，逐步实行住房分配货币化；建立和完善以经济适用住房为主的多层次城镇住房供应体系；发展住房金融，培育和规范住房交易市场。国发〔1998〕23号文被称为中国住房制度改革的里程碑，它宣告了福利分房制度的终结和新的住房制度的开始。

2003年国务院发布了《关于促进房地产市场持续健康发展的通知》（国发〔2003〕18号），国发〔2003〕18号文对国发〔1998〕23号文做了重大调整：将国发〔1998〕23号文提出的"建立和完善以经济适用住房为主的多层次城镇住房供应体系"改为"多数家庭购买或承租普通商品住房"。可以说，国发〔2003〕18号文的出台将大多数家庭的住房推向了市场，实现了我国住房市场化的根本转变。

2007年8月，为切实加大解决城市低收入家庭住房困难工作力度，国务院发布《关于解决城市低收入家庭住房困难的若干意见》，提出住房是重要的民生问题，首次明确提出把解决城市低收入家庭住房困难工作纳入政府公共服务职能。

表1-1 中央文件对保障性住房对应保障对象界定的变化

文件	保障对象界定
1994年国务院43号文件	面向中低收入者供应经济适用住房
1998年国务院23号文件	中等收入购买经济适用房，低收入租赁由政府或单位提供的廉租住房
2007年国务院24号文件	加快建立健全以廉租住房制度为重点、多渠道解决城市低收入家庭住房困难的政策体系

2. 改革的成效及存在的主要问题

经过近30年的城镇住房制度改革，我国城镇居民住房基本实现自有化和商品化；商品房、限价商品房、经济适用住房和廉租住房等住房供给供应体系初具形态。住房制度改革使住房资源配置实现优化，住房扩大再生产能够实现持续，房地产业迅速崛起；城镇居民住房面积、住房质量和住房成套率显著提升；基础设施、公共服务和居住环境不断改善；减轻企业负担促进了企业经营机制的转化；缓解了财政沉重的投资建房和维修管理费用负担；撬动了住宅需求和住房投资，推动国民经济的发展。尽管住房商品化改革取得了巨大的成绩，但也暴露了不少问题。

第一，房价上涨过快，供需结构性矛盾突出。1978年改革开放以来，我国房地产市场化程度逐渐提高，但在1997年以前，其在整个国民经济中的影响尚不突出。1997年亚洲金融危机以后，政府将房地产业作为国民经济的支柱产业之一，房地产业的发展成为国民经济的热点。随着我国经济形势好转，以及加入WTO、工业化、城市化进程的加快，房地产业持续升温。近年来，商品房价格在大城市总体呈现明显涨势，有的地方还多次出现上涨狂潮，投机气氛浓重。伴随着二三线城市居民实际收入迅速提高带来的实际购买力增加，以海派、港派、温州炒房团为代表的"炒房团"也迅速从一线城市转入增值迅速的二三线城市，使这些城市房价节节攀升，尤其在2007年以来更加显著。除1999年房价受政府大量推出经济适用房和2008年受金融危机的影响曾一度低平之外，我国的商品房平均销售价格一直呈上升趋势，由1998年的每平方米2063元上升到2012年的5791元。其中，涨幅最大的为2009年。当年全国商品住宅房价止跌上扬，全国商品房均价达到4695元/平方米，比2008均价上涨23.6%，超过了2004年17.8%的涨幅，成为十年来房价的最大增幅。

针对房地产上述状况，我国曾在2003年、2005年、2006年、2007年连续四次进行综合宏观调控，以抑制房价过快上涨。2010年4月，国务院又发出《关于坚决遏制部分城市房价过快上涨的通知》，提出十条举措（称为房地产"新国十条"），并相继出台一系列以"新国十条"为核心的调控政策，开始了史上最严厉的房地产市场"调控新政"实施期。尽管采取了种种调控政策，房地产市场价格仍居高不下，房价依然不断上升，地王频频出现，一度出现所谓"越调越涨"的尴尬状况。

在房价节节上升过程中，住房的配置（占有）结构也发生了明显的失衡问题，少数人大量炒房、囤房，攫取暴利，并造成城市住房空置率过高，住房资源配置的不合理引发民众强烈不满：一边是手中握有几十套甚至更多住房的"房姐"、"房叔"，另一边是望房兴叹的无房户和被房贷压得喘不过气来的"房奴"，两极分化情形及其中的种种不公不廉问题值得特别重视。

第二，"经济适用房"概念下存在严重扭曲和不公。在应对1998年亚洲金融危机冲击的时候，曾经明确要求长期建设国债筹集的一部分资金必须用于经济适用房的建设，即在住房商品化的同时也关注低端的需求，这里所表述的就是经济适用房的概念。走到现在，实践中大量的具体案例表明，"经济适用房"这个概念之下产生的弊病防不胜防，扭曲丛生，导致管理成本极高、而资源错配的可能性极大，从而产生了一系列的实际问题：

一是弊病丛生，漏洞防不胜防。经济适用房最为世人诟病的问题在于立项、开发建设、销售和消费等各个环节缺乏严格控制和有效的监管，特别是在销售过程中，无法识别真正的政策对象，无法保证开发商按规定审核对象，也难保资源分配方式、手段的合理性。尽管政策规定必须对购买对象进行资格审核，采取多种分配方式，但由于政府在资格审查制度上未能正视我国社会个人收入不透明、社会信用制度缺失、权力监督不力和收入审查不力的现实，难以保证审核的有效性、分配的公平性。同时，虽然政府限定了经济适用房的利润空间，但是，本来很低成本的经济适用房价格却也不断上涨，与普通商品房差价不大，而质量往往不如普通商品房，失却了其本来的功能。此外，很多低收入居民没有机会得到经济适用房。2005年6月，北京天通苑小区放号5000个，结果有数千人连续几个昼夜通宵排队，拼死抢购。所排的房号还出现了网上交易的情况，有的房号本身甚至被报出三万元的价格。

二是管理费用高而绩效很低。物业管理无论是对商品房来说还是对经济适用房而言都是不可或缺的一部分。对于经适房的居民来说，价廉物美才是更贴合现实情况的需求。但是，很多经济适用房业主反映，作为低收入家庭，偏高的物业管理费让他们难以承担，出现了分到经济适用房却"用不起"的现象。相对于较高的物业费而言，经济适用房的物业管理水平却偏低。据调查资料显示，业主对高档商品房小区物业评价总体较好的比例达到68%；对经济适用房小区的物业评价却很低，总体差占33%，服务质量差占28%。管理水平差占29.3%，收费不规范占36.2%。业主的不满意感主要是因为物业公司提供的服务针对性不强，物业公司在管理过程中只注重企业本身的利益，脱离业主的实际需求，盲目地推出一些投入小、产出高的服务。

三是扭曲和"不正之风"十分严重。按照政府的初衷,只有收入较低,居住条件不佳的居民才可以申请购买经济适用房。但实际中,一些不符条件想要购买经济适用房的人都可以通过购买审批,不但收入较高的人可以购买,拥有多套房产的人也有办法买到。购买对象的界定不明是目前经济适用房政策中的最大问题与障碍,它使经济适用房的经济性不能真正发挥。就整个社会来说,我国还没有一个权威部门来判定家庭的收入标准,依照中国人"富不外露"的传统心理,很少有人会承认他们的家庭已跨入高收入家庭行列。在这样的背景下,要求经济适用房的销售者,对每一位买主做出属于哪一种家庭类型的判断绝非易事。同时,由于没有完善的个人收入金融管理机制,个人经济收入的多少很难确定,高、中、低收入的标准也很难统一,在执行中就留下了明显的政策漏洞,即无法限制高收入者购买这类住房,以至于形成了经济适用房小区变身"富民区",开宝马车买经适房确实存在的现象。此外,经济适用房的房产超大面积的户型也不少见,甚至包括跃层。在我国,中低收入者占了人口比重的很大一部分,而这一部分人在购买经济适用房的过程中,他们的经济实力往往决定了他们只能购买中小户型住房。然而我国经济适用房房屋面积规模普遍偏大,中小户型供应量少。这也是为什么我国的经济适用住房规模已经很大,应该能够满足广大中低收入者的购房需求,却为什么实际上并没有起到其应有的效果的原因。

(二)调控新政下的"双轨统筹"框架

为了维护人民"住有所居"基本权利,并维持中国房地产业对经济发展应有的支撑力,平稳实现全面建设小康社会目标,亟须对今后的住房供给机制作长远考虑,实行旨在长治久安的统筹。其中的关键,是使政府和市场各司其职:政府在做好国土开发和不动产建设"顶层规划"的同时,侧重于提供为低收入阶层托底的"保障轨"上的廉租房和适合于收入"夹心层"的适租房,同时,让"市场轨"去配置一般商品住宅等产权房,政府在加强制度建设和制定好"顶层规划"的同时,在产权房领域主要是管理好市场规则,并科学利用税收杠杆调节这一市场。

1. 理论解说：住房既包括私人产品部分，也包括公共产品部分，政府与市场应合理分工，形成"双轨统筹"的配置框架

住房需求总体而言是一种高度分层和具有多元差异性的需求体系，人们在收入、职业、支付能力等方面的差异性，决定了其住房需求的显著差异性。概括地说，住房需求可划分为以下三个主要层次：

首先，基本的住房需求，即能拥有遮风挡雨的个人生活起居的空间和面积，满足生存需求的起码条件。这类住房的需求方属于社会收入阶层中的最低端，支付能力严重不足，市场机制无法满足其供给，但却关系着社会稳定大局和社会伦理的维护，其公共产品和准公共产品特征明显，政府应通过公共政策进行保障。在这个需求层次上，对低收入阶层而言，"住有所居"的实现机制不应是对应于产权房，而应主要通过政府公房廉租或租金补贴等方式来满足其基本需求，这对应于"基本人权保障"的"人人有房住"的福利概念和政府责任。

其次，在基本住房需求之上，存在既需保障基本居住条件，又对住房综合功能（如水、暖、电、气配套）、周边环境、交通便利性、公共配套设施（如商业服务、医院、学校）有一定要求，属于"宜居层面的普通住房需求"。对于这种需求，由于房地产市场竞争的非充分性，也往往缺乏足够激励在低平价位上供应，这就需要政府通过有效的公共政策包括土地规划、税收、金融等调控政策，来引导和促进房地产开发企业，以适合大多数普通居民消费能力的住房供给，以满足其住房需求，也应允许规范的集资建房、合作建房等供应方式。

此外，还存在更高层次上的住房消费需求，也就是中高档住房乃至豪华住房的享受性需求。此时，住房功能不再仅仅是一种居住产品，而且发展成为一种高值享受品，甚至成为一种炫耀性消费品。这类消费者对住房的需求往往超越了其产品的居住功能本身，而更多地体现在诸如住房品位、所带来的身份地位形象与优越感等需求层面上，体现出消费的多元性和个体独特性。高端群体对住房产品的品质、结构、内涵等方面的需求千差万别，而市场分散化的决策机制、灵敏的价格利益导向机制正好适应了这种住房需求模式。因此，对高端的住房需求应基本上将其纳入市场调节的范畴，并通过差别化的税收、土地等公共政策实施以必要调控，对过度占用土地、空间等公共资源的行为进行寓禁于征式的调控和再分配调节。

基于以上住房需求的层次性，住房供应体系大的制度框架上应实施一种合理的"双轨统筹"：即政府在做好国土开发和不动产建设"顶层规划"的同时，侧重于提供为低收入阶层托底的"保障轨"上的廉租房和适合于收入"夹心层"的适租房，同时，让"市场轨"去配置一般商品住宅等产权房。

2. 实践导向："保障房的事总理管，商品房的事总经理管"

房地产调控应当、也正在明确树立起宏观调控层面的"双轨统筹"框架目标——"让政府的归政府，市场的归市场"，并以政府的顶层设计来统筹。在任何一个政府辖区内包括住房建设在内的国土开发通盘整体规划，是政府必须牵头尽责的"顶层规划"。不仅是不同属性的住房，所有的基础设施（如道路、桥梁、隧道、涵洞、水、电、气等）、功能单位（如学校、医院、商业网点等）都需要在此规划内被覆盖。

"顶层规划"之下，住房的"市场轨"由市场主导，政府的职责重点在于做好基于公平竞争规则的调控和监管。而优化房地产调控，追求房地产市场持续健康稳定发展，理应以经济手段为主，其中包括税收的手段，从土地开发到商品房的交易和保有各环节上的税费应系统地合理化。调控中原则上宜区别住房的居住需求、投资性需求和投机性需求，采取差异化政策区别对待。

"保障轨"由政府主导，政府的职责重点在于组织资源、制定规则和实施对入住者的"进与退"的管理。建设上应发挥财政资金的杠杆效应和引导作用，带动金融机构、相关企业等多方参与，组织资金、土地、建设主体、社会组织等资源进入保障房运营。同时，应明确保障对象和保障标准，设置合理的准入退出标准，制定科学有效的工作机制，加强监督管理，确保公平公正。

"双轨制"的要义在于明确政府与市场的作用边界，统筹协调"市场轨"和"保障轨"的良性运转。同时，两者又始终应统一协调在住房供应体系的顶层设计之下。政府组织专家加强研究做好规划，使住房供应体系建设在整体国土开发中和新型城镇化发展道路相一致，与居民收入水平和社会和谐的需求相吻合。

总之,"双轨统筹"是统筹于政府牵头的顶层规划,政府在"保障轨"上主要管托底、管进退;在"市场轨"上主要管规则、管收税。

3. 房价控制:被各方看重,但并非实质问题之所在

面对诸多的民众不满,房地产领域的"调控新政"逐步发展到在为数众多的城市以行政手段限购住房。关于房价的认识,广泛的讨论中存在严重误导:其一,讨论只涉及到商品房及其价格问题,似乎这就是住房问题的全部,没有覆盖保障房的情况;其二,从技术上看,我们所看到的只是管理部门拿得到的上一个时间段卖出去的产权房的均价,假如上一轮卖的如果是高档房,均价就会非常高。这很可能带来较大的误导性,对于实际解决问题的参考意义很有限。笔者认为统计报告房价时,应该一并报出安居房的供给情况,有多少套安居房提供出来,同时说明所谓平均房价中,对应多少比例的一般商品住房,多少比例的高端豪宅,尽可能把销售结构一起报出来,避免单一价格因素造成整体误导。

其实,从基本逻辑上讲,政府只要管好保障性住房,商品房的价格是由市场自身调节的问题,是高收入阶层在市场环境中自己解决怎么花钱的问题。在这个层面,政府要管的只是市场规则、公平竞争和收税。征收税金也在很大程度上是为了施加必要的再分配调节,实现良性循环:高收入者纳的税收进了国库以后,政府用之更多地支持托底的廉租房和适租房建设,扶助低收入阶层。从这个角度讲,政府在托好低端保障、安居房的"底"的同时,本应该乐见高端交易者随行就市,房价越高,税越多,对整个社会再分配中筹得扶助低端的财力越有利。

当然,还必须对游离于保障性住房与市场化商品住房之外的无能力购房群体,即所谓的"夹心层"社会群体,予以高度关注。"夹心层"既不符合购买经济适用房和限价房的条件,又无力购买商品房,既不属于低收入阶层,又无力承担大中城市不断上涨的房价。这类群体包括中等及中低收入家庭、新就业职工、初级公务员和事业单位职工。对于这类群体,政府还应通过公共租赁房、共有产权房等方式予以支持或保障。

随着分层次的各类有效供给充足起来,商品房房价的杀伤力会自然减弱,"限

价"、"限购"只能是特殊时期不得已的、过渡性的做法。长期施行行政手段的限入、限购、限价式调控,必然与市场经济的通盘可持续机制相悖,顾此失彼,势必积累新的矛盾。寻求真正长治久安的制度建设,是不能绕过不动产保有环节的税收这种依法、规范的经济手段的。

二、调控新政的应有水准,需体现在制度建设、长效机制打造上

自2003年"121号文"出台至今,调控政策持续加码,信贷、税收、土地、限购等各项手段频出。要在做好调控经验和教训总结的基础上妥善处理好市场供应与政府保障的关系,合理划分中央与地方的责任,抓紧建立房地产市场的中长期制度,打造房地产调控的长效机制。

(一)保障房的投融资制度

自2008年底《国务院办公厅关于促进房地产市场健康发展的若干意见》下发以来,各级财政部门加大资金投入力度。根据历年《财政统计年鉴》数据计算发现,2009-2011年,全国财政住房保障支出累计达8003亿元,年均增长45.6%。财政资金带动其他资金支持我国保障性住房建设,取得历史性成就,在扩大内需、促进房地产市场健康发展、改善城镇低收入家庭住房条件等方面发挥了重大而积极的作用。与此同时,我国保障房融资面临严峻形势,不仅资金缺口巨大,而且目前的融资方式仍然以地方政府或融资平台公司为主体,形成的保障房产权归地方政府或融资平台公司,地方政府将因此而背负较大的债务负担。由地方政府直接投资建设保障房,并非是解决保障房供应的最有效率方式,也不能从根本上解决保障房后续管理中的潜在风险。

解决保障房融资困难问题,应积极探索和创新保障房的投融资制度,并注意把握以下几点要领:

一是强调将公租房作为保障性住房的主要形态,大力发展公租房和廉租房,压缩经济适用房,取消限价商品房。我国保障性住房包括廉租房、公租房、经济适用房、限价商品房等多种概念和形态,后两者存在概念模糊、边界不清引发的管理困

难，特别是经济适用房和所谓限价商品房在实际运营中反映出的分配不公、设租寻租等问题，已经广受诟病。应该强调和坚持已渐趋明确的从棚户区改造到廉租房、公租房的供给作为保障性住房的主要形态，特别是大力发展公租房，满足城镇低收入群体和"夹心层"的合理住房需求；同时，压缩经济适用房的建设规模，并只允许"有限产权"形式，封杀套利空间。至于所谓"限价商品房"，则应取消。

二是在租赁性保障房建设融资过程中，创新财政资金支持保障房建设的形式和方式，逐步形成以公共财政为引导，企业、金融机构、社会资金多方参与的保障房投融资格局，有效解决保障房融资难的问题。在此过程中，可以大力发展PPP（公私合作伙伴关系）模式下的多种运作机制，强化政府和私人机构在保障性住房建设方面的合作，解决不同形式保障性住房的资金需求。对于公租房，由于投资主体可以通过一定的经营管理获得较高水平的租金，因此，可以考虑通过"建设—运营—转让（BOT）"的方式鼓励和引导社会资金进入这一领域；而对于廉租房，即使是各级政府的责任，在合适的情况下，也可以通过政策性安排，引导社会资金为廉租房建设提供支持。例如，可以通过"建设—转让（BT）"的方式鼓励社会资金为政府建设保障房，实际上，一些城市就是让开发商配套建设一定数量的廉租房，政府与其签署相关协议，承诺在建成后一定时间内向开发商回购，从而给予开发商一个稳定的回报预期。

三是在时机成熟时，在住房供应相对充足（包括空置房潜力可调动）的地区，可考虑改变实物保障方式为租金补贴方式，即从"补砖头"转为"补人头"，发展"市场建房、居民租房、政府补贴、社会管理"的"保障轨"模式。具体的补贴方式可以按"国库集中支付"路径，比照政府采购直接付给房东。我国广大二三线城市和县级城市，住房供应往往已较为充足，并有一定规模的房屋空置，住房保障工作要解决的主要问题是如何将空置房屋盘活进入租房市场。在这些地区，政府不宜大规模新建保障房"补砖头"，而应该采用租金补贴方式"补人头"，因地制宜地实现"住有所居"目标。在一线城市和部分大中城市，聚集效应还会使人口大量涌入，一定时期内住房供应短缺现象明显，当前"补砖头"为主的保障房供给方式是合适的。但是，在经过一段时间的大规模保障房建设并投入使用后，政府有关部门应及时对当地住房供需总体情况和保障人群情况进行评估测算，适时调整和优化住房保障方式。

（二）保障房的管理制度

除投融资制度以外，完善我国保障房体系还需要进一步健全准入与退出机制、转换机制等管理制度，并将保障性住房建设与城镇化趋势紧密结合起来。

一是建立健全保障性住房的准入与退出机制，加强全方位监督，力求确保分配公平。对于保障性住房保障对象的确定，多采用收入标准和住房面积标准。目前我国尚未形成完整的国民收入统计和住房统计系统，尚很能为确定保障对象提供准确的数据支撑。在实际执行过程中，出现了申请对象谎报瞒报收入和住房面积以骗取保障资格，以及相关管理部门和形形色色的中间人设租寻租等种种乱象，甚至出现开着宝马车住经济适用房、保障性住房成了特权部门家属小区的闹剧，影响社会公平，损害社会风气。公平分配是保障性住房的"生命线"，使民生工程真正惠民生、得民心。在这方面：一是应逐步建设完整的居民收入统计和住房信息统计系统，为准入与退出机制的设计与运行提供基础数据支撑；二是要加强保障性住房申请、公示、分配等环节的透明度，并实行动态调整与持续跟踪，做到全过程公开；三是要加强全方位监督，逐步形成政府监督与社会监督和新闻媒体监督互促互动的良好局面，力求确保分配公平。

二是积极探索保障性住房中公租房的转为产权房、租售并举的新机制。在城市化进程中，由于经济发展水平、政府财政能力有限的制约和城市住房总供给不足，政府不可能独揽公租房建设和供应责任。探索公租房和产权房的租售衔接机制，在入住者收入提高过程中，在一定条件下允许部分保障对象通过支付仿差把公租房转换为产权房，既满足原住房保障家庭在条件改善后"居者有其屋"的产权渴求，又减轻了政府财政支出压力。

三是在城镇化快速推进的大趋势下做好保障性住房科学规划，加强配套基础设施、生活服务功能建设。目前，我国保障性住房建设任务采取中央定规模、层层向下分解的模式，没有充分考虑地区间经济发展差异和对保障性住房的需求差异，现实中出现最需要保障性住房的一些城市建设规模和可供房源不足，而不太需要保障性住房的城市又过量配置。保障性住房建设相关标准由国家统一规定，没有充分考虑不同地区人们的居住习惯和居住要求，也导致有些地方（特别是县级城市）保障性住房适应性不足和闲置。我国尚处于工业化中期，城镇化进程在城镇化率迈过50%之后仍将快速推进，在此趋势和背景下，保障性住房规划与建设应该与城市、城镇发展规划紧密结合。保障性住房规划应结合不同地区、不同住房已有格局和其他相关要素，作有针对性的统筹规划，新城镇建设更要作必要的前瞻性考虑和设计，使之成为未来全局优化的有机组成部分。同时，还应站在建设新型和谐城镇与社区的高度，处理好保障性住房配套基础设施建设的升级和生活服务功能的配套，并适当增进保障房标准因地制宜的多样化。这样，一方面解决保障性住房"居住隔离"问题，另一方面丰富与细化适应不同地区特点与特定居住习惯的保障房标准体系，并加强不同城市建设任务的适应性、合理性。

（三）商品房的经济调节制度

1.融资制度

住房融资制度是随着国家经济发展和住房制度改革，住房商品化和货币化进程的深化而形成和发展的，是金融业与住房业相互融合的产物。我国住房融资制度的总体构想应立足于以下几个方面：

第一，商业性住房金融在我国住房金融体系中居于主导地位，要着力健全和发展。一方面，我国商业性住房金融制度起步相对较早，并在发展中不断得以完善；另一方面，这种融资模式符合世界住房金融市场化、综合化的发展趋势，应该作为我国住房金融的主体形式大力发展。同时，还应充分看到我国住房金融市场体系仍需不断加以完善、支撑住房抵押贷款持续发展的二级住房抵押市场有待进一步培育和发展等现实情况，着力于丰富和发展商业性住房金融制度。

第二，住房公积金制度作为我国住房金融制度的历史选择，应予以完善。个人住房公积金具有筹资数额大、资金期限长、筹资成本低等特点，适合于我国目前人均收入水平和住房消费需求。现阶段，我国住房公积金制度通过强制性储蓄聚集大量长期、稳定、低成本的专项资金，对解决城镇住房建设和居民购房信贷资金供求矛盾具有重要作用。因此，住房公积金制度在相当长的时间内将是我国住房融资制度的重要组成部分。但目前住房公积金运作中也存在明显的问题，比如：公积金贷款有额度限制，支持中低收入职工的购房效果不明显；公积金运用收益的归属需要明确，等等。

第三，住房储蓄制度是我国住房融资制度的补充形式，应给予适当支持和鼓励。这种融资模式，虽然贷款利率固定且相对较低，但它要求存款需达到一定数额才能贷款，对于中低收入群体会有一定压力。此外，住房储蓄制度聚集资金速度慢，数量少，不能满足我国住房市场快速发展的需要。从世界住房金融的发展和合同储蓄的固有缺陷来看，这种模式不能作为我国住房融资制度的主体，但其有自身的覆盖范围，可以补充我国住房资金的融通和不足。

因此，我国住房融资制度的选择应分清层次、突出重点，即以商业性住房金融制度为主，政策性住房金融为辅，合作金融以及其他融资方式为补充的混合型住房金融制度模式。同时，现阶段还应主要着眼于针对各层次的缺陷与不足，进行制度安排上的金融创新：一是提高住房融资制度中的政府管理效能，充分发挥政府对住房融资的支持作用；二是明确政策性住房金融的定位，健全和完善住房公积金制度的运行和管理；三是建立住房金融的风险抵御制度，完善住房抵押保险机制；四是开拓和发展住房金融二级市场，促进住房抵押贷款证券化。

2. 税收制度

新中国成立以来，作为税收体系的重要组成部分，我国房地产税制经过了多次改革和完善，尤其是 1994 年的税制改革，在构建适应社会主义市场经济体制要求的新型房地产税制体系方面进行了积极有益的尝试与探索。在我国现行税制中，涉及到房地产的税种主要有 11 个，即营业税、房产税、城镇土地使用税、土地增值税、契税、耕地占用税、印花税、企业所得税、个人所得税、城市房地产税、城市维护建设税。以上税种的征收总的来说处在两个大的环节：一是房地产开发、转让即流转环节，主要有耕地占用税、营业税、企业所得税、个人所得税、城市维护建设税、土地增值税、印花税、契税等；二是房地产使用即保有环节，主要有城镇土地使用税、房产税和城市房地产税。

房地产开发阶段实际上是房地产商品的生产过程，课税会影响房地产商品的供给，也可以起到控制投资规模和调节投资结构的作用。房地产流通（转让和出租）阶段是房地产价值的实现环节，国家通过税收手段参与价值的分配，通过征税，一方面可以影响房地产市场的供给和需求，另一方面也可以抑制某些房地产投机行为。在房地产转让环节对房地产开发商征收营业税及附加，增加了房地产企业的税收负担，其结果，一方面提高了商品房的价格，抑制了市场需求，另一方面，如果市场需求水平低，对税负转嫁的承担能力较弱，缩减了房地产的利润空间，反过来抑制市场供给。在房地产购买环节对购房者征收契税及其他流转税，将增加购房者的购房成本，从而使消费者的有效需求减少。相反，在房地产转让和购买环节的税收优惠政策，则可以促进住房市场的供求平衡。对住宅转让征收的个人所得税实行有差别的税收待遇，在实现打击住宅投机交易、稳定住宅市场价格、提高住宅利用效率、缓解住宅供求紧张等社会、经济目标方面，具有积极意义。对转让国有土地使用权及其地上建筑物、附着物所取得的增值收入开征土地增值税，对抑制房地产业投资过热，促进产业结构、经济结构协调发展，具有积极的作用。

在房地产保有阶段课税，可以起到促进节约和合理利用房地产资源的作用。从供给方面看，对保有环节征税可以增加开发商和投机者持有土地、房产的机会成本，鼓励不动产的流动，刺激土地和房产市场的有效供给，优化配置资源。从需求方面看，保有环节形成的税负会对三类人造成影响：一是自住者（永久持有）。如果自住者对保有环节的税负有清醒的预期，在做购房决策时就会更为务实，一般的购房自住者将继续倾向于按好的地段与合意的朝向、位置购房，但会更多选择中小户型。二是投资者（中长期持有）。这类购房者是把买房作为一种资产保值增值渠道，是一种合乎理性的选择，但房产税的引入会改变一部分长期持有者对于空置住房无所谓的态度，以持有成本的压力促使其出租自持的房屋，从而减少空置率。无论是因房产税导致的小户型倾向还是空置率降低效应，都是值得肯定和应该追求的积极、正面因素。三是炒作者（短期持有）。这种购房者作为需求方是频繁买进与卖出的炒房者。有观点认为炒房者并不在乎一点房产税，因为这部分人是获高利的。但其他人行为的改变会影响炒房者，使之收敛自身的行为，因为炒房者要跟随市场走，市场总体的氛围会随房产税的推出而趋于沉稳。另外，市场上接盘的人有相当大部分是自住，自住者又主要需要中小户型，那么上述的种种因素会促使供方的开发商顺应市场需求结构的变化而在建设安排上使中小户型增加。从供给优化角度来看，开发商为适应市场需求更好地集约利用土地，提供更多的中小户型，正是调控应追求的正面结果。这样，土地集约化利用水平上升，同时空置率降低，可用资源在租房市场上更活跃，使资源配置更合理，客观上使配置综合绩效上升，市场上更趋均衡、更沉稳、更少泡沫。

从中国的房地产税制来看，存在较为显著的"重流转，轻持有"特点。在流转环节需缴纳契税、耕地占用税（对于房地产开发商现已不涉及该税种）、土地增值税、营业税、城建税、个人所得税、企业所得税和印花税，而在持有房地产环节只需缴纳房产税和城镇土地使用税；从税额上来看，在流转环节各项税费一般占到房产价格的30%~40%，而保有环节的税负较轻，一般只占房地产行业税收总额的2%左右，这势必会鼓励房地产投机，即出现大量房地产投机者囤房、囤地的现象，虚长了需求，助长了房价。现阶段，我国居民收入水平不断提高，房地产也将成为个人财富的重要组成部分，作为以调节居民贫富差距为目的而征收的房产税，应做为重要的调控政策工具和制度建设内容，推向前台。

总体而言，在房地产领域保障房、商品房（产权房）"双轨统筹"框架下，房地产税制改革的总体思路是：将土地开发和商品房产交易、持有（保有）环节的税费清理整合，交易环节税随持有时间长短可前高后低，保有环节税重在调节中高端。

三、房地产税制度建设是长效调控机制的重要内容

房地产业与国民经济其他组成部分的联动关系十分紧密，它在城镇化、工业化历史过程中必然成为经济成长的引擎，表现出全面、长远的辐射力、影响力和支撑

力，现实情况又很容易被加入不健康的泡沫化的过度炒作因素。真正解决好房地产业在必要调控下的健康发展问题——对此，税收不是万能的，但是要使房地产业健康发展，不考虑在房地产保有环节逐步建立一个像美国、日本等等市场经济相对成熟的经济体都具有的房地产税或不动产税，又是万万不能的。我们不可把所有的调控任务都指望于某一个税种，比如房地产税，也不应在相关的改革实施中操之过急，但是又不能对这样一个很明显的经济手段基于各方面的制约因素而弃而不用。党的十八届三中全会通过的《中共中央关于全面深化改革若干重大问题的决定》提出了要"加快房地产税立法并适时推进改革"，这不仅明确了改革的方向，也指明了改革的实施方略。

（一）国际经验和我国转轨发展的客观要求

1.房地产税制度是世界上大多数国家的通行做法

房地产税是国家以房产作为课税对象向产权所有人征收的一种财产税。从国际经验来看，很多发达国家都征收不动产税等住房持有税，且在其税制体系中占有相当大的比重。在英美日等发达国家，房地产税是地方财政重要的税收收入，如美国所占比例为50%~80%。对房地产征税的目的就是运用税收杠杆，加强对房产的管理，提高房产使用效率，控制固定资产投资规模和配合国家房产政策的调整，合理调节房产所有人和经营人的收入。可以说，房地产税不仅有利于遏制住房炒作及过度需求，而且是调节闲置资源有效使用、调节社会财富关系及行使国家基本职能的体现。

世界上大多数国家都征收不动产税，但征税的对象不尽一致，有的国家将土地与地上建筑物分别征税，有的国家将两者合起来征收统一的不动产税。虽然征税形式多样，但是其本质是一致的，那就是为了增加财政收入，提高地方政府的自治管理能力等。总体来讲，在大多数发展中国家和经济转轨国家，尤其是土地资源紧缺的国家，由于存在着土地问题突出、不动产市场发育不成熟、经济快速发展过程中土地投机现象比较严重，以及估价方法和技术条件不具备等问题，征税对象以土地为主，而且通常在税制设计上更多地体现了政府有针对性地解决土地问题的意愿。

而在发达国家,土地及地上建筑物价值较高,私有财产价值观念较强,估价方法和经济技术条件都比较完善,因此征税对象多以土地和建筑物一并征收为主。在征税环节上,国际经验表明,提高保有环节的税收,降低流转环节税率是总的发展趋势,因为这种税收体制有利于遏制土地投机。但是在发展中国家和经济转轨国家,快速城市化过程中出现了许多土地问题,如土地市场发育不成熟,流转环节涉及成本较高等,也会提高流转环节的税率,以便遏制不动产的倒买倒卖,因此其税制的设计可能会受经济发展阶段的影响。

2. 中国税制改革面临的突出问题呼唤房地产税改革

在中国经济社会转轨过程中,税制改革和优化是一项重要任务。当前,税改面临需解决的突出问题至少包括四个方面:第一,中国直接税比重偏低的问题已经不容轻视,而房产税改革是渐进提升直接税比重和相关的配套改革的一部分,可以优化中国税制体系;第二,中国市场经济所需的分税分级财政体制在1994年框架建立后,至今还有很艰巨的深化改革任务,主要是由于省以下的分税制改革一直没有到位。如果要把改革逐步推进到省以下分税制的贯彻落实,就不可能绕过地方税体系建设问题,这也需要房地产税制度建设;第三,房地产调控要体现出治本水准,制度建设是不可忽视和回避的,而使保有环节的税收成型并与土地开发、房产交易环节的税费合理协调,是制度建设的关键,是房地产调控长效机制建设的重要的、不可或缺的内容;第四,2012年,中央以国务院批复的形式对三部委在收入分配方面如何优化和改革提出了指导意见。该意见在针对收入分配矛盾凸显方面的制度建设中,也包括房地产税改革。

(二)房地产税改革具有多重正面效应

在中国实施房地产税改革,是完成经济社会转型与现代化的必要制度建设,将产生以下几个方面值得肯定的正面效应:

1. 减少房地产泡沫和促进资源配置合理化,土地利用集约化

在房地产保有环节开征房地产税这样的财产税,可以在房地产供需双方行为合理化导向上形成一种经济参数和税负约束，其正面效应对于我国这样一个城镇化方兴未艾、土地稀缺性极高、房地产市场波动对经济生活影响极大的国家来说，值得特别重视。在房地产税调节之下，不仅可以增加住房市场上中小户型的需求比例，从而有利于集约利用土地，促进城市化健康发展和经济增长方式转变，还可以减少已建成房屋的空置率，活跃租房市场，提高社会中不动产资源配置的效率，同时可以促使不动产投资、投机（二者并无绝对界限）行为收敛，有利于减少住房价格过快上涨及其导致的市场大起大落的可能性，促进房地产业长期的健康发展。

2. 优化收入分配和财产分配格局

中国的收入分配差距扩大引起的严重不满，已经牵动人心与全局，相关改革和制度建设任重道远、无可回避。

收入与财产这两个概念在收入分配格局里如影随形，很多收入现金流是和财产配置以后产生的收益、溢价和影响力密切相关的，而且由于财产配置的作用，致使很多社会成员实际收入的差距进一步扩大。收入差距迅速扩大，在很大的程度上源于财产性收入，最主要的构成原因之一是来自于不动产财富的增值、溢价收入。在房地产保有环节开征房地产税，客观上将增加住多套房、高档房的高收入阶层的税负，所筹得资金转而用于国家财政支出将更多扶助低收入阶层，这种再分配调节作用，对于我国推进收入分配合理化的相关制度建设，现实意义重大，社会要求迫切。房地产税是在我国今后税制整体优化过程中逐步发挥财产税再分配调节作用，抑制"两极分化"式过大收入差距的不可或缺税种。

3. 为财税体制配套改革所需

第一，地方税体系中的支柱税种，促使地方政府行为合理化。地方税作为一个体系，其中大宗稳定的收入支柱，首推房地产税，因为它可以使地方政府内在地形成一种物质利益的合理引导：地方政府只要专心致志优化投资环境，提升本地公共服务水平，它的财源建设就可以随着政府职能的履行越来越壮大。这种与市场经济导向内洽的机制，也就是房地产税可以发挥出的最主要的正面效应，可以支撑整个配套改革。房地产税成为地方税体系的支柱，使省以下分税制由不能够落实变成可以贯通，使地方政府短期行为得到制度性校正，这是真正可持续的长效机制。当然还要有其他税制改革来配套。这里要强调，这个税种上的改革是不可或缺的，对房地产市场也是正面效应，显然会在房地产供需双方行为合理化导向上，形成经济参数和税负约束，以促进房地产业健康发展。

第二，进而深化中国省以下的分税制改革，矫正"土地财政"。房地产税是我国社会主义市场经济体制建设和通盘配套改革中不可或缺的地方税体系的支柱之一。与市场经济体制相匹配的财政体制，是以分税制为基础的分级财政，中央、地方不同层级的政权，要形成不同的事权（支出责任）和与之呼应的财权，而财权中最基本、最重要的首先是税基的合理配置，需要形成合理的地方税体系。我国1994年具有里程碑意义的财税配套改革，已在中央和以省为代表的地方之间，总体形成了分税制框架。但在省以下，却迟迟未能形成有长效机制的地方税体系和真正进入有一定规范性的分税制状态（各地在省以下实为五花八门、复杂易变、讨价还价色彩仍十分浓厚的分成制与包干制），地方政府过于注重投资扩张和粗放扩张GDP，过于依赖土地批租（一级市场）的"土地财政"收入，所引发的短期行为广为人们所诟病，都与此种制度安排不合理、制度建设不到位问题有内在联系。开征房地产税，可以使地方政府得到一种大宗、稳定、随自己职能履行而不断"水涨船高"式增长的支柱税源，促使其改进辖区投资环境、提升公共服务水平的努力，与自身财源建设内在契合，从而内生地形成转变政府职能、行为长期化的可持续动因，并促进财税、行政等方面的通盘配套改革的深化与逐步到位。

第三，提升中国直接税比重，降低公众"税收痛苦"程度。中国税制结构中直接税比重偏低、间接税偏高的问题不容轻视。在早些时候，公民的纳税人意识尚没有上升到一定水平，对于税收负担问题大都浑然不觉。近年来，民众的纳税人意识有了显著提升。尽管目前中国的宏观税负大体维持在发展中国家的平均水平，明显低于发达国家，但这并不能够否定中国民众感受到的"税收痛苦"问题。这种痛苦最主要的来源就是间接税。在间接税为主的税制框架下，给国库做主要贡献的群体是社会消费大众，而消费大众的主要构成部分是中低收入阶层。在恩格尔系数还很高（较大部分收入用于满足基本生活需要）的情况下，中低收入阶层让渡了他们的物质利益，这是生存资料层面上的让渡，也是"痛苦"程度很高的让渡，所以"税收痛苦"的感受程度高。房地产税改革是渐进提升直接税比重和相关的配套改革的一部分，可以优化中国税制的发展建设，从总体上减少中低收入者的"税收痛苦"。

总之，完善房地产税等相关制度，有利于稳定市场预期，引导居民形成合理的住房消费，也有利于为地方政府提供持续、稳定的收入来源。在此还有必要以略作展开的方式，较全面地列举一下房产税（房地产税）六个方面的正面效应。

第一，房地产税在引导预期和行为方面会降低社会上不动产的空置率，住房空置率的降低就是在一个特定的时间段之内社会并不增加一分钱的投入，但是市场上却会涌流出来一大批有效供给，这显然就会促使市场的价格表现趋于沉稳，而且此税会增多小户型的市场需求，促使中国在城镇化过程中的土地利用集约程度（利用率）得到提高，而这些是对于我国房地产业健康发展非常重要的制度支撑因素。大起大落的风险随之减少，支柱产业的正面贡献会更明显、更稳定而牢靠。

第二，它会内洽地引领地方政府真正实现职能调整转变，专心致志来优化辖区的公共服务，改进各个地方的投资环境，这是地方政府出于自己组织税收的利益考量、政绩考量做它们应该做的事情，这是长效机制的一个非常重要的亮点。

第三，它会使市场经济所要求的财政分税制为基础的分级财政，匹配上必须打造的地方税体系，矫治过于看重土地批租的"土地财政"弊端，这也是支持长治久安的基石之一。

第四，它会优化我们的收入分配和财产配置，强化社会的再分配机制，而且落到五中全会所说归宿上的"共享发展"所必须打造的长效机制，有利于遏制社会中的收入差距，防范两极分化。

第五，这个税改会推进中国的直接税比重的提高，而配合间接税的降低和减少低端的和社会总体来衡量的那个税收痛苦程度，也改变原来的间接税为主的税制"顺周期"的那种弊病，这也是现代化的税制必须追求的新境界。

第六，这样一个地方层面的房地产税，会从千家万户所关心的直接利益出发，"倒逼"式促进公众参与机制，而把法治化、民主化框架之下的一种现代预算治理体系更好地逐渐培育和发展起来,即倒逼阳光化的预算和公共财政制度的建设完善。

最后要说到,对这样一个税制建设,已经有多年的讨论,一个亟须澄清的观点就是并不存在有些论者所讲到的法理上的硬障碍,国际上并不是只有终极产权为私有的土地才能开征这种住房保有环节的房地产税。比如看看英国,有最终产权意义上的私有土地,也有最终产权不是私有、归于不同层级的政府和公共团体的公有土地,但是他们现在称为"council tax"的这种不动产税或者房地产税,是全覆盖的;更不用说我们的特别行政区香港—香港的土地没有私有的,但是在最终产权非私有的这片土地上,多少年来一直在开征被称为"差饷"的房地产税。这种经验已经非常清晰地告诉我们,并不存在有些论者反复强调的中国大陆本土开征房地产税的所谓法理上的硬障碍。

当然,还有其他很多问题需要进一步的探讨,本书后面章节中还会涉及。

四、房产税改革试点及评述

早在 2003 年,中央相关文件中就提出了"物业税改革"试点,2010 年 5 月,国务院就同意并转发了国家发改委《关于 2010 年深化经济体制改革重点工作的意见》,要求"逐步推进房产税改革",同年"研究和推进房地产税"被纳入国家"十二五"规划。2011 年 1 月召开的国务院常务会议同意在部分城市进行对个人住房征收房产税改革试点,具体征收办法由试点省(自治区、直辖市)人民政府从实际出发制定。2013 年深化收入分配方案中提出"改革完善房地产税"。

2011 年 1 月 27 日,经国务院批准,上海和重庆宣布自次日起试点房产税,即在上海和重庆试点对居民普通住宅征收房产税。房产税改革试点是我国房地产税制体系的重要变革。作为房地产保有环节的税收,房产税既承载了政府对于健全房地产制度体系和完善市场调控的重要使命,也关乎普通居民的基本生活。沪渝两地房产税改革自试点伊始,就一直备受社会各界关注。

(一)沪渝两地房产税改革试点基本情况

2011年1月27日,上海、重庆两市同时发布文件——《上海市开展对部分个人住房征收房产税试点的暂行办法》《重庆市关于开展对部分个人住房征收房产税改革试点的暂行办法》,开始试点城市个人住房房产税改革。试点改革的法律依据是国务院于1986年制定的《中华人民共和国房产税暂行条例》,取消了原条例中对居民自住房屋免税的优惠待遇。改革的主要目标包括:遏制房产市场的过度投机,抑制高房价,促进房地产市场健康有效运行;增加地方财政收入,完善地方税体系,并为保障房建设筹集资金;通过对居民的主要财产(房屋)课税,调节收入分配格局。

下文将两地改革的试点方案作一简要对比。

表 1-2　上海、重庆房产税试点方案对比

	上海	重庆
试点范围	上海市行政区域	重庆主城九区,包括渝中区、江北区、沙坪坝区、九龙坡区、大渡口区、南岸区、北碚区、渝北区、巴南区
征收对象	暂行办法施行之日起本市居民家庭在本市新购且属于该居民家庭第二套及以上的住房(包括新购的二手存量住房和新建商品住房)和非本市居民家庭在本市新购的住房	试点采取分步实施的方式,先期纳入征收对象的住房包括: ● 个人拥有的独栋商品住宅 ● 个人新购的高档住房。高档住房是指建筑面积交易单价达到上两年主城九区新建商品住房成交建筑面积均价2倍(含2倍)以上的住房 ● 在重庆市同时无户籍、无企业、无工作的个人新购的第二套(含第二套)以上的普通住房

续表

	上海	重庆
纳税人	应税住房产权所有人	应税住房产权所有人
计税依据	计税依据为参照应税住房的房地产市场价格确定的评估值，评估值按规定周期进行重估。试点初期，暂以应税住房的市场交易价格作为计税依据；房产税暂按应税住房市场交易价格的70%计算缴纳	应税住房的计税价值为房产交易价，条件成熟时，以房产评估值作为计税依据
税率	适用税率暂定为0.6%；应税住房每平方米市场交易价格低于本市上年度新建商品住房平均销售价格2倍（含2倍）的，税率暂减为0.4%	独栋商品住宅和高档住房建筑面积交易单价在上两年主城九区新建商品住房成交建筑面积均价3倍以下的住房，税率为0.5%；3倍（含3倍）至4倍的，税率为1%；4倍（含4倍）以上的税率为1.2%；在重庆市同时无户籍、无企业、无工作的个人新购第二套（含第二套）以上的普通住房，税率为0.5%
税收减免	免税面积：本市居民家庭在本市新购且属于该居民家庭第二套及以上住房的，合并计算的家庭全部住房面积（指住房建筑面积，下同）人均不超过60平方米（即免税住房面积，含60平方米）的，其新购的住房暂免征收房产税；人均超过60平方米的，对属新购住房超出部分的面积，按本暂行办法规定计算征收房产税；其中所指合并计算的家庭全部住房面积	免税面积：纳税人在本办法施行前拥有的独栋商品住宅，免税面积为180平方米；新购的独栋商品住宅、高档住房，免税面积为100平方米。纳税人家庭拥有多套新购应税住房的，按时间顺序对先购的应税住房计算扣除免税面积；但是，在重庆市同时无户籍、无企业、无工作的个人的应税住房均不扣除免税面积；

续表

	上海	重庆
税收减免	为居民家庭新购住房面积和其他住房面积的总和； 本市居民家庭中有无住房的成年子女共同居住的，经核定可计入该居民家庭计算免税住房面积；对有其他特殊情形的居民家庭，免税住房面积计算办法另行制定 免税规定： ● 本市居民家庭在新购一套住房后的一年内出售该居民家庭原有唯一住房的，其新购住房已按本暂行办法规定计算征收的房产税，可予退还； ● 本市居民家庭中的子女成年后，因婚姻等需要而首次新购住房、且该住房属于成年子女家庭唯一住房的，暂免征收房产税； ● 符合国家和本市有关规定引进的高层次人才、重点产业紧缺亟须人才，持有本市居住证并在本市工作生活的，其在本市新购住房、且该住房属于家庭唯一住房的，暂免征收房产税； ● 持有本市居住证满3年并在本市工作生活的购房人，其在本市新购住房、且该住房属于家庭唯一住房的，暂免征收房产税；持有本市居住证但不满3年的购房人，其上述住房先按本暂行办法规定计算征收房产税，待持有本市居住证满3年并在本市工作生活的，其上述住房已征收的房产税，可予退还	免税规定： ● 对农民在宅基地上建造的自有住房，暂免征收房产税 ● 在重庆市同时无户籍、无企业、无工作的个人拥有的普通应税住房，如纳税人在重庆市具备有户籍、有企业、有工作任一条件的，从当年起免征税，如已缴纳税款的，退还当年已缴税款 ● 因自然灾害等不可抗力因素，纳税人纳税确有困难的，可向地方税务机关申请减免税和缓缴税款

续表

	上海	重庆
收入用途	对房产税试点征收的收入，用于保障性住房建设等方面的支出	个人住房房产税收入全部用于公共租赁房的建设和维护
税收征管	房产税由应税住房坐在地的地方税务机关负责征收； 房产税税款自纳税人取得应税住房产权的次月起计算，按年计征，不足一年的按月计算应纳房产税税额； 纳税人未按规定期限申报纳税的，由地方税务机关向其追缴税款、滞纳金，并按规定处以罚款	房产税由应税住房坐在地的地方税务机关负责征收； 个人住房房产税的纳税义务发生时间为取得住房的次月。税款按年计征，不足一年的按月计算应纳税额； 纳税人应按规定如实申报纳税并提供相关信息； 对个人转让应税住房不能提供完税凭证的，不予办理产权过户等相关手续。纳税人在规定期限内不缴或少缴应纳税款的，由地方税务机关责令限期缴纳，逾期仍未缴纳的，地方税务机关可以书面通知纳税人开户银行或者其他金融机构从其存款中扣缴税款、滞纳金及罚款
其他	成立专门的工作机构推进试点；要求各部门协同配合；多部门建立全市统一的房地产信息管理平台，共享个人住房信息数据；组织实施房产税税基评估工作	定期由政府职能部门计算确定上两年主城九区新建商品住房成交建筑面积均价；要求各部门配合税务部门建立存量住房交易价格对比系统，评估存量住房；相关部门共同搭建房地产信息平台，抓紧建设个人住房信息系统

细观上海、重庆两市发布的个人住房征收房产税改革试点的暂行办法可知：

首先，试点方案中突出房产税的调节功能。两地的暂行条例仅对居民的第二套及以上住房、或者是高档住房征税，以此抑制居民投机和非基本住房需求。

其次，保障居民的基本住房需求不受征税影响，不增加普通居民的税收负担。上海市的免税面积为人均60平方米，按照普通的三口之家计算，家庭的免税面积为180平方米；重庆市规定个人房产税征税对象为独栋商品住房、新购高档住房，而且也分别规定了180平方米和100平方米的免税面积。对比国家统计局公布的全国人均住房使用面积27.0平方米①，上海、重庆两市的普通居民家庭的基本住房需求都能够免予纳税。

再次，不鼓励非常驻居民跨地区投资购房。重庆市对于无户籍、无企业、无工作的个人拥有的第二套及以上住房征税且不允许享受面积扣除，以此抑制外地居民在重庆市投机炒房。

第四，以较低的税率推出个人普通住宅房产税改革试点。上海、重庆两市颁布的个人普通住宅房产税税率都比较低。例如，上海的个人普通住宅房产税的基础税率为0.6%，而大多数非高档住房仅适用0.4%的税率。而国际上保有环节开征的房产税税率一般在1%左右。

第五，明确对房产税改革试点征收的收入的用途。两市发布的暂行办法都规定，房产税改革试点征收的税收收入，用于保障性住房建设等方面的支出。

第六，在上海和重庆两市发布的暂行办法中均要求建立市辖区内多部门统一的房地产信息平台，督促加快评估体系的建立。此外，虽然在试点初期应税住房的计税价值为房产交易价，但是条件成熟时，要以房产评估值作为计税依据。由此可见，在房产税改革试点之时，对于房产税的配套制度非常重视。

（二）沪渝两地试点效果

评估一项改革的效果，应对照该项改革的初衷来进行。根据财政部和税务总局2010年9月对房产税改革试点的解释，"……改革和完善房产税制度，对个人所有

---

① 数据见国家统计局科研所：《中国全面建设小康社会进程统计检测报告》(2011)。

的住房恢复征收房产税是必要的，既有利于调节居民收入和财富分配，也有利于健全地方税体系，促进经济结构调整及土地节约集约利用，引导个人合理住房消费。从国际经验及公平、规范的角度看，房产税应该对个人所有的住房普遍征收。但考虑到这项改革情况复杂，拟先在部分城市对部分个人拥有的住房进行试点，恢复征收房产税，积累经验后逐步扩大到全国"[1]。由此可见，对个人住房恢复征收房产税目的包括：一是调节居民收入和财富分配；二是健全地方税体系；三是促进经济结构调整及土地节约集约利用；四是引导个人合理住房消费。以下对照房产税改革试点的初衷来简要评估房产税改革试点的效果。

1. 房产税改革试点的初衷之一：调节居民收入和财富分配

从理论上来看，税收通过征税为政府筹集财政收入，之后通过财政支出为居民提供公共产品和公共服务。所谓调节居民收入和财富分配，即通过区别不同人群，将针对收入较高、财富拥有量较大的群体征收的税收收入，通过财政支出用于为收入较低、财富拥有量较小的人群提供公共产品和公共服务。依此来判断，在上海和重庆两市试点的房产税改革正是在履行调节居民收入和财富分配的税收职能。从政策设计来看，上海和重庆的房产税都是对高端和投资需求征税，即对高收入人群征税。税收收入最终用于公共租赁房的建设和维护，即补贴低收入人群。无论税收收入多或者少，这种通过征税"抽肥"，通过财政支出"补瘦"的做法具有明显的调节收入分配的政策效果，毋庸置疑。

2. 房产税改革试点的初衷之二：健全地方税体系

建立财权与事权相顺应、财力与事权相匹配的财税体制，是"十二五"时期公共财政体制改革的关键，是推进基本公共服务均等化的体制保障，也是完善社会主义市场经济体制的应有之义和重大事项。建立财权与事权相顺应、财力与事权相匹配的财税体制要求为地方政府设立可以支配的主体税种，为其提供充足且稳定的收入。从世界发达国家的实践来看，房产税以其税基广、收入稳定、规模较大、具有

---

[1] 见"财政部国家税务总局有关负责人就房地产市场税收政策调整答记者问"，2010年9月30日。

非流动性且税负不易转嫁成为天然的地方主体税种。既然房产税作为天然的地方税种的优势与生俱来，那么在我国上海和重庆两地试点的房产税改革，一经推出，就无疑成为健全我国地方税体系的重要尝试，继而为建立财权与事权相顺应、财力与事权相匹配的财税体制积累实践经验，这一点也符合改革的初衷。

3. 房产税改革试点的初衷之三：促进经济结构调整及土地节约集约利用

对个人住宅征收房产税，促进经济结构调整，主要是期望通过征收房产税，稳定房地产市场发展过热的势头，降低宏观经济对房地产业的依赖。但是目前来看，我国正处于城镇化进程快速发展的阶段，人口在以一个较快的速度由农村向城镇转移，除非城镇化率达到一个相当的水平，这种人口的区域转移不会停止。由于住房需求的增长，房地产市场仍将继续以较快的速度发展，房地产业在宏观经济中的占比仍将保持较高的水平，这一趋势无可逆转。因此，通过房产税促进经济结构调整的目标，客观的讲，作用比较小。从两地的试点结果中似乎也无法看出房产税对经济结构的影响。

房产税对土地节约集约利用的作用，主要是通过对占地面积较大的别墅、建筑面积较大的商品住宅征税，增加其持有成本以抑制其购买意愿，转而选择较小户型的商品住宅，由此达到土地的节约和集约利用的效果。但是在两地试点的实践中，我们可以看到，由于仅对高档住宅征收的房产税税率不高，高档住房所有人的税负偏低，对消费者的消费偏好的影响并不明显。以上海为例，三口之家新购一套200平方米、单价为每平方米4万元、总价为800万元的高档商品住宅，每年需要缴纳的房产税为：$(200-3\times 60)\times 40000\times 0.6\%=4800$元。对于买得起800万元住宅的家庭而言，每年4800元的税收负担对其偏好的影响比较小。因此，房产税改革试点方案来影响土地节约集约利用，效果尚不显著。

4. 房产税改革试点的初衷之四：引导个人合理住房消费

在房地产市场存在增值预期情况下，购买住房就不仅仅是住房消费了，也包括住房投资和投机。因此，房产税改革试点的初衷并不仅仅是引导个人合理住房消费，而是引导个人合理住房"购置"，即此处的"消费"包含基本住房消费、住房投资和住房投机。

应充分肯定上海和重庆房产税改革试点敢为天下先、在打开局面方面的重要意义和作用。任何一项改革的推出都应经过大量的调研和分析之后，谨慎推出的，对于涉及千家万户的房产税改革更是如此。房产税改革涉及面广，政策环境要求高，是一项挑战政府执政能力的改革。在确定房产税的长期改革目标的情况下，上海、重庆两市的积极探索值得充分肯定。

从两地改革试点的方案来看，引导个人合理住房"购置"的意图较为明显，效果也不可否认。增加个人住房保有环节的成本，首先，对于为了满足基本住房需求的人来讲，会改变其预期，引导他们倾向于更实惠一些，面积较小的房子，同样面积的房子在地理位置上，可以考虑距离市区远一些的房子，以避免或降低缴纳年年都征的房产税；其次，对于买房为投资，为未来生活增加一项"商业性社会保障条件"的人来讲，他们会考虑买了住房之后不再空置，将住房对外出租，以减少因房产税带来的支出压力；最后，对于买房为投机的人，由于房产税税负较低的原因，炒房人可能不会完全停止投机炒房，但是在炒房的时候会顾忌市场氛围与各相关方预期的变化适当收敛自己的行为。因此，目前试点的房产税改革方案对引导个人合理住房"消费"是正向作用的。

从实际试点的效果来看，对个人住房"消费"的引导作用也已经有所显现。例如，上海市多年苦恼的问题就是大家都愿意在城市中心区购置不动产。而这次上海方案里面一个很小的杠杆——中心区域的税率是0.6%，周边区域的税率是0.4%，税率上的较小差异，实践中出现成交大量地被引流到周边区域。

以上分析可见，对照房产税改革试点的初衷，上海重庆两地的房产税试点效果已经有所显现。对比试点的目标，除了促进土地节约集约利用的效果尚不明显，试点的效果总体上较好。

当然，在改革实践中，也暴露出了一些问题，包括：（1）试点改革的征税环节仍旧集中于房屋销售环节，以市场交易价格为计税依据。那么，缺失房屋保有环节课税和市场评估计税法影响该税种对房地产市场和房价的调节。据上海市统计局资料显示，2011年上海市商品住宅成交量和供应量较上年回落，但房价与上年相比小幅上扬1.5%。2012年商品住宅成交量翘尾走势明显，房价同比上涨3.1%。2011年重庆市别墅和高档住宅成交均价下降7.1%，尚未改变房价整体走势，下降幅度有限。（2）试点改革的狭小征税范围和较低税率水平难以对居民收入分配格局进行实质性和普遍性调节。试点改革的征税范围不涉及存量房，仅扩大至增量房和部分存量高档住宅。征税范围狭小限制了该税种组织财政收入功能的发挥，难以成为地方税体系的主体税种。上海市2011年和2012年共计认定5.7万套应税住房，其中，2011年认定了近2万套应税住房，2012年认定了约3.7万套，两年累计组织财政收入46.7亿元，尚不足上海市地方财政收入的1%。重庆市2011年征收房产税涉及9400余套住宅，总计近1亿元，相对于重庆市当年2900亿元的财政收入，房产税的增量也是微乎其微。（3）应加快房地产注册登记和价值评估制度建设，否则无法实现以评估价值作为税基征税，阻滞改革推进。根据税收的普遍和量能原则，房产税应对法定免税项目以外的所有房屋财产进行课税，从两市的方案中不难看出，试点改革事实上沦为房屋高端消费交易调节税，既不能囊括多种产权形式的住房，也无法调节拥有多套住房的富人群体。（4）两市试点房产税均没有梳理和优化当前繁杂且不尽合理的房地产税费制度，现有的12种房地产税收和56项收费让购房者、房地产企业难以承受，如果不做好房地产税收的"减法"而新增加税种，会降低纳税人的税收遵从度，进而使房产税改革的正当性和合理性大打折扣。（5）最后，与改革相关的信息披露不够透明，关注改革的各界人士只能"雾里看花"。管理部门应以更为开明的取向，充分披露有关改革的相关信息。此外，政府对于未来的改革规划应适当披露，给社会公众吃"定心丸"，避免产生猜疑、质疑、恐慌。

不可否认，对于房产税改革试点，舆论上有一些说法，指责上海、重庆两市的试点成效不足。主要的质疑包括，针对个人普通住宅征收的房产税税收收入很少，改革效果不好；而且也并没有看到房价快速、实质性的下跌，所谓"动静不大"。其实这是一些非常表面化的认识。首先，房产税的改革试点的首要指向并不是直接来降低房价，而是要通过必要的制度建设，促进房地产市场的健康发展。其次，房产税与房地产市场的关系，或者房产税对房地产市场的影响是有理论支撑、并且历经世界历史实践证实的客观存在，不会因为国情的不同而改变。

（三）房产税的基本职能及对房地产市场的影响

1.房产税的职能及我国税制改革的选择

房产税是在房地产保有环节征收的不动产税，一般的，以房地产（土地及其地上建筑物合计，或者区分土地、地上建筑物）的评估价值作为税基征收，就房地产保有环节的税收征收目的而言，不同的国家由于其社会制度、资源禀赋和发展阶段的不同，征收不动产税的目的也不尽相同，以土地税收为例（见表1-3），加拿大和美国因为其地广人稀、土地资源丰富，不动产税主要是为了筹集地方提供公共服务所需财政资金；韩国和中国台湾因为其人口密度较大、而土地资源短缺，开征不动产税主要是为了合理利用土地资源，预防和限制土地投机；而日本因为其土地资源短缺，但是地方财政支出庞大，开征不动产税的目的则兼顾地方财政收入职能和抑制土地投机的目标。从世界各国的实践来看，由于房地产保有环节税收的稳定性和非竞争性，多数国家还是将保有环节的税收目标定位于财政型，即为地方政府筹集提供公共服务所需财政资金。

表1-3 各国（地区）土地税收的主要目标

类型	国家	目标
效率型：开征的目标是通过征收保有税，提高占有土地的成本，从而促进土地的流动和更有效的利用，提高土地的供应量	韩国、中国台湾	旨在充分而合理的利用土地资源，预防和制止土地投机等
财政型：即开征的目的是保证地方政府财政收入、与国家土地政策无关	美国	主要是为地方公共服务设施等筹集财政资金，调整收入分配的作用居于次要地位
	加拿大	用于提供公共服务，市政设施项目建设

续表

类型	国家	目标
混合型：开征的目的兼顾满足地方财政收入和推行国家土地政策的目标	日本	土地税收是为了更好的促进土地资源的合理利用、抑制土地投机

资料来源：谢伏瞻主编：《中国不动产税收政策研究》，中国大地出版社2005年版

目前，我国国内对于房产税的税收职能定位，还存在争议，有人坚持体现收入职能，有人要求发挥调节职能。但是一个税种不可能实现所有目标，因为不同的职能定位决定了不同的税制设计，很难兼顾。如果坚持收入职能为主，房产税的税基就应尽可能地大，将绝大多数的普通住宅纳入房产税征收范围。如果坚持调节职能为主，税制设计中就必须区别不同的住宅，实行不同的征税标准。在中国目前的经济和市场环境下，合理却务实的选择是将房产税改革主要定位于调节职能。原因在于：首先，目前的房地产市场的投机现象需要税收手段予以抑制，房地产市场需要在规范的制度环境下健康发展；其次，房产税本身是一项增税的改革，如果定位于收入职能，与近中期的总体减税基调不符；再次，如果普遍征税，多数城市居民会直接感受税负增加，推行的阻力较大。基于此，房产税改革应侧重定位于调节职能，这既符合稳定宏观经济发展的需要，也有助于减少改革推进的阻力。

2. 房产税与房地产市场的关系——基于资本资产定价模型的分析框架

关于房地产保有环节的税收对房地产价格的影响，一直是国内外学者关注的焦点，从文献来看，多数学者的研究都借鉴了资本资产定价模型来分析房地产保有环节的税收对房地产交易价格的影响。

我们借鉴 Denise DiPasquale and William C. Wheaton（1995）提出的四象限来分析房地产保有环节对房地产价格的影响。

（1）分析房产税与房地产市场关系的"四象限"模型

四象限模型有两个假设条件：一是在市场其他条件给定的情况下，住宅资产（所有权）价格是由住宅资产市场的供给和需求双方相互作用决定的。二是在市场其他条件给定的情况下，在住宅使用市场，使用权的供需关系决定使用权价格即租金。

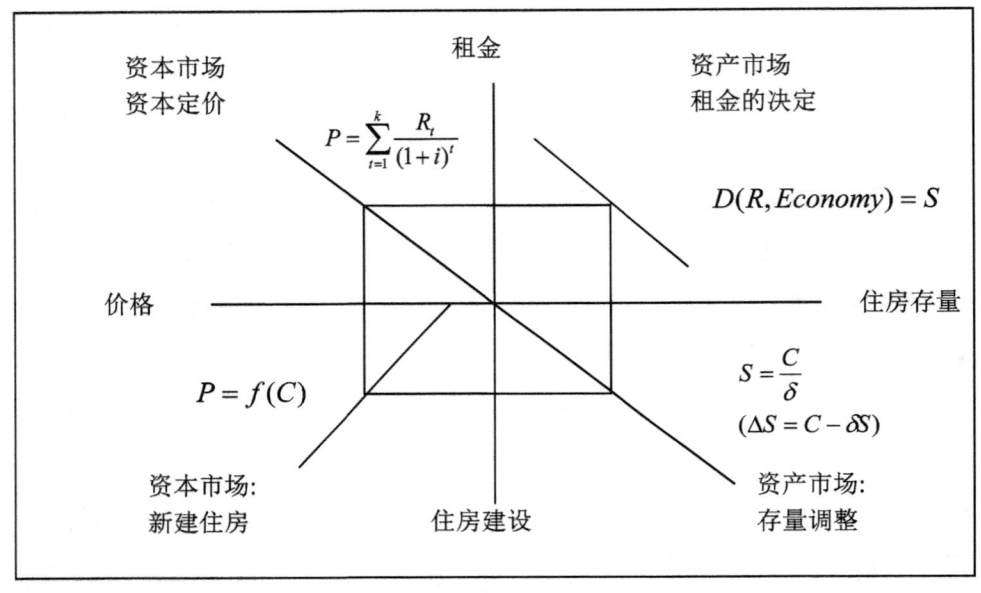

图1-1 房地产资本市场和资产市场的关系

四象限模型将房地产资本市场和资产市场联系起来，通俗来讲，人们拥有住房是要解决最基本的"住"的问题，而解决这一问题实际需要的是居住空间，并不一定要购买房产，也可以通过租赁来解决。在资产市场（Property Market）（图1-1的右上角），居住空间的供给为市场的房产总数，需求为城市居民的住房需求，通过租金价格的变化，在资产市场调节居住空间的供给和需求达到均衡。资产市场的总供给是一定的，对居住空间的需求取决于租金和其他外在经济因素，主要包括收入水平、家庭数量等。一般而言，当收入水平提高或者家庭数量增加时，空间的使用需求就会上升。在供给固定的情况下，租金就会上涨。

而房地产价格的高低则在资本市场（Asset Market）（图左上角）形成，根据Ricardian Rents理论，购买房地产相当于长期投资，假设购买住房主要以其收益就是租金，因此影响房地产价格的最重要的一个因素是资产的租金收入，租金的任何变化都会资本化到房地产价格里。投资的总支出和总收益，长期来看应该是相等的，因此房地产的价格应该为未来预期租金收入的现值总和，即：

$$P = \sum_{t=1}^{k} \frac{R_t}{(1+i)^t}$$

其中：P 为当前房地产的价格

R_t 为第 t 年预期的未来租金

i 为折现率

一般地，折现率等于资金的使用价格，即利率。但当预期租金持续上涨时，考虑稳定的增长率，折现率为利率和预期租金收入的增长率的差。因此，在资本市场，房地产的价格会随着租金的上涨（下跌）而上涨（下跌），房地产的价格与租金正相关，而与折现率负相关。

房地产价格的高低会直接影响新建房地产（图左下角）。当其他条件不变时，房地产价格上涨，新建房地产变得有利可图，开发商便会加大房地产投资，从而增加总的住宅空间的总供给（图右下角）。在住宅空间需求不变的条件下，新增住宅会影响租金涨落，租金的变化进一步决定房地产价格。如此形成房地产资本市场和资产市场的联系，同时带动相关产业的发展。

（2）房地产保有环节税收与房地产价格的关系——以四象限模型为框架

上述分析框架没有考虑税收的影响，下面加入税收因素，考虑税收对房地产价格变动的影响。

房地产保有环节的税收对房地产价格的影响，主要是通过影响租金收益资本化率来实现的，资本化率是投资者愿意持有房地产资产的当前期望收益率。一般说来，确定资本化率需要考虑四个方面的因素：经济活动中的长期利率、预期的租金上涨率、与租金收入流量相关的风险和房地产税收政策。具体到税收政策上，如果政府减少保有环节的税负，为了获得社会平均的税后投资回报，投资者对于房地产投资的收益要求会降低，当期房地产价格就会因此提高，即房地产保有环节的税负变动与房地产价格的变动呈现负相关关系。体现在四象限模型上，当房地产保有环节的税负减少时，第二象限内反映租金收益和房地产价格的射线会逆时针旋转，房地产价格上涨，带动房地产相关的市场相应变化，直至达到新的均衡状态，在新的均衡状态下，房地产价格上涨。反之，如果保有环节的税负增加，最后会导致住房价格降低。

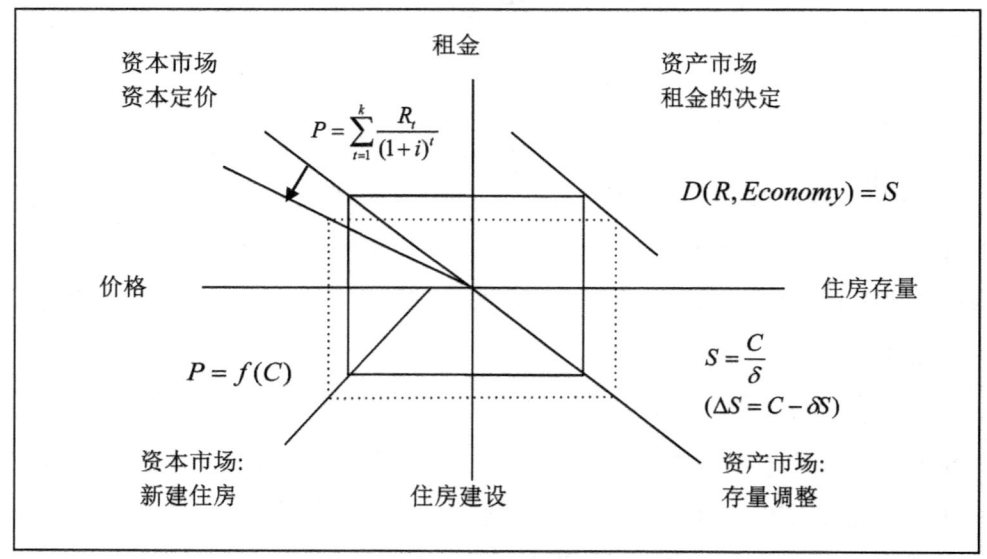

图 1-2 保有环节税收对房地产价格的影响

由以上分析可知，单纯从税收经济效应的角度来看，房地产保有环节的税收与房地产价格呈现负相关关系，房地产保有环节税负增加，会在一定程度上降低房地产价格。

住房价格是市场供求关系产生的结果，而影响房地产供求的因素很多，抑制房地产市场投机，需要在政策调控和制度建设上出"组合拳"，这其中就包括税收政策。如上述理论分析可见，保有环节开征的不动产税，或者我们目前正在改革的称之为房产税的税收，对住房价格的影响方向是确定的。但是客观地讲，即使是从曾经经历过房地产泡沫的日本的实践中，我们也很难量化房地产价格变化中税收政策的调节到底起到了多大的作用。作用的大小并不否认保有环节的税收对房地产价格非理性上涨的抑制作用。而且很显然，在房地产泡沫破灭前夕，日本政府开征的土地价值税在一定程度上表明了日本政府对地价进行宏观调控的态度和决心，这种政策选择改变了房地产价格继续上涨的预期。而之后日本央行加息和外汇市场的变化成为房地产泡沫最终破灭的加速器。

基于以上，我们可知，房产税对住房价格的非理性上涨可能有较明显的、至少是一定程度抑制作用。在我国，短期内房产税改革应该坚持发挥税收稳定市场的作用，待市场实现良性循环时，在保障居民基本住房免于纳税的前提下，逐步扩大房产税税基，向收入职能过渡。

五、房产税改革试点及其启示

自2011年以来，重庆和上海已经开启房地产试点改革，所涉及的税种严格意义上是指房地产税或不动产税。在我国现阶段多种因素制约之下，这一改革是在全国人大审批通过、授权国务院制定实施办法的"房产税"框架下启动的试点，引入了两个实质性的新机制：一是把房产税覆盖面扩大到一部分居住性住房；二是要作一定形式的税基规范，确立房产评估值概念并发展其方法。虽两市试点方案细则不尽相同，但都包含着向较标准的"房地产税"（"不动产税"）靠拢的趋向。

（一）两地"敢为天下先"值得充分肯定

必须充分肯定上海和重庆房产税改革试点敢为天下先、在渐进打开局面方面的重要意义和作用。先推动试点，通过试点积累经验、凝聚共识、减少反对与疑虑，先搭成一个制度框架以后，再考虑动态优化逐步健全完善起来。

有观点认为，试点城市的房价依然坚挺，居高不下；房产税征税也只是给地方政府增加了少量的收入，对市场层面的影响更多的只是心理层面，于是不少人据此反复对开征房产税的可行性发出质疑。需要强调的是：不要只看开始时的年度增收额，房产税有更深更长远的制度建设意义。如果只看到在这两个试点城市开始的时候，房价没有明显的下降就说房产税改革没有作用，是颇为表面化的"皮相之见"。两地的方案都有"柔性切入"的考虑，力度上有意收敛而求减少对社会生活的震动，但即使如此，都可观察到对商品房市场上高端成交量和价位的沉稳化影响，而且这种平稳还影响了人们的心理预期，这个预期上的影响未来将有更多的体现。此外，在住房保有环节无税的情况下，不仅不利于房地产业的健康发展，也制约全国省级以下财政体制的完善。地方税体系的构建和其他方方面面的配套改革，都有对税收方面的要求，已形成了一个愈益明显的制度有效供给的空缺。房产税制度的建设是要填补这个空缺的，其影响是深远的。它是通过提供综合配套中的一个组成部分，推进全局性的改革。

另有观点认为，应该停止两地改革试点，由人大牵头做房产税立法，审批通过后，各地同时实施改革。我们很认同要积极促进充分发挥人大的作用，要依法治税、提升法律观念，建成法治国家。但以中国现阶段的情况看，要通过立法程序形成房地产税法再实施改革，过程将漫长得无法想象，等于封杀了这项改革的空间。虽然顶层设计和积极立法需要强调，但是先行先试是不可避免的，要给出弹性空间，允许有弹性空间中的探索，在先行先试中积累一定的本土经验，为立法提供宝贵的依据与支持条件，这才是可行的正确的改革路径。

还有观点认为，房产税和民众在购买 70 年产权时的土地出让金有重复征收问题，不少专家学者都将这作为反对房产税的理由。对此，我们需要做出冷静的研判：我国在改革中已推出的土地出让金，其性质是土地使用权的价格，即国家凭借所有者身份对使用权持有人收取的地租；而房地产税，其性质是不动产保有环节上使用权持有人所必须缴纳的法定税负，收取者（国家）凭借的是社会管理者的政治权力。"租"与"税"两者是可以合理匹配、并行不悖的关系，不存在所谓不可克服的"法理障碍"和"不能容忍的重复征收"问题，这一点也早已为国际经验所证明。至于在具体启动、实施过程中，有必要的话，则可以考虑采取"老地老办法、新地新办法"区别对待，在税负上做出必要的差异化，调节"出让金生成机制"前后变化带来的价位差。

（二）两地试点的特色和初步成效

从两地试点情况来看，上海方案只涉及增量，但依靠信息系统支持把新购房与原有房合并计算人均拥有面积，再对高端征税；重庆方案涉及了辖区内几千套独立别墅的存量，但清楚地规定了180平方米的"起征点"，仍是只调节高端。

试点后，在重庆和上海高端的不动产，都明显出现了成交量下降，价格趋稳，这是正面效应的积极体现。在具体实施方案中，上海设有0.4%、0.6%两档税率，在年度产权房平均价格上再增加一倍的，即相当于平均价两倍以上成交的产权房，需要从高按照0.6%的税率进行征收。正是由于这个税率差别，产生了一个经济杠杆调节作用，在市场竞争中合理引导供求双方的理性博弈而使市场成交价趋向于沉稳。此外，房产税还带来了资源配置的优化效应，特别是上海以0.4%的从低税率把许多买主引向中心区的周边，产生了过去多年求之不得的促进土地利用格局优化的效果。

（三）前瞻：房地产税改革的逐步全面推广

目前各方面对开征房产税的争议仍然很大，但"适时扩大房产税改革试点范围"的方向已明。总体来看，对个人住房（恢复）征收保有环节的房产税是大势所趋，明晰的路径安排和适宜的制度设计是稳步推进改革的根本保证。改革路径方面，应在总结经验的基础上，推动试点地区方案优化，并探讨怎样扩大试点的覆盖面。具体而言，房产税改革中应注意把握如下要领：

首先，在我国，保有环节的税收不能简单套用美国的普遍征收模式。中国在可以预见的很长时期内，必须要坚持住房保有环节税收只调节高端，否则房产税改革的阻力就会大到无法进行。我们应该尽可能把政府关于未来改革的一些基本考虑做出必要的信息披露，给社会大众吃定心丸：房产税制度调节是针对改革开放中间先富起来的有豪宅、有多套房的这种高端人群，按照"抽肥补瘦"的原则所作的合理调节；需要明确的是，每个家庭可以认定的第一套住房，或者说家庭人均一定标准之下所谓第一单位的住房，是不为这个税所触动的。具体地说就是第一套房不征税，第二套房税率从低。就中国现在的普遍情况来看，第二套房征收税率从低具有一定合理性和可行性。但对于第三套、第四套，甚至更多套的房子，就不必给予税收优惠了,应该严格纳入征收范围。

其次,管理部门应该更开明地披露一些相关信息。为化解阻力、淡化抵触情绪,管理部门应该更开明,适当披露已搞了多年的物业税模拟试点"空转"的相关信息,让公众了解大体情况后,很多的反对意见会不攻自破。

第三,要鼓励不同利益诉求都充分表达,理性讨论非常必要。时间表还是次要的,关键是先认清改革的逻辑,增加共识,排除原来的一些怀疑。要理性地回应反对意见,尊重不同角度的诉求,承认所有的诉求都有他们充分表达的必要性,按照"共和"的精神使博弈过程理性化,从而寻求方案上尽可能实现优化。

最后,党的十八大之后中国改革发展站在了一个新的历史起点上,我们应该学习借鉴美国"进步时代"的进步历程。进步时代的美国,最典型的特征是他们并没有正面设计和推行政治体制改革,但从起初的混沌状态到崛起为世界头号强国的很重要的 40 几年历程中间,美国建立了现代意义的税制、现代意义的预算制度、现代意义的公众意愿表达机制,积极发挥了媒体作用,在媒体和公众批评中完善了法治建设,将政府行为规范化制度化。综合上述因素,美国就基本上解决了走向现代法治、构建宪政的基石性制度建设问题。我们应抓紧发展历史机遇和改革的时间窗口,从各方面都很难拒绝的管理角度切入,尽力通过公共财政建设、税制建设,提高预算的透明度、完整性,以及提高公众参与度,推动法制建设,加强权力监督,优化公共资源配置机制,取得实质性的宪政化结果。在走向现代化中国的过程中,包括房产税改革这类"硬骨头"事项的税改,意义非常重大。在这个历程中,税制绝不会是万能的,但不能因为税制不是万能的就低估它的作用,没有税制建设和改革是万万不能的。

六、关于房地产税改革中几个现实问题的讨论

(一)土地出让金问题

有观点认为,取得住房时,下面的地皮已经在开发环节收了 70 年使用权的出让金,到保有环节如果再每年征税,就是重复征收。但其实在现代经济生活中,只

讲税制本身就有重复因素：中国目前实际开征的税有 18 种，其他国家可以有 20 几种、30 几种，中国和其他这些国家都是多种税、多环节、多次征。比如企业在流转环节交税后，对所得进行核算，还要交企业所得税，其后发给员工的工薪收入，还要再交个人所得税，特殊的还有车船税、各种行为税等。目前这种复合税制本身就包含重复征收因素，所以这里的真问题不是允许不允许重复征收的问题，而是重复得是否合理的问题。何况实际上土地出让金从性质上来说不是税而是租金。国家政权体系作为土地终极所有权的代表者，凭借所有权可以对使用地皮的使用者收取地租，此为土地出让金收取的法理依据。但国家政权体系同时也是社会管理者，它又可以凭借政治权利，经过立法批准，对不动产的实际使用者征缴这种体现为利益调节让渡的税收。租和税可以合理匹配，并行不悖。一国制度设计应该使它们并行不悖地适应整个调控体系的优化。国际上有关国家的实践经验也早已验证了这一点。

（二）土地终极所有权问题

土地终极所有权问题很值得关注。有许多人、包括社会颇有影响的人士反复强调：其他开征住房保有环节税收的国家是土地私有制，而中国是公有制，所有建成区的地皮都是国有的，在国有土地上对使用者征税法理上存在硬障碍。但我们认为这个论点并不能成立。理由是：第一，国外这些市场经济体并不全是土地私有制，以老牌工业国英国为例，英国有很多形式的公有土地，包括中央政府层级的公有、地方政府层级的公有以及公共团体的公有，也由规范的交易形成地皮使用权。英国有的地皮长达 999 年的使用权，实际上已经对终极所有权形成了虚化。但从法律的角度看，英国的土地公有和私有界定很清晰，并非土地私有制一统天下。房地产税在英国叫 council tax，它是在地方层面房屋保有环节的税收，类似于美国的财产税或不动产税的税收，是全覆盖的。英国土地所有权分两种，一种叫做 free hold，一种叫做 lease hold。Free hold 就是所谓终极所有权，lease hold 就是必须签一个最长为 999 年使用期的租用协议取得使用权，但保有环节税收对于这两种情形都是全覆盖的。所以，国际经验无法证明只有土地私有才可以征收不动产税。

另外，我们可以回顾中国自身的改革历史。为什么中国在 80 年代下决心对国有企业开征所得税？如果依照国有制就不必征税的逻辑，中国就不该对国有企业征收被称为直接税的所得税。当时的解释是：虽然企业最终产权是国家的，但是作为市场主体的国有企业，具有自己相对独立的物质利益，是具有相对独立物质利益的商品生产经营者，国有企业应该和其他的市场主体一样在市场中公平竞争，否则"社会主义有计划商品经济"建设就缺乏最基本的微观基础，所以必须解决国有企业和其他企业一样给国家缴纳所得税的制度建设问题，由此两步利改税也就应运而生。同样，在目前土地终极产权是国有的情况下，它上面每一个不动产的具体使用权的保有者，有自己相对独立的物质利益，如果通过立法认为对这样独立的物质利益需要加以税收调节的话，国家完全可以凭借政治权力征税调节这种物质利益的状态与格局。所以，我们认为土地终极所有权问题也不构成开征土地保有环节税收的法理障碍。

（三）"新老不平"问题

应该承认，一部分土地出让金是开征房产税之前在没有其他变量加入时按较高的标准缴纳的。推行房产税改革以后，新形成的土地出让金水平可能会下一个台阶，有人说如果开征房产税，则有失公平。解决这个问题可以把新老地皮划开，老地实行老办法，新地采用新办法。具体实施细节需要通过方案设计来处理，但这并不构成实质性障碍。我国基本养老社会保障把人按不同年龄段分为老人、中人和新人，老人实行老办法、中人实行中办法、新人实行新办法，这是中国已有的经验，土地出让金问题也可以采取类似的区别处理。我们完全可以借鉴中国渐进经济改革中过去已有的成功经验，提出切实可行的方案。

（四）评估管理问题

有观点认为房产税的评估管理过于复杂，中国人做不了。实际上房产税评估管理不会比已经运行十年的物业税模拟评估"空转"征收的管理复杂多少。只要下定决心办法总比困难多。模拟评税试点的十处地方，首先把所有的不动产确权，然后把每一处的地段、面积、楼层、朝向等相关数据输入计算机，由软件处理程序自动生成评估结果。在借鉴国际经验的基础上，中国在这种事上更有后发优势。过去一百年，没有计算机的时候，国外就通过选举社区内大家认为有公信力的人，在有两人以上的情况下登记数据等进行税基评估。如今通过计算机软件程序生成房产税的税基评估值，前期工作可能会稍微复杂一些，投入成本高一些，但这个问题不存在技术难度。"模拟空转"软件里是把不动产分成制造业不动产、商业不动产、居住不动产三类，只需要输入数据后给一个指令，就可以自动生成评估结果。如果在实际操作、管理过程中，当事人不认可评估结果，可以通过仲裁来解决。

（五）小产权房等问题

小产权房是"中国特色"的棘手问题。如果征收房产税，小产权房看似很难处理，但征税却恰恰是推动小产权房问题得以解决的制度建设因素。如果北京也进入房产税改革试点，那么北京的几十万套小产权房问题就会迫使官方表明态度，抓紧通过调查研究把几种小产权房分类区别对待，拿出方案，争取一次性把小产权房这类历史遗留问题解决掉。

（六）关于改革试点与立法先行的问题

在房地产税改革试点推进中，有社会意见认为应该停止上海和重庆两地改革试点，因为这存在违法的嫌疑，应由人大牵头做房产税立法，审批通过后，各地同时实施改革。我们很认同要积极促进充分发挥人大的作用，要依法治税、提升法律观念，建成法治国家。但在现实中，立法审批还有个基本问题：以中国目前的状态，人大牵头立法解决房产税改革问题，不知要多少年才可以审批通过。以中国的预算法修订为例，前后历经了长达十几年讨论，到 2014 年才正式出台，2015 年 1 月 1 日起实施。人大内部存在种种争议，从中国现阶段的情况看，要通过立法程序形成房地产税法再一起动作，等于极大程度地迟滞乃至封杀了这项改革的空间。我们认为现在还需要援引和学习邓小平的改革智慧，有些东西不能陷于太多争论，而要大胆试、大胆闯。虽然顶层设计和积极立法需要强调，但是先行先试是不可避免的，要允许有弹性空间中的探索。在中国，即然好不容易有了上海、重庆两地房产税改革试点的本土经验,又有了在税收法定、立法先行的明确指导原则,理应按照中央要求加快房地产税立法,把与土地、不动产相关的其他税、费等承担统筹协调,形成消费住房保有环节征税的法律规定。2016年"两会"上,来自人大预算工委的信息是我国这项税法的立法工作已列入一类立法规划,但还迟迟未见后续动作。考虑到2016年一、二线城市房市楼市迅速升温引发的社会不满与焦虑,很有必要贯彻中央三中全会精神加快立法过程,同时可给出明确的信息:完成立法之后,作为地方税的房地产税(住房保有环节税)可以在一线及部分二线城市率先依法开征,"去库存"任务较重的其他城市可以暂不开征。这样,即可积极完成立法工作形成制度框架和引导市场预期,又可差别化处理好以三、四线城市为主的房市"去库存"任务,合理匹配必要的推进步骤与时间表。

第二章

分层次的住房供应体系和住房保障制度研究

住房供应体系是一国在住房领域整体性的政策安排及运行体制机制设计，主要包括以下几个方面的内容：社会中存在哪几种类型的住房、分别由哪类主体负责提供、分别满足哪些社会群体的住房需求。一个国家选择实行何种住房供应体系模式，取决于政治历史传统、文化观念、经济发展阶段及人口结构等多方面因素，但无疑，政府在其中的定位及职能作用发挥至关重要。住房保障是住房供应体系的重要组成部分，是国家为中低收入阶层和其他特殊社会群体等保障对象提供住房，以满足社会成员基本居住条件的制度安排，是政府对住房领域实行必要干预以维护社会公平的重要措施。住房保障已经成为当今各国公共政策与社会保障制度的重要组成部分。

政府介入住房供应的原因有三个。一是住房的双重属性：既具有一般商品属性，又具有公共产品属性。作为公共产品的住房，一般会遭遇供给不足、价格高企等"市场失灵"问题，这也是世界上很多国家介入住房供应的逻辑起点。二是住房乃民生之要，"住有所居"是基本的人权，同时也是经济社会稳定发展的基础之一。住房保障作为社会保障体系建设的重要组成部分，也是政府保障和改善民生的重要着力点。三是工业化和城镇化快速推进的客观要求。传统二元经济结构向现代一元经济结构演变过程中，伴随着大量剩余劳动力从农村转移到城镇，同时，主流居住形态也从农村变化为城镇。这些，都对住房供应提出了严峻挑战。

党的"十八大"报告明确要求"建立市场配置和政府保障相结合的住房制度"，正式将我国住房供应体系确立为顶层设计与整体统筹之下"市场轨"与"保障轨"并存的"双轨制"，具有深远理论创新意义和重大实践指导价值。

本章系统梳理新中国成立以来（特别是1998年住房货币化制度改革以来）住房制度改革的历程，指出我国住房供应体系建设思路几经调整，经历了从单一的"保障轨"、到更加偏重"市场轨"、再到目前确立的顶层设计与整体统筹之下"市场轨"与"保障轨"并存的"双轨制"的演变。在此基础上，重点阐述"双轨制"的理论含义，论述了政府在住房供应体系建设中的作用。然后，充分借鉴吸取国外住房保障建设的经验教训，试对当前持续推进的"保障轨"建设应遵循的政策要领做出系统阐述。

一、我国住房制度改革及当前住房供应体系框架

建国以来，伴随着经济体制的变迁、改革开放的推进、经济社会的发展和政府职能的转变，我国住房供应体系也走过了一条颇具中国特色的道路。

1998年以前，我国实施的实际上是政府行政管制下的住房福利制度，城镇职工住房由国家和单位负责建设并进行实物分配。这种住房供应体系适应并沿袭了计划经济体制，完全依赖政府投入建立住房保障体系，虽然在较低层次上解决了职工住房问题，但建设和保障效率较低，无法调动各方面的积极性，也无法满足居民日益增长的多样化的住房需求。据统计，1977年全国城市人均居住面积仅3.6平方米，比1952年的人均4.5平方米还减少了0.9平方米。改革开放后，特别是上世纪90年代初期，相继出台了经济适用房、住房公积金等制度，但没有从根本上动摇住房实物分配体制，供给短缺问题依旧突出。

1998年7月国务院发布《关于进一步深化城镇住房制度改革加快住房建设的通知》，正式废除住房实物分配制度，启动住房分配货币化和房地产市场化改革。其后，商品房市场快速发展并促使建筑业和房地产业强劲成长为国民经济支柱产业之

一，对改善居民居住条件、完善住房供应体系起到了重大的积极作用。但是，部分城市房地产价格上涨过快、住房投资投机性需求过于旺盛，"购房难"正在由单纯的经济问题发展成为严重的社会问题。同时，这一时期的住房保障制度建设未及时跟进，政府对应承担的住房保障职能认识不足，重点发展了保障定位模糊且容易诱发变相寻租的经济适用房和限价房，未能有效保障城镇中低收入家庭、最低收入家庭和"夹心层"的住房权利，相关住房保障政策也难以得到有效执行。

2007年，国务院明确将保障性住房纳入政府公共服务的职责范围，要求各级政府把保障性住房建设作为工作的重中之重，并通过数量化的具体指标任务下达，保障性住房建设进入快速发展时期。特别是进入"十二五"以来，国家财政用于保障性住房的建设资金大幅增加，在此支持下，2011年开工建设1043万套，2012年开工建设745万套，两年的保障性住房建设量是"十一五"期间建设数量的1.1倍。目前，我国已经初步建立了包括廉租住房、公共租赁住房、经济适用房、限价商品房、各类棚户区改造以及农村危房改造和游牧民定居工程在内的七大类、十一个品种的保障性住房体系。

可见，我国住房供应体系建设的思路，从单一由政府承担的"保障轨"，发展到更多依赖市场的"市场轨"，再发展为"市场轨"与"保障轨"并存的"双轨制"。"双轨制"住房供应体系既借鉴了发达国家成功经验，又与我国实际国情和当前发展的阶段性特征相适应，是具有中国特色的住房供应体系。

"双轨制"住房供应体系的重要特征即是层次性，针对不同收入水平的居民家庭，采取差异化的住房供应和保障政策，努力实现"住有所居"目标。对于高收入居民家庭，通过商品住房市场，满足其对住房产权的需求和住房消费需求；对于中等收入居民家庭，通过适当的住房政策扶持为其提供住房贷款等相关金融服务，帮助他们进入住房市场并拥有住房；对于无法或难以依靠自身能力通过市场化手段获得基本居住条件的中低收入家庭、"夹心层"和特殊困难群体，则通过住房保障政策，提供保障性住房或住房补贴，保障其基本居住权利。

二、"双轨制"住房供应体系的目标定位及政府职责

"市场轨"与"保障轨"并存的"双轨制"住房供应体系,针对住房的双重属性,有效利用市场和政府两种资源配置方式,在引导房地产市场健康稳定发展、满足居民多样性住房需求的同时,以政府主导的住房保障体系为居民基本居住权利托底,实现和谐社会应有的"住有所居"之义。"市场轨"和"保障轨"的目标重点不同,内在机理不同,政府在其中的职责和作用也不同。

"市场轨"由市场主导,政府的职责重点在于做好调控和监管。应加强优化房地产市场调控,遏制部分城市房价过快上涨,保持房地产市场持续健康稳定发展。区别住房的居住需求、投资性需求和投机性需求,并采取差异化政策区别对待。在调控方式的选择上,应在减少和合理使用行政手段的基础上,更多的运用财政、税收、金融等市场化手段,从土地开发到商品房的交易和保有各环节上的税费应系统地合理化,通过释放价格信号、影响相关方行为等,实行以经济杠杆手段为主的间接调控。

"保障轨"由政府主导,政府的职责重点在于组织资源、制定规则和加强管理。应发挥财政资金的杠杆效应和引导作用,带动地方政府、金融机构、相关企业等多方参与,组织资金、土地、建设主体、社会组织等资源进入保障房建设运营。同时,应明确保障对象和保障标准,设置合理的准入退出标准,制定科学有效的工作机制。最后,应加强监督管理,确保公平。

"双轨制"的要义在于明确政府与市场的作用边界,确保"市场轨"和"保障轨"各自良性运转;同时,两者又应统一在住房供应体系的顶层设计之下,政府在"保障轨"上主要管托底、管进退;在"市场轨"上主要管规则、管收税。政府应组织专家加强研究、做好规划,使住房供应体系建设与整体国土空间开发蓝图相配套,与新型城镇化发展道路相适应,与居民收入水平和实际住房需求相协调。

针对政府在"市场轨"建设中的角色和作用,需要着重提及的是当前正在重庆、上海两市开展的房产税改革试点。房产税改革试点指向的形成住房保有环节的

房产税制，是新一轮房地产调控中的制度建设内容，事关各方利益、调控的水准与"调控新政"的中长期效果。房地产领域的重要性和复杂性、敏感性，随中国经济的成长、经济体制和社会形态的转变而正在前所未有地凸显。

研究推进开征住房保有环节上的"房产税"，其必要性首先在于全局的和长远的考虑，并可以带来至少四个方面的正面效应：第一，房产税是中国社会主义市场经济体制建设和通盘配套改革中不可或缺的地方税体系的未来支柱之一，而这种地方税体系的建设已时不我待，亟须积极推进；第二，在房地产保有环节开征房产税这样的财产税，可以在房地产供需双方行为合理化导向上形成一种规范的经济参数和税负约束，其促进房地产业健康发展方面的正面效应对于我国值得特别重视：在此税收调节之下，不仅可以增加住房市场上中小户型的需求比例，从而有利于集约利用土地促进城市化健康发展和经济增长方式转变，还可以减少已建成房屋的空置率，活跃租房市场，提高社会中不动产资源配置的效率，以及可以促使不动产投资、投机（二者并无绝对界限）行为收敛，有利于弱化住房价格过快上涨及其导致的市场大起大落的可能性，促进房地产业长期的健康发展；第三，房产税也是在我国今后税制的整体优化过程中逐步发挥财产税的再分配调节作用、抑制"两极分化"式过大收入差距所不可或缺的税种。第四，房产税是在"十二五"乃至更长一些的时间段内逐步提升直接税比重降低间接税比重进而降低消费大众"税收痛苦"所可选、必选的操作事项。中国要走向现代化国家、现代社会，不可能不建设现代税制，而现代税制中如无房地产保有环节的税收，又是完全不可想象的，这是我们在现代化转轨中所必须经受的历史性的制度建设考验。

在当前条件下，我国开征保有环节的房产税条件已经具备，不存在某些舆论所认为的所谓"障碍"。

第一，我国在改革中已推出的"土地出让金"，其性质是土地使用权的价格，即凭借所有者身份对使用权持有人收取的地租；而房产税，其性质是不动产保有环节上使用权持有人所必须缴纳的法定税负，收取者（国家）凭借的是社会管理者的政治权力。"租"与"税"两者是可以合理匹配、并行不悖的关系，不存在所谓不可克服的"法理障碍"和"不能容忍的重复征收"问题。

第二，前些年，在无每隔若干年重评一次税基的房产税制度框架的情况下，土地出让金的生成价位较高，而一旦推出房产税，其生成价位会因交易者预期的改变而相对较低，这种差异也并不是开征房产税的硬障碍。在中国渐进改革已形成"路径依赖"的情况下，我们完全可以设计"老房地产"与"新房地产"新老划断式、有所不同的税务区别对待办法。

第三，我国城镇土地都为国有土地，有人认为这迥异于国外在私有土地上可开征房产税的情况而形成了我国特有的法理冲突。其实国有土地终极所有权与对房地产使用权持有者开征房产税并无硬冲突，不存在法理障碍。理由是：首先，从国际经验（如英国）和中国香港特别行政区等地经验来看，房产税可以对私有、公有（英国可区分为中央政府、地方政府和公共组织等不同主体所有）一视同仁地全覆盖；其次，我国改革实践中国有企业"利改税"的自身经验也可援引：虽然终极产权是国有的，但掌握使用权的主体（不论企业或个人）是具有自身相对独立物企利益的主体，根据客观需要完全可以在通过立法程序后，以税收手段对利益主体的利益情况施加调节，以利公平竞争或优化再分配。

第四，开征房产税需要有产权登记与保护、税基评估、信息管理与沟通、税收征管等方面各环节的专业力量与条件，但这也并不能成为否定开征此税可行性的理由。我国有关部门已在十个地方推行数年的物业税基模拟评估和相关工作试点，所要试验的就包括此类问题的解决方案。相关的信息系统、人员培训、评估软件和收缴管理等，都不存在硬障碍。

第五，开征房产税在市场经济国家有多年积累的丰富经验，我国完全可以结合本国国情与实际，借鉴吸收而形成"后发优势"。当然，中国近些年的"小产权房"、历史上形成的"经租房"等问题，确是其他国家一般没有的情况，需要稳妥处理，但在配套改革中，这些都是可以设计对策方案、渐进合理解决的。

肯定房产税改革的大方向、必要性，当然要同时考虑此项改革的复杂性、渐进性。当下的关键在于，一定要形成把短期考虑与中长期目标联通，并勇于、善于化解既得利益阻碍而实质性推进改革创新的战略思维。那种就事论事的观点，只及一点无顾其余的观点，以初期的启始探索状态指代和否定全面考虑与安排的观点，否定税制一定程度的可塑性（可设计性）和改革创新对培育直接税的适当助推作用的观点，都是不妥当的。一个时期以来，各方面对开征房产税的争议仍然很大，但党的十八届三中全会已经鲜明提出"加快房地产税立法并适时推进改革"，改革的方向已经十分明确。当然，房产税的推出一定是渐进的，路径要先从比较具备条件、能形成决策层的共识与决心、容易操作的地方试行，同时也必然需要从住宅高端及增量为主来入手。除了这些策略要领外，十分重要的是需要给中低收入家庭、中等收入阶层和"先富"阶层都吃定心丸：中国未来的房产税改革决不可能覆盖低收入人群，而且还应当借鉴日本模式，明确地给所有人留出至少"第一套房"或"第一住房单位（如人均多少平方米）"不实征的"基本待遇"等。

上海、重庆两地以房产税名义启动的改革试点，是在全国人大对国务院授权的法律框架下实施的，不存在有些人声称的所谓"违法"问题。而且在这里我们还很有必要援引邓小平的改革智慧：在一些已有大方向的改革事项上不应停留于争论，要鼓励大胆地试，大胆地闯。通过房产税"试点"总结经验，改进调控和推进制度建设，现在可说由两地试点方案所代表的探索、开拓路径已见端倪。这种可存在地区差异的试点方案当然是初期安排，但其重大的意义首先在于提供了开端，可使我们先建基本框架，再徐图改进。今后在总结试点经验同时，还应积极征求各方意见，开明地展开讨论、作情况通报、安排听证，等等。至于在这一税种上由全国人大制定和通过相关的税法，自然是十分重要的，但客观地说，还需待以时日，即有待相关的立法条件逐步成熟——我国的近二十种税上升为"法"的形式的，尚屈指可数，目前更需做的是支持这项难度较大的改革经过试点走完必要的的经验积累和方案优化、加快立法过程。所以，我们在讨论中也必须强调对于渐进要领的认可（从试点、从高端、从增量开始等等）。另外，对于培训、交流活动，也需要作出积极的有前瞻性的安排。

从大趋势看，房地产调控中权宜的、过度的行政化调控（如苛刻的"限购"和"管理部门逐一定价"控制方式）并不可取，是应在改革深化过程中相应归于淡化或逐步实现淡出的。我国房地产调控新政能够对国家现代化转轨作出应有贡献的关键要素，一定是集中地落在以房产税改革为代表的制度建设上面。

三、我国住房保障制度的发展现状及主要问题

自 2008 年底《国务院办公厅关于促进房地产市场健康发展的若干意见》下发以来，全国各级地方政府积极拓宽筹资渠道，完善财税政策，创新支持方式，保障性安居工程建设取得了重大进展。截至 2012 年底，全国累计开工建设城镇保障性安居工程 3400 多万套，基本建成 2100 多万套；累计支持农村危房改造及游牧民定居工程 1100 多万户。其中，2012 年全国共开工建设城镇保障性住房和棚户区改造住房 781 万套，基本建成 601 万套；支持农村危房改造及游牧民定居工程 572.7 万户。2012 年国家财政用于保障性住房的资金达到 3800 多亿元，比 2007 年增长近 38 倍，推动住房保障制度建设取得了一系列重大成就、已经进入跨越式发展的新阶段。

一是保障体系逐步完善，保障覆盖面逐步扩大。目前，我国已经初步建立了 7 大类、11 个品种的保障性住房体系，包括廉租住房、公共租赁住房、各类棚户区改造、经济适用住房、限价商品住房，以及农村危房改造和游牧民定居工程等；将包括城镇中低收入家庭、低收入家庭、低保家庭，国有林区、垦区、矿区等的棚户区，新就业职工，部分进城务工的农业转移劳动力，农村危房家庭等住房困难家庭纳入住房保障范围，保障覆盖面提高到了一个新的高度。"十二五"期间，城镇保障安居工程住房建设 4013 万套，超额完成 3600 万套的目标任务，覆盖面达到约 20%，集中解决了城镇部分中低收入住房困难家庭以及部分国有工矿、国有林区、垦区、国有煤矿职工的住房问题，一大批住房困难家庭圆了安居梦，为改善民生福祉，促进社会和谐和经济健康发展发挥了重要作用。

二是政策体系逐步建立。近年来，中央有关部门根据党中央、国务院的决策部署，先后制定了一系列法规规章制度，各地结合本地实际制定了具体实施办法，规定了保障范围、保障标准、分配管理和准入退出办法，并明确了保障性安居工程的规划设计、面积控制标准、质量安全要求等内容。与此同时，国家财政建立了相应的财税政策体系，制定了与保障性安居工程相关的中央补助资金管理办法和地方财

政投资机制，设计了相应的税费优惠政策。为加快保障性安居工程建设、公平合理地分配保障性住房，提供了有效的制度保障。

三是政府投入快速增加。财政支持保障性安居工程建设的资金渠道主要包括中央财政专项补助资金、地方各级财政公共预算安排资金、住房公积金增值收益安排的资金、从土地出让收益中安排的资金、地方政府债券收入安排的资金等，已形成多渠道的财政投入机制。财政投入增速进入了"快车道"。2007—2011年，中央财政累计下达保障性安居工程补助资金3290亿元；其中，2011年下达1705亿元，比2007年增加1633亿元，年均增长120.6%。与此同时，地方各级政府也不断加大对保障性安居工程的投入力度。2007—2010年，全国财政累计用于保障性安居工程建设的实际支出为3076.86亿元，年均增长161.1%。

四是政策功效加速显现。"十一五"末期，通过保障性安居工程建设，我国基本解决了1500万户城镇低收入和中等偏下收入家庭住房困难问题，对162万户农村危房实施了改造，越来越多的家庭改善了住房条件，实现了"安居梦"。

财政资金带动其他资金支持我国保障性住房建设，在扩大内需、促进房地产市场健康发展、改善城镇低收入家庭住房条件等方面发挥了重大而积极的作用。保障性住房被正式纳入政府公共服务职责范围，各地均列为政府工作的重要内容，住房供给呈现"市场轨"与"保障轨"协调并行的新格局。中央和地方有关部门相继制定一系列法规规章制度和实施办法，各职能部门分工明确、协调联动的机制在磨合中日臻完善。符合国情的保障房体系正在建立，一些发展中的问题也需要在发展中逐步解决。概括起来，现阶段我国住房保障制度主要存在以下几方面的问题。

一是保障性住房房源筹集方式单一，主要是政府自建并存在易产生扭曲的模糊概念。目前我国保障性住房的房源筹集方式偏于单一，主要由政府主导自建各形态保障性住房，财政支出压力大，加重了政府债务负担。据计算，目前我国在保障性住房方面的财政支出占GDP的比重、占总财政支出的比重，均高于发达国家，也高于发展中国家[1]。同时，保障房供给中还包括"限价商品房"、"经济适用房"等概

---

[1] 贾康，张晓云：我国住房保障模式选择与政策优化：政府如何权衡"倒U曲线"演变中的机会公平与结果均平。财政部财政科学研究所研究报告，2012年第66期（总第1342期）。

念模糊、极易产生扭曲和设租寻租行为的品种，会增加公共资源误配置的发生率。

二是各地保障性住房的任务分配和建设标准过于划一，导致房源不足与过量配置并存。目前，我国保障性住房建设任务采取中央定规模、然后层层向下分解的模式，没有充分考虑地区间经济发展差距和对保障性住房的需求差异，形成最需要保障性住房的一些城市建设规模和可供房源不足、而不太需要保障性住房的城市有过量配置。而且，保障性住房的建设标准由国家统一规定，没有充分考虑不同地区人们的居住习惯和居住要求，也导致有些地方（特别是县级城市）保障性住房适应性不足和闲置。

三是部分保障性住房存在"居住隔离"现象。一方面部分保障性住房位置偏僻，周边就业机会少，居住者远离工作地和服务区且交通不便；另一方面部分保障性住房小区功能配套不完备，缺少教育、医疗、体育、商业、文化活动等配套设施，生活不方便。"居住隔离"影响入住保障房的中低收入群体满意度、幸福感和发展机会，还容易导致保障性住房小区贫民窟化、社会治安混乱等多方面问题。

四是分配环节政策执行出现异化，容易滋生不公与腐败。对于保障性住房保障对象的确定，多采用收入标准和住房面积标准。但目前我国尚未形成完整的居民住户收入统计和住房统计系统，尚不能为确定保障对象提供有力数据支撑。在实际执行过程中，出现了申请对象谎报瞒报收入和住房面积以骗取保障资格、相关管理部门和形形色色的中间人设租寻租等种种乱象，甚至出现开着宝马车住经济适用房、保障性住房成了特权部门家属小区的闹剧，影响社会公平，损害社会风气。

五是退出机制不完善且实际执行困难，影响住房保障体系的可持续发展。各地针对不同形态的保障性住房均按照居民家庭收入情况设立了不同的准入标准，但普遍缺乏收入水平变化、不符合住房保障条件后的退出机制，客观上存在"管进不管出"的问题。有些地方虽有具体的退出机制安排，但是由于制度保障不完善，缺乏针对退出者的过渡保障措施，再加上高房价背景下购房的困难，导致退出机制形同虚设。享受住房保障的城镇居民由于历年累积而规模愈来愈大，这也意味着需要政府建设和供应的保障性住房将越来越多，政府背负的经济负担也就越来越重，政府住房保障资金的流失和误配置现象也就越来越普遍。这种现象严重削弱政府尤其是地方政府提供保障性住房的积极性，不利于保障性住房运作的良性循环和可持续发展。

表 2-1　我国近二十年间关于住房保障建设的重要文件及主要内容

时间	文件	主要内容
1991 年 10 月	《国务院住房制度改革领导小组关于全面推进城镇住房制度改革的意见》（国办发〔1991〕73 号）	提出在 1992 到 1993 年内在全国范围内全面推进城镇住房制度改革
1994 年 7 月	《国务院关于深化城镇住房制度改革的决定》（国发〔1994〕43 号）	明确社会主义市场经济理论是城镇住房保障制度改革的根本指导思想，按商品化、市场化、社会化的思路全面改革住房制度
1995 年 2 月	《国务院办公厅转发国务院住房制度改革领导小组国家安居工程实施方案的意见》（国办发〔1995〕6 号）	"安居工程"正式启动，计划用 5 年左右的时间新建 1.5 亿平方米住宅。安居工程资金按照国家贷款 40%、城市配套资金 60% 的比例筹集，所需建设用地按行政划拨方式提供，并相应减免有关费用。住房建成后，直接以成本价出售给中低收入家庭
1998 年 7 月	《国务院关于进一步深化城镇住房制度改革加快住房建设的通知》（国发〔1998〕23 号）	终结实行了几十年的住房实物福利分配机制，实行住房分配货币化。建立和完善以经济适用房为主的多层次城镇住房供应体系
2001 年	"十五"规划纲要	要求"建立廉租住房供应保障体系"
2003 年 8 月	《国务院关于促进房地产市场持续健康发展的通知》（国发〔2003〕18 号）	坚持住房市场化的基本方向，不断完善房地产市场体系，更大程度地发挥市场在资源配置中的基础性作用
2004 年	《城镇最低收入家庭廉租住房管理办法》，五部委 120 号令	

续表

时间	文件	主要内容
2005年5月	《国务院办公厅转发建设部等部门关于做好稳定住房价格工作的意见》（国办发〔2005〕26号）	要求遏制投机性炒房，空置投资性购房，加强经济适用房建设，完善廉租住房制度
2006年5月	国务院常务会议出台被称作"国六条"的调控房地产业的六项措施	商品房建设以中小户型为主，重点解决中低收入家庭的住房问题
2006年5月	《国务院办公厅转发建设部等部门关于调整住房供应结构稳定住房价格意见的通知》（国办发〔2006〕37号）	明确新建住房结构比例。"十一五"时期，要重点发展普通商品住房。保证中低价位、中小套型普通商品住房土地供应。加快城镇廉租住房制度建设，规范发展经济适用住房，积极发展住房二级市场和房屋租赁市场，有步骤地解决低收入家庭的住房困难
2007年8月	《国务院关于解决城市低收入家庭住房困难的若干意见》（国发〔2007〕24号）	进一步建立健全城市廉租住房制度、改进和规范经济适用房制度，并将农民工和棚户区居民等住房困难群体纳入逐步改善居住条件之列
2008年12月	《国务院办公厅关于促进房地产市场健康发展的若干意见》（国办发〔2008〕131号）	加大保障性住房建设力度，进一步改善人民群众的居住条件。通过廉租住房和棚户区改造住房、结合发放住房租赁补贴的方式，解决城市低收入住房困难家庭的住房问题；同时加强经济适用住房建设，增加经济适用住房供给
2009年5月	住建部、发改委、财政部联合印发《2009-2011年廉租住房保障规划》（建保〔2009〕91号）	解决747万户城市低收入家庭住房困难问题，其中以实物方式解决556万户，发放货币补贴191万户

续表

时间	文 件	主要内容
2010年1月	《国务院办公厅关于促进房地产市场平稳健康发展的通知》（国办发〔2010〕4号），"国十一条"	中央加大对保障性安居工程建设的支持力度，提高对中西部地区廉租住房建设的补助标准。力争到2012年末，基本解决1540万户低收入住房困难家庭的住房问题。要求：适当加大经济适用住房建设力度，扩大经济适用住房供应范围。商品住房价格过高、上涨过快的城市，要切实增加限价商品住房、经济适用住房、公共租赁住房供应。同时，加快推进保障性安居工程建设
2010年9月	《财政部关于支持公共租赁住房建设和运营有关税收优惠政策的通知》（财税〔2010〕88号）	对公租房建设期间用地及公租房建成后占地免征城镇土地使用税。对公租房经营管理单位建造公租房涉及的印花税予以免征。对公租房经营管理单位购买住房作为公租房，免征契税、印花税；对公租房租赁双方签订租赁协议涉及的印花税予以免征。对企事业单位、社会团体以及其他组织转让旧房作为公租房房源，且增值额未超过扣除项目金额20%的，免征土地增值税。企事业单位、社会团体以及其他组织捐赠住房作为公租房，符合税收法律法规规定的，捐赠支出在年度利润总额12%以内的部分，准予在计算应纳税所得额时扣除。对经营公租房所取得的租金收入，免征营业税、房产税

续表

时间	文件	主要内容
2010年10月	《财政部、发改委、住建部关于保障性安居工程资金使用管理有关问题的通知》（财综〔2010〕95号）	允许土地出让净收益用于发展公共租赁住房，允许住房公积金增值收益中计提的廉租住房保障资金用于发展公共租赁住房，提高中央财政廉租住房保障专项补助资金使用效率，利用贷款贴息引导社会发展公共租赁住房，加强政府投资建设的公共租赁住房租金"收支两条线"管理，加快保障性安居工程资金预算执行进度
2010年12月	《财政部关于印发中央补助廉租住房保障专项资金管理办法的通知》（财综〔2010〕110号）	明确了中央补助廉租住房保障转型资金的分配与计算、拨付与使用、监督管理等各项办法
2011年	"十二五"规划纲要	整个"十二五"时期，新建保障性住房3600万套，建立健全以公共租赁租房为主的住房保障体系。强化各级政府保障性住房、公共租赁住房的供应责任。建立稳定投入机制，加大财政资金、住房公积金贷款、银行贷款的支持力度，引导社会力量参与保障性住房建设运营
2011年1月	《国务院办公厅关于进一步做好房地产市场调控工作有关问题的通知》（国办发〔2011〕1号）	要求加大保障性安居工程建设力度。2011年，全国建设保障性住房和棚户区改造住房1000万套。各地要通过新建、改建、购买、长期租赁等方式，多渠道筹集保障性住房房源，逐步扩大住房保障制度覆盖面。中央将加大对保障性安居工程建设的支持力度

续表

时间	文件	主要内容
2011年1月	《国务院办公厅关于进一步做好房地产市场调控工作有关问题的通知》（国办发〔2011〕1号）	地方人民政府要切实落实土地供应、资金投入和税费优惠等政策，引导房地产开发企业积极参与保障性住房建设和棚户区改造，确保完成计划任务。加强保障性住房管理，健全准入退出机制，切实做到公开、公平、公正。有条件的地区，可以把建制镇纳入住房保障工作范围； 要求努力增加公共租赁住房供应。各地要在加大政府投入的同时，完善体制机制，运用土地供应、投资补助、财政贴息或注入资本金、税费优惠等政策措施，合理确定租金水平，吸引机构投资者参与公共租赁住房建设和运营。鼓励金融机构发放公共租赁住房建设和运营中长期贷款。要研究制定优惠政策，鼓励房地产开发企业在普通商品住房建设项目中配建一定比例的公共租赁住房，并持有、经营，或由政府回购
2011年5月	《财政部关于切实落实保障性安居工程资金加快预算执行进度的通知》（财综〔2011〕41号）	落实《国务院办公厅关于进一步做好房地产市场调控工作有关问题的通知》（国办发〔2011〕1号）要求
2011年7月	《财政部关于多渠道筹措资金确保公共租赁住房项目资本金足额到位的通知》（财综〔2011〕47号）	要求尽快将公共租赁住房建设任务分解落实到具体项目，确定投资模式并测算项目资本金需求；按照公共租赁住房投资主体，分别由企业和政府解决项目资本金；加大政府筹资力度，确保公共租赁住房项目资本金及时足额到位；按照工程进度支付建设资金，保障建设资金专款专用

续表

时间	文件	主要内容
2011年9月	《国务院办公厅关于保障性安居工程建设和管理的指导意见》（国办发〔2011〕45号）	要求把住房保障作为政府公共服务的重要内容，建立健全中国特色的城镇住房保障体系。到"十二五"期末，全国保障性住房覆盖面达到20%左右，力争使城镇中等偏下和低收入家庭住房困难问题得到基本解决，新就业职工住房困难问题得到有效缓解，外来务工人员居住条件得到明显改善
2012年3月	《住建部关于做好2012年城镇保障性安居工程工作的通知》（建保〔2012〕38号）	要求全面推进2012年城镇保障性安居工程建设，进一步加强保障性住房分配和质量管理工作

四、发达国家住房保障制度建设的经验借鉴

我们选取美国、英国、德国、日本等四个在住房保障领域取得较好成就的发达国家作为研究对象，结合各国住房保障发展历程考察其住房保障制度建设、模式变化和政府支持方式，并对四国存在的共同特点予以总结，以期对我国更好推进住房保障建设提供经验借鉴。

（一）美国公共住房制度（Public House）

美国是住房保障政策起步较早的国家之一，住房和城市发展部将住房平等确定为公民的基本权利，致力于保证"居者有其屋"。美国历届政府均将解决低收入家庭的住房问题作为社会福利体系的重点，在立法、金融、财政、税收等方面给予大力支持，提出并实施了许多针对低收入家庭的住房计划。美国公共住房政策的发展和演变大致可以分为三个阶段：20世纪30至60年代，以公共住房建设为主的阶段；20世纪60至70年代，以供给方补贴为主的资助阶段；20世纪70年代至今，以需求方补贴为主的资助阶段。

经过长期的发展和实践，美国已经基本形成了完整的住房保障运行体制和机制。具体而言，主要包括以下几个方面：

1. 完善的保障性住房体系

美国政府的保障性住房分为四种，即公共房屋、津贴房屋、租金津贴和廉价公屋。公共房屋由政府房屋署拨款建设，并由房屋署派职员管理。这种房屋主要用于出租，其租金标准根据家庭收入确定，一般为家庭收入的三分之一。津贴房屋是指政府给予一定的优惠政策，由非营利机构具体实施并管理的房屋，主要出租给62岁以上、且每年退休金一口之家不超过20850美元、两口之家不超过23850美元、三口之家不超过26800美元的老年人家庭，各州县根据当地情况，每年调整限制数额。租金津贴则是针对低收入者租住私人房屋而言，政府鼓励私人将符合出租标准的房屋出租给低收入者，当低收入者承租后，低收入者将自己收入的三分之一付给房主，而租金的其余部分由政府代付。这样，不仅解决了低收入居民的住房问题，而且不会损害房东的利益。廉价公屋是针对低收入水平线以上家庭的，其家庭年收入限制数额略高于以上几种，所付出的租金要超过家庭收入的三分之一，但房子比较舒服，建筑材料、设计、地段也要好一些。

2. 成熟的保障性住房开发建设模式

美国保障性住房开发建设的模式基本上可以划分成三大类：政府直接投资开发、私人企业开发和两者的结合。

（1）政府直接投资开发（包括住房与社区建设）

政府直接投资开发项目的资金来源主要是财政拨款、税收优惠、发行债券等渠道，政府相当于一个开发商。主要的模式有两种：

第一，传统的项目开发模式。政府从项目概念策划开始，筹备资金、获取土地、方案设计、合同文件到公开招标，在选定承包商后开始项目施工，最后竣工移交政府，政府作为项目的产权所有人自己负责或委托别人进行项目运营管理和服务。

第二，交钥匙工程（Turn Key）。政府通过一定的招标程序（Request For

Proposal，RFP）选定一家开发商，开发商在自己获取的土地上或政府提供的土地上进行项目设计、施工，政府承诺在项目验收合格后由政府以事先商定的价格全部购买，或由开发商以政府设定的价格范围，自行负责项目销售，剩余部分由政府负责购买或补贴。

（2）私营企业开发建设经济住房

私营企业开发住房有诸多灵活的方式，但需要开发商具有创造性、对市场的远见卓识、丰富的开发经验以及与政府部门协同工作的能力。这里比较关键和具有美国特色内容是如何募集所需的项目开发资金和如何获得土地。募集经济住房项目开发资金的渠道多种多样，但大体可以分为三个主要渠道：一是划拨（Grant），由政府或其他组织直接给项目拨款，而且不需要偿还；二是举债（Debt），向银行等金融机构贷款（Loan）或发行免税债券（Tax-Exempt Bond）；三是产权（Property），引入投资资金。

（3）公私合作（Public-private Partnership，PPP）开发项目

公私合作项目主要体现公共部门与私营单位合作经营，在项目的建设阶段和运营阶段分别根据各自的优势投入不同的资金和管理，以保证项目能够充分组合各种优良资源达到良好的建设和运营效果。在整个美国经济住房保证系统中为不同的利益相关方提供了丰富的空间和多种合作方式，包括股份有限公司（Corporation）、信托（Trust）、合伙人（Partnership）和有限责任（LLC）等等形式。作为承包商可能对建筑施工感兴趣；作为投资者可能更关注可税收抵免（Tax Credit）、投资收益等内容；对于专业的公司可能更倾向于管理的投入和回报，当然也可以整合各方力量作一个全过程的开发者，从而获得最大化的收益。

3. 直接和间接相结合的住房保障形式

根据保障形式的不同，美国的住房保障可以分为直接保障和间接保障两种。前者又可以分为货币保障和实物保障两种形式，后者则包含了金融和税收等优惠政策。

货币保障主要是针对低收入家庭提供住房补贴，经历了砖头补贴、房东补贴、

住房券和现金补贴等形式。一般而言，住房支出超过家庭收入30%时被认定为住房过度消费负担，并以此为参考对住房需求者进行补贴。目前采用比较多的方式是住房券和现金补贴。前者是由政府向低收入者发行用以领取住房补贴的证明，持券人可以根据自己的职业特点，自由选择居住地，只需交纳不超过自己收入的30%的房租，不足部分由政府负责支付。现金补贴是政府针对低收入家庭直接提供现金补贴，补贴份额为市场租金的70%。

实物补贴的形式主要是由政府提供公共住房。联邦政府提供拨款用于建设公共住房，由政府派员负责管理。具体由联邦政府负责拨付建造、维修和管理营运公共住房所需资金，地方政府设置的隶属中央的住房局负责监督公共住房的建造、分配和管理，产权归地方政府住房局。符合条件的居民可以向政府主管部门申请公共住房。公共住房主要用于出租，其租金标准根据家庭收入而定，一般家庭收入的1/3，低于市场价的20%~50%左右。

间接补助中，金融优惠政策主要是为中低收入者提供全面的金融服务和利息补贴，因此金融优惠政策惠及开发商和为租户提供房屋的房主。主要的形式包括向购房者提供低息贷款或抵押贷款担保以及政府帮助低收入者购买或租赁住房等。税收政策主要是对购买自有房屋实行税收减免，同时为了鼓励开发商在住宅区开发时提供一定数量的低收入公共住房，政府采用减免税收的方法对开发商予以补偿，每年联邦政府的住房税收减免额度达1600亿美元左右。

4. 住房保障的法制化、制度化

美国注重法制建设的与时俱进，注意根据不同时期的住房保障要求对原有法律条文进行修订或推出新的相关法律。目前美国已形成了比较完善的住房保障法律，涵盖了公共住房补贴、房租补贴、消除贫民窟等诸多方面，使得住房保障制度政策得以实施到位。美国成立了专门的机构实施法律规定的各项保证措施，同时引导和规范其他经济主体的行为，鼓励其服务于住房保障的整体目标，从而保证住房政策落到实处。美国先后制定并颁布了《住宅抵押贷款法》、《国家住房法》、《住房与城市发展法》、《国民可承担住宅》等法案，规定了要为低收入家庭修建公共住房制定长远计划。《国民住宅法》要求建立住房治理署，设立联邦存款和贷款保险公司，由政府提供低利息贷款，鼓励私人投资于低收入家庭公寓住宅。《开放住房法案》致力于帮助穷人成为房主，规定在10年内为低收入家庭提供600万套政府补助住房，并禁止在购买和租用房屋时的种族歧视，被认为是"20世纪第一个公平住房法令"。

美国政府从法律制度层面对中低收入居民、特殊阶层、边缘化人群的住房保障问题进行了明确的界定。在法律的时效期内，制订相应的财政拨款计划、租金控制计划、税收减免计划、抵押贷款贴息计划等等，同时，对各种计划所惠及的人群具有明确的准入限定条件和收入限定标准。法律条款的完备和有效的监督机制，为美国住房保障政策的实施达到垂直公平的目的奠定了基础。注重法制，使住房保障政策措施有法可依，进而保证政策的权威性和有效性，这是美国住房保障制度的突出特点。

5. 设立专门的公共住房管理机构，注重保障性与财政可支付性相结合

美国传统公共房屋的管理体系主要由隶属联邦政府美国住宅和城市发展局（Department of Housing and Urban Development——HUD）和各地地方的公共房产管理局（Public Housing Administration——PHA）组成。1998年以前各地方的PHA自主权限相对较小，在"公共住房的租户的选择（tenant selection）、对租户收入激励机制的使用（income incentives），公共住房最高与最低租金的设定（minimum and ceiling rent）"等方面自主权相对较小，而1998年国会通过了住房供给质量和工作责任法案"（Quality of Housing and Work Responsibility Act），使地方PHA有了更多的自主权。可以根据当地的情况制定租户选择的标准，确定租户所需缴付最低、最高租金的数量，并可以制定各种制度，促使公共住房社区各种收入层次居民多样化。各个地方的公共房产管理局在制定一系列相关政策时，非常注重将公共住房的公益性与其财政可支付性相结合。每个地方的公共房产管理局都要接受联邦政府美国住宅和城市发展局的公共住房管理评估体系（Public Housing Management Assessment Program）的评估。虽然每个PHA都接受HUD以及地方财政的拨款，但维持收支平衡，促进公共住房社区可持续发展，一直是 PHA 追求的目标。从租户选择标准所反映出的对租户收入水平多样性的偏好，设定最高 50 美元的最低租金，到通过设定最高租金以留住收入相对高的租户，都反映了 PHA 力图避免贫困家庭过分集聚所带来的贫民窟效应。持续稳定的租金收益，社会租户的多样性，也让各地 PHA 有能力对公共住房的环境、设施建设等方面进行不断投入，从而能够更好地实现社会公共设施的可持续发展。

6. 构建公私结合的住房金融保障和抵押贷款保险体系

为实现"人人享有体面的住宅"的目标，采取金融支持、税收减免、租金控制、住房资助券等多样化措施，其中金融支持在住房保障政策的实施中发挥着极其重要的作用。1932 年和 1934 年，先后成立"联邦住宅银行抵押贷款系统"（FHLB）和"联邦储蓄贷款保险公司"，向公共住房开发商和中低收入家庭提供低息贷款和贷款保险，彻底改变完全由地方私人金融机构垄断住房贷款市场的格局。20 世纪 60 年代，实行对私人金融机构进行补贴计划，扶植和鼓励私人金融机构向公共住房开发商提供低息贷款。美国金融政策力度很大。一方面，政府利用信贷杠杆，鼓励个人或开发商参与开发建设适合中低收入家庭的经济住房，如提供低息贷款和"税收信贷"；另一方面，通过住房抵押贷款一级市场和二级市场为住房需求者提供信用。前者常见形式为固定偿还抵押贷款、累进偿还抵押贷款、固定利率住房抵押贷款及可调整利率抵押贷款等。后者即为住房抵押贷款的证券化。上述两级市场都建立了相应的保险机制，保证了市场运作的信心和稳定性。完善的住房金融保障体系和抵押贷款体系，吸引大量房地产开发商从事公共住宅项目开发，公共住房供应量增加，中低收入阶层住房问题得到有效解决。

7. 重心逐渐下移的财政投入和税收减免

为解决低收入阶层的居住问题，联邦政府和州政府投入大量财政资金。持续性的、高额财政投入是中低收入阶层住房状况得以解决的关键。从 80 年代开始，住房计划的目标群体更加准确地定位于低收入阶层，把中等、中下收入阶层排除在保障范围之外。这一时期，联邦政府有计划地取消其住宅建设，逐步减少对可支付住宅建设的支持，转向通过税收减免来支持私人部门开发可支付住宅；通过住房抵押贷款利息的所得税扣减、住房代金券计划等对中低收入家庭实行补助。针对私人部门的税收减免和住房抵押贷款利息所得税扣减政策，实际上是变相的财政补贴政策。

（二）英国社会住房制度（Social House）

按照住房供应主体的不同，英国公共住房政策的发展和演变可以分为两个阶段，以撒切尔政府时期为重要分水岭，分别为早期的福利保障为主阶段和此后的市场与福利并存阶段。

早在 1919 年，针对旧的完全市场化的住房制度存在的弊端，英国政府开始改革住房制度。1919 年英国住房供应制度改革确定的基本思路是：建立政府调控与市场调节相结合的制度，以稳定房地产波动；建立政府支持（包括政策支持和财政支持）与居民合理消费相结合的制度，以解决中低收入人群的住房问题。在这一基本思路的指导下，1919 年改革的具体措施包括：一是规定所有出租住房的房租不再由市场决定，而由当地的区政府或区议会统一定价；二是政府通过收买私人住房和新建住房的办法拥有大量社会住宅（Social House），然后以低廉的价格租给居民。这次改革给战后的人口激增以及经济复苏提供了有效的保障，至 1960 年，英国租住社会住宅的人数占到总人口的 26%，到 1975 年更是达到 31%。但是，随着 1970 年代末期的经济衰退以及大量移民的涌入，使得这个福利制度给政府带来了巨大的经济负担，逐渐变得难以为继。

撒切尔政府执政时期，开始逐步推行以市场为取向的住房政策，把住房自有化率作为主要的住房政策目标。其核心的理念是：在保障实现"居者有其屋"的前提下，政府鼓励居民加大自有住房消费的力度，促进住房的私有化，提高居民自有住房率。撒切尔政府改革的具体手段包括：将居民的收入水平划分为三个不同的等级，实行不同的住房供应办法；采取赋予公民购买权、变租金为购房抵押贷款、折价优惠可携带政策以及产权分享政策等措施，并通过政策、金融、税收等优惠举措，大力鼓励居民私人购房，减轻政府财政压力。1980 年英国《住宅法》出台，提出"有权买房"（Right to Buy）的口号，开始实行社会住宅出售政策。1988年又进一步将政府剩余的社会住宅转移给其他机构经营。到1990年，英格兰的私有住房率达到68%，威尔士达到71%，苏格兰达到48%。近年来，英国政府又推出了一项致力于解决"无家可归者"问题，保障所有人有房可住的"可持续社区：所有人的家园"项目。

从居住方式看，英国居民的住房居住方式分为三种类型：一是自住住房；二是租住私房；三是租住政府公房。为保障公民的居住权，政府采用了与居住方式相对应的、分层次的住房福利体系。主要表现是：政府公房以低阻金或折扣租金的方式提供给低收入家庭，构成英国福利住房制度的主体。从20世纪70年代开始，英国对租用私房的低收入者提供住房津贴，从而扩大住房福利的范围；对自有住房的居民，则通过抵押贷款方面的政策优惠提供支持；对于收入低于贫困线的家庭，还可以提供更多的住房福利，以保障他们的基本生活不受影响。具体有以下特点：（1）为租用公房居民提供的福利。政府公房的福利性质直接体现在其低廉的租金水平上。对每一套住房，首先由地方政府进行评估，提出"公平"房租价格，实行租房市场供给与需求相平衡状态下的租金。如果"公平"房租价格高于公房的福利性房租，则根据租房者的经济情况，在"公平"房租基础上打一定的折扣。同时制定"标准住房福利"标准，由国家划定一条收入线，收入水平恰好在这条线上的享受一定数额的住房福利；如低于这个标准，则增加相应的住房福利；如高于这个标准，则减少相应的住房福利。对儿童、残疾人，除了这些标准待遇外，还增加了额外福利。通常，公房租户实际房租支出占平均收入的比重不足10%。（2）为租用私房居民提供的福利。对租用私房的居民，"标准住房福利"提供了类似的待遇，由于私房租金不可能有折扣，政府采取了现金津贴的方式。地方政府在对私房租户进行审核后，按照当地公房的"公平租金"以及家庭收入确定津贴数额，用现金的方式提供住房津贴，并直接支付给房东。（3）为自有住房居民提供的政策支持。在限额内抵押贷款且是购买第一套自有住房的居民，减免住房抵押贷款所需支付的税收，税后收入用以支付利息的部分还可以得到税收补贴。对收入较低、年龄较轻的首次购房者及不能得到建筑协会贷款的购房者，采取固定利率的方法，由当地地方政府提供贷款。(4)为贫困家庭追加的住房福利。英国在住房福利中设置了防止人们因住房支出而沦为贫困的机制，规定居民在享受了标准住房福利时，如果扣除自付房租后，其实际收入低于贫困线，可进一步得到住房补助。对于收入已经低于贫困线的家庭，除了提供"标准住房福利"外，还以社会救助方式增加福利。对居住自有房的贫困户，每年提供固定数额的修缮费和保险费，以防止住房质量下降。

经过多年的实践和改革，英国的住房保障制度日益完善。供应逐渐转向市场机制，体现了较少的国家干预；同时通过社会保障部门保证了弱势群体的住房问题，实现了市场机制与政府干预相结合的较好方式，既发挥了市场机制的效率，又弥补了市场解决居民住房特别是低收入者住房困难的缺憾。

1. 完善的住房保障管理机构

英国住房保障制度长期以来形成中央与地方政府的分工。中央政府环境部是住房管理的最高行政部门，负责住房政策制定，提供统计、研究信息以及政策指导方面的咨询服务，并督促地方政府贯彻中央制定的政策。地方当局对当地居民的住房需求负有一般责任，许多地方设有专门的住房委员会或住房处，主要作用是运用财政补贴建设住房，直接提供给居民，并负责公房的管理。同时对社区的私有住房特别是出租私房的标准进行监督，用地方规章的形式规定住房标准。

2. 公房转交私营机构管理

随着租住公房居民"优先购买权"政策的实施，大约1/3的公房租赁者已经购买了现住房，还有2/3的公房租赁者仍然租住在现有公房中。这些住房不能通过向住户出售的方式改变其使用性质，也难以完全依靠中央财政预算解决现存的住房维修等问题。因此，英国政府鼓励现行的、隶属于地方政府的管房机构，改造为私人合作及非盈利性质的住房协会，由住房协会整体购买现在管理的公房，成为社会性房产主，并依靠租金收入，对所拥有公房进行维修和管理，从而在住房领域更多地发挥私营机构的作用。私营公司经营房屋管理、维护和支持、社区投资或者郊区的升级换代等，提供的产品和服务有供出租的房屋、供特殊需求的房屋、供出售的房屋、为老年人提供住房、为无家可归人提供住宿。目前，由住房协会和地方政府所有的公共住房仍服务于500万个家庭，约占全国住房总量的1/5。1985年的《住宅协会法》（Housing Associations Act of 1980）建立了完整"的住宅协会制度"。住房协会成为英国民间住宅互助组织，其建造的住房主要用于出租给贫困家庭和以老人为主的家庭，只收取成本租金。之后的1988年和1989年的住房法中均允许住宅协会引进私人资金来修建住房。1988年的《住房法》（Housing Act of 1988）第三章专门规定了"住房信托"（Housing Action Trust，HAT）制度，据此成立了"住房信托公司"，由其负责将那些年久失修而难以出租的老房卖给私营机构的相关事务。私营机构购买这些旧房，绝大部分被拆掉重建，只有极少部分被重新装修用于出租。

3. 运用规划手段调控住房市场的供需关系

现代英国的城市规划政策始终离不开住房的保障和供应问题，并且每一次重大的变革几乎都与住房市场的变化与调整有密不可分的关系。

二战后英国规划领域第一个里程碑式的文件是1947年颁布的《城乡规划法》（〈Town and Country Planning Act 1947〉）。这个法案不仅有效地将全国性的开发权利收归中央政府（Central government）所有，并且确定了一整套以计划为导向（plan-led）的城乡规划体系。在之后的半个世纪里，尽管城乡规划法被一再地调整，但是这一原则却一直没有改变，成为英国现代城市规划的核心特征。20世纪50至60年代，英国城市规划政策的主要事件是1955年颁布的《城市绿带法案》（Green Belt Circular，1955）以及新城运动。前者确立了城市建设绿带的主要目标是限制城市空间的无序增长，而后者则是战后大规模新城建设的开始。无论是城市绿带的建设还是新城的建设，其主要目的都是对原有城市空间无限制增长的应对，同时也旨在应对战后不断增长的住房需求。

1970年代之后，涉及到住房供应政策重大调整的文件主要有1990年修改的《城乡规划法》（Town and Country Planning Act 1990）以及紧接着的1991年的修改版（Town and Country Planning Act 1991）。2004年颁布的《规划和强制执行法案》（Planning and Compulsory Purchase Act）对1991年法案作了较大的修改。2007

年下半年，另外一个重要的规划文件——《皇家政府规划白皮书》（Planning White Paper—HM Government）颁布，其重要程度堪与2004年的《规划和强制执行法案》相当，标志了英国政府在最近几年内对规划政策领域所作的一系列重大调整。

（三）德国住房保障制度

经过多年的发展，德国形成了由福利性公共住宅制度、住房补贴制度和住房储蓄制度购建房税收优惠等一系列内容构成的多层次住房保障体系。

所谓福利性公共住宅，就是在政府资助下，由个人、非营利住宅公司、自治团体建造，向多子女家庭、残疾人、低收入者以及养老金少或领救济金的居民出售或出租的住宅，包括大中型企业用自有资金建造并在税收上得到国家优惠的职工住宅。这是德国在战后房荒严重而国内既缺乏储蓄资金又缺乏资本市场的情况下，用以调动社会各方面的力量加快住宅建设的一项政策。

在房屋租赁市场中，德国政府对房租实行管制或指导租金制度，即对出租房屋的租金实行限制。租金管制制度建立于战后住房短缺时期，由于住房出租价格大幅度上升，广大居民无力支付所承租住房的费用。针对这种情况，政府采取了租户权益保障措施，要求各地政府按照不同区位、不同房屋结构和房屋质量，制定相应的指导租金水平，作为住房出租人和承租人确定住房租金的参考标准。为了增加房租价格的透明度，德国许多城市都制定了一个房租价目表，列出了该城市各种房产的大致租价。房租补贴制度是德国对低收入居民住房保障的主要方式。实现"住有所居"并不是要求做到人人有房产。与欧洲其他发达国家相比，德国拥有自有产权住房的比例并不高，在城市居民中，48%的家庭拥有自有产权住房，52%的家庭租房居住。在德国，有专门帮助福利房承租家庭等社会保障对象的"社会福利协会"、保护住房承租人权利的"租房者协会"，以及与其对应的"土地和房屋拥有人协会"，形成了多层次和多元化的住房保障社会服务体系。

德国住房储蓄制度是为实现购建房筹资而形成的互助合作融资体系。德国的住房融资约40%来自于住房储蓄体系，住房储蓄体系累计为住房建设提供资金超过1万亿欧元。德国近400万套住房中，有约170万套是通过住房储蓄体系的融资实现的，几乎每 3 个德国人中就有 1 个与住房储蓄银行签有住房储蓄合同，住房储蓄制度成为解决中低收入阶层住房问题的重要手段。

德国政府实施的购建房财政税收优惠政策主要体现在以下三个方面：首先，政府对非营利性建房企业所兴建的福利性社会住宅给予资助。由政府向土地所有者（德国的土地是私有制）征购土地，租给建房企业建住宅。建房企业向城市政府提出建房预算，可获得政府提供的占建筑费用 50% 的无息贷款，偿还期为 25 年，实际上是由国家支付贷款利息。其次，还鼓励一些大型厂矿企业主为本企业的职工建造福利性住宅。企业具备 25% 的自有建房资金，即可获得 75% 的政府优惠贷款，也可获得减免土地税、所得税等方面的优惠。其次，鼓励私人建房。德国政府通过减免税和其他奖励措施对私人建房予以鼓励。优惠措施包括：(1) 建房费用可在最初使用住宅的 12 年内折旧 50%（后又改为在最初 8 年内折旧 40%），从而降低房主应纳税的收入；(2) 申请建房的贷款可从应纳税的收入中扣除；(3) 免征 10 年地产税，并在购买房地产时免征地产转移税。同时，经申请还可以得到私人建房贷款。第三，鼓励私人按市场价购房。凡德国公民购房者，可以得到住房补贴。住房补贴连续支付 8 年，每年的补贴最高约 2500 欧元，有子女的家庭买房还可以另外得到儿童购房补贴。

1. 政府补贴住房建设

德国的公租房历史由来已久，其发展大致经历了两个阶段：第一个阶段是从二战后到 20 世纪末，德国大规模兴建社会福利住房，解决低收入者的住房问题；第二个阶段是从上世纪末开始，福利房渐渐退出历史舞台，但政府仍然通过制定法律来控制房价、房租，从而保障低收入者的住房。

前一个阶段主要是政府补贴投资人建设福利房。二战后，大量兴建公共住房，以满足国民居住的需求，成为摆在德国政府面前的一项重要任务。不过，其采用的方法却有些特殊：并不是直接建设福利房屋，而是向住房建设投资者提供无息住房建设贷款，由投资者来开发建设。建成后，再以低于市场价格的租金出租这些房屋，租金与市价的差额由政府补贴给投资者。而投资者的贷款偿还期可以长达 30

至 35 年，在还贷期结束后，房屋所有人还可以按市场价格租售房子。

一般来说，房租标准由国家指导，不会超过房屋的实际成本。这一时期的福利性住房，主要面向低收入群体、多子女家庭、老人和残疾人等。而对于租客的选择顺序，政府也作了相应规定，其总体原则是"对需求最紧迫的人优先考虑"。这一时期社会福利性住房政策得以完美实施，归根结底是德国政府在此方面投入了巨大财力。2003 年，德国议会停止向社会保障性住房建设提供补贴。而在此之前的 30 多年间，德国共为此花费了 300 多亿欧元。

在第二个阶段中，德国的福利房渐渐退出历史舞台，但这并不意味着政府对于公租房的管理开始放松，相反，德国制定了多项法律保障租房者权益，低收入家庭住房问题依然得到了良好的解决。此外，对于众多的租房客，德国政府也制定了许多具体细则对其予以保护，这其中"房租补贴制度"便是对低收入居民住宅保障的主要方式之一。德国法律规定，德国公民凡家庭收入不足以租赁适当住宅者，有权享受住宅补贴，以保证每个家庭都能够有足够的住宅支付能力。至于具体的房租补贴数额，根据家庭人口、收入及房租支出情况确定。对低收入居民，其实际交纳租金与可承受租金的差额部分由政府负担。其中，居民实际交纳租金要与家庭住宅需要相结合，可承受租金一般按照家庭收入的 25% 确定。补贴期限为 15 年，15 年以后随着家庭收入的增加，相应地逐年减少租金补贴。对于领取社会救济者、收入特别低的家庭也有特殊的规定。房租补贴的资金由联邦政府和州政府各承担 50%。

2. 成立住房合作社

德国住房合作社是德国住房建设的主要形式，合作社建造的住房占全国新建住房总数的 30.9%，建造了德国近 1/3 住宅的住房合作社被称为德国"房价的稳定器"。住房合作社属于非营利性的住房建设促进机构，负责发放城市开发方面的补贴和贷款，配合政府达到国家对住房建设领域的干预目的。德国的住房合作社的历史最长，实施效果最明显，且运行机制最完善。

政府通过合作社对住房建设干预是战后德国住房保障政策实施最主要的方式。住房合作社在德国的政府保障制度史上的地位非同一般，是政府实施补贴住房建设计划的最主要的机构和渠道。早在1867年，普鲁士出现了第一个住宅合作社。到19世纪70年代初，还只有3个住宅合作社。但是到1874年，合作社的数量达到52个。目前，德国有2000个住房合作社，属下拥有200万套住房、300万个会员。

住房合作社在解决居民的住房需求方面发挥了举足轻重的作用。住房合作社的目的是解决社员的住房问题，因此充分体现了住房问题由国家、集体、个人三者共同负担的原则。在德国，政府对合作社建房给予多方面的政策帮助：其一，提供长期低息贷款和给予抵押贷款保证：贷款利息只有1%~4%，偿还期限长达30-40年，最长可达65年，倘若政府不能给住房合作社直接提供贷款，住房合作社可以向其他金融机构贷款，其利息超出部分由政府给予补贴。给予抵押贷款保证：当社员向银行办理抵押贷款时，德国政府作为保证人为其社员提供抵押贷款保证；其二，提供价格合理的土地，德国政府会以相对较低的价格将土地出让给住房合作社，有时候政府会先购买土地，然后低价出租给住房合作社；第三，减少税收，对所得税、财产税、土地转移税和交易税等，均以较低税率向合作社征收；第四，补贴租金，合作社住宅如用于向社员出租，住房合作社按规定对低收入者降低租金，使房租降低到社员能够承担的水平，政府在必要时可补贴部分租金，使房租降低到社员能够负担的水平。

3. 不同的发展阶段确定不同的住房保障方式

为了保障中低收入阶层的住房需求，德国政府都在不同程度上干预住房市场，发展具有社会保障功能的住房供应体系和运作模式，弥补商品住房市场的不足。德国根据本国国情，在不同阶段分别采取了相应的住房保障运作模式，主要包括政府公房建设模式、补贴模式和住房控租模式。1946-1955年，政府主要采取租金管制和资助公共住房建设措施；1956-1976年，政府大力扶持自有住宅建设，同时实施住房补贴措施，居民自有住房比例上升；1977-1989年，政府着重于旧宅改造、维修等，住房质量提升，但住房供给的增长速度降低；1990年东西德统一以后，德国公共住房再次出现发展不平衡的现象，政府积极调整措施改造和兴建公共住房，以房租补贴为主，公共福利房为辅的方式解决低收入家庭住房问题。截止2008年底，居民自有住房率提升至 43%。

4. 保障机制融入市场机制，大力发展住房租赁市场

德国发达的房屋租赁市场在稳定房价方面发挥了重大的平抑作用。1999 年德国的自有住房率为 41%，42% 为私人出租房，17% 为各类公共与社会住房。而到 2006 年，德国自有住房率还是保持在 41.6%，其结构几乎没有变化。目前，德国的租赁住房率达 58%，77% 的年轻人都是"租房族"。

为发展住房租赁市场，德国高度重视广开出租房源，确保租赁住房供应稳定。德国租赁住房已形成多种结构：住房租赁市场中，98% 左右为私房，这其中最多的是私人出租住房和合作社出租住房，分别占 66% 和 22%，还有 8% 是基金或保险公司出租住房，3% 为专业建房公司出租住房；在全部租赁市场住房中，仅有 1%~2% 为政府公房出租住房。

德国地方政府还以法律、法规等手段保障租赁住房供应稳定。德国法律规定，住房合作社建造房屋只能出租不能出售。同时德国地方政府还规定房屋开发商必须提供房产开发总量的一定比例，专门建造、出租、售给低收入家庭。

租房市场的繁荣，还在于德国法律对于房客全方位的权益保障。一方面，德国有非常完善的《租房法》，从居住者的利益角度来讲，租房和买房的差别不是很大，这样有效保证了市场的租房需求；另一方面体现在租价上。由于房屋具体情况各异，租价由租赁双方自行协定，仍属市场化行为。但出于对租户的权益保护，法律对房租做了上限限制：如果房东所定的房租超出"合理租价"的 20%，就构成了违法行为。房客可以向法庭起诉，且结果不仅是房租应立即降 20%，房东也将处以罚款。如果房东所定的房租超出"合理房租"的 50%，就构成了犯罪，房东将受到更高额度的罚款，甚至被判三年刑罚。法律还规定，三年内房租涨价如果超出 20%，就作为违法处理。在这个限额内，先前的合同没有做详细规定的情况下，如果房东租价的上涨价格比率超过市场物价指数的上涨比率，房客有权利拒绝房租上调。如果房东对房屋进行了返修装修之类，租户可以要求 10% 到 25% 的涨幅。一般来说，租房合同签订后，房客的利益就会得到充分的保障。除价格之外，法律在其他方面也充分保障了房客的利益。比如法律规定，房东将房子租给房客，必须保持完好无缺，如果房子或房内的设施有损，则由房东承担修理和费用；如果有损坏，而房东不予修理，则在房租上作相应降低。

总体而言，德国在发展住房租赁市场过程中，特别重视加强租赁市场法制建设和管理，保障租房者合法权益，稳定租金，防止租赁非法投机。首先是加强租房合同管理，制定了比较完备的住房合同管理法律；其次加强租房租金管理，制定比较完备的房屋租金管理法律；此外，法律还维护了租赁市场秩序，明确规定禁止"二房东"现象，有效地防止住房租赁非法投机。

5. 对公共住房进行科学规划和严格管理

在住宅供应量方面，德国每年按照人口需求制定各个层次的详细的住房建设规划，以满足新增的住房需求。同时，考虑到居民的收入差距，德国政府房地产规划中对高、中、低档房屋的结构作了明确规定。特别是对低收入者，各地方政府会根据当地人口结构明确规定所有住房中福利房的比例，以此来保证不同收入阶层居民的住房需求能够得到满足。德国有8200多万人口，家庭数量为3800万左右，根据政府规划，近年来德国每年新增住房为25万到30万套左右。

德国政府以"住房是人的基本需求"为导向，通过法律、金融等多种手段，对房地产业实施科学调控与严格管理，使房价涨幅远低于居民平均收入水平的增长幅度。据统计，在过去10年里，德国名义房价每年仅上涨1%，涨幅最高的上世纪90年代中期也仅为7%左右。换句话说，扣除物价上涨因素，德国房价实际上是在缩水。从1977—2007年的30年里，德国平均房价仅上涨了60%，而同期德国个人名义收入却增长了3倍。加上政府对租房价格的严格控制，也减缓了新房价格的上涨速度。

此外，政府通过一系列税收手段，遏制房地产投机炒作，限制投资性买房需求。在德国，自有自用的住宅不需要缴纳不动产税，只需要缴纳宅基地土地税。但用于出售的房地产首先要缴纳评估价值1%~16%的不动产税，房屋买卖还要缴纳35%的交易税。如果通过买卖获得盈利，还要缴纳15%的差价盈利税。重重税收限制，大大压缩了炒房者进行低买高卖的利润空间，同时也抑制了德国人投资购房的需求。

（四）日本的住房保障政策

日本的住房保障制度是在二战结束后发展和形成的，现已成为日本社会保障体系的主要组成部分，并形成了独具特色的以住宅金融公库、公营住宅和住宅公团（现改称都市再生机构）为核心的住房保障体系，取得了良好的社会效果。

1. 重视住房建设的立法

为保证住房建设的发展，日本政府制定了大量有关住房的法律、法规，形成了比较完备的住房法律体系，住房保障法律多达 40 余部。这些法律按照性质大体可以分为两类：一类是政府制定的关于住房建设的政策、计划及法规，如《公营住房法》、《住房建设计划法》等；另一类是对住房建设和交易的全过程，包括土地开发、建筑设计与施工、房租和地租的征收等规定的具体规范和标准，如《建筑基准法》、《住房金融投资保险法》等。这些法律是日本住房制度的基础，也是日本公共住房政策取得成功的保障。

此外，日本还颁布了《住宅建设规划法》等法规，明确了中央政府和地方政府在住宅供应方面的责任。法律规定地方政府要经常注意管辖地区的住宅状况。为了解决低收入者住房问题建设公营住宅，地方政府在必要时必须从财政、金融及技术上给予援助。中央成立住宅都市整备公团，通过财政融资拨款以及民间融资，以综合开发的形式，成片改造旧城区和开发新区，推进城市建设与住宅建设一体化。

2005 年 6 月，日本政府出台了《居民基本生活法》，以法律的形式对未来 5-10 年的住宅目标、政策保障措施等进行了明确的规定，标志着日本住宅建设已经进入从重视数量建设转向全面提高生活品质很居住环境建设的新阶段。

此后，日本陆续制定了一系列相关法规，通过建立健全住房保障的法律法规，日本住房保障政策逐渐步入正轨，不同程度地满足了不同阶层的住房需要。

2. 综合运用财政、金融及税收等多种政策工具解决公共住房问题

（1）财政政策。日本政府的财政补贴分为两种。一种是政府财政拨款：一方面用于低收入家庭的租房、购房补贴，另一方面用于资助公营住宅建设。第二种是政府的财政投资性贷款：一方面是对住宅都市整合公团住房建设的投资贷款，另一方面是将资金贷给住房金融公库，再由后者用于建设公共住房和向低收入者发放住房贷款。

（2）税收政策。除了建立有效的社会保障性住宅供给体系外，日本政府还运用税收手段鼓励住宅建设。《住宅取得促进税制》中规定，利用住宅贷款自购、自建住宅的居民，在5年内可以从每年的所得税中扣除当年年底的住宅贷款剩余额的1%。居民住房在转让时，买方应缴纳税率为3%的固定资产取得税，出卖方应缴纳利润所得税，其税率为20%~30%，以扣除项目后的金额按比例缴纳。在住房持有环节征收税率为1%的不动产税，税基按房屋评估值的80%计征。另外，日本政府对财产登记税、不动产所得税、城市建设税实行了减免，并规定住房资金中的赠款部分可以免交赠与税。

（3）金融政策。日本采用混合型金融政策模式，其特点是，以央行为领导，民间金融机构为主体，政策性金融机构为补充，官民结合。其中，政府住房金融机构有住宅金融公库、住房公团、住宅融资保证协会等；民间的住房金融机构由包括住宅金融专业公司、劳动金库、住房社团等。另外，大藏省（现财务省）还通过邮政储蓄、保健年金和国民年金筹集资金，投向公团、公库住房，给予1%~2%的贴息。住房公团和住房金融公库还在政府的担保下发行住房债券。

（4）土地政策。日本全国土地都属私有，解决住房问题首先要取得土地，因而住房问题等于土地问题。住宅用地来源主要有前文所述的公共供给和民间供给两种，但取得土地的方式则是灵活多样的，如地方政府实行类似土地银行的做法购置大片住房建设用地，又如住房都市整备公团用等价交换制度、特借制度、借受制度、民赁制度等四种制度妥善处理国家与地主的关系，使土地转化为国民住房用地。这种市场化的运作机制运转起来效率较高。

3. 成立专门的政府管理机构

日本住房私有化比例较高，住房市场虽然主要由市场机制调节，但政府仍然较重视对其的管理。日本对住房市场的管理机构主要是建设省及下属的住房局，此外还有执行有关住房建设法律、政策的机构，如住房金融公库、宅地开发团、住房政策审议会等。

（1）国土交通省。日本国土交通省主要负责从住宅产业化和技术方面引导住宅产业发展，并代表政府行使住房建设决策和管理监督的职能。1948年国土交通省设立住宅局，专门负责住宅方面工作。住宅局是中央政府有关住房政策的制定者与调控者，其主要职能有五方面：一是制定住房政策，并为建立住房政策操作机构制订方案；二是制定、分配国家住宅对策预算；三是住宅建设五年计划的制定与执行；四是对地方公共团体、公团、公库等进行指导与监督；五是促进与推动民间的住房建设。

（2）住宅金融支援机构。住宅金融支援机构前身为住宅金融公库。住宅金融公库设立于1950年，其性质为政府全额出资的政策性住房金融机构，属于独立企业法人，隶属于国土交通省住宅局。住宅金融公库的资金来源是：财政信用，即有偿使用通过日本财政投融资体制归集起来的资金；中央政府给予的补贴；发行特殊债券；回收的借贷资金等。住宅金融公库的业务范围主要包括：为中低收入家庭建房、购房提供优惠贷款；为公团开发普通住宅提供信贷资金支持；为民间企业开发租赁性住房提供长期低息信贷资金支持等。20世纪90年代日本泡沫经济破灭后，伴随着金融自由化和房地产价格的下跌，日本民间商业金融机构逐渐加入到中低收入家庭的住房建设行列。2007年住宅金融公库被改组为住宅金融支援机构，注册资本金20亿美元，全部为政府注资，按照《日本住宅金融支援机构法案》，向内阁大藏省和国土交通省负责，为自主经营的独立行政法人。住宅金融支援机构资金来源不再依赖国家财政投资和补助金，业务范围由原来对住宅建设和购买的直接资金支持，转变为对金融机构的住宅贷款提供支持。具体职责是收购私人金融机构住房贷款资产进行证券化，在资本市场上发行房贷支持债券，为住房金融市场提供稳定的资金来源。同时，还为政策贷款和证券化提供信用保证担保，在发生大型灾害或城市改造时，还可以直接提供民间信贷机构无法提供的贷款服务，如灾后重建融资贷款。

（3）都市再生机构。都市再生机构前身为住宅整备公团。住宅整备公团于1955年设立，原隶属于现国土交通省，非营利性质，专门建设由国家财政补贴的公团住宅，向中低收入家庭出租、出售。其中，中央政府所属的住宅整备公团在各地设有支社，负责提供中等收入家庭的住房，地方政府的住房局则负责提供低收入者、单亲家庭及有特殊困难的家庭和个人的住房。20世纪80年代，住宅整备公团由主业的住宅开发转为城市的整备，并更名为"住宅·都市整备公团"，1999年又改称为"都市基盘整备公团"，隶属于国土交通省。2004年，都市基盘整备公团改组为都市再生机构，其职能由原来建设公共住宅为主转向土地储备、整理和再开发，单位性质也由原来的特殊法人变为独立行政法人。

4. 高度重视制定住房发展规划

日本政府主要通过制定住房发展规划，制定指导性住房标准，增加中小户型普通商品住房供给，增加公共供给，来对住房市场施加导向性影响，但对民间供给并不具有强制力。1966-2005年，日本政府已经实施了8个"住房建设五年规划"。在每个五年住房发展规划中，注重因地制宜，引导目标区分为都市型标准和一般型标准，都市型指大城市中心区及周边地区住宅和公寓住宅，一般型指大城市郊区及中小城镇的独立住宅。同时，按不同收入阶层分别确定对应的发展目标，分为基本保障性目标和引导性标准，基本保障性目标指同地区最低住房保障目标，引导性目标指政府提倡和预期计划期将达到的目标。譬如，在第六个五年规划、第七个五年规划和新的《住生活基本法》中，4人户基本保障型住房的使用面积标准均为50平方米，《住生活基本法》中规定都市型和一般型目标分别为95和125平方米，而且按照每年规划的建设量确定每五年内能达到的基本保障性目标与引导性标准之比。通过这种方法，基本有效地保证了市场上符合普通消费者需要的商品房能够保持一定比例，对于防止民间过度开发大户型高档商品住房具有一定积极意义。而且，政府还通过诸如环境影响及基础设施承载影响评估等技术标准对新开工住房户型等做出政策性规定。

此外，日本政府非常重视住宅的维修养护和管理以及保障资金投入。在每个住房发展规划中，都明确旧区更新以及旧区的维修养护数量和保障措施，并明确规定拆除旧建筑的数量目标。同时，通过优惠政策措施鼓励私营企业投资旧区或旧区住宅更新改造。

5. 发挥市场和政府两种机制的作用

日本政府和市场在住宅市场各司其职，互相补充。政府规范住房市场秩序、调控住房市场。目标是在维持住房市场秩序，确保住房市场总体稳定的前提下，保证国民最低居住水平并且满足其追求提高居住水平、居住质量和居住环境的要求，保持社会总体平衡发展。主要手段有二：一是立法，日本政府首先在立法上进行了制度支持。如日本政府先后制定实施了《住房金融公库法》（1950年）、《公营住宅法》（1951年）、《日本住宅公团法》（1955年）、《城市住房计划法》（1966年）等。此后又陆续制定了一系列相关法规，逐步建立健全保障住房和规范住宅市场的法律体系，这类法律共颁布40多部。二是积极做好基础设施建设，为充分发挥市场机制功能创造条件。具体做法是积极提供有利于稳定地价、住宅价格和房租的住宅和宅基地等。同时，日本高度重视交通在住房区建设中的重要作用。即使是远离中心区的新城镇，由于快速交通的便捷条件，居民们也愿意搬去居住。此外，日本政府还鼓励发展二手房交易市场，近年来交易规模呈扩大趋势。

在日本，中等以上收入家庭住房的取得是在市场上实现的，私营房地产公司是供应主体。中等偏下以及低收入家庭则是由政府提供不同的资助获得住房。其中，中央政府所属的住宅整备公团在各地设有支社，负责提供中等收入家庭的住房，地方政府的住房局则负责提供低收入者、单亲家庭及有特殊困难的家庭和个人的住房。建房资金除了从市场筹集外，政府还对建造中低收入家庭住房的组织给予财政补贴，如住宅金融公库建设的金融住宅、中央政府建设的直属住宅、都市整备公团建设的公团住宅以及地方政府建设的公营住宅都使用了一部分国家拨款。

(五)国外住房保障制度总结

20世纪以来,特别在二战之后,伴随着工业化和城市化的发展,包括美国、英国、德国、日本在内的西方发达国家在居民居住方面进一步发挥了主导作用。回顾西方国家住房保障体制的演进历程,尽管各国住房保障体制各有特色,利弊并存,甚至在发展道路上有反复,但就总体而言,对这些国家的社会进步与经济发展起到了不可替代的、巨大的促进和保障作用,而在这一发展过程中所表现出来的成败得失与经验教训,对于建立和完善我国住房保障体制有着重要的启示和借鉴意义。

1. 完备的法律制度是住房保障体系的基础

把住房制度用立法的形式进行规范,既有权威性,又有利于贯彻执行。这是发达国家住房制度的一个重要特点,也是一个重要优点。在美国,政府设有专门的立法机构,各项措施通过法律保障来落实,如美国1937年通过了《住房法案》,1949年美国国会又通过了《全国可承受住房法》,指出美国住房政策的目标是"向全体美国人提供体面和整洁的居住环境"等,对住房保障作出相应规定;联邦德国1950年颁布了第一个《住宅建设法案》,规定以建设福利住房为主,采用多种方式(包括政府投资或政府提供补助私人投资等)建设福利住房;1956年颁布第二个《住宅建设法案》,进一步提倡私人投资建房,并减少全部由政府出资建设福利住房的数量。新加坡则颁布了《中央公积金法》、《土地征用法》和《建屋发展局法》等,推行中央公积金制度和进行大规模的组屋建设;英国先后出台了《住房法》、《住房协会法》、《住房和计划法》、《地方政府和住房法》等多项法案,分别对住房协会的注册条件、经营目的、经营活动、资金援助、监督管理等进行了规范;日本也先后出台《住宅金融法》、《公营住宅法》等多部法律法规来保证住房保障制度的有效执行。这些法律主要对住房保障进行了以下具体规定:一是规定专门机构实施各项住房保障措施;二是规范和引导其他经济主体在保障房建设和供给上的行为,使其服务于保障房供给的整体目标;三是确保财政资金的稳定投入;四是确保分配公正。其他国家也建立了类似的法律体系。在此基础上,建立相对完整的住房法律体系,明确各级政府在解决居民住宅问题中的责任,以及解决居民住房问题的手段和措施；明确在政府部门设立专门机构负责住房保障政策的制定和实施；明确把住房保障资金列入财政预算，投入专项资金，以投资建房、贷款贴息、发放补贴等方式保证住房保障政策的实施等。

2. 相关政府部门职责到位是住房保障体系健全发展的前提

对于住房保障，大部分发达国家都设有专门的职能部门进行政策制定和行业管理，政府成立专门的公共住房发展机构，主要负责公共住房的规划、设计、建设、分配和管理等事务，比如新加坡在1960年就成立建屋发展局（HDB），由其全权负责建造和分配向中低收入阶层出售（出租）的公共组屋，并把居民住房纳入中央公积金的保障范围；美国则成立内阁级别的住房和都市发展部；日本设立了建设省住宅局，这些是政府成立的专门的公共住房发展机构，主要负责公共住房的规划、设计、建设、分配和管理等事务。确保居民享有住房保障的权利是政府的职责，发展公共住房是政府的责任，通过成立专门的机构能够保证公共住房的发展，提高运营效率，使政府的政策能够有效的执行和落实。

3. 住房保障制度产生于工业化和城市化所造成的住房短缺问题

由于城市聚集效应和规模经济的影响，现代工业化的过程同时也是城市化的进程。工业和人口在城市的高度集中，形成对城市土地和住房供应的巨大需求，从而产生了住房供应的短缺，进而导致土地价格以致住房价格的上涨，由此出现广大中低收入居民家庭的住房支付能力与具有适宜居住标准的住房价格之间出现巨大的落差。

事实上，作为18世纪产业革命和全球性城市化产物的住房问题，在西方国家工业化加速时期主要表现为城市尤其是人口密集的大中城市的住房供应绝对短缺问题。而且，几乎每个西方国家在完成工业化和城市化的过程中都饱经城市住房供应短缺的痛苦折磨。另一方面，西方国家的实践也表明，如果解决了城市的住房问题，也就基本上解决了全社会的住房问题。因此从这个意义上说，城市住房问题是住房问题的焦点和主体。

为提高民众福利，缓解住房与社会矛盾，保持社会安定，各国政府都对城市的住房问题进行了积极的干预，从而促成了住房保障体制的萌生。住房保障体制的产生和发展与工业化和城市化尤其是现代城市发展密切相关。对于仍在快速推进工业化和城市化的我国而言，建立住房保障体制是一项势在必行的重要任务。

4. 住房保障体制的运作方式应该是政府在维护市场机制的基础上干预住房市场

随着人类文明的进步，"住房作为人类生存不可替代的必需品，人人都应享有合适的居住设施"的观点已经得到普遍的认可。1981 年 4 月，在伦敦召开的"城市住宅问题国际研讨会"上通过的"住宅人权宣言"指出，一个环境良好、适宜人的住所是所有居民的基本人权。而 1996 年 6 月召开的联合国第二次人类住区大会通过的伊斯坦布尔宣言更是承诺："人人有适当的住宅。"然而由于住房所具有的特性及住房市场所存在的缺陷，以低收入者为主体的特殊阶层难以仅仅依赖市场机制来解决自身的住房问题。

因此，政府作为一国经济的宏观调控者和管理者，担负着促进社会全面发展和保障全体居民基本权利实现的职责，应成为构建住房保障体制的主体。尤其是因城市化快速发展而居民收入水平普遍不高等原因而出现全社会性的住房紧张的情况下，没有政府的干预，就不可能有效地缓解乃至解决尖锐的住房矛盾。但是，政府成为构建住房保障体制的主体，并不意味着政府要完全取代市场机制，更不是破坏市场机制。市场机制仍然是供应与配置住房资源的最有效率的经济制度，理论上可以达到住房生产可能性边缘。并且，社会经济制度的基本设计也决定了市场要对住房资源配置起基础性的作用。所以，政府对住房市场的干预不是破坏或取代市场机制的运行，而是在市场机制无法发挥作用或无法充分发挥作用的情况下引导市场，是对市场机制的补充和修正。

西方国家在住房保障体制的设计和运行时，政府通常是以双重身份干预住房市场。其一，以管理监督者的身份代表全社会管理和监督住宅市场，从而成为影响住宅市场的外在因素；其二，政府与直接参与者的身份，作为住宅市场的内在因素直接参与交易，影响住宅市场的供求关系、供求价格和资金循环，调节市场内部的诸种关系以及市场内外之间的关系。近些年来，许多西方国家对原有住房保障体制进行了较大改革,目的也在于通过减少对市场机制本身作用的过多影响以消除市场信息扭曲的现象。因此,对于正在加快完善社会主义市场经济体制的中国来说,在住房保障体制构建过程中,一定要正确认识政府与市场的关系,注意处理好两者的关系。

5. 有效的住房金融政策是住房保障制度顺利实施的重要支持

各国为了实施住房保障,基本上都建立了专门的住房金融体系,并通过政策性住房资金支持来实施间接干预。美国是发放住房贷款最多的国家。在市场经济体系完善的情况下,其高度发达的住房抵押贷款,对提高美国居民的住房水平起到了关键作用。美国的住房金融体系由三部分构成:一级抵押贷款体系;二级抵押贷款证券化体系;保险体系(分散住房贷款机构发放贷款的风险)。新加坡是世界上以政府为主成功解决公民住房问题的范例,它的成功主要在于其雄厚的公积金的有力支撑,使政府"居者有其屋"的计划能够顺利实施,公积金置于政府的严密控制之下,运作规范有序,确保了资金的良性循环和保值增值。在日本,主要以低息贷款来鼓励企业从事民间住宅建设,银行连续多次降低企业建住宅的贷款利率,吸引了大量资金投向民房建设;德国的做法是实施购房财政税收政策,通过减免税和其他奖励措施鼓励私人建房;英国则把贷款优惠程度与居民收入水平挂钩,对低收入者实行更为密集的政策优惠。

6. 保障方式的多元化和保障水平的多层次性是住房保障体系可持续发展的保证

住房保障的实质是政府承担和补偿住房市场价格与居民支付能力的差距。由于居民的住房支付能力千差万别,发达国家的住房建设分别采取了政府直接建房方式、政府间接建房方式,以及各种形式的住房补贴等,而住房保障的水平也根据家庭经济收入的不同呈梯状分布。美国、德国对低收入家庭直接给予房租补贴,对中低收入家庭在购房上给予帮助;新加坡对于面积不同的组屋,政府采取不同的补助标准和政策,对购买一居户、二居户、三居户单元住房的,政府分别按照房价的2/3、1/3、5%进行补贴,而如果是购买四居户的单元住房,则不仅没有补贴,而且要按成本价再收5%的利润,对五居户的单位住房,其出售价格则按成本价再加收 15% 的利润。这就使购买小面积组屋的低收入者能得到较好的照顾。

任何一个国家都是从解决住房短缺问题出发，首先重点解决低收入家庭的住房问题，然后再逐步解决中等收入家庭的住房问题，具有层次性。很多国家将低收入家庭划分为不同等级，并建立严格的监督机制，从而形成良性循环。例如，新加坡政府严格按家庭收入情况来确定享受住房保障水平，住房短缺时期只有月收入不超过 800 新元的家庭才有资格租住公有住宅。

五、进一步完善我国住房保障制度的政策建议

国家"十二五"规划纲要明确提出：新建 3600 万套保障房，将城镇居民保障性住房覆盖面提高到 20% 左右，覆盖范围之广、投入力度之大、建设速度之快前所未有。"十二五"实际执行结果超额完成目标任务，共建设城镇保障性安居工程 4013 万套。"十三五"规划纲要继续提出了未来五年城镇相同户区住房改造 2000 万套的目标任务，并实行实物保障与货币补贴并举、购租支持并举的保障政策。我国"双轨制"住房供应体系中的"保障轨"建设正进入跨越式发展的新时期。"保障轨"建设应遵循世界各国住房保障一般规律，体现中国特色与各地实际，在发展中逐步调整与完善。在政策设计上，应注意把握如下要领。

一是将公租房作为保障性住房的主要形态，以棚户区改造为托底的下沿，大力发展公租房，并压缩经济适用房（只允许在"有限产权"概念下运营，以封杀其套利空间）、取消"限价商品房"。当前七大类十一个品种的保障房形态，既不利于合理划分保障层次，影响了政策的有效实施，又增加了执行操作成本。过渡期后带有完全产权性质的经济适用房和限价商品房在实际运行中暴露出来的问题层出不穷，导致有限的住房保障资源误配置，削弱了政府住房保障工作的公平性。大力发展公租房、廉租房，有利于清晰界定并广泛覆盖城镇中低收入家庭、住房"夹心层"和进城务工的农业转移人口；在有条件的地区、时机成熟时，可以方便地探索公租房转为产权房、租售并举的新制度，既满足原住房保障家庭在条件改善后"居者有其屋"的产权渴求，又减轻了政府财政支出的压力。

二是推动公租房与廉租房并轨运行,统筹使用住房保障资金、扩大住房保障覆盖面并降低管理成本。当前,住房公积金增值收益只能用作廉租房补充资金,再加上中央财政下拨的廉租房保障专项资金,使得没有那么多的廉租房需求的一些城市出现廉租房保障资金富余,而住房保障需求大的地区则资金不足,出现严重的"苦乐不均"。在制度上将廉租房、公租房并轨,将为统筹使用这些资金打开一个政策通道。另外,根据现有的制度设计,廉租房主要针对具有户籍的低收入住房困难家庭,而公租房主要是针对中等偏下收入住房困难家庭、新就业职工和有稳定职业并在城市居住一定年限的外来务工人员。将公租房与廉租房并轨,有利于这两类人群的住房保障实现无缝对接,扩大住房保障覆盖面,避免形成所谓的住房"夹心层"。

三是顺应政府住房保障支出随人均 GDP 增长呈现"倒 U"曲线[①]的变化规律,明确我国住房保障支出在未来一段时间仍将继续增加的预期。随着人均 GDP 的增长,政府住房保障支出占 GDP 的比重一段时期内也在增加,但这一比重会在达到一个顶点后转为逐渐降低。考察世界发达经济体的住房保障模式,可以大致将其归为两种类型:一种是以美国为代表的自由市场模式,一种是以德国、法国等为代表的社会市场模式。在美国自由市场模式下,政府住房保障支出在人均 GDP 为 33000 美元左右时出现拐点;在欧洲社会市场模式下,政府住房保障支出在人均 GDP 为 38000 美元左右时出现拐点。根据世界银行数据,2012 年我国人均 GDP 为 5414 美元,即使到 2015 年末人均 GDP 达到 7900 美元,但总体看政府住房保障支出尚处于"倒 U"曲线上升的左半侧,未来一定时期仍会继续增长。

四是持续创新体制机制,推进保障房建设、融资、运营及管理等方面的多元化。在坚持政府主导建设保障房的同时,加大房地产开发项目配建保障房的力度,并注重配套基础设施建设,防止"居住隔离"。创新财政资金支持保障房建设的形式和方式,通过注入资本金、投资补助、贷款贴息、鼓励企业发行债券、推行"PPP"模式下的多种具体运作形式等措施,引导社会资金进入"保障轨"建设,多

---

① 贾康,张晓云:我国住房保障模式选择与政策优化:政府如何权衡"倒 U 曲线"演变中的机会公平与结果均平?财政部财政科学研究所研究报告,2012 年第 66 期(总第 1342 期)。

渠道筹措建设资金。

五是在时机成熟时、在住房供应相对充足（包括空置房潜力可调动）的地区，改变当前实物保障方式为租金补贴方式，最终形成"市场建房、政府补贴、居民租房、社会管理"的"保障轨"模式。具体的补贴方式可以按"国库集中支付"路径，比照政府采购直接付给房东。考察发达国家"保障轨"建设道路，可以清晰地发现其在政府主导、承担保障责任的前提下，大多经历了由"补砖头"到"补人头"的转变。我国广大二三线城市和县级城市，住房供应较为充足并有一定规模的房屋空置，住房保障工作要解决的主要问题是如何将空置房屋盘活进入租房市场。在这些地区，政府不宜大规模新建保障房"补砖头"实物保障，而应该采用租金补贴方式"补人头"的货币化支持，因地制宜地实现"住有所居"目标。在一线城市和部分大中城市，聚集辐射效应使得人口大量涌入，短时期内住房供应短缺现象明显，当前"补砖头"的保障方式是合适的。但是，在经过一段时间的大规模保障房建设并投入使用后，政府有关部门要及时对当地住房短缺情况和保障人群情况进行评估测算，适时转变住房保障方式。

六是建立健全保障性住房的准入与退出机制，加强全方位监督，确保分配公平。公平分配是保障性住房的"生命线"，是使民生工程真正惠民生、得民心关键所在。一是应逐步建设完整的居民收入统计和住房信息统计系统，为准入与退出机制的设计与运行提供基础数据支撑。二是加强保障性住房申请、公示、分配等环节的公开性和透明度，并实行动态调整与持续跟踪，做到全过程公开。三是加强全方位监督，逐步形成政府监督与社会监督、新闻媒体监督互补、互动的良好局面，力求确保分配公平公正。

七是在城镇化快速推进的大趋势下做好保障性住房科学规划，加强配套基础设施、生活服务功能建设。我国尚处于工业化中期，城镇化进程在城镇化率迈过56%之后仍将快速推进，在此趋势和背景下，保障性住房规划与建设应该与城市、城镇发展规划紧密结合。一是保障性住房规划中应结合不同地区、不同住房已有格局和其他相关要素作有针对性的"顶层规划"的动态优化，新城镇建设更要作必要的前瞻性考虑和设计，使之成为未来全局优化的有机组成部分。二是应站在建设新型和谐城镇与社区的高度处理好保障性住房配套基础设施建设的升级和生活服务功能的配套，适当增进保障房标准因地制宜的多样化，一方面避免保障性住房"居住隔离"问题，另一方面丰富与细化适应不同地区特点与特定居住习惯的保障房标准体系，加强不同城市建设任务的适应性、合理性。

第三章

新型城镇化进程中的住房保障问题

一、新型城镇化对住房保障的总体要求

保障性住房建设和供应是国家新型城镇化发展战略的重要组成部分，其战略定位须在准确判断我国城镇化发展状况的基础上，依据城镇化发展的方向和路径加以确立。一个时期以来，我国城镇化发展处于"以地为本"，导致土地城镇化远远快于人的城镇化。保障性住房制度建设将有利于实现城镇化从"以地为本"转向"以人为核心"的发展新道路。

（一）新型城镇化的科学内涵

2012年11月28日，时任国务院副总理李克强会见会见世界银行官员时说："未来几十年最大的发展潜力在城镇化"，这有利于中国成功跨越中等收入陷阱。随后的中央经济工作会议提出，积极稳妥推进城镇化，着力提高城镇化质量。要把生态文明理念和原则融入城镇化全过程，走集约、智能、绿色、低碳的新型城镇化道路。2014年3月5日，李克强总理在第十二届全国人民代表大会第二次会议上做政府工作报告，提出了要着重解决好"三个1亿人"问题，即促进约1亿农业转移人口落户城镇，改造约1亿人居住的城镇棚户区和城中村，引导约1亿人在中西部地

区就近城镇化。

新型城镇化的核心是人的城镇化,关键是要提高城镇化的质量,走集约、节能、生态的新路子,走新型城镇化的道路,要避免快速发展的城市病。要实现产业发展和和城镇建设的融合,让农民工逐步融入城镇。城镇化不是简单的城市人口比例增加和面积扩张,而是要在产业支撑、人居环境、社会保障、生活方式等方面实现由"乡"到"城"的转变。

积极稳妥地推进我国城镇化,对于今后一个时期培育新的经济增长点,有效地扩大内需具有十分重要的战略意义。无疑,我国未来的城镇化要走的是一条新型的城镇化道路,是适合现有国情加快整个社会经济转型的大战略。真正抓住城镇化进程给未来发展提供的良好机遇,当前需要特别注意正确把握新型城镇化道路的科学内涵。

近代各国的现代化进程都是以城市化为基本标志。正是由于产业和人口快速地聚集于城市之中,一方面形成了生产资源的集约使用效应,极大地提高了现代制造业和服务业的生产效率,另一方面也形成了大规模的市场效应,为实行社会大生产提供了重要的交换环境。迄今为止,城市化率仍然是衡量一国经济现代化程度的一个重要指标。经过 30 多年的改革开放,2012 年底我国的城镇化已经达到 52.57% 的水平,2015 年进一步提升到 56.2%,但与发达国家比较差距还不小,推进城镇化发展仍然具有很大的空间。从经济和社会转型的角度来看,今后一个时期我国的新型城镇化进程无疑将具有以下几个方面的重要特征。

第一是城乡统筹发展和城乡一体化规划。新型城镇化的特色就是要由偏重城市发展向注重城乡一体化发展转变。也就是说要由原来的"重城轻乡"、"城乡分治",转变为城乡一体化发展;从改革角度讲,要由原来的重单项突破,改变为大力推进户籍、保障、就业等综合配套体制改革。要鼓励城市支持农村发展。积极推进城乡规划、产业布局、基础设施、生态环境、公共服务、组织建设"六个一体化",促进城乡统筹发展。提升新农村建设的整体水平。必须清醒地认识到,城乡一体化不是降低城市的生活标准,也不是消灭乡村,而是通过新农村建设,让农村居民在生活方式、居住环境上享受与城市居民均等的待遇。

第二是产业结构的升级和社会结构的变化。整体上看我国的工业化进程还没有完成，尤其是中西部地区工业和服务行业在当地 GDP 总量中所占的比重仍然有很大的提升空间，新型城镇化道路首先是要进一步加快后进地区的工业化进程。另一方面，城镇化发展本身也有一个动态的升级过程，对我国东部沿海发达地区而言，城市功能和城市形态的更新已经提上议事日程，产业升级则是推动未来城镇化发展的主要动力。我国新型城镇化道路最重要的任务，是要把相当一部分农村人口转变为真正意义上的城镇市民，由此会带来整个社会结构的变化，即社会基层组织的市民化。与传统意义上分散居住的村民不同，生活在城镇的居民将具有更多的现代意识，这包括对当代科学文化的追求和政治民主的要求。从根本上讲，城镇化对社会进步的推动作用主要体现在对社会组织结构的根本改造上，加快人口城镇化进程是中华民族的文明进步必须要经历的阶段。

第三是消费方式的升级。新型城镇化带来的将是大众消费的普遍市场化，一方面把传统上自给自足的生活消费转变为市场交换，另一方面又会通过示范效应等大大加快消费结构的升级。随着城镇化进程的加速，有效需求会直接拉动服务经济部门的增长，大大增加不同类型的消费方式和消费商品。新型城镇化道路将使国内消费需求的市场容量得到持续快速的扩张，不仅成为未来国民经济增长的主要拉力，更能有效发挥出中国市场的世界影响力。

第四，从消耗型城市化要素供给方式到城市可持续发展方式的实践。新型城镇化必将更关注城市可持续发展的理念，从某种角度来说，新型城镇化就是城市可持续发展的一个公约子集。中国传统城市发展的三大动力：城镇化——统筹城乡发展、工业化——工业反哺农业和区域一体化——周边借势与融合，未来将会与城市可持续发展的理念相嫁接，由新型城镇化来换档提速和版本升级。新型城镇化需要找到城市发展的长期动力和城市发展的核心能力，在城市发展所处的阶段背景下同时关注城市的发展水平、持续水平和资源能力的协调水平三大维度，从而指导城市的决策者建设新型城镇。

第五，从产业粗放模式到"产城融合"模式的升级。新型城镇化必然涉及城市产业的发展及其与城市发展的关系，而中国大大小小的各类城镇势必在新型城镇化过程中走向"产城融合"的新阶段。从早期成本效率为追求的工业集中阶段，到目前竞争优势为追求的产业集聚阶段，再到未来以创新驱动为追求的新城区新社区阶段，是"产城融合"的标准路线图。基于此，在新型城镇化过程中，未来城市发展应更注重以下一些要素的提升，包括市场规范、人文特色、生产性服务业和企业家群体等这些关乎城市根植性优势与区域创新优势的软性指标。值得注意的是，这些往往难以复制并有可能形成各个城市的差异化发展能力。短期看需求，长期看供给，新型的城镇发展需要培育自身独特的核心能力，从而形成真正的长期发展驱动力，仅仅靠短期投资热潮和 GDP 崇拜是无法达成的。

第六，从粗放型社会管制到高效性社会治理的提升。城镇化的不断发展对城市的公共管理提出了新的要求，当前爆发公共安全和群体性突发事件的概率在加大，同时外来人口激增带来社会保障和治理压力在加大，新型城镇化将倒逼政府对城市的公共管理从当前的粗放型社会管制提升到未来的高效性社会治理阶段。

（二）应科学地处理好新型城镇化与房地产业发展的关系

我国的新型城镇化道路是一种全面的社会经济转型，不能也不应当片面地解释房地产业的发展，更与房地产泡沫互不相容。城镇化诚然需要有房地产业的健康发展，但房地产业本身并不等于城镇化。盲目地搞房地产，并不能带来产业聚焦、人口集中和市场发育，反而会造成资源的严重浪费，近年现实生活中一些地方出现的"鬼城"已经提供了很深刻的教训。因投资投机而形成的房地产泡沫，不仅对资源的合理配置形成严重的误导，增加工商业营商成本，恶化投资环境，甚至产生"一业（房地产业）兴而百业衰"的不良后果，同时还明显增大社会上的利益矛盾冲突，客观上已经成为严重阻碍城镇化发展的非常负面的因素。我国新型城镇化道路必须要尽早与房地产泡沫彻底划清界限。

为了防范房地产泡沫对未来新型城镇化发展形成不良影响，不仅应当继续坚持已有的差别化信贷、税收等调控措施不放松，也需要加快推出房地产税等新的治本办法。如果普通公众无力购房或获得应有居住权，推进城镇化就会成为一句空话。而长远来看，新型城镇化道路要把重点放到对人的投资上，纠正过于偏重物质资本投资的传统观念。人是现代城镇的灵魂，为公众提供更好的生活是我国新型城镇化发展的根本目标，未来应当以民众的幸福和发展作为城镇化的投资重点，努力通过制度创新让更多的人有效地融入到现代城市生活中来，进而从根本上铲除房地产泡沫形成的土壤。

（三）保障性住房制度建设是实现"人的城镇化"的重要机制保障

我国城镇化已经取得了相当进展。近年来，城镇化快速发展，每年城镇化提高率都在1.3%左右。2011年是我国城镇化进程中具有里程碑意义的一年，根据国家统计局年度统计公报，年末城镇人口为6.9亿人，占人口比重首次超过一半，达到51.3%。

我国城镇化存在着严重的问题，突出表现在城镇化显著滞后于工业化进程。在我国，工业化推进的城镇化远不及世界平均水平。根据世界银行的数据，2010年全球平均的城市化率为50.9%，工业化率是26.1%，全球的平均比值是1.95（50.9%/26.1%），中国的两率的比值是1.07（49.7%/46.6%）。发达国家的比值普遍在2以上，许多达到4以上，差别更为显著。

我国城镇依然处于人为分割的状态。长期以来，我国实行城乡分割的户籍管理制度。户籍有不同的含金量，意味着公共服务的不同。在户籍制度下，城镇里的人被分成在籍和流动人口，进城农民不再从事农业但户籍仍在农村老家，称作农民工。农民工和其他流动人口较少能享受流入地政府提供包括就业、教育、医疗、社保等多方面的服务和保障，他们只是作为打工者的劳动力存在。其实，前面我国城市化水平是按统计的常住人口计算的，若按城镇户籍人口计算，2015年真正的城镇化率只在39%左右。占到城镇常住人口约1/3的以进城农民工为主的流动人口，身子进了城却在城里安不下家，实际上是半城市化或城市边缘化的状态。

我国城镇化进程滞后的重要缘由在于我国目前城镇化走的是"以地为本"的道路。城镇政府懒于提供公共服务，热衷于"经营"城镇，形成了以地融资的城镇建设和发展机制。地方政府垄断城镇建设用地供应，通过征地获得高额城乡土地价差，城镇土地资产化、资本化和"闸门"化，形成所谓的"土地财政"和"土地投融资"。地方政府成为经营城镇的"地主",尽力抬高地价和扩大城镇建设面积。其结果,"地"进城的速度远快于人的速度。据统计,2000—2010年,我国城市建成区面积从22439平方公里提高到40058平方公里,扩大78.5%,而同期居住在城镇的人口比例从36.1%提高49.7%,上升13.6%。

以地融资建城模式是"以地为本"的建城模式,虽然能够有效地解决城镇化的土地供应和资金筹措问题,在一定程度上推动着城镇建设发展。但是存在着寅吃卯粮、财政金融风险升高和强化城乡分割、引发尖锐社会矛盾等内在问题,难以持续。为建城而建城,外延式扩张,有着推动地价从而房价不断上涨的内在机制,抬高了"人"进城的门槛,迟滞着"人"进城的进程,极不协调。相比之下,在工业化进程中,地方政府有意压低地价,以招商引资。低廉的地价,加上低廉的劳动力,增强了我国产业发展的竞争力,加速了工业化进程。两相比较,城镇化严重滞后于工业化。

比较"以地为本"与"以人为本"的城镇化道路之后,可以看出,保障性住房建设处于两条道路的分岔口,是城镇化道路走向的风向标。

(四)保障性住房建设应把握好城镇化道路方向

"以地为本"的城镇化道路制约着保障性住房建设的进展和发挥作用的范围。城市是现代文明的结晶,城市生活是亿万农民的向往和追求。离开田地的农民投身工业化后,已经为城市生活做好了生产方面的必要准备,迫切要求市民化。可是一直以来,进城农民工市民化却面临着重重困难和阻力。横亘在进城农民工面前最现实、最直接、最突出的就是住房问题,住房是农民工市民化的拦路虎。高房价让农民工对商品房望而止步,户籍制度又让农民工得不到政府提供的住房保障等公共服务。

在我国城市住房制度改革的历程中,国家一直高度重视中低收入家庭的住房问题。早在1998年全面推进住房改革时就专门设计以经济适用住房为主、廉租住房为辅的保障体系。可是,实际情况并不理想,由于激励机制走偏和约束机制缺乏,地方政府职能不到位,各地政府提供的住房保障极为有限。在以地融资建城的模式下，地方政府很多是应付任务，不愿多划拨土地建设保障性住房，而是偏好于卖地建设商品房。

2008年底开始大规模保障性住房建设以来，从各地情况看，多数地方仍以当地城镇户籍人口为限，非在籍的流动人口仍被排除在外。住房对居民家庭来说是大宗财产，近年来的高房价进一步加重了保障性住房的份量，已经成为城镇户籍最大的含金量。大规模保障性住房建设有力地缓解了当地在籍人口的住房困难问题，但对农民工和其他绝大多数处于收入中低端的流动人口来说，保障性住房的阳光还没有普照到他们身上。他们的住房需要通过市场解决，高房价把他们变成了"蚁族"，推到城中村和更远的郊区。可以说一个时期以来的保障性住房建设实际上强化了户籍的分割作用，扩大了城镇里的鸿沟。

"以人为本"的城镇化道路对城镇保障性住房建设提出了新的发展方向，就是以"住有所居"为目标，保障包括农民工在内的城镇居民的基本居住权。基本居住权，是工业化推动的劳动力在城镇安身立命的要求，是劳动者在城镇"住有所居"的权利。正如劳动力的自由迁徙权是工业化的要求和条件，居民的基本居住权是城镇化的要求和条件。

保障基本居住权，就是政府排除户籍等人为因素和高房价等市场因素的干扰，赋予城镇所有居民基本的居住条件。尽管形式多样，涉及方面很多，但核心的物质基础还是城镇土地。保障性住房，对政府来说，任务很重，对居民来说，份量很重，主要是城里的地贵。以公共租赁房为例，一套40平方米的公租房，建安成本大约4万元，再加上公共配套设施大约1万元，共计5-6万元左右。这样的成本原本是包括农民工在内的居民都可以想象的。建设保障性住房，政府最主要的投入就是土地。因此，保障性住房建设中的土地政策及其实施情况，大体可以反映城镇化道路的方向。

保障性住房建设的新发展，推动城镇化发展道路的变化。随着居民的基本居住权逐步、全面地得到保障，就降低了农民工市民化的门槛，同时也加大了政府公共服务均等化的程度，还可以抑制地价高涨的市场自发倾向。这意味着"人"在"地"先，也意味着城镇化进程中政府职能的重要转变，地方政府减少经营的冲动，着力提供公共服务,并逐步使之均等化。结果,城镇化将面向普通大众,而不是服务于少数人。

由此可见,保障性住房建设是从"以地为本"转向"以人为本"城镇化道路的扳道岔,是农民工市民化的枢纽,是公共服务均等化的重要推进器。保障性住房建设不仅是增长工程、民生工程,更是民心工程,是巩固党的执政基础的政治工程。

总之,保障性住房建设应牢牢把握着城镇化的方向。城镇化事关我国的经济社会发展和现代化建设的全局,是当前我国转变发展方式、改革攻坚的结合点和着力点,是实现工业化、城镇化、农业现代化同步发展的战略关键。为此,保障性住房建设必须坚持"以人为本",实现所有居民的基本居住权的有效保障,以推动和保证城镇化健康发展,加快农民工市民化,彻底解放农民,造就"世界市场",成功跨越中等收入陷阱。

二、城镇化对住房保障的需求和影响

从当前至2020年,我国仍处在城镇化快速推进阶段,这是我国经济社会发展的重要动力和最大的内需潜力之所在。提高城镇化水平和城镇化质量,不仅需要扩大住房保障规模,还要进一步完善适应阶段性需求的住房保障体系。

一是城镇化率提高必然导致住房保障总量增加。随着城镇化的推进和城镇经济社会功能增强,2012年我国城镇常住人口已达到7.1亿人,城镇化率达到52.57%。预计到2020年,我国城镇化率将达到60%左右,城镇人口将达到8.5亿。除了原有城镇家庭住房保障需求以外,在"农转非"的新增城镇人口中,有相当大的比例属于中低收入者。面对不断攀升的城市房价,这部分群体绝大多数难以完全依靠自身力量解决住房问题。因此,在未来一段时期内,城镇化水平提高将导致住房保障需求的基数扩大,住房保障总体任务仍然较重。

二是新型城镇化建设使住房保障任务更加艰巨。城镇化不是单纯的规模性指标,更重要的是提高城镇化质量和效益。十八大报告特别强调要坚持走新型城镇化的道路,城镇化的核心就是人的城镇化,就是让不同类型群体享受城镇化发展的红利，得到更多、更公平的实现"中国梦"的机会。住房作为居民生存与发展的物质基础和基本条件，政府在住房保障方面义不容辞。特别是在城镇化质量不断提高，公共服务日趋均等化的大背景下，如何确保住房保障供给与需求相适应，住房保障制度与城镇化阶段性特点相适应，将是我国住房保障体系建设面临的重要课题。

三是不同区域的城镇化水平存在差异，需要因地制宜的住房保障政策。尽管总体上住房保障压力较大，但不同区域的城镇化进程不同，住房保障难度与重点也各不相同。其中，经济较为发达、就业吸收能力强、城市功能更加完备、土地资源稀缺的经济发达地区的住房保障任务更重。例如，在2011年城镇化率前十位的地区中，有80%属于东部沿海经济较为活跃地区。因此，住房保障的相关政策设计应更加重视地区的适用性，充分发挥地区政府在住房保障体系建设方面的积极性和能动性。

（一）人口流动规模和结构明显变化，住房保障面临新的任务

目前我国人口迁移大体是从农村向城市、从欠发达地区向发达地区聚集，但由于城乡二元结构、区域发展不平衡等因素影响，形成了具有中国特色的流动人口现象，随着流动人口规模和结构特征变化，其住房保障问题也日益突出。

一是流动人口总量大，是住房保障政策潜在的覆盖对象。2012年，我国流动人口达到2.6亿人，占全国总人口的17%，若当前户籍制度不变的情况下，预计2020年流动人口将达到2.8亿人，这将是一个规模十分庞大的社会群体。同时，流动人口已由单个劳动力流动向整个家庭流动转变，户均规模为2.5人，跨省和省内流动人口流入地居住的平均时间为4.7年和5.3年。随着流动人口的稳定性增强，流动人口不仅仅关心就业和劳动权益等问题，而且也越来越关心教育、卫生、社保、住房保障等公共服务问题。

二是流动人口的住房负担较重，住房保障问题尤为突出。现阶段流动人口仍以城乡之间流动为主，农村户籍流动人口占流动人口总量的80%左右。这种结构特点决定了流动人口的中低收入家庭比重较大，2011年流动人口家庭人均月收入2253元，家庭人均月支出1029元。其中，住房支出占到25.4%，而全国城镇平均每人现

金消费支出中居住比重为9.27%，越是低收入群体，住房负担越重，大部分流动人口的住房条件相对较为简陋。

三是新生代农民工将逐渐成为流动人口的主体，住房保障将为其提供更多的发展机会。2011年，流动人口的平均年龄为28岁，平均受教育年龄达到10年以上，这是我国经济结构调整升级和城镇化稳步推进的重要力量。随着新生代流动人口与原住地的经济社会联系减弱，他们更加看重自己在流入地的职业发展与社会融入程度。与老一代流动人口相比，新生代农民工具有更强的维权意识和社会参与意识。因此，尽快将流动性常住人口纳入住房保障体系有利于促进新生代农民工实现居住权，并获得更加公平的社会竞争和个人发展机会。

（二）区域产业转移和"产城融合"发展，为完善住房保障体系提供了历史机遇

随着我国转变发展方式和产业分工格局的变化，东部沿海发达地区的产业结构加快调整，部分产业从东部向中西部地区转移。一些地区开始统筹考虑住房保障体系与产业体系以及整个经济社会体系的有效对接问题。

一是结合区域产业转型升级与产业转移，住房保障体系将实现产城融合发展。未来10年，我国将会形成几大都市圈、若干个城市群或城市化地区，并吸纳50%左右的城镇新增人口，与过去人口向东南沿海单向集中不同，人口开始向多个区域集中。随着这些优化开发区域的经济规模逐渐扩张，产业竞争能力不断增强，一些地区提出：住房保障规划与当地经济社会发展总体规划衔接，与区域新产业定位与空间布局相结合，实现所谓的"产城融合"发展，为产业发展和劳动力聚集提供支撑。

二是东部产业梯度转移，使中西部地区面临产城融合发展的历史机遇。从20世纪90年代到本世纪初，在长三角和珠三角地区的产业园区中，大量产业工人居住在集体宿舍、城中村、小产权房甚至工棚中，这些园区以产业功能和经济功能为主，而其他城市社会功能明显不足。这种"宜业不宜居"的园区形态无法使产业工人形成稳定的居住预期。即使后来形成相对完整的城市功能，高涨的住房价格也已

将普通产业工人（特别是外来务工人员）挤出住房市场。近年来随着区域产业梯度转移以及中西部地区经济迅速发展，一些中西部原来的人口输出大省也出现回流现象。如果中西部地区能够将住房保障与城市发展、产业转移有机结合起来，不仅可以促进劳动力新一轮聚集，而且也可以促使外来务工人员真正地长期、稳定地融入城市经济社会体系。

三是中西部核心城市是主要产业承接地，也是实现产城融合发展的重点区域。中西部核心城市的工业化和城镇化潜力较大，住房保障需求也相对集中，是住房保障实现产城融合发展的重点区域。以人口流出大省安徽省为例，尽管2011年全省人口仍表现为净流出，但合肥作为特大中心城市，自2010年以后，已经从净流出变成净流入城市，而且净流入人口数量呈现上升趋势。因此，中西部核心城市更需要统筹考虑经济发展与社会保障之间的关系，按照产城融合的思路进一步完善住房保障体系。

（三）住房市场价格与结构发生变化，对住房保障体系调整产生重要影响

市场与保障是居民实现住房需求的两大渠道，也是相互影响的两个渠道。住房价格和住房结构变化将对住房保障需求和住房保障的实现形式产生重要影响。

一是部分大中城市住房价格仍高位运行，中低收入家庭的住房保障需求旺盛。自2010年实施住房市场调控以来，全国和部分大城市的房价收入比指标有所下降，2012年全国的房价收入比为6.6，较2009年下降10.9%，但对于部分大中城市住房市场价格仍然较高。例如，2012年，北京和上海的房价收入比分别为17.0和13.5，分别较2009年下降3.6%和9.7%，仍比2002年以来历史均值高出14.7%和12.4%，中低收入住房困难家庭仍需要住房保障予以支持。

二是在现有市场条件和收入分配结构下，也应适当考虑中等收入家庭的住房公共政策。当前收入分配差距大加剧了中等收入家庭住房支付能力不足，按全国城镇可支配收入的中位数来计算，2011年全国的房价收入比为7.4，比按人均可支配收入高出11.7%。这意味着在目前的市场结构和收入分布下，中等收入家庭住房支付能力不足。因此，住房保障体系甚至在一定程度需考虑中等收入家庭的住房公共政策,当然这种政策与中低收入家庭的支持程度和支持方式不同,更倾向于以家庭自身能力为主,通过市场化手段帮助这部分群体获得住房,从而减少所谓的"夹心层",实现从保障到市场两个体系的无缝衔接。

三是住房存量资源持续增加,为住房保障政策调整提供了更大空间。根据国务院发展研究中心房地产基础领域课题组测算:2015年我国城镇常住人口将实现户均1.08套房。随着住房存量增加和市场供求关系的改变,将会出现数量更加充足、租金更加稳定的租赁房源,从而使政府具备从实物性建设为主,向租金补贴为主转变的物质基础。政府除了掌握部分保障性住房以外,更多是通过市场化租金、分层补贴等办法,支持中低收入家庭解决居住问题。这不仅可以缓解政府建设资金压力大、公共服务规模扩张、福利固化等问题,而且也可以大大提高住房保障体系的效率和灵活性。

(四)政府财政负担增加,亟须增强住房保障的可持续性

住房保障支出是各级政府重要的财政支出内容,既包括中央和各级地方政府的建设投资和运营补贴,也有划拨土地、减免税费等方面的隐性支出。自"十二五"以来,大规模保障性住房建设使得政府财政负担显著增加,亟须建立一个更具有可持续性的住房保障体系。

一是"十二五"期间开工的保障性住房项目逐渐进入还款期,对政府资金筹集能力提出更高要求。2009—2012年期间,我国保障性住房开工建设量累计达到2753万套,如果按照每套13万元估算,累计实际完成投资达到2.54万亿,2012年是年度投资的峰值,年度完成投资达到1.05万亿元。在保障性住房投资中,银行贷款仍是主要筹资形式,尤其以3年左右的项目贷款为主。因此,未来几年内保障性住房项目还款的高峰将会到来。这对于产权型保障性住房的影响尚在其次,通过销售保障性住房回款可以弥补该类项目的本息要求。但对于政府持有的租赁型保障性住房,则面临更大的还本付息压力,需要更高的资金筹集能力。

二是地方政府土地出让收益下降,对住房保障的支撑作用减弱。土地出让金除了征地拆迁补偿、土地开发成本以外,还承担着农田水利建设、城市建设、保障性住房建设等多项公共支出任务。一些城市为了提高土地出让收益对住房保障的支持力度，已经将提取基数从土地出让净收益变为土地出让总额。但土地出让金并不是可以持续稳定获得资金的渠道。例如，2012年受国内外经济增速趋缓和房地产调控的影响，土地出让收益出现大幅波动，全国土地成交价款达到7409.6亿元，下降幅度16.7%。另外，随着土地征收成本增加，土地净收益的比重已经出现大幅下降，也进一步削弱了对住房保障的支持力度。

三是现阶段财政资金以支持项目建设为主，而中长期的财政支持方式需要进一步明确。由于目前是大规模保障性住房建设时期，财政资金主要支持实物建设。随着大量保障性住房建成投入运营，特别是租赁型保障住房将越来越多，政府财政支持重点将逐步从项目建设环节，向资金运作、资产运营和社会管理等环节转变。从国际经验来看，随着保障性住房运营年限增加，租赁型保障房修理、维护的财政负担也会逐渐加大，财政资金补贴力度也越大。因此，亟须随着住房保障重点的转变，及时建立更为稳定、可持续的财政支持方式。

综上所述，全面系统把握城镇化水平、流动人口结构、区域产业发展、住房市场变化以及政府财政支持能力等因素，充分体现住房保障的阶段性重点和客观需求，是进一步完善住房保障体系的关键。

三、新型城镇化中住房保障发展的重点问题及建议

一个时期以来，我国住房保障制度存在不少矛盾和问题，既有住房保障制度不够健全、政策不够完善的问题，也有管理不到位和实施过程中操作不规范的问题，无论是在实现保障功能，还是在调控房地产市场方面，保障性住房政策功效都彰显不足。我国住房保障工作需要及时总结经验，加快完善制度，加强管理监督。

我国"十二五"规划提出加快构建以政府为主提供基本保障、以市场为主满足多层次需求的住房供应体系；加大保障性安居工程建设力度，基本解决保障房供应不足的问题。"十三五"规划提出要实现"十三五"规划中的保障房建设目标，还有赖于合理有效的保障房供应体系的建立和完善。

(一)住房保障方式与保障性住房供应规模

2010年,住建部等7部委印发了《关于加快发展公共租赁住房的指导意见》(建保〔2010〕87号)。提出加快发展公共租赁住房,以弥补了长期以来"夹心层"住房政策缺位,是解决一些中等偏下收入住房困难家庭的有力举措。

按照我国城镇中等偏低收入家庭的规模预估,目前保障性住房的实际供求缺口还有4000万套左右。中央政府提出在"十二五"期间新建3600万套保障性住房的目标任务,到2015年实现保障性住房覆盖面从目前7%的水平提升到20%,就是要基本解决住有所居的问题。具体安排为2011年开工建设1000万套,2012年再建设1000万套,2013~2015年每年建设500~600万套。

2011年,全国开工建设保障性住房1043万套,包括廉租住房165万套、公共租赁住房227万套、经济适用住房110万套、限价商品住房83万套和各类棚户区改造415万套。2012年计划开工建设700万套,包括廉租住房95万套、公共租赁住房227万套、经济适用住房59万套,限价商品住房58万套和各类棚户区改造259万套。2011-2014年,全国累计开工建设各类保障性安居工程超过3200万套,基本建成2000多万套。2015,城镇保障性安居工程住房基本建成772万套,就开工783万套,其中各类棚户区改造开工601万套,棚改货币化安置180万套。

如保障性住房按照平均每套60平方米计,3600万套住房就有21.6亿平方米。2006~2010年的5年时间里,我国住宅销售面积合计为35.86亿平方米,据此,"十二五"期间我国保障性住房建设面积应是"十一五"期间整个住宅销售总面积的60.23%。

加大保障性安居工程建设力度,增加保障性住房供应,是加快解决城镇居民基本住房问题和农村困难群众住房安全问题、建立健全基本住房保障制度的重要举措,具体保障形态上可采取多种方式:

——廉租住房和公共租赁住房。保障性住房实行分散配建和集中建设相结合。集中建设保障性住房,要优先安排在交通便利、基础设施齐全、公共事业完备、就业方便的区域。健全廉租住房保障方式,实行实物配租和租赁补贴相结合。多渠道筹集廉租住房房源。完善租赁补贴制度，通过发放租赁补贴增强低收入家庭在市场上承租住房的能力。重点发展公共租赁住房，逐步使其成为保障性住房的主体，并逐步实现与廉租住房统筹建设、并轨运行。面向有一定支付能力的城镇中低收入住房困难家庭，适当发展经济适用住房和限价商品住房。

——棚户区改造。全面推进城市和国有工矿棚户区、中央下放地方煤矿棚户区、国有林区棚户区和国有林场危旧房、国有垦区危房改造。稳步推进非成片棚户区、零星危旧房改造。逐步开展基础设施简陋、建筑密度大、集中连片的城镇旧住宅区综合整治，稳步实施"城中村"改造，改善基础设施条件，完善居住功能。

——共有产权房。通过地方政府让渡部分土地出让收益，再以低价配售给符合条件的保障对象。在这一保障方式中，居民与政府按出资比例共同拥有房屋产权，并可约定保障房将来上市交易的条件和所得价款的分配份额。这种保障方式一方面减少了居民购房成本，实现了稳定居住，另一方面又将政府的土地出让等优惠政策予以显性化，形成了一部分政府产权，维护了公共利益。共有产权房的购买人装修、入住后住得满意，还可在支付能力增强后"赎回"政府持有的部分产权，即再出一笔钱把住房转为共有产权，梯级实现"消费住房升级"。

在加大建设和供应的基础上，还需着力加强保障性住房管理。加快基本住房保障立法工作，做好廉租住房、公共租赁住房和经济适用住房等各类保障性住房的政策衔接。鼓励各地依法建立保障性住房投资机构。研究建立全国性和区域性个人住房贷款担保体系，支持中低收入家庭改善住房条件。建立健全多部门联动的收入（财产）和住房情况动态监管机制，制定公平合理、公开透明的保障性住房配租政策和监管程序，严格规范准入、退出管理和租费标准。加强棚户区改造项目管理，推进市政基础设施和公共服务设施配套建设。实施能力建设工程，建立健全保障性住房管理服务机构，提升住房保障管理人员素质，加强规范化管理。建立全国住房保障基础信息管理平台，促进全国住房保障业务系统互联互通。

在政策保障上，需要进一步完善土地、财税、金融等政策体系，建立稳定投入机制，加大财政资金、住房公积金贷款、银行贷款的支持力度，引导社会力量参与保障性安居工程建设和运营。

——土地政策。在土地利用年度计划中要根据保障性安居工程建设需要，单独列出，做到应保尽保。依法收回的闲置土地、具备净地出让条件的储备土地和农用地转用计划指标，应优先保证保障性住房用地。

——财税政策。加大财政投入力度，完善财政投入方式。土地出让收益用于保障性住房建设和棚户区改造的比例不低于10%。地方政府债券优先用于保障性安居工程建设。住房公积金增值收益在提取贷款风险准备金和管理费用后，全部用于廉租住房和公共租赁住房建设。对保障性安居工程建设和运营给予税费优惠。其中，对廉租住房、公共租赁住房、经济适用住房及棚户区安置住房，免收各种行政事业性收费和政府性基金。

——金融政策。支持保险资金、信托资金、房地产信托投资基金等投资保障性安居工程建设和运营。支持符合条件的地方政府融资平台公司和其他企业发行企业（公司）债券、上市公司债券，多渠道筹集建设资金。鼓励商业银行按照风险可控的原则，发放公共租赁住房等保障性住房中长期贷款。支持符合条件的省级政府以及计划单列市、省会城市、地级市政府融资平台公司进行廉租住房、公共租赁住房和棚户区改造融资。

——价格政策。依据经济社会发展水平、保障对象的承受能力以及建设成本等因素，合理制定、调整保障性住房价格或租金标准。

（二）关于保障性住房的供给范围和供给标准

保障性住房应建多少合适，应如何建设，是个科学问题。基本需求由政府保障，改善需求由市场解决。圣雄甘地说："地球能满足人类的需要，但满足不了人类的贪婪"。随着城镇化进程不断推进，大中城市的土地资源将日趋紧张。保障性住房供给的范围标准实质上是住房福利宽广和高低问题。福利具有不可逆性，要综合考虑国家财政特别是地方政府财政能力量力而行，即有一个保障优先序的问题，很难一揽子一蹴而就地解决。

表 3-1 保障性住房类型及供应政策

保障性住房类型	供应对象	建筑面积标准	2011年新开工建设	资金需求	资金渠道
廉租房	城镇低收入住房困难家庭	50平方米以内	165万套	4000亿元	公共财政
公共租赁房	城镇中等偏下收入住房困难家庭、新就业无房职工、稳定就业外来务工人员("夹心层")	40平方米	227万套		公共财政、银行融资、社会资金
经济适用房	城市低收入住房困难家庭：家庭收入、住房状况等符合当地政府规定条件的家庭（建住房〔2007〕258号）	60平方米以内	110万套	4000亿元	社会资金、土地税费减免
限价房	房价较高城市的中低收入无房户	90平方米以内	83万套		房产开发企业、购房者
棚户区改造	工矿区、林区、垦区等各类棚户区居民	—	415万套	5000亿元	公共财政、工矿企业、职工

要深入研究住房保障标准，建立住房保障的国家指导性基本标准。住房面积标准的确定具有很强的技术性，与家庭人口构成、住宅的结构形式等等都有一定的关系。应在加强科学论证基础上，确定比较科学合理的住房保障标准。保障标准不宜一开始就定的太高，可以先务实定稍低的标准，等将来国力发展到新的水平以后再适当提高。我国目前城市人均住宅建筑面积是 26 平方米，保障标准可以考虑为平均水平的 50%~60%。具体的保障标准应该区分家庭人口规模，并在住宅设计专家的

参与下经过更加细致的斟酌才能确定。

重点是要加快建立健全基本住房保障服务国家标准体系。依据基本住房保障有关政策规定，为保证保障性住房的供给规模和质量，明确工作任务的事权与支出责任，制定"十二五"时期基本住房保障服务国家基本标准（表3-2）。在此基础上，基本住房保障对象的家庭收入（财产）标准、住房困难标准、租金标准和保障面积标准，可由市（地）、县级政府在国家标准框架内结合当地实际确定，并实行年度动态管理。

表3-2 "十二五"时期基本住房保障服务国家基本标准

服务项目	服务对象	保障标准	支出责任	覆盖水平
廉租住房	城镇低收入住房困难家庭	享有实物配租的，人均住房建筑面积13平方米左右，套型建筑面积50平方米以内，租金标准由市、县政府确定；享有租赁补贴的，租赁补贴标准由市、县政府根据当地经济发展水平、市场平均租金、家庭经济承受能力等因素确定	市、县政府负责，省级政府给予资金支持，中央给予资金补助	增加廉租住房不低于400万套，新增发放租赁补贴不低于150万户
公共租赁住房	城镇中等偏下收入住房困难家庭、新就业无房职工、城镇稳定就业的外来务工人员	单套建筑面积以40平方米左右的小户型为主，租金水平由市、县政府根据市场租金水平和供应对象的支付能力等因素确定	市、县政府负责，引导社会资金投入，省级政府给予资金支持，中央给予资金补助	增加公共租赁住房不低于1000万套

续表

服务项目	服务对象	保障标准	支出责任	覆盖水平
棚户区改造	符合条件的棚户区居民	实物安置和货币补偿相结合，具体标准由市、县政府确定（有国家标准的，执行国家标准）	政府给予适当补助，企业安排一定的资金，住户承担一部分住房改善费用	改造棚户区居民住房不低于1000万户
农村危房改造	居住在危房中的农村分散供养五保户、低保户、贫困残疾人家庭和其他贫困户	每户建筑面积一般控制在40—60平方米，户均中央补助不低于6000元，地方补助标准自行确定	省级政府负总责，中央财政安排补助资金、省级财政给予资金支持、个人自筹等相结合	改造农村危房800万户以上
游牧民定居	未定居的游牧民	每户建筑面积不低于60平方米（考虑家庭平均人口差异，内蒙古自治区户均50平方米），户均中央补助3万元，户均地方配套1.6万元	省级政府负总责，中央财政安排补助资金、地方财政给予资金支持、个人自筹相结合	基本完成24.6万户游牧民的定居任务

（三）关于保障性住房的供应方式

目前中国的住房保障体系有多种类型，包括廉租房、公共租赁房、经济适用房、限价商品房、棚户区改造五种主要类型。其中，廉租房和经适房时间较早，公租房的大力建设始于2010年，正逐步成为住房保障的主体。一个时期以来，各类保障性住房供应相互之间的功能划分不清晰，政策保障对象存在着交叉重叠，有的政策可操作性低，容易在执行中走样。发展方向上：

一是逐步取消经济适用房。按照现行制度，经济适用住房是针对住房困难的城市低收入家庭实施的一种具有"准产权"保障性质的政策性住房。经济适用住房，由政府提供政策优惠，限定套型面积和销售价格，按照合理标准建设，面向城市低收入住房困难家庭供应，具有保障性质的政策性住房。现行经济适用房制度在实施过程中存在着变相寻租、福利固化、缺乏退出机制等诸多弊病，对其改革乃至取消势在必行。

二是适时取消限价房。限价房是房价上涨时期的产物，为了调整住房供应结构，建立分层次的住房供应体系，解决中等收入城镇居民家庭（"夹心层"）的住房困难，填补保障性住房和普通商品房之间的保障真空，同时平抑房价，而出台的临时性政策。总体来看，限价房定位模糊，与定位中低收入家庭住房保障的经济适用房和廉租房不同，限价房定位是商品房，却由政府主导建设，利益权属和责任承担等各种关系模糊混乱，缺乏硬性约束，实践操作中容易走偏并诱发各种问题和矛盾，终究来说，不是一种稳定长效的住房保障形态。

三是大力发展公租房和廉租房。要以廉租房制度为核心，强化租赁型为主的住房保障制度建设。国际经验表明，廉租房制度是政府直接介入住房提供、为低收入阶层提供住房保障的有效途径。应适应现实需求，大力发展小户型、功能齐、质量可靠的公共租赁住房。

四是创新发展趸租房。房价过高的一个重要原因是其中包含了房价中一次性给付的土地出让金价款。要改革房地产连体流通体制，探索实行租、价、税分流，以租为主的流通体制。根据有关测算，若一次性房价是建安成本加平均利润，按年征收地租，按年征收房产税，房价大体上是目前的三分之一。在这一思路下，可积极创新趸租房供应机制，以不含土地出让金的价格流通。租赁型住房的最大问题是租户没有稳定居家之感，同时存在退出机制实施上的困难。发展趸租房，一是可避免租金年付制上的管理成本，二是可以避免公租房不断的腾退。

（四）完善保障性住房建设融资

保障性住房建设工程由于巨大的资金需求，给政府带来了较大的财政压力。保障性住房不同于普通商品房的开发，建设运营期长，利润率较低，商业房地产企业参与动力不足，融资困难较大。

2007年以来，中央财政不断加大对保障性安居工程的补助力度，累计下拨保障性安居工程补助资金1547亿元。近年来，中央财政对保障性住房建设的投入更是"节节攀高"。从2007年至2010年分别为51亿元、184亿元、501亿元、811亿元。与此同时，地方各级财政部门也不断加大对保障性安居工程的投入力度，2014年，全国各级财政投入保障性安居工程支出4319.49亿元，2015年进一步增加到4881.01亿元。

根据现行制度安排，除财政预算内安排外，保障性住房建设的资金渠道还包括：一是住房公积金增值收益在提取贷款风险准备金和管理费用后，全部用于廉租住房和公共租赁住房建设；二是土地出让收益用于保障性住房建设和棚户区改造的比例不低于10%；三是中央代发的地方政府债券资金优先安排用于公共租赁住房等保障性安居工程建设。

例如，2011年建设1000万套保障房约需资金1.3万亿-1.4万亿元，其中政府出资规模约3500-4500亿（其中中央政府财政投入1030亿，地方政府土地出让金净收益投入1000-1500亿，地方政府发行债券及其他途径筹措以政府名义出资1500亿-2000亿左右）。此还需要向社会筹措8000亿左右的资金。按照有关精神，保障性住房建设和筹资实行"省级负总责、市县抓落实"的原则保障性安居工程主要是地方事权，地方负主要责任。

2010年5月13日国务院发布《关于鼓励和引导民间投资健康发展的若干意见》中特别指出，要支持和引导民间资本投资建设经济适用住房、公共租赁住房等政策性住房。一些地方也正在积极探索资金筹集方式。例如，贵阳市已与北京国际信托投资有限公司达成50亿元的意向性协议。万科、保利、首开股份、绿地以及富力地产等上市公司近年来陆续参与了保障房的建设。显然，民间资本并不排斥参与保障性住房建设，而随着地产调控的加剧，保障性住房的低风险、收益稳定的特点将保障参与企业的必要的投资回报，成为行业低谷中一项不错的选择。

表 3-3 2011 年保障性住房建设融资渠道

资金渠道	额度
政府预算拨款	中央：1522 亿元
	地方：547.5 亿元
土地出让金 10%	1500 亿元
公积金增值收益	50 亿元
地方政府债券发行	2000 亿元
合计	5072 亿元

值得注意的是，对于地方财政而言，"大规模保障房建设"与"土地财政"可能形成相互掣肘的"两难"格局。房地产投资和基础设施建设是拉动二三线城市地方经济增长的发动机，近年来，土地出让收入以及与房地产相关税费收入占到地方财政收入的一半左右。保障房建设规模越大，完善基础设施建设的资金缺口越大，对土地财政的依赖也越深。而保障房投放市场的数量越大，对房地产市场的冲击也越大，并降低土地出让的溢价率。

在资金和任务压力下，不少地方已出现"挖坑"、"建围挡"等方式注水保障性安居工程开工率，出现开工容易竣工难的局面。

一是要建立多渠道、多层次的投融资。保障房尤其是公租房的社会资金参政策需要突破，加快投融资模式创新。应积极探索通过股票、债券筹集资金，或者尝试将公积金、养老金、人寿保险引入到政策性住房金融机构，形成长期稳定的资金来源。同时要积极创新财政支持方式，充分发挥财政资金的引导带动作用，放大财政政策效能，通过采取财政贴息、政府资本金注入、税费优惠等措施，吸引社会力量参与保障性安居工程建设和运营，建立健全保障性安居工程建设融资的长效机制。

二是要创新金融工具。保障性住房的公益性、长期性、稳定性等特点，具有发展多元化融资的基础条件。保障性住房中，经济适用房和两限房都是可以出售的，产权相对比较清晰，并且还有一些配套的收益设施，融资难度不是很大，难的主要是公租房和廉租房。按照现在的政策和租金水平，如果不考虑贷款利息，最快也要

20 至 30 年才能收回本金，调动众多的社会资金参与公租房和廉租房有一定的难度。"十二五"期间要想完善保障房建设，还需要创建一些期限比较长的（十年、十五年）、成本比较低的比较稳定的融资渠道。这方面，应积极借鉴国际经验，探索建立比较稳定的保障房融资路径：一是政府优惠政策 + 房地产企业启动资金 + 商业银行信贷资金模式，在此模式下，将政府优惠政策直接授予房地产企业，使保障房的开发有利可图，从而带动开发商资金和银行资金进入保障房建设领域。二是政府优惠政策 + 保障房投资基金模式。在此模式下，向社会投资者募集设立专门的保障房投资基金，并将政府优惠政策授予该投资基金，使基金开发和持有保障房符合投资者的风险收益偏好，从而带动社会资金进入保障房建设领域。三是将开发商或者保障房投资基金所享有的政府优惠政策下的利益证券化模式。在该模式下，既可以为开发商或保障房投资基金提供退出渠道，也可以方便实现保障房资金的再融资，吸引更大范围的社会资金介入保障房建设。四是条件成熟时，可以考虑建立保障房政策性金融机构，为保障房的建设提供长期稳定的政策性金融支持。

三是积极稳妥地鼓励保险资金等长期资金参与保障性住房建设。保险资金参与保障性住房建设，符合保险资金的投资要求。保险资金的特点是规模大，久期长，追求资产负债的合理均衡匹配和长期可持续的稳定回报，对资金运用的安全性要求很高。保障性住房建设，不同于一般的商业不动产投资，具有地方政府负责、指定土地划拨、规定利润空间、承诺回购等强制性要求，对于保险资金而言，是风险可控、长期稳定、担保可靠的投资品种，符合其资产负债配置的需要。同时，也有助于降低保险资金运用对资本市场的依赖度，有效规避市场波动给保险资金运用带来的风险。

（五）完善保障性住房管理机制：建立健全分配、准入与退出机制

由于保障性住房并不像医保、养老等其他社会福利政策那样"普惠性"面对全体居民，因此公平性问题尤为关键。李克强总理指出"公平分配是保障性安居工程的'生命线'"，对政府公信力和执行力也是重要考验。只有做到公平分配，使该保障的群众真正受益，防止不符合条件者侵占保障房资源，才能实现人人"住有所居"的保障政策初衷。

2008年以来，管理部门陆续出台了多个文件，对廉租住房、对经济适用住房、对公共租赁住房等保障性住房都存在在分配环节如何保证公平的问题，比如要求各地都要出台保障房分配管理的具体办法，完善准入退出机制，多级审核和分配房屋要实行网上公开或者"三榜"公示，接受人大代表、政协委员、新闻媒体和人民群众全过程监督，建立投诉举报制度。但是总体上还缺乏一个完全系统化和系列化的规定。特别是缺乏有效的惩罚和责任追究制度，在这种情况下，一些社会成员通过不正当手段，骗取了保障性住房，事后即便被发现，至多也就是"清退"了事，并不承担相应法律责任，"收益"与"违规成本"极其不对称。保障性住房分配过程中人为干扰、以权谋私的现象仍然屡禁不止，难以确保分配过程和结果公开公平公正，使住房困难的中低收入家庭真正受益。例如，根据审计署公布的《2015年保障性安居工程跟踪审计结果（2016年第9号公告）》，2015年部分地区住房保障资源分配使用不合规。由于住房保障基础管理工作薄弱、资格审核和退出机制不健全、保障对象动态管理不到位、经办审核把关不严等原因，有5.89万户家庭隐瞒收入、住房等信息而通过审核，或应退出未退出，违规享受城镇住房保障货币补贴6046.25万元、保障性住房实物配租（售）3.77万套。

一是要完善准入机制。首先建立住房档案管理信息系统和公共住房信息库，调查公共住房申请家庭的基本情况。其次，对住房保障对象的个人收入、资产情况、住房标准等情况认真准确的核实。再次，对公共住房申请者基本情况在居住社区内公示，接受社区内群众监督。只有严格把好准入机制关，才能保证公共住房提供给符合条件的中低收入家庭。

二是要实行动态管理完善退出机制。随着社会经济的发展，中低收入家庭的收入水平也会发生很大的变化，因此，住房保障审核将是一个动态的过程。要在已建立的公共住房信息库的基础上，及时跟踪申请者的收入和居住情况，更新相关信息。同时要定期审核已获得保障性住房申请者的收入和居住情况，对不再符合住房保障条件的家庭，应该书面通知迁出保障性住房或者停止发放补贴资金的时间表，对伪造虚假信息骗取住房保障的应该根据相应的法律法规严惩。与之配套，中低收入家庭收入审核制度也应加快完善，并建立动态监测机制，建立健全保障性住房的退出与回购机制。总体而言，就是要建立困难优先、评分轮候、阳光操作的分配机制，以及常规监督机制、"人性化"退出机制。

三是要确保公正程序。准入、审核、轮候、分配、退出等方面的程序要严格规范，对保障房申请人、入住者的收入、住房、财产等情况全面审核、动态监测，使所有符合条件者都能公平公正地参加申请、轮候和逐步获得保障房。完善纠错机制，堵塞漏洞，使不符合条件者能够及时退出。同时各类程序又要尽可能简便，要精简申请要件，简化操作流程，建立多部门信息共享的申请审核机制，最大程度地惠民便民。

四是要公开过程。全面公开透明是保障房公平分配的"试金石"，要坚持阳光操作，接受群众、社会和媒体全方位监督，做到全过程公开。

五是改变保障性住房保障权与户籍挂钩的陈规。依据权利和义务对等原则，应该是谁为当地社会创造贡献，就该享受社会福利，这也是市场经济社会最基本的法则之一。长期以来，我国将纳税义务和社会福利权割裂，即纳税方面遵循市场经济机制，只要达到纳税标准的人就必须在本地交税，而社会福利却按照计划时代的方法，一切以户籍为标准，造成了广大外来人口为本地经济发展做出巨大贡献，却不能享受发展带来的好处的不平等现象。

（六）建立健全居民住房信息系统

住房保障、房地产市场调控很多关键性制度的有效落实，都必须仰赖于居民征信管理体系的建立和完善。政府必须要有足够的信息来掌握、评估保障性住房申请人的收入水平、资产保有状况等真实情况及其变化，使面向特定对象的政策真正惠及政策目标人群，而不是被某些强势群体不当截获。

住房信息系统建设一直是政府调控楼市的重点工作之一。2010年4月的"国十条"中就规定，完善房地产市场信息披露制度，住房和城乡建设部要加快个人住房信息系统的建设，此后各个地方政府的地方落实政策，均有提及落实这一系统的建设。目前，我国的居民征信数据还十分分散，多个政府部门以及商业银行、公用事业、修正、电信、移动通讯、保险灯商业机构都各自保有部分个人信息，但处于相互分割、屏蔽的状态，形不成完整的个人征信体系，应加快通过立法等手段促进征信管理体系的完善，增强住房保障政策的科学性、针对性和有效性。全国个人住房信息系统联网实现后，还可为以限购为代表的行政性楼市调控政策的逐渐退出提供管理平台和基础条件。

2010年来，住房和城乡建设部启动了全国40个城市个人住房信息系统的建设工作，包括省会城市，计划单列城市，及一批大型的地级市。目前，长三角的上海、杭州、南京、宁波、温州、苏州、无锡等地的个人住房信息，大部分已先后联入住建部系统。住建部在成都和北京各设有一个住房信息数据分析中心，40个城市根据不同的地域并入这两个数据中心。2011年底前，40个重点城市的个人住房信息将实现联网。联网后，可以通过姓名、身份证号，以个人为单位查询在40个联网城市拥有住房的信息，包括房产证、住房交易合同。

加快建立健全居民住房信息系统，可以为科学制定相关政策提供技术支持，为实施房地产市场宏观调控政策、提高行业管理和社会服务水平创造条件。推进思路上，要以城市住房信息系统建设为重点，以房屋登记数据为基础，建立部、省、市三级住房信息系统网络和基础数据库，全面掌握个人及家庭住房的基础信息及动态变化情况。居民住房信息系统建设，中央、省、市协调配合，城市政府负责具体实施，各城市要加快完成市、区、县系统的整合，尽快建立市一级统一的数据库，实现数据的集中统一和互联互通；加快推进房地产纸质档案数字化进程，完成已有数据的清理、录入、关联等工作；加快实现全市住房信息的全覆盖，推动解决因各种原因不能登记的历史遗留房屋登记问题。有条件的城市可借鉴北京、青岛、银川等城市经验，通过房屋普查等方式，全面掌握现有住房的基本情况。各省（区）、市要加强辖区内市（县）住房信息系统建设的指导、检查和督促，负责组织建立省级住房信息系统和省级基础数据库，配合国土资源部、住房城乡建设部建立全国住房信息系统和基础数据库的相关工作。

第四章

完善我国保障性住房公共财政保障机制

住房问题是重要的民生和经济社会问题,实现"住有所居"是全面小康社会的重要内容和标志。公共财政投入是住房制度改革和住房保障的重要物质基础和资金保障。2011年以来,我国保障性住房建设进入"加速跑"的快车道阶段,国家规划"十二五"时期要大规模兴建保障性住房3600万套,以实现全国保障性住房覆盖面达到20%左右的目标,"十三五"期间继续开工建设保障性安居工程2000万套,实现"应保尽保",资金需求无疑十分巨大。在这种情况下,落实好公共财政资金投入是确保住房保障顺利推进的关键。

近年来,我国各级财政对保障性住房和安居工程的资金投入连年大幅度增长。各级财政每年用于保障性住房的资金从2007年的98.23亿元增加到2011年的3342.91亿元,年均增长141.5%;2007年至2011年,全国各级财政累计用于保障性住房的支出达6419.78亿元,其中,中央财政专项补助资金从2007年的72亿元增加到2011年的1713亿元,年均增长120.9%,中央财政累计下达专项补助资金3297.29亿元,占全部支出的51.4%。同时,资金来源渠道不断拓宽,目前已基本形成了包括公共财政预算、住房公积金增值净收益安排、土地出让净收益和地方债券发行收入等多渠道、多层次的财政投入机制,为落实党中央关于住房保障的决策部署提供了强有力的保障。但是,从总体来看,现阶段关于住房保障的各级政府公共财政投入还具有行政动员令式的特征，尚没有形成完善的体制、长效机制和稳定的管理制度框架。随着保障性住房建设和管理工作的深入推进，迫切需要加强住房公共财政支出体制、机制、政策和制度建设的系统性、战略性、前瞻性的研究。

本章旨在通过全面分析公共财政住房支出的基本理论、我国近年来政策实践、取得成效和存在的主要问题，研究提出构建住房公共财政支出管理体制与制度框架设计和相关政策建议，以提高住房公共财政支出预算保障水平和绩效，为全面实现2020年"住有所居"的战略目标提供决策依据和实证支撑。

一、公共财政住房保障支出的理论分析

从准公共产品理论、产品异质性理论、区域不完全竞争理论、信息不对称理论以及社会福利和保障理念来看，并基于住房的特殊属性（兼具商品属性和社会权益保障属性）的考虑，在市场经济条件下，实施房地产市场调控和落实基本住房保障是政府公共政策的重要内容，是公共财政不可推卸的重要支出责任。

（一）政府在住房领域实施干预的基本理论探析

根据公共经济学理论，在市场不能满足完全竞争的相关条件时，资源不能实现最有效配置，市场不能达到帕累托意义上的均衡状态，出现失灵。具体地说，市场机制失灵包括外部性、垄断和公共产品，此后，经济学家又把信息不完全与信息不对称、收入再分配也纳入了市场失灵的范畴。住房市场失灵至少表现为以下方面：准公共产品属性、市场不完全竞争性、区域垄断性、信息不对称、外部性等等。

1. 基本住房具有准公共物品属性

消费上的非竞争性和非排他性是经典公共产品理论的基石，有关政府与市场的职能划分、公共产品的提供方式等皆由此而来。一般认为，公共产品具有消费上的非竞争性和非排他性两个基本特征，准公共产品则在这两个特征有一定程度弱化但又不至弱到"完全不具备"的私人产品程度，或仅具备其中之一。

公共物品是那些社会需要，但没有市场化交易机制为其付费的商品。由于很难

收回成本并实现盈利，私人部门不愿提供这类物品，为此需要政府通过公共预算的办法来提供。公共物品具有两个特性：一是非排他性，即公共物品一旦被提供出来，生产者就无法排斥那些不为此物品付费的个人消费该物品，或者排他成本高到使排他成为几无可能的事；二是非竞争性，即对任一给定的公共物品的产出水平，增加一个单位的消费所增加的边际成本为零。同时具备消费非排他性和非竞争性的物品便是（纯）公共物品。

普通商品住房显然不具备上述两个特征，其使用具有很强的竞争性和排他性，而且现代政府公共政策所涉及的大量物品和服务也不符合这两个特征。但基本住房保障则有两个层面的功能：其一是帮助那些永久失去了劳动能力的人（例如残疾人、老人）体面的生存下去，所涉及的目标群体并不大；其二是帮助那些由于在出身和教育上存在劣势而暂时处于贫困状态的人们（包括低收入人群、农民工、失业下岗工人、新就业的年轻劳动力）获得居住、工作和学习的机会。这意味着，住房保障应该包括以下基本要素：必要和适宜的住房、良好的社区环境、接近就业机会、有助于社会流动性（social mobility，指逐渐增强向主流社会流动的能力）。公共财政支出有"提供公共产品和服务"（针对所有群体）和"进行收入再分配"（扶助弱势群体）两个功能。住房保障显然首先属于后者，是一项社会福利政策。从引申意义上说，住房保障有助于促进低技能劳动者的人力资本提升和社会和谐，对整个社会有贡献，具有准公共品的性质。

住房具有外部性特征体现在会影响一个国家或地区居民的健康状况、犯罪率和受教育程度。19世纪欧洲各国政府之所以热衷于改善住房条件，一个主要原因就在于住房与健康之间的关系。科学家已经证明，房屋的设计和布局对人的身心健康有重要影响。新加坡社会学家拉兹·哈桑也曾经应用实证的方法证明，住宅过分狭窄和过分密集是青少年犯罪的因素之一。另外，尽管住房与教育之间的联系目前还缺乏足够的证据，但是至少可以判断它们之间存在一定的正相关关系。如果住房条件的改善能够增进人们的健康、增加受教育的程度并减少犯罪率，那么改善住房条件就会获得正的外部效应。

此外，住房作为一个商品，它不仅包括室内的空间或室外的建筑，还联接着周围的环境（空气、绿化、生活设施、交通条件等），住房与一般商品的最大区别就是位置决定一切，舍弃位置条件，住房作为一个商品就没有意义。住房的配套设施可以算作是准公共物品，其使用在一定程度上具有非竞争性和非排他性。

2. 基本住房保障是公民的基本权益（权益性公共产品），具有显著的社会属性

如果说从非竞争性和非排他性将基本住房保障列为准公共产品的分析还不够充分，那么政府干预住房市场并提供基本住房保障另一个重要的缘由在于基本住房保障的公民基本权益属性和社会属性。

首先，获得适当的住房是公民的基本人权。马克思从满足人类生存需要、国民收入分配和再分配角度深刻地阐述了第一需求理论。住宅是每个人生活的基本物质资料，是人们的生存和发展的基本需要。恩格斯在《论住宅问题》中曾说过，解决没有房子住或住得很拥挤的住宅问题，是"具有公共福利形式的措施"。联合国高级专员玛丽·罗宾逊指出，大家的目标是实现人人享有人的一切权利——公民、文化、经济、政治和社会权利，获得基础教育、医疗、住房和就业对于人类自由的重要性不亚于政治和公民权利。因此，当这种权利无法依靠市场的力量得以实现时，政府有必要干预市场，保障公民的基本人权。《世界人权宣言》指出："人人有权享受为维持其本人和家庭的健康及福利所需的生活水准，包括食物、衣着、住房、医疗和必要的社会服务。"联合国《关于获得适当住房权的第四号一般性意见》提出，居住权"对享有所有经济、社会和文化权利是至关重要的"，基本居住权是基本人权不可或缺的重要组成部分。一些国家把享有住房的权利写入了宪法。例如，西班牙宪法第47章就明确规定：凡西班牙公民都有权获得适当和足够的住房，政府要创造条件、制定规则，保障公民的这一权利得以实现。此外，还有马斯洛的需要层次理论、庇古的福利经济学、贝佛利奇计划等也都是住房保障的重要理论基础。

其次，优质住房和社区是改善人类生活条件最有效和最直接的方式。保持适宜的居住条件是家庭成员健康发展的必要条件，同时也是社会文明和文化发展的必要条件，因为不良的居住条件会带来疾病、犯罪等一系列社会问题。1953年，国际劳工部会议达成共识："足够的住房和相关设施是优质生活最基本的要求之一，是为社会提供高效率劳动力的基本条件之一，是创造满意的社会生活的必要条件之一。"1970年，联合国会议强调了（城市）住房的两个主要职能：一是帮助个人、家庭和其它基础性的团体得到生活所需的住房。二是组织和分配基本生活福利设施给个人和团体……。并建议，"发展中国家应采取步骤，在城市和乡村地区改善住房和相关社会设施，尤其照顾到低收入团体……在公共和私人方案里应作出努力来扩充低成本的住房……。"

再次，住房作为家庭的基本物质生活条件，反映出家庭中不同成员之间共同的社会经济文化关系，也反映出家庭与社会的种种联系。社会上各阶层人士居住环境的差别从一个侧面反映了社会的公允性。由房价及其他因素造成的社区居民成分的区别也会给社区文化以及社会文化的发展带来很大影响。使各收入阶层的人们可以在同一社区内居住，减少种族间的隔离和不同阶层间的距离，杜绝贫民区的产生，增强社会包容性和和谐。

3. 房地产市场的不完全竞争性

住房市场是典型的不完全竞争市场。根据经济学的一般均衡理论，完全竞争的市场须具备四个条件：（1）市场上有众多的生产者和消费者，单个生产者或消费者生产或消费的商品数量，只占市场很小的一部分，因此都无力影响市场价格，而只是市场价格的接受者；（2）厂商可以无成本地自由进入或退出市场；（3）市场上的厂商生产同质的产品；（4）市场上的消费者和厂商拥有完全信息。

显然，住房市场并不满足以上四个条件。首先，住房商品是不动产，具有价值高、生产周期长、投入资金量大等特点，这就决定了住房开发建设的门槛较高，一个地区的房地产开发主体往往数量有限，其中少数几个房产商占有市场的较大份额，很容易形成区域性垄断，来影响甚至操控市场价格；其次，高进入门槛决定了厂商进入或退出房地产市场要承担巨量的固定成本和非固定成本；第三，住房由于户型、结构、朝向等原因，基本上是不同质，供方往往可以利用消费者对其产品的特定偏好索取更高的价格。第四，房地产市场交易的过程复杂，交易信息明确不对称，供求双方在显著的信息不对称的情况下，交易成本高，如缺乏有力的外部监管,房产商"囤房、控销"中的抬价、欺诈交易行为会较为普遍,市场无法自动达到帕累托最优配置状态。

一般认为,住房市场是一个寡头垄断市场,也就是萨洛普(Salop,1979)模型中所考察的环形竞争条件下,当存在进入壁垒时,企业之间的竞争表现为邻近企业之间的竞争,而较远企业间缺乏竞争。并且,由于存在规模经济,一定区域内,开发商的数目是有限的。同时,人们由于工作地点、生活与居住环境依赖的关系,只能在一个比较小的范围内选购住房,因此人们实际上面对的是个寡头垄断的住房市场。在寡头垄断的市场结构下,开发商容易达成合谋,制定垄断高价,获取垄断利润。

由于住房市场是典型的不完全市场,市场无法自动实现帕累托最优状态,因此,即使是美国这样高度市场化的国家,政府也要通过行政法规和财税金融等公共政策手段对住房市场运行进行干预和调节。

4. 存在供求的非均衡性

均衡通常是指市场供给与需求达到全面平衡。在住房市场上,还应包括住房商品的供给与需求达到平衡,同时建造住房的生产要素的供给与需求也达到平衡。然而在住房领域,现实中并不存在这样的均衡。

其一,住房供给严重依赖于土地的供给,而土地供给的有限性导致住房供给缺乏弹性。从长期来看,由于土地供给刚性,住房价格的供给弹性趋近于零;另外住房的生产过程对资本、劳动的需求量大,生产周期长,住房供给数量在短期也是缺乏弹性的。住房的修建以对土地资源和空间的占用为基础。一般来讲,土地资源的使用是由政府严格控制的。在西方国家,土地的使用主要是通过城市规划条例、建筑条例以及住房法令来管理;在中国和其他一些国家,土地资源归国家所有,土地的市场投放量是根据国家的宏观经济总体状况和调控政策确定的。土地资源是住房商品得以生产的先决条件,因此住房市场的供给量首先受到政府土地政策和土地投放量的影响。政府对住房市场的调控,是住房市场发展不可忽视的重要变量。

其二,住房的需求与人口流动趋向高度相关,在城市化过程中,人们从乡村涌向城市，造成对城市住房的需求猛增，极易造成供求严重失衡，推高房地产价格，乃至形成泡沫。解决这种矛盾，客观上也需要政府的直接干预和间接调控。

第三，住房消费所占人们消费总支出的很大比重，是居民全生命周期的资产配置行为。在购买住房前，往往要进行相当长时间的储蓄积累。这个积累过程也可能与住房的供给不一致，导致供求不平衡。对这种不一致可以通过公共干预来减少，如政府可以以提供低息贷款、消费信用担保支持住房抵押贷款或发放补贴等措施，缓解购房资金的积累与住房供给间的矛盾。

第四，住房市场具有显著的区域垄断性和异质性。房地产市场是一个垄断竞争的市场，住房作为附着于土地上的不动产，一个特定政府辖区内一段时间中的房地产开发项目数通常是十分有限的，不同区域的住房可替代性差，竞争性弱，房地产市场竞争不像一般工业领域的全面竞争，而常常只是某个区域内的有限竞争。在这种基础上形成的房价很大程度上类似于一种垄断价格。由于地区发展不平衡，经常出现区域性住房短缺或过剩的分化状况。

5. 住房的消费品属性与投资品属性冲突

住房是大宗耐用消费品，但同时又具有投资品的特性，使得其价格形成机制和一般商品有较大的不同，不能用一般均衡的分析方法来分析房地产市场。一般价格均衡理论认为，在自由竞争的市场，一种商品的供给和需求会自动达到均衡点，均衡点的价格就是均衡价格。如果市场的价格高于均衡价格，就会刺激投资，增加供给，于是价格下跌，回到均衡价格；反之，如果市场价格低于均衡价格，供给会减少，市场价格再次回到均衡价格。但投资品的价格并不遵循上述规律，投资品的价格取决于未来的收益预期。对于投资品而言，预期价格上涨则需求增加，预期价格下跌则需求减少。在投资品市场，市场的需求和价格走势是正相关关系：通常价格上涨则需求上升，价格下跌则需求减少，即所谓的"买涨不买跌"。

此外，住房建设是城市经济发展的重要因素。在我国，快速的城市化进程造成城镇人口的激增和住房的短缺，要在短期内解决城市住房问题，需要政府介入市场，在分配资源时优先考虑优化住房结构，增加基本住房的供给。此外，住房与其他公共设施的配套也需要政府的统筹规划。政府可以通过城市规划、环境保护等措施,从中、长期的角度规划一个地区的发展,从而提高社会资源的有效利用率。

(二)公共财政住房保障支出模式选择

公共财政提供住房保障可以采取多种形式和方式,但其实质都是政府对政策保障对象提供住房补贴。这里的住房补贴是广义的概念,可能是直接的货币补贴、住房券、住房信贷优惠、税收减免,也可以是对房地产开发商给予土地开发、税费方面的优惠,其本质都是政府用于住房保障的财政成本支出(财政直接支出或财政收入的减少)。住房公共财政补贴支出总体上可分为两类,一类是住房建设补贴,即供给方补贴,也称"补砖头";另一类是购房、租房补贴,即需求方补贴,也称"补人头"。实物保障和货币保障之争其实就是"补砖头"和"补人头"之争。世界各国的住房保障方式多种多样,但归结起来主要就是两种:"补砖头"和"补人头"。

1. "补人头"

"补人头"即需求补贴,是政府向住房需求者提供补贴以提高中低收入群体的住房支付能力。"补人头"一般做法有两种:一为直接补贴,即为低收入租房者或提供低租金住房的房主提供现金补贴。二为间接补贴,即通过减免税收或贴息来补贴购房自住者。需求方补贴的目的是增加政策目标人群支付住房价款的能力和意愿。这些政策具体包括:(1)为家庭购买或租赁住宅提供补贴(可以是现金补贴,或者住房券等形式);(2)降低住房消费贷款的成本(例如给予优惠利率、降低首付款比重、提供信用担保、给予贷款贴息,等等);(3)税收优惠(例如抵押贷款利息免税、对买房或租房环节给予税收减免,等等)。

2. "补砖头"

"补砖头"也称供给方补贴,是政府直接提供公共住房建设或为建设者提供资助;"补砖头"一般有两种做法:一是政府直接建造大量低租金公房供住房困难户、低收入户居住,国外一般称为公共住房(public houses)。二是政府有条件地向建造低收入家庭出租住房的房地产企业或各种非营利组织提供财政补贴。供给方补贴的目的是通过对住房的建造、维护和运作环节进行补贴，降低住房供给的成本，增加低价位住房的供给数量，从而使得住房保障的目标人群有更多可选择的机会。具体的政策可能包括直接投资建造公共住房、间接激励第三方建设可支付住房（例如以低廉的价格供给土地、降低住房建造和销售过程中的税费、给予优惠的规划条件、给予优惠利率的开发贷款作为激励手段）、为低收入住房社区提供低成本和充足的公共配套设施和服务等。

3. "补人头"和"补砖头"的优劣及适用条件

"补砖头"和"补人头"两种不同的财政补助方式会产生不同的公平和效率。

在住房严重短缺时期，政府在生产环节直接干预住房市场的运行，直接介入住房供给并投入财政补贴，"补砖头"可以有效地、直接地刺激和控制住房生产，能在相对较短的时间里提供较多的住房。如政府自己直接建造大量住房供住房困难户、低收入户居住（英国、新加坡、香港地区等都采用过这种手段）。政府也可以向房地产企业或非盈利组织（比如工会）提供财政补贴或政策支持，同时对建成住房的出租出售作出限制（比如二战后的西德、法国、荷兰等）。当然"补砖头"政策有其固有缺陷：住房建设的效率没有市场机制保证，政府补贴即期负担较大，从分配上看那些可能并不需要帮助的人们也不当地获取了补贴（如前些年我国出现"开着宝马车住经济适用房"的不良现象，以及近些年一些城市出现的经济适用房和限价房的违规摇号、转租、弃购等现象）。

"补人头"相对来说对保障目标定位的准确性较高，实施效率也较高。在全社会住房短缺得到缓解以至消失，住房供求总量基本平衡，甚至供大于求的时期，政府向住房需求者提供财政补贴，它可以避免直接对住房市场进行干预，不会给市场运行带来障碍；同时作为收入再分配的一种形式，可以使国民平等的住房权利得到较为公正的实现；此外，对不同收入者区别对待，更能体现倾斜政策，并能适当减少财政支出。"补人头"可以通过免税减税来补贴购买自住住房者，也可以通过现金补贴来补贴租房者。但是"补人头"的政策也有局限性：难以在较短时期内刺激住房供应、兴建大量住房以满足市场需求和拉动经济增长；难以将投资大量吸引到住房领域，弹性较差；难以在住房建设上较快反映出住房的市场需求。

为此，在进行政策选择时，要注意结合住房市场供求状况来决策。如是处于住房总量短缺的阶段，则需要发挥政府的资源优势，通过直接或间接参与住房投资建设，着力增加新建保障性房源，以在较短的时间内缓解住房短缺，房价高涨的状况，并且拉动经济增长，这时"补砖头"方式较好。而随着供求总量的基本平衡，若社会存量房源可以满足住房保障需求，则应过渡到"补人头"操作上来，具体可对低收入社会成员给予货币化补贴支持其到市场上直接承租或购买可负担的住房，也可收购旧房作为保障性房源。这样做不仅可以提高存量住房的使用率，减少社会资源的重复投入，同时也可以避免政府对房地产市场的直接干预而出现市场扭曲，以实现市场机制与政府干预的有效结合。住房保障政策成功的关键在于将更多社会资源分配给低收入者的住房保障上，提高这类住房供给对需求的反应和匹配能力。

国际经验表明，住房供求总量矛盾占主导时，住房政策的焦点是如何在短时间内建设足够的政策性住房以弥补供给缺口，以使低收入弱势人群免受缺少基本住房条件的伤害，并维护社会稳定。因此，政府在短时间内动员大量资源的能力显得尤为重要。这时候政府往往采取以政府直接出资建设保障住房来有针对性快速弥合市场缺陷，同时也采取直接补贴商业房地产开发企业开发建设符合政策标准的住房政策。这一时期公共住房占比显著提高。当住房供求总量大体平衡，但结构性矛盾占主导时，政府住房公共政策的焦点就是确保每一个社会成员都得到适宜的、可负担的住房，一方面是对低收入社会成员进行货币化租金或购房补贴，以弥合其自身支付能力与市场房价和租金水平的差距；另一方面通过房产税等加大高收入阶层奢侈性住房消费的成本。在住房供给方面，政府将资源配置更多的交予市场，充分发挥市场机制在住房设计、建造和供给上的效率。

从国外情况看，在住房短缺时期，各国一般都是采取补砖头的方式，供求方式缓和之后则倾向于补人头。而其中供求关系缓和的节点为一个国家城市住房的套数和户数比在1.1：1左右，即略微供大于求。目前国外住房公共政策的总体趋势是逐步从"砖头"向"人头"改变。政府改变传统的针对供方的补贴,转而补贴住房的需求方,根据家庭收入的高低,直接给予低收入家庭和弱势家庭住房货币补贴,如法国、荷兰、美国、瑞典等,使得住房政策的目标性更加明确。美国租金优惠券就是一项典型的货币补贴例子。美国有一项研究报告研究了租房券起作用的条件和范围。该研究发现成功率与"市场紧缺性"成反比,市场紧缺性定义为适合于租房券拥有者的住房市场部门的空置率。每个地方住房市场的空置率由当地的专家来评估,住房市场的空置情况被分为五类,分别是:很紧缺(低于2%);紧缺(2%~4%);中等(4%~7%);松弛(7%~10%);非常松弛(>10%)。租房券的成功率在很紧缩的市场为61%,而在松弛市场上却上升到了80%[1]。也就是说当市场供不应求的时候,货币补贴的效率未如人意。

世界多数国家的住房保障方式都经历了从"补砖头"为主向"补人头"的转变,方式转变的背景和条件如下:第一,住房短缺不再成为主要矛盾。市场上住房供给充分,住户需要的是支付能力上的援助。也就是说,低收入住房问题矛盾的核心是住房消费支出(租金)在居民家庭收入中所占比重过高而不是合适的住房供应不足。第二,"补砖头"的建设资金负担太重。政府大规模建造公共住房投资巨大,资源无法实现有效配置,运营中存在人力资源耗费巨大,管理效率不高的现象,所以近20多年来,发达国家越来越倾向于通过货币化补贴的方式进行住房保障。

我国目前正处于工业化、城镇化快速发展时期,多数城市还处于住房短缺时期。根据国家发改委投资研究所的调查数据,北京、上海等流动人口比例高、取得自有住房难度大的城市中,自有住房率仅为60%多,远远没有达到供求关系缓和的节点。目前我国除了个别城市,住房尚未摆脱总体总量不足的状态[2],包括普通商品住宅供给不足、保障性住房短缺以及亟待改造的棚户区,这就决定了我国阶段我国住房保障还必须以"补砖头"为主,以实物保障为主,通过大规模实施保障性安居工程,增加面向中低收入家庭的住房供应,解决社会反映突出的"住房难"问题。

---

[1] 阿列克斯·施瓦兹著:《美国住房政策》,中信出版社2008年版,第157页。
[2] 住房总量不足是我们面临的突出矛盾,城镇居民户均住宅仅0.82套,远低于其他经济发达国家的水平。上世纪末,法国、日本等国家居民户均住房套数就超过了1.1。

当然经过今后几年的努力，在住房供求关系缓和以及住房租赁市场有了一定发展后，应逐步转为以货币补贴、需方补贴为主。

二、近年来公共财政支持住房保障建设的情况

（一）"十二五"以来公共财政住房支出情况

保障性安居工程建设是结合我国具体国情，保障民众"住有所居"的重要举措。"十二五"以来为贯彻落实党中央、国务院解决城乡低收入家庭住房困难问题，加大保障性安居工程建设力度，各级财政积极筹措资金，完善财税政策，创新支持方式，努力推进保障性安居工程建设，并取得了显著成效。

2011年，全国新开工建设城镇保障性住房1043万套，基本建成432万套；2012计划新开工700万套以上，基本建成500万套。截止2012年10月底，全国城镇保障性安居工程新开工722万套，基本建成505万套，完成投资10800亿元[①]。"十二五"时期，保障性住房建设规模之大是前所未有的，这对改善中低收入群体住房条件具有重要意义，同时也为构建符合我国国情的商品房和保障性住房"双轨"体系奠定基础。

1. 住房保障支出的规模

2007-2010年全国财政累计用于城乡保障性安居工程建设的实际支出为3076.86亿元，年均增长161.1%。其中，公共财政预算累计支出2083.2亿元，占67.7%，年均增长248.1%；住房公积金增值收益累计支出为137.93亿元，占4.5%，年均增长71.3%；土地出让收益累计支出为855.73亿元，占27.8%，年均增长101.3%。各级财政用于城乡保障性安居工程建设的资金从2007年的98.23亿元，增加到2010年的1747.67亿元。其中，中央财政实际下达的补助资金数额从2007年的38亿元增加到2010年的815亿元，年均增长177.8%。

2011年各级财政积极筹措资金确保完成全国新增保障性住房1000万套的任务。

---

① 住建部：1-10月全国城镇保障性安居工程新开工722万套，基本建成505万套。http://www.mohurd.gov.cn/zxydt/201211/t20121108_211906.html

初步统计，2011年各级财政直接安排用于城镇保障性安居工程建设资金共计3149亿元。其中，中央专项补助资金1127亿元，省级专项补助资金约400亿元，市县公共预算安排资金约300亿元，住房公积金增值收益安排资金约77亿元，土地出让收益安排资金约825亿元，地方债券安排资金约420亿元。财政投入的增加，有力地支持了保障性安居工程建设资金需要。

近年来，我国各级财政对保障性住房和安居工程的资金投入连年大幅度增长。各级财政每年用于保障性住房的资金从2007年的98.23亿元增加到2011年的3342.91亿元，年均增长141.5%。2007年至2011年五年间，全国各级财政累计用于保障性住房的支出达6419.78亿元，其中，中央财政专项补助资金从2007年的72亿元增加到2011年的1713亿元，年均增长120.9%，中央财政累计下达专项补助资金3297.29亿元，占全部支出的51.4%。

截至2011年底，全国已累计用实物方式解决了2650万户城镇低收入和中等偏下收入家庭的住房困难，2012年全国又开工建设城镇保障性住房745万套，竣工412万套。目前，实物住房保障受益户数占城镇家庭总户数的比例，已经由2008年的不足4%迅速提高到2012年预计的13%左右。如按三口之家计算，大约有1.2亿居民通过不同形式的保障解决了住房困难。与此同时，我国开从2008年起开展农村危房改造试点，目前已累计有1033万贫困农户实施了危房改造。

2. 住房保障支出的结构

全国公共财政保障性住房支出从2010年的2376.88亿元增加至2015年的5797亿元，增长了一倍还多，高于同期全国一般公共预算支出的增长，充分体现了政策扶持导向和预算安排的重点。从资金渠道看，住房保障财政支出主要来源包括财政一般公共预算安排、土地出让收益和住房公积金增值收益，其中财政一般公共预算安排是主渠道。从支出结构来看，住房保障财政支出主要包括两大部分：保障性安居工程支出和住房改革支出。保障性安居工程支出主要包括廉租住房支出、公共租赁住房支出、棚户区改造、农村危房改造支出、租金补贴支出等。从趋势来看，随着住房供应体系的不断完善，保障性安居工程支出的重点已经从廉租住房支出转向公共租赁房和棚户区改造。具体如表 4-1 所示。

表 4-1：2010-2015 年全国财政一般公共预算住房保障支出情况

单位：亿元

	2010 年	2011 年	2012 年	2013 年	2014 年	2015 年
住房保障支出	2376.88	3820.69	4479.62	4480.55	5043.72	5797.02
保障性安居工程支出	1228.66	2609.54	3148.81	3013.27	3428.55	3907.35
其中：廉租住房	689.64	840.28	596.85	389.94	175.59	119.63
沉陷区治理	7.33	7.38	8.49	4.26	5.10	14.90
棚户区改造	231.25	555.12	580.08	713.05	886.90	1289.73
少数民族地区游牧民定居工程	37.30	32.28	47.30	38.81	12.50	0.99
农村危房改造	138.76	256.40	497.58	381.58	375.94	536.02
公共租赁住房	-	645.01	858.59	789.94	715.11	639.38
保障性住房租金补贴	-	-	25.45	30.99	51.01	49.86
其他保障性安居工程支出	124.38	273.09	534.47	664.70	1206.41	1256.84
住房改革支出	1024.35	1101.65	1213.83	1318.17	1447.71	1730.13
其中：住房公积金	546.31	681.01	764.66	887.77	1013.27	1255.31
提租补贴	48.85	67.30	57.53	47.48	53.92	73.50
购房补贴	429.19	353.34	391.64	382.92	380.53	401.32
城乡社区住宅	123.87	109.50	116.98	149.11	167.46	159.54
其中：公有住房建设和维修改造支出	25.16	16.72	15.15	17.02	15.11	18.13
其他城乡社区住宅支出	98.71	92.78	101.83	132.09	152.34	141.40

资料来源：根据历年全国公共财政支出决算表整理

注：本表数据不包括政府性基金预算（主要为土地出让收益）、住房公积金增值收益用于保障性安居工程的支出。

3. 住房保障支出的相关财税配套措施

第一，多渠道筹集资金。2007年以来，各级财政不断拓宽资金来源渠道和补助范围。从投入主体来看，以市县财政投入为主拓展到中央、省、市县各级财政共同投入；从资金来源来看，以住房公积金增值收益和土地出让收益投入为主拓展到公共财政预算、地方政府债券资金等共同支持；从资金补助项目来看，从廉租住房资金拓展到廉租住房、公共租赁住房、各类棚户区改造以及农村危房改造和游牧民定居工程等多项资金；从中央补助范围来看，从中西部地区扩大到东部财政困难地区，从城镇保障性安居工程补助资金扩展到农村保障性安居工程补助资金。截至2010年底，我国已累计解决了1500万户城镇低收入家庭和中等偏下收入家庭住房困难问题，对162万户农村危房实施了改造。

但是，3600万套保障性住房建设任务繁重，资金需求巨大，仅仅依靠政府财政投入难以保证保障性安居工程的可持续性。各级财政部门还积极创新财政扶持方式，充分发挥财政资金的引导带动作用，放大财政政策效能，通过采取投资补助、贷款贴息、资本金注入等措施，吸引社会力量参与保障性安居工程建设和运营，充分调动了社会各方面的积极性，建立健全了保障性安居工程持续建设和运营的资金保障机制。

此外，在认真落实保障性安居工程现有资金来源基础上，各级政府还进一步采取措施，拓宽资金渠道。一是2012年增加的地方政府债券收入要优先用于保障性安居工程，加大地方政府债券收入用于保障性安居工程的投入力度。二是个人住房房产税试点地区取得的房产税收入，要专项用于保障性安居工程。三是各地可从国有资本经营预算中适当安排部分资金用于支持国有企业棚户区改造。四是各地要从城市维护建设税、城镇公用事业附加费、城市基础设施配套费中安排资金，加大保障性安居工程小区外配套基础设施投入，完善配套功能。

第二，实行财税优惠政策。一是对廉租住房和经济适用住房以及公共租赁住房建设、城市棚户区改造、旧住宅区整治，一律免收各项行政事业性收费和政府性基金。其中，免收的全国性行政事业性收费包括防空地下室易地建设费、白蚁防治费等项目。免收的全国性政府性基金包括城市基础设施配套费、散装水泥专项资金、新型墙体材料专项基金、城市教育附加费、地方教育附加费、城镇公用事业附加等项目。二是廉租住房、城市棚户区改造中的安置住房、经济适用住房以及面向经济适用住房对象供应的公共租赁住房建设用地实行行政划拨方式供应，除依法支付土地补偿费、拆迁补偿费外，一律免收土地出让收入。三是对廉租住房、经济适用住房、公共租赁住房以及城市和国有工矿棚户区改造分别从营业税、房产税、城镇土地使用税、土地增值税、印花税、契税等方面给予税收优惠政策。主要包括：对廉租住房经营管理单位按照政府规定价格、向规定保障对象出租廉租住房的租金收入，免征营业税、房产税；对廉租住房、经济适用住房建设用地以及廉租住房经营管理单位按照政府规定价格、向规定保障对象出租的廉租住房用地，免征城镇土地使用税；企事业单位、社会团体以及其他组织转让旧房作为廉租住房、经济适用住房房源且增值额未超过扣除项目金额20%的，免征土地增值税；对廉租住房、经济适用住房经营管理单位与廉租住房、经济适用住房相关的印花税以及廉租住房承租人、经济适用住房购买人涉及的印花税予以免征；对廉租住房经营管理单位购买住房作为廉租住房、经济适用住房经营管理单位回购经济适用住房继续作为经济适用住房房源的，免征契税；对个人购买经济适用住房，在法定税率基础上减半征收契税；城市和国有工矿棚户区改造安置住房建设和通过收购筹集安置房源的，执行经济适用住房的税收优惠政策。

第三，强化保障性安居工程资金管理。一是明确要求各级财政部门科学安排资金，高度重视保障性安居工程建设，积极调整财政支出结构，在安排公共财政预算时把保障性安居工程建设作为重点项目予以保障。在资金分配过程中，坚持"先制定办法、后分配资金"的原则，先后制定了廉租住房、公共租赁住房、棚户区改造等资金分配管理办法，按照因素法和公式法，结合当年计划任务、上年完成情况和地区财政困难程度分配，努力做到资金分配公平合理、公正客观、公开透明。二是加快预算执行进度。中央和省级财政部门按照规定分别于每年4月底和5月底前核拨和下达保障性安居工程补助资金，市县财政部门配合有关部门做好保障性安居工程建设前期各项准备工作，严格按照工程进度及时拨付保障性安居工程资金，确保资金专款专用。同时，加强廉租住房和政府投资建设公共租赁住房租金的"收支两条线"管理，租金收入缴入同级国库，专项用于廉租住房和公共租赁住房的维护、管理等支出。三是加强监督检查。中央财政在分配下达保障性安居工程补助资金时，要求财政部驻相关省份财政监察专员办事处对各地申报资料、数据进行事前审核，对于虚报数据一律予以剔除，并相应扣减补助资金。同时，加强对保障性安居工程资金使用的审计监督，督促相关地区和单位严格按照规定用途使用，防止挤占和挪用，确保资金专项用于保障性安居工程建设。

（二）2012 年财政支持保障性安居工程建设情况

近年来，全国各级财政部门认真贯彻落实党中央、国务院的决策部署，积极拓宽筹资渠道，完善财税政策，创新支持方式，全国保障性安居工程建设取得了新进展。截至 2012 年底，全国累计开工建设城镇保障性安居工程 3400 多万套，基本建成 2100 多万套；累计支持农村危房改造及游牧民定居工程 1100 多万户。其中，2012 年全国共开工建设城镇保障性住房和棚户区改造住房 781 万套，基本建成 601 万套；支持农村危房改造及游牧民定居工程 572.7 万户。2011-2012 年，全国开工建设城镇保障性安居工程住房 1824 万套，比"十一五"期间开工总量还高 12% 左右；基本建成 1033 万套，相当于"十一五"期间建成总量。

1. 加大资金投入，创新支持方式

（1）拓宽筹资渠道。

2012 年，各级财政部门根据年度保障性安居工程建设任务，进一步拓宽财政资金来源渠道。除通过公共预算、住房公积金增值收益、土地出让收益、地方政府债券收入安排资金支持保障性安居工程建设以外，还从地方国有资本经营预算、城市维护建设税、城镇公用事业附加、城市基础设施配套费等多渠道筹集建设资金。

（2）加大中央财政支持力度。

2012 年，中央财政安排保障性安居工程补助资金 2253.89 亿元，加上通过以前年度结转资金安排的 78.72 亿元，中央财政实际下达补助资金 2332.61 亿元，比上年增加 620.04 亿元，增长 36.2%。分城乡情况来看，在当年城镇保障性安居工程建设任务减少 22.2% 的情况下，中央财政补助城镇保障性安居工程资金比上年增加

313.32亿元，增长20.5%。中央财政除对城镇保障性安居工程建设进行补助外，还对保障性安居工程配套基础设施建设进行补助。同时，安排15亿元用于奖励超任务开工建设城镇保障性安居工程地区。提高农村危房改造资金补助标准，农村危房改造户均补助标准达到7500元，比上年增加1500元。其中建筑节能示范户户均再增加2500元，比上年增加500元。2012年，中央财政补助农村危房改造和游牧民定居工程资金比上年增加306.72亿元，增长了1.7倍。分地区情况来看，中央保障性安居工程补助资金重点向中西部财政困难地区倾斜，占中央补助资金总额的90%左右。

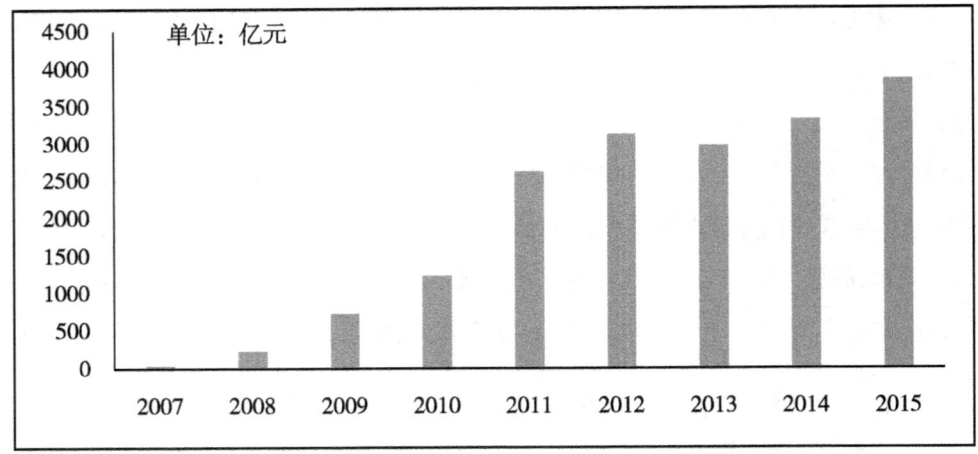

图4-1　2007-2015年全国公共财政保障性安居工程支出情况

（3）全国各级财政资金投入增加。2012年，全国保障性安居工程财政支出3800.43亿元，比上年增加457.52亿元，增长13.7%。分资金来源情况看，公共财政预算支出3123.32亿元，占82.2%（见图4-1），其中中央财政住房保障支出2601.6亿元，同比增长44.6%；住房公积金增值收益支出84.10亿元，占2.2%；土地出让收益支出593.01亿元，占15.6%。分资金使用情况看，廉租住房支出1005.49亿元，占26.5%；公共租赁住房支出1045.51亿元，占27.5%；各类棚户区改造支出654.17亿元，占17.2%；农村危房改造支出485.31亿元，占12.8%；游牧民定居工程支出 57.95 亿元，占 1.5%；其他支出 552.00 亿元，占 14.5%。各级财政资金投入的增加，有力地保障了保障性安居工程建设资金需要。

（4）创新财政支持方式。财政资金从直接投入保障性安居工程建设为主，拓展到运用投资补助、贷款贴息、资本金注入等多种方式并举，充分发挥财政资金"四两拨千斤"的作用，放大财政政策效能，吸引社会力量参与保障性安居工程建设运营管理，调动社会各方参与保障性安居工程建设运营管理的积极性。

根据住建部的数据，2013 年，全国计划新开工城镇保障性安居工程 630 万套，基本建成 470 万套。截至 2013 年 11 月底，已开工 666 万套，基本建成 544 万套，全面完成了年度目标任务，完成投资 11200 亿元。

2. 落实优惠政策，降低建设成本

（1）免收收费基金。对建设廉租住房、经济适用住房、公共租赁住房以及各类棚户区改造、旧住宅区整治，免收各项行政事业性收费和政府性基金。其中，免收的全国性行政事业性收费包括防空地下室易地建设费、白蚁防治费等项目；免收的全国性政府性基金包括城市基础设施配套费、散装水泥专项资金、新型墙体材料专项基金、城市教育附加费、地方教育附加费、城镇公用事业附加等项目。

（2）免收土地出让收入。廉租住房、城市棚户区改造中的安置住房、经济适用住房以及面向经济适用住房对象供应的公共租赁住房建设用地实行行政划拨方式供应，除依法支付土地补偿费、拆迁补偿费外，免收土地出让收入。

（3）减免相关税收。对廉租住房、经济适用住房、公共租赁住房以及城市和国有工矿棚户区改造，分别从营业税、房产税、城镇土地使用税、土地增值税、印花税、契税等方面给予税收减免优惠政策；国有工矿企业、国有林区企业和国有垦区企业符合条件的棚户区改造支出，准予在企业所得税税前扣除。

3. 加强财政住房资金管理，提高资金使用效率

（1）合理分配资金。在资金分配过程中，各级财政部门坚持"先制定办法、后分配资金"的原则，先后制定了廉租住房、公共租赁住房、城市棚户区改造、农村危房改造等资金分配管理办法，2012 年又修订完善了《中央补助廉租住房保障专项资金管理办法》、《中央补助城市棚户区改造专项资金管理办法》，按照因素法和公式法，结合当年计划任务、上年任务完成情况和地区财政困难程度分配资金，做到资金分配公平合理、客观公正、公开透明。

（2）加强资金使用管理。在资金使用过程中，各级财政部门严格预算执行进度。中央和省级财政分别于每年4月底和5月底前核拨城镇保障性安居工程补助资金，各市县财政严格按照工程进度及时拨付资金。同时，进一步加强廉租住房和政府投资建设公共租赁住房的租金"收支两条线"管理。

（3）强化资金监督检查。中央财政在下达城镇保障性安居工程补助资金时，要求财政部驻相关省份财政监察专员办事处对各地申报资料、数据进行事前审核，对于虚报数据一律予以剔除，并相应扣减补助资金。同时，加强保障性安居工程资金使用审计监督，督促相关地区和单位严格按照规定用途使用，防止挤占和挪用，确保资金使用效益。

三、完善公共财政住房支出体制、机制与政策的建议

（一）健全公共财政住房支出管理体制

1.合理处理住房保障公共财政责任与市场机制实现的关系

厘清住房问题上市场与政府的关系，落实政府应承担的责任，健全市场机制与政府保障相结合的住房政策体系。在充分认识住房商品属性和社会属性兼具这一双重性特点的基础上，坚持"市场化和政府保障相结合"的基本方向，建立和健全多层次的住房供给体系，低端层次主要由政府干预手段并采取与市场兼容的形式提供（最低端的住房保障形式只可能是廉租房），中端层次要更多地运用市场机制在政府政策引导下提供，高端层次则主要应由市场机制提供。这一体系中，基本住房需求由政府牵头来提供保障，进一步改善居住的需求主要通过市场机制解决。政府的"托底"要托在廉租房上，具体操作要尽量运用"补人头"而不是"补砖头"的方式。简言之：做好住房保障工作，既不可能全部依靠市场，也不可能完全依靠政府，而是将市场机制与政府作用有机结合，做到"低端有保障、中端有支持、高端

有调控"，分类解决不同层次的居民住房需求问题。

在此基础上，住房保障工作总体目标是要努力实现"保基本、多渠道、可持续"。保基本就是根据经济发展水平、财政承受能力、资源条件和住房困难群众的承受能力等，合理确定保障范围和标准，重点保障住房困难家庭基本住房需求。在兼顾需要与可能、公平和效率的基础上，把依靠自身无力解决基本住房需求的困难家庭，逐步纳入保障范围；多渠道就是根据住房困难家庭的经济能力、家庭人口和结构、住房供应能力等，采取实物保障和货币补贴相结合的保障方式。在我国目前住房供求总量和结构性矛盾还没有得到实质性缓解的情况下，现阶段还应以实物保障为主、货币补贴为辅，当住房保障总量达到一定水平后，再逐步转为以货币补贴为主。实物保障中以发展租赁型保障性住房（包括公共租赁住房、廉租住房）为重点，适当发展购置型的保障性住房，同时加快推进各类棚户区及危旧房改造；可持续就是坚持政府主导、政策扶持，引导社会参与，在加大公共财政投入的同时，利用各种社会资源，发挥市场机制作用，建立可持续的建设运营管理机制，提高保障性住房投资、建设、运营、维护、管理的效率。

2. 合理划分中央与地方住房保障事权与财政支出责任

明确中央与地方政府在住房保障中的财政成本承担责任，是有效落实住房保障政策实施工作、提高住房保障执行效率与执行效果的关键。一般地，我国在划分中央与地方以及各级地方政府之间事权与支出责任上遵循受益范围、成本效率、基层优先的基本原则。在明确划分各级政府支出责任的基础上，逐步做到属于地方政府事务，其自有收入不能满足支出需求的，中央财政原则上通过一般性转移支付给予补助；属于中央委托事务，中央财政通过专项转移支付足额安排资金；属于中央地方共同事务和支出责任的支出，明确各自的负担比例。

住房保障属于社会保障范围。从世界主要国家情况来看，包括住房保障在内的社会保障属于中央政府事权，其支出主要由中央财政承担。福利经济学的相关理论也表明，由于保障对象的流动性，涉及收入再分配的福利政策应当由中央政府承担主要责任。但从我国目前情况看，覆盖全体居民的社会保障制度尚未正式建立，已有的各类社会保障（如基本养老、基本医疗、失业保险等）统筹层次仍然停留在地方和城市政府层面。这背后有着深刻的历史和体制原因。但是，这一现状并不能作为"住房保障的财政成本责任在地方政府"的依据。但这种现状也同时意味着，将住房保障的支出责任提高到由更高一级政府甚至中央政府承担可能需要经历一个较长的过程。现阶段，中央政府可主要采取增加对地方政府的转移支付来逐步增加对居民住房保障方面的支持。

住房保障主要是一种社会福利政策，具有收入再分配的功能，同时也兼有公共品的特征，有助于提高劳动力素质和创建和谐社会空间。住房保障的目标是确保每一个公民都能够获得基本和公平的社会机会。这意味着住房保障不仅仅是为低收入者提供几平方米的"容身之所"，更重要的是让他们能在有良好城市公共服务和就业机会的地方生活，帮助他们提升健康和技能水平，增强融入社会经济生活的能力，避免社会排斥（social exclusive），具有十分强的社会福利性。根据公共财政理论，劳动力的流动性特征要求社会福利政策的成本应主要由中央政府来承担。住房保障的公共品特征所带来的社会效益，既有利于地方（如社会环境的改善），亦有利于全国（如低技能劳动力的素质提升），因此中央政府和地方政府应当分担这些保障政策的财政支出。

在美国的住房政策体系中，从可量化的财政成本（含财政支出和税收损失）来看，联邦政府在住房方面的支出约是州和地方政府的20倍。因此，中央政府扮演了极为重要的角色，承担了绝大部分的财政成本责任；地方政府也起到了一定的辅助作用。这对我国住房保障财政成本责任的分析应该有一定的借鉴意义。

我国目前面临社会保障由地方政府统筹和城乡二元的户籍制度等制约，但这些因素不应成为影响各级政府在住房保障成本中责任分担的关键。当然，由于历史路径依赖性，将住房保障的主要支出责任转变为由中央政府承担需要经历一个渐进的过程和整体性的综合配套改革。现阶段中央政府可以逐步增加对城镇居民住房保障方面的支持，同时增加对地方政府的激励，将中央财政对地方财政的专项转移支付资金规模与地方财政用于住房保障方面的支出挂钩。只有保证住房保障政策的财政支持力度，才能够更有效地实现住房保障政策的根本目标，在实现"住有所居"的同时，促进经济增长和城市化，实现产业转型和城市经济可持续发展。

目前在我国，根据中央与地方政府事权划分的相关体制，住房保障主要属于地方政府事权。住房保障的各项显性和隐性成本（如保障性住房土地和税费优惠），主要由地方政府承担。但是，在现实中以地方为主（地方政府中又以基层政府为主）承担住房保障事权和支出责任的体制已经遇到一些困境和不少尴尬。突出表现为地方政府缺乏保障性住房投资、建设和供给的意愿。在地方看来，建设保障性安居工程、廉租房等是负担，是一件不"划算"的买卖，会使自己的利益受到损害。一些地方官员甚至还认为，拿出一定的土地建设经济适用房，意味着地方政府不能再通过经营土地获取巨额土地收益，等于断了自家的"财路"。在这样的认识下，许多城市廉租房、经济适用房供应普遍不足，中低收入群体被迫购买价格高昂的商品房，经济适用房、廉租房在一些城市仅成为"花瓶"和"点缀"。

为此，现阶段中央政府将住房保障工作纳入地方政府的年度工作目标和考核内容，将国家保障性住房建设目标通过层层分解并纳入其绩效考核指标体系，甚至不惜动用签订责任状、诉诸行政问责的手段，以此强化地方政府在保障性住房建设方面的责任。这是典型的中央决策、地方买单，造成决策权和支出权、执行权的脱节和分离。在强化督查的同时，近年来中央财政也连续大幅度增加了对地方政府保障性安居工程的财政转移支付和专项补助。不仅对中西部地区给予补助，对东部地区（如山东、福建等有关地区）也补[1]，容易造成中央和地方住房保障事权和财政支出责任承担体制上的混淆不清。另外，为加快推进保障性安居工程建设，2012年6月，中央财政还拿出15亿元对2011年城镇保障性安居工程任务完成较好的地区给予奖励，采取"胡萝卜加大棒"的办法来鼓励、督导地方做好住房保障工作，应该

---

[1] 如，财政部会同住房和城乡建设部下达了2012年中央补助廉租住房保障专项资金105亿元和城市棚户区改造专项资金212亿元。在105亿元的廉租住房保障专项资金中，东部地区5.4亿元，占5.1%；中部地区57.4亿元，占54.7%；西部地区42.2亿元，占40.2%。该项资金主要用于补助廉租住房保障工作中的租赁补贴以及购买、改建、租赁廉租住房开支。而在212亿元的城市棚户区改造专项资金中：东部地区41亿元，占19.3%；中部地区106.1亿元，占50.1%；西部地区64.9亿元，占30.6%。该项资金专项用于补助政府主导的城市棚户区改造项目，包括拆迁、安置、建设以及相关的基础设施配套建设等开支。

说，这并不是一个规范、长效的运行体制。

为此，基于理论和现实分析，都有必要重塑中央和地方政府之间的住房保障责任划分体制，厘清责任边界，建立规范化、长效性的住房保障事权分担体制。而这其中的重要内容是将住房保障财政支出（筹资）责任更多地上移到中央政府来承担。但是，这一转变必然会受到我国行政管理体制和现实制度环境的制约，不是单单依靠住房保障事业自身可以改变的，关系到中央与地方政府相关事权和财权关系的整体调整以及相关社会体制与制度的综合配套改革。目前，我国覆盖全体居民的社会保障制度尚未正式建立，各类社会保障（如基本养老、基本医疗、失业保险）统筹层次仍然停留在地方和城市政府层面，以及我国特有的城乡二元的户籍制度使农村移民很难获得各类社会保障。由于这些历史路径依赖性，将住房保障的主要支出责任提高到由中央政府承担需要经历一个渐进的过程和综合配套改革。

3. 合理划分省以下政府住房保障责任：中央予以支持，省级负总责，市县抓落实

根据现有的事权划分和财政体制，保障性安居工程属于地方事权，在地方层面又以市县层级为事权承担主体。相关政策文件规定为"省级负总责，市县抓落实"，中央给予适当补助。

2009年5月，住房城乡建设部、发展改革委、财政部三部门印发《2009-2011年廉租住房保障规划》（建保〔2009〕91号）明确，廉租住房保障实行"省级负总责，市、县抓落实"的基本原则。地方加大投入，中央加大支持。市、县人民政府通过财政预算等方式，多渠道筹措廉租住房保障资金。省级人民政府要建立廉租住房专项补助资金制度。中央财政对财政困难地区加大资金支持力度。（1）2009年廉租住房建设中央补助标准为：西部地区400元/平方米，中部地区300元/平方米，辽宁、山东、福建省的财政困难地区200元/平方米。（2）建立住房保障绩效评价和考核制度，实行目标责任制管理，省级人民政府对本地区廉租住房保障工作负总责，市、县人民政府具体负责廉租住房房源筹集、配租和租赁补贴发放工作。（3）省级人民政府要比照中央的做法，加大对本地区财政困难的市、县建设（包括购置、改造）廉租住房和发放租赁补贴的资金投入。各地可根据实际情况,统筹使用中央下拨的预算内投资补助和廉租住房保障专项补助资金。(4)市、县人民政府按照国家有关规定多渠道筹集廉租住房保障资金。市、县财政要将廉租住房保障资金纳入年度预算安排。住房公积金增值净收益要全部用于廉租住房建设。要采取有效措施,保证土地出让净收益用于廉租住房保障的比例不低于10%。

2010年6月由住房城乡建设部等七部门联合下发的《关于加快发展公共租赁住房的指导意见》明确,发展公共租赁住房实行省级人民政府负总责、市县人民政府抓落实的责任制。政府投资建设公共租赁住房的租金收入,专项用于偿还公共租赁住房贷款,以及公共租赁住房的维护、管理和投资补助。

4. 推进基本住房保障公共服务均等化

按照党的十八大报告要求,今后一个时期,要完善促进基本公共服务均等化和主体功能区建设的公共财政体系,提升基本公共服务水平和均等化程度。住房保障均等化是基本公共服务均等化的一项重要内容组成。

在住房保障职责以地方为主承担的体制下,由于我国地区间经济发展不均衡,各地政府财力存在较大的差异,部分经济欠发达地区财力薄弱,单纯依靠地方自身财力难以做好住房保障工作。

一是建立基本住房保障标准体系,逐步推进住房基本公共服务均等化。在充分考虑各地自然、地理、社会、城市发展等因素后,对各地住房保障应达到的实物水平建立量化标准,并依据社会经济发展情况设置动态调整机制,在此基础上,研究制定推进住房保障基本公共服务均等化的目标与方案。要追求在不同区域、在公民住房人均使用价值形态上,逐渐趋于大体一致,切实保障社会公众,特别是低收入人群的基本住房需求,提高中低收入阶层的收入水平和住房消费能力。

二是为实现基本公共服务均等化和各地居民享受基本居住权,明确中央政府住房保障方面应承担的责任,主要包括:(1)制定全国保障性安居工程建设的中长期规划和年度计划,提出总体要求,并进行指导;(2)对财力薄弱的地区给以必要的财政转移支付和保障性安居工程方面的资金支持;(3)制定《住房保障法》、住房保障政策,以及促进房地产市场健康发展的调控政策;(4)中央有关部委应与各省级政府签订保障性安居工程建设目标责任书,并对地方政府履行住房保障职责的状况进行督查和考核。

三是建立健全基本住房保障均等化的财力保障机制。在大规模推进城镇保障性安居工程建设中,部分财力薄弱的市县遇到了资金筹集难的问题。为帮助地方解决好资金筹措问题,这几年国家采取了多项积极措施:中央财政加大资金补助力度,2011年分批共下达城镇保障性安居工程补助资金1526亿元,2012年将按不低于2011年的规模安排。财政部、发展改革委、住房城乡建设部、人民银行、银监会等部门制定了加强建设资金管理的措施,督促各地切实落实配套建设资金,规范利用企业债券融资,加大信贷支持力度,扩大住房公积金贷款试点等政策,支持地方多渠道筹措建设资金。

2003年中央财政在安排对地方的一般转移支付资金时,就已将廉租住房保障支出纳入了转移支付范围,根据各地最低生活保障的人数、人均廉租住房补助标准、区域住房价格等因素,确定中央对地方的转移支付数额,着重通过增加地方财力,增强地方住房保障能力。2006年,财政部会同有关部门联合印发了《关于切实落实城镇廉租住房保障资金的通知》(财综〔2006〕25号),要求省级财政在对市、县财政安排一般性转移支付时,也要相应考虑城镇廉租住房标准支出因素。同时,要求市、县财政每年在预算安排时,应根据本地区城镇最低收入家庭住房需求状况及财政承受能力,安排一定资金用于保障城镇廉租住房。

根据住房城乡建设部、国家发展改革委、财政部2009年发布的《2009-2011年廉租住房保障规划》(建保〔2009〕91号)的规定,廉租房建设要多渠道筹措资金:(1)中央加大对财政困难地区廉租住房保障补助力度。2009年廉租住房建设中央补助标准为:西部地区400元/平方米,中部地区300元/平方米,辽宁、山东、福建省的财政困难地区200元/平方米。(2)省级人民政府要比照中央的做法,加大对本地区财政困难的市、县建设(包括购置、改造)廉租住房和发放租赁补贴的资金投入。各地可根据实际情况,统筹使用中央下拨的预算内投资补助和廉租住房保障专项补助资金。

2010年3月8日,《国家发展改革委住房城乡建设部关于下达新建廉租住房2010年中央预算内投资计划的通知》(发改投资〔2010〕444号)规定,中央对西部廉租房建设投资补助标准由原来的400元／平方米提高到500元／平方米。

近几年,中央财政努力筹措资金,连续大幅度增加对地方保障性住房建设的补助资金,从2008年的72亿元增长到2011年的1522亿元(根据财政部数据显示,2012年截至10月,中央财政已下达补助资金2300多亿元,比上年全年实际下达数增加600多亿元)。从地区结构看,2011年中央财政补助地方保障性住房投资建设资金中,西部地区占45.4%,中部地区占41.6%;从品种结构讲,公租房政府投资中中央财政负担40%,廉租房政府投资中中央财政负担50%,基本保证了工程的正常进展。随着国家财力增长和资金安排结构的完善,今后中央财政对中西部地区的支持力度将进一步加大。

(二)分类确定不同类型保障性住房公共财政的支出责任与实现方式

提供保障性住房供给是政府的重要职责,但这并不意味着应由财政支出全包,而应根据不同类型保障性住房及其保障程度来确定公共财政支出责任和实现方式。目前我国城镇障性安居工程分为9类,其中城镇保障性安居工程有四类:廉租住房、公共租赁住房、经济适用房、限价商品房,此外还有五类棚户区改造,包括林区棚户区改造、垦区危旧房改造、煤矿棚户区改造、城市棚户区改造、国有工矿棚户区改造。保障性住房的几种类型,对应不同收入、不同类型的住房困难群体,是随着我国住房保障工作的逐步推进、房地产市场发展格局和经济发展水平的提高,逐步形成和发展起来的。不同的保障性住房适应不同的目标收入群体,政府给予保障的程度也不同,政府与居民个人、社会等主体在住房成本上的分担机制不一样,财政支出责任和实现方式也不一样。

1. 廉租房

廉租房主要面对社会最低收入和住房最为困难的群体,政府提供的福利程度最高。政府以租金补贴、租金减免或实物配租的方式,向符合城镇居民最低生活保障标准且住房困难的家庭提供社会保障性质的住房。2009年5月,住房城乡建设部、发展改革委、财政部联合印发《2009－2011年廉租住房保障规划》，截至2008年底全国还有747万户城市低收入住房困难家庭，亟须解决基本住房问题，要在2009-2011年之间分年度解决。并将任务分解到不同的省、自治区、直辖市以及新疆生产建设兵团。同时要求各省根据该规划将本省的任务进一步细分，分配到各个市县。

根据《国务院关于解决城市低收入家庭住房困难的若干意见》（国发〔2007〕24号），城市廉租住房保障实行货币补贴和实物配租等方式相结合，主要通过发放租赁补贴，增强低收入家庭在市场上承租住房的能力。每平方米租赁补贴标准由城市人民政府根据当地经济发展水平、市场平均租金、保障对象的经济承受能力等因素确定。其中，对符合条件的城市低保家庭，可按当地的廉租住房保障面积标准和市场平均租金给予补贴。在建造上，廉租房以政府财政出资直接投资为主，所形成的住房产权由政府性投资机构或政府委托机构持有。

在资金来源和渠道上，地方政府要根据廉租住房工作的年度计划，切实落实廉租住房保障资金：一是地方财政要将廉租住房保障资金纳入年度预算安排。二是住房公积金增值收益在提取贷款风险准备金和管理费用之后全部用于廉租住房建设。三是土地出让净收益用于廉租住房保障资金的比例不得低于10%，各地还可根据实际情况进一步适当提高比例。四是廉租住房租金收入实行收支两条线管理，专项用于廉租住房的维护和管理。对中西部财政困难地区，通过中央预算内投资补助和中央财政廉租住房保障专项补助资金等方式给予支持。

保障性安居工程中廉租住房制度建设以公共财政投入为主，其他涉及住房保障的支出未纳入财政预算中。按照《廉租住房保障办法》，解决低收入家庭住房保障资金主要有年度财政预算、住房公积金增值收益余额、土地出让净收益中安排、社会捐赠等渠道。财政预算和土地出让净收益中安排的廉租住房保障资金的关键在地方政府，而对于财政比较困难的一些市、县，地方财政支出主要依赖于上级补助，财政一般转移支付中虽然考虑了廉租住房的支出因素，实际主要用于维持政府运转，廉租住房资金难以落实。土地出让净收益中安排的廉租住房保障资金应当是非常好的来源渠道，但受限于土地出让净收益规模和土地出让净收益大小，经济发达地方土地出让净收益较高，而贫困地区土地出让净收益较少。住房公积金收益所占比例很小，社会捐赠及其他方式筹集资金来源很不稳定。

2. 公租房

公共租赁房从本质上讲是针对城市"夹心层"群体（既买不起经济适用房又不够廉租房条件）的一种住房保障方式，通过梯度消费逐步实现住有所居。发展公共租赁住房可以增加住房有效供给，优化住房结构，引导居民合理住房消费，不仅有利于遏制部分城市房价过快上涨，而且有利于调节收入分配、促进人才和劳动力有序流动、推进新型城镇化进程，体现了转变发展方式、调整经济结构的要求。

公共租赁住房供应对象主要是城市中等偏下收入住房困难家庭，有条件的地区，可以将新就业职工和有稳定职业并在城市居住一定年限的外来务工人员纳入供应范围。公共租赁产权不归个人所有，而是由政府或公共机构所有，以低于市场价或者承租者承受起的价格，向政策目标群体出租。2010年6月12日，住房城乡建设部等七部门联合制定下发了《关于加快发展公共租赁住房的指导意见》（建保〔2010〕87号），明确了政府投入职责：（1）各地要把公共租赁住房建设用地纳入年度土地供应计划，予以重点保障。面向经济适用住房对象供应的公共租赁住房，建设用地实行划拨供应。其他方式投资的公共租赁住房，建设用地可以采用出让、租赁或作价入股等方式有偿使用，并将所建公共租赁住房的租金水平、套型结构、建设标准和设施条件等作为土地供应的前置条件，所建住房只能租赁，不得出售。（2）市、县人民政府要通过直接投资、资本金注入、投资补助、贷款贴息等方式，加大对公共租赁住房建设和运营的投入。省、自治区人民政府要给予资金支持。中央以适当方式给予资金补助。（3）对公共租赁住房的建设和运营给予税收优惠。公共租赁住房建设涉及的行政事业性收费和政府性基金，按照经济适用住房的相关政策执行。（4）鼓励金融机构发放公共租赁住房中长期贷款，具体办法由人民银行、银监会制订。支持符合条件的企业通过发行中长期债券等方式筹集资金，专项用于公共租赁住房建设和运营。探索运用保险资金、信托资金和房地产信托投资基金拓展公共租赁住房融资渠道。政府投资建设的公共租赁住房，纳入住房公积金贷款支持保障性住房建设试点范围。（5）公共租赁住房建设实行"谁投资、谁所有"，投资者权益可依法转让。

住房保障制度建设最突出的问题在于用什么样的工具引入社会资金，目前用于出售的保障性住房（经济适用房和限价房）已经有了银行短期建设贷款支持，但对于公租房这种租赁型的长期项目，却几乎没有金融产品是可以进入，这是当前亟须研究解决的问题。

2012年6月，住建部、国家发改委、财政部等七部委联合发布《关于鼓励民间资本参与保障性安居工程建设有关问题的通知》，提出鼓励和引导民间资本根据市、县保障性安居工程建设规划和年度计划，通过直接投资、间接投资、参股、委托代建等多种方式参与廉租住房、公共租赁住房、经济适用住房、限价商品住房和棚户区改造住房等保障性安居工程建设，按规定或合同约定的租金标准、价格面向政府核定的保障对象出租、出售。

在公共租赁住房投资建设的主要模式中，除政府出地、政府投资、政府管理的模式外，还可采取"政府出地、企业出钱"模式，即政府划拨土地，吸引社会机构参与建设，并给予税收优惠，如在购建环节免征城镇土地使用税、印花税、契税以及城市建设配套费和政府性基金；在运营管理环节，对公租房的租金收入免征营业税、房产税等。如江苏省昆山市的公共租赁住房采取民企投资模式，政府给予一块价格较为低廉的土地，并在税费政策方面也给予优惠，建成之后租给外来务工人员，政府对租金进行限定，按照20年回收投资来计算租金，保证略低于市场价格。

此外，廉租住房和政府投资建设公共租赁住房的租金收入，应按照政府非税收入管理的规定缴入同级国库，实行"收支两条线"管理，专项用于廉租住房和公共租赁住房的维护、管理等支出。

3. 经济适用房

经济适用住房属于政策性住房，购房人拥有有限产权。《国务院关于解决城市低收入家庭住房困难的若干意见》（国发〔2007〕24号）明确，经济适用住房供应对象为城市低收入住房困难家庭，并与廉租住房保障对象衔接。经济适用住房供应对象的家庭收入标准和住房困难标准，由城市人民政府确定，实行动态管理，每年向社会公布一次。经济适用住房套型标准根据经济发展水平和群众生活水平，建筑面积控制在 60 平方米左右。政府应对经济适用房产权做出严格限定，以防止其向市场商品房转换而不当获利。购买经济适用住房不满 5 年，不得直接上市交易，购房人因各种原因确需转让经济适用住房的，由政府按照原价格并考虑折旧和物价水平等因素进行回购。

根据经济适用房属性及其运作模式，政府不直接安排建设资金投入，主要通过土地出让、税费优惠政策等方式来给予支持，市场化投融资机制不存在大的障碍，完全可以通过向目标对象的出售获得投资补偿，金融机构也有积极性参与其中。

4. 限价房

限价房，又称限房价、限地价的"两限"商品房，是一种限价格限套型（面积）的商品房，主要解决中低收入家庭的住房困难。限价房是最近几年在市场房价上涨过快背景下，一些地方政府为调控房地产市场、调节住房供需矛盾的一种特定时期的制度安排。限价房拥有和商品房同等的产权。限价房的土地供应在限套型、限房价的基础上，采取竞地价、竞房价的办法，以招标方式确定开发建设单位。限价商品房按照"以房价定地价"的思路，销售价格按周边区域同等普通商品住房市场价格的一定比例测定，采用政府组织监管、市场化运作的模式。

基于限价房上述政策定位和特征，限价房的筹资、建设、运营和管理应主要由市场主体来执行，通过市场销售实现资金平衡并取得微利。政府可给予补偿性政策安排来支持，如在土地出让和相关税费（包括营业税、房产税、城镇土地使用税、土地增值税、印花税、契税等）给予一定程度上减免优惠，在此基础上要对住房建设标准提出政策要求。限价房作为政府在一定时期调控房价的重要手段，可由政府成立全资国有公司负责建设和运营管理。

严格来说，对于经济适用住房（2007 年以前的）、限价商品住房，其已不属于公共住房的范畴，制度操作上也很难封杀"套利"空间。特定时期以这种"限地价、限房价"的方式来抑制市场房价的持续过快上涨是可以的，但从长远来看，有必要对限价商品房存续做更深入的论证。最好是把"保障轨"上的住房供给形态，聚焦为从棚户区改造开始而形成公租房（将廉租房概念与之合并）、共有产权房两大类，废止弹性大，漏洞多的"经济适用房"概念。

5. 共有产权房

即中低收入住房困难家庭购房时，可按个人与政府的出资比例，共同拥有房屋产权。2007 年，江苏淮安市首创并试点了与市场接轨的共有产权模式，此后在上海、贵州等地都有推广。其主要目的是让中低收入住房困难家庭在购房时，通过与政府分享房屋产权的方式，减少购置成本又及时获得居住权保障，同时政府相关土地、税收优惠又能显化为政府出资，形成政府产权。2014 年的政府工作报告提出"增加中小套型商品房和共有产权住房供应。"2014 年 4 月，住建部确定北京、上海、深圳、成都、黄石、淮安 6 个城市列为全国共有产权住房试点城市。共有产权房的特点在于价格形成机制创新，共用地性质由保障房的划拨改为共有产权房出让，并完全按商品房开发，房价实际上就是"随行就市"。另一个显著特点在于共有产权房的出资方式，相当于政府按比例垫资或融资，以减轻购房者的即时购房成本和支付压力。购房者支付门槛明显降低，但尊严感和心理安慰充分，"用户体验"升级，同时不可购买后再随行就市交易，防范了套利行为。共有产权房证可对接购房入住者未来收入增加时自愿再付一笔钱转为共有产权房的梯级消费。

6. 创新财政投入方式，引导建立多元化投融资格局

我国是发展中的人口大国，正处于城镇化快速发展时期，对保障性住房的需求较大。保障性安居工程投资建设任务繁重，资金需求巨大，仅仅依靠政府财政投入，难以保证保障性安居工程的可持续性。因此，要积极创新财政支持方式和运作机制，充分发挥财政资金的引导带动作用，放大财政政策效能。可通过采取投资补助、财政贴息、政府资本金注入、税费优惠等措施，引导企业通过银行贷款、发行企业债券、吸收社会投资等筹集建设资金，吸引社会力量参与保障性安居工程建设、运营和管理，不断发展和完善保障性安居工程建设的长效机制。

2011 年保障性住房建设需投入资金 1.3 万多亿元。其中，经济适用住房、限价商品住房建设投资 4000 多亿元，这类保障性住房主要由社会投资，通过销售实现资金平衡；各类棚户区改造投资 5000 亿元，这部分投资由政府补助一部分，主要通过企业筹一点、住户拿一点等办法解决；廉租住房和公共租赁住房建设投资 4000 多亿元，这类保障性住房主要由各级政府、企业、社会机构投资等解决。各类保障性住房投入资金在建设和运营期内暂不到位的，在符合风险防范要求的前提下，利用银行信贷等金融手段解决。

2012 年，除通过加大公共预算安排用于保障性安居工程资金规模，确保土地出让收益和住房公积金增值收益按规定用于保障性安居工程建设外，还明确了新的资金来源渠道，以确保保障房建设资金的落实：一是 2012 年增加的地方政府债券收入要优先用于保障性安居工程，加大地方政府债券收入用于保障性安居工程的投入力度；二是个人住房房产税试点地区取得的房产税收入，要专项用于保障性安居工程；三是各地可从国有资本经营预算中适当安排部分资金用于支持国有企业棚户区改造；四是各地要从城市维护建设税、城市基础设施配套费中安排资金，加大保障性安居工程小区外配套基础设施投入，完善配套功能。

总之，对于保障性住房建设，政府在不断增加财政资金投入的基础上，还应根据各类保障性住房的公共属性和保障程度，综合运用土地出让金减免、税收优惠、投资补助（补贴）和贷款贴息等政策手段，引导、鼓励和支持个人、机构投资者、房地产开发企业、生产经营企业和行业协会等，吸引银行资金、企业资金、社会资金，参与保障性住房投资建设、运营和管理，建立由政府主导的市场化投融资机制。

（三）完善住房公共财政预算保障机制

1.公共财政保障性住房支出资金渠道

（1）建立稳定的政府资金投入机制

保障房由于其社会保障属性，决定了政府要承担建设、管理和运行的主导职能。在我国目前保障房建设中，政府（包括中央住房和地方政府）在保障房建设中居于主导地位，政府投资是主要的建设资金来源。因此，解决保障房建设融资问题，首先应建立稳定的政府资金投入机制。

在进一步健全土地出让金净收益、住房公积金增值收益用于保障房建设计提比例和运行机制的基础上,可以继续尝试和探索拓展保障房财政资金来源:一是建立长期稳定的保障房建设财政资金投入机制,将住房保障资金需求纳入公共财政预算支出之中,确保年度财政预算中保障房项目支出的比例,合理安排保障房项目的支出结构;二是推进房产税试点,探索将房产税收入主要用于保障房建设;三是可从城市维护建设税、城镇公用事业附加费、城市基础设施配套费中安排专项资金,加大保障房配套基础设施投入力度。

(2)国家发展改革委从中央预算内投资渠道安排资金

国家发改委作为中央投资计划的主要制订者,具体负责安排中央预算内资金的投资计划。自2010年以来,中央公共财政本级预算累计安排保障性住房投资支出达到1089.7亿元[1],有力的引导和支持了地方保障性住房建设。作为国家保障性住房体制、机制与政策的重要引导资金,其职能作用应当得到进一步强化,在继续加大中央本级预算内保障性住房投资支出的同时,还应注重结构性的调整:一是保障性住房投资结构调整,将投资支出重点用于公共性较强的公租房和廉租房建设以及棚户区改造,用于解决最低收入、经济最困难者的住房保障问题;二是区域结构调整,进一步向经济不发达、财力严重不足的贫困地区倾斜,改善贫困地区的贫困人口的住房条件。

(3)财政部安排的补助地方保障性住房专项资金

市场调节机制在解决居民住宅资源的配置方面存在明显的盲区,不能有效解决社会低收入弱势群体的居住问题,因此需要通过国家计划实施干预,运用公共财政资金进行资源的再配置。从中央财政的层面看,除了国家发改委的中央预算内投资支出以外,财政部安排的补助地方保障性住房专项资金也是中央财政为解决全国保障性住房问题给予的另一重要的财力保障措施。自2010年以来,财政部通过转移

---

[1] 中央本级预算内保障性住房支出:2010年为386.48亿元(执行数),2011年为328.82亿元(执行数)、2012年374.4亿元(预算数)。

支付累计补助地方保障性住房专项资金 3874.21 亿元[①]，有力的引导和放大了地方政府对保障性住房投入，并且作为一项制度化的措施，能够通过分配系数的设计与调整，科学地分配政府资金和提高资金使用效率，为地方政府合理安排保障性住房建设规划和施工进度提供了制度性保障。作为中央政府支持力度最大的措施，财政部安排的补助地方保障性住房专项资金应当继续发挥其重大的基础性作用，在继续加大转移支付力度的同时，进一步优化转移支付的计算方法，在考虑地方保障房补助支出因素、地方财政困难因素之外，进一步考虑各地保障性住房建设成本（包括物价、人工、土地、资金成本等）因素，更为合理的分配保障性住房专项补助资金，确保保障性住房建设融资压力较大的地区得到更大力度的支持。同时，加强对各地保障性住房建设进度与实际需求的调研、监督与及时反馈，以利于动态调整分配系数，避免可能的过度投入和财政资金浪费。

2. 进一步拓宽相关财政性资金渠道

面对巨大的住房保障需求，在做好财政预算保障的基础上，还应创新多渠道资金筹措机制，吸引更多社会资本进入。各地保障房建设规模要与可筹集的资金相匹配，对于资金缺口较大的地区，应逐步增加省级财政预算的投资安排，确保按规定渠道和比例投入资金。加快社会融资机制和方式的创新与突破，除争取公积金以贷款方式支持保障房建设外，还可研究在风险可控的前提下，采取公积金直接投资保障房建设的新方式。在地方土地财政萎缩的背景下可以继续扩大地方发行项目债券融资，以用于保障房建设。积极探索和创新社会资本进入保障房建设，适当降低社会资本投资股权和不动产的门槛，尤其是积极推动保险资金参与保障房建设的实质性运作。

（1）*住房公积金增值收益*

随着我国城镇化进程的不断推进，住房公积金沉淀资金规模也将出现持续增长的趋势。截止至 2010 年末，我国住房公积金银行专户存款余额 6813.09 亿元，扣除

[①] 财政部补助地方保障性住房专项资金：2010 年 739.25 亿元（执行数），2011 年 1391.81 亿元（执行数），2012 年 1743.15 亿元（预算数）。

备付金之后沉淀资金约为6329.74亿元，沉淀资金约占缴存余额的35.74%。然而，根据《住房公积金管理条例》，住房公积金的保值增值渠道只能是银行存款、个人住房公积金贷款以及购买国债，投资渠道狭窄以及较低投资收益率，使得住房公积金的保值增值压力持续上升。2009年10月，住建部、财政部、商务部等七部委联合印发了关于《关于利用住房公积金贷款支持保障性住房建设试点工作的实施意见》，提出了利用住房公积金沉淀闲置资金支持保障性住房建设政策思路。这既有利于缓解住房公积金保值增值的压力，也有利于扩大保障性住房建设资金的来源渠道。2010年10月，财政部、国家发展改革委、住房城乡建设部联合印发的《关于保障性安居工程资金使用管理有关问题的通知》（财综〔2010〕95号）提出，经住房公积金管理委员会批准，将计提贷款风险准备金和管理费用后的住房公积金增值收益上缴本级财政部门，由财政部门按规定拨付给住房城乡建设（住房保障）部门，专项用于廉租住房和公共租赁住房建设。随着试点城市扩大至92个（2012年10月《关于做好扩大利用住房公积金贷款支持保障性住房建设试点范围工作的通知》），住房公积金沉淀资金及其增值收益已经成为保障性住房建设的一个重要资金来源渠道。但是，这一资金渠道也还存在一些突出问题，亟待解决：一是住房公积金用于保障性住房建设的合法性问题，由于住房公积金及其收益属于私人储蓄财产范畴，在未经所有人允许的情况下用于保障房建设属于侵权行为。因此，有必要修订《住房公积金管理条例》，从法律层面确认住房公积金支持保障房建设的合规性和制度化。二是住房公积金贷款支持保障性住房建设的风险防控问题。这需要加强住房公积金的日常管理，聘请专业金融人才参与住房公积金管理。准确核算沉淀资金规模，做好备付金管理，加强贷款风险管理。三是住房公积金贷款回收问题。应当将住房公积金贷款建设的保障性住房优先由缴纳住房公积金的职工利用住房公积金贷款购买，有利于开发性贷款的回收。四是相关配套政策支持。对于利用住房公积金贷款建设的保障性住房应当同时搭配一定数量的财政资金以为公积金提供风险损失的缓冲带，同时合理搭配一定的商业贷款，分担住房公积金贷款的风险，并充分利用商业金融机构的资金优势和在贷款项目风险管理方面的优势，确保保障性住房项目顺利开展，并降低住房公积金贷款用于保障性住房建设的资金风险。

（2）土地出让金收益划转

我国土地出让收入整体呈现攀升态势，从 2007 年的 1.2 万亿上升到 2011 年的 3.35 万亿元，年均增长 29.3%。土地出让收入作为资源性公共产权收入理应用于发展公共事业。2011 年 6 月，财政部、住建部联合印发《关于切实落实保障性安居工程资金加快预算执行进度的通知》提出，为确保土地出让收益更多地向保障性安居工程倾斜，市县财政部门应当按照当年实际缴入地方国库的土地出让收入，扣除当年从地方国库中实际支付的征地和拆迁补偿支出、缴纳新增建设用地土地有偿使用费等相关项目后，严格按照不低于 10% 的比例安排资金，统筹用于廉租住房、公共租赁住房、城市和国有工矿棚户区改造等保障性安居工程。土地出让金作为地方政府的自主支配财力在支持保障房建设方面具有较高的自主性和灵活性，而且在操作方式上也具有更大的灵活性，可以通过合理调整土地有偿使用制度支持保障建设，例如，对于配建保障房的住宅用地以及商业用地在土地出让环节，从批租制向年租制的转变，降低房地产开发商土地取得成本；或者不遵循价高者得之的市场原则，对积极配建保障房的房地产商给予价格优惠；或者经过有资质的土地评估机构评估后以租赁或者作价入股等方式有偿使用土地，充分体现政府对保障房建设者的成本补偿和优先选择的政策倾向。此外，在土地出让金净收益划转保障房建设的专项资金管理方面也应进一步加强，确保专款专用。允许通过建立银行专户基金的方式构建保障房建设专项基金，调节各年度土地出让金净收益划转额度与保障房建设资金需求不匹配情况下的余缺平衡，并通过一定的金融手段实现保值增值。

（3）政府性债券发行收入

我国政府性债券主要包括中央政府国债和地方政府债券[①]。中央政府国债资金长期以来用于民生基础设施建设，其中保障房建设是近年来国债专项资金重点支持的对象。2011 年，财政部在香港地区发行人民币债券，所筹资金的主要用途之一是支持保障房建设。通过国家信用低成本筹集社会资金用于保障房建设是对社会闲置资本跨期配置提高资本利用效率的有效方式，应当加以充分利用。特别是在国债发

---

① 根据研究问题需要，也可包括央行票据和政策性金融债。

行规模、期限结构、利率设计方面，可以与保障房建设规模、周期性、资金回流特征进行专门设计，以期更好地实现政府资产与负债的匹配性，降低政府举债压力。2009年我国重新启动地方政府债券，截至2012年9月份，全国共发行地方政府债券6473亿元。从发行情况来看，地方政府债券一直受到市场追捧。特别是2011年首次启动地方政府自行发债试点，试点省市的地方债券均更是受到市场追捧，上海地方债券发行认购超过3倍，广东认购更是高达6倍。地方政府债券的发行，有利于确保债务发行主体与债务资金使用主体的一致性，更为有效形成对地方政府资金使用的预算约束力，规范政府举债行为。地方政府债券发行拓宽了地方政府保障房建设的筹资渠道，为保障建设获得了稳定的资金来源。但是，由于地方政府自行发债的规模相对较小，期限结构、利率水平都由中央政府的严格规定，限制了地方政府根据自身财务状况和资金需求特征合理设计所需债务资金的期限结构和利率水平，不利于地方保障房建设过程中现金流的合理匹配，增加了债务资金使用成本和难度，应当进一步加以改进。

（4）保障性住房收入的循环投入使用

对于已建成投入使用的保障性住房可以通过盘活存量资产的方式，在满足现有保障房运营维护支出的基础上，结余部分可以用于保障房建设，包括保障性住房的租金收入，产权出售收入以及配套商铺的出租、出售收入等。对于政府投资建设的保障性住房的租金收入，要严格按照非税收入管理规定缴入同级国库，实行"收支两条线"管理，在确保专项用于保障性住房的维护和管理、投资补助以及贷款偿还之后，结余部分实行专户管理，指定用于保障房建设。对于出售产权的保障性住房，其出售产权的比例和价格由当地政府根据当地建设成本、居民收入水平、税费减免情况等合理确定，所得产权收入也应同样实行"收支两条线"管理，在扣除建设成本以及日常维护运营的合理费用之后，专项用于保障性住房建设。

3. 加强住房支出财政资金的统筹安排

目前用于保障性住房建设的财政资金包括：各级公共财政预算安排的专项建设资金、提取贷款风险准备金和管理费用后的住房公积金增值收益余额、土地出让金收益划转、政府性保障性住房建设融资（包括银行贷款和住房公积金贷款等）、出租出售保障性住房的收益、政府性债券收入（包括中央国债和地方政府债）、保障性住房配建商铺等商业配套设施的出售、出租收入以及其他方式筹集的资金等。这些资金在管理职能部门、资金使用成本、财务管理方式以及可获得性的难易程度等多方面存在着显著的差异，目前的使用管理也十分分散，难以发挥不同资金类型的特点并形成合力提高保障性住房建设资金的使用效率。因此，有必要加强住房支出财政资金的统筹安排，对于信用能力较强的各级财政专项资金、土地收益资金、保障性住房配建商铺等商业配套设施的出售、出租收入等资金应当通过政策性金融的方式，通过信贷式放大，发挥"四两拨千斤"的作用，扩大保障房建设资金的来源渠道和融资规模。

（四）创新公共财政住房支出方式，提高政策保障绩效

1.建立保障性住房建设的多元化融资机制

创新公共财政住房支出方式，建立保障性住房建设的多元化融资机制，充分引导社会资金投资保障房建设具有切实的必要性。目前，我国保障性住房建设资金来源主要是各级财政专项资金和银行贷款，公积金贷款目前还正处于试点扩大阶段，没有成为主要的资金来源渠道。

从国际经验看，一些成功运作的经验和筹资方式值得我们借鉴：（1）房地产信托基金（REITS），一种以发行收益凭证的方式汇集特定多数投资者的资金，由专门投资机构进行房地产投资经营管理，并将投资综合收益按比例分配给投资者的信托基金，在房地产开发领域有着成功经验和发挥了巨大作用。例如，目前美国大约有300个REITs在运作之中，管理的资产总值超过3000亿美元，而且其中有近三分之二在全国性的证券交易所上市交易。2005年香港领汇REITs在港交所上市发行，为香港特区政府回笼资金200亿港元，有效缓解了房委会公屋建设资金不足的难题。（2）住房担保专项基金。由政府部分出资，以政府信用作担保，建立专项基金，主要用于提供住房建设融资担保、为购买中小型住宅提供资金支持。例如，荷兰政府于1984年建立社会住房担保基金（wsw），主要是向住房协会提供住房建设融资担保，以便提高住房协会信用，降低融资成本。基金由中央政府和住房协会共同出资组成，按股份公司方式运作，但政府对其公司章程有最终决策权，当担保基金无力偿还担保债务时，由政府承担基金履行债务责任。（3）发行住房建设特别国债和住宅彩票。韩国政府从1981年7月开始通过国民住宅债券、住宅彩票的方式，设置国民住宅基金，为建设和购买中小型住宅提供支援。（4）保险资金参与。保险资金通过房地产信托投资的方式进入房地产市场是美国、日本、新加坡、香港地区等经济体的普遍做法。截至2012年10月，我国保险业资产已经超过6.8万亿元，但保险业的投资渠道却比较狭窄，因此，充分利用保险资金支持保障房建设既是拓宽保险资金投资渠道丰富投资品种的有效途径，也是缓解保障房建设资金不足的一个可行方法。（5）公私合营（PPP）模式。PPP模式即Public—Private—Partnership，最早由英国提出，是指政府与私人组织之间，为了合作建设城市基础设施项目，或是为了提供某种公共物品和服务，以特许权协议为基础，彼此之间形成一种伙伴式的合作关系，并通过签署合同来明确双方的权利和义务，以确保合作的顺利完成，最终使合作各方达到比预期单独行动更为有利的结果。这种模式能将政府、营利性企业和非营利性企业基于某个项目而整合成一个的相互合作关系的实体，能最大限度地调动各方积极性、主动性和创造性。它所代表的是一个完整的项目融资的理念，通过这种合作形式，合作各方可以达到与预期单独行动相比更为有利的结果，它是以参与方"双赢"或"多赢"为理念的新型融资模式。基于我国当前住房保障的需求远远大于供给的状况，大力发展PPP模式的公共住房保障体系，通过政府和私人机构的合作，解决当前住房保障体系中存在的问题、提高政府等公共部门效率、实现商业机构的合理利润，最终使社会资源合理配置、和谐发展。

虽然上述方式在国外有着成功运作的经验，并且其中一些方式（房地产信托基金、保险资金）在我国部分城市和地区已经开始了试点，但是由于各国金融体制、金融市场成熟程度以及金融机构稳健程度的差异，将这些经验移植到我国金融体系中，特别是随着运作规模的逐步扩大，非常有必要加强相关金融运作的风险管理，避免过度创新带来的金融失序甚至危机。

2. 推进公共财政资金与其他渠道资金投入的统筹衔接

我国保障性住房包括廉租房、公租房、棚户区拆迁改造房、经济适用房、限价房等主要类型，各类保障性住房的公共属性以及保障方式、保障程度存在显著差异，在实际运作过程中，资金筹集的难度也存在差异。从目前看，廉租房、公租房的公共属性较强，项目收益期限长、回报率低，市场资金介入的程度很低，主要依赖以无偿使用、成本回收为特点的公共财政资金。其次是棚户区拆迁改造房。经济适用房、限价房由于属于产权出售性质的保障房，虽然低于市场价格，但是在政府优惠政策的支持下，仍有一定的利润空间，项目回报的期限也较短，因此，在实际运作过程中，市场资金介入的程度相对较高，基本形成了较为成熟的运作模式。在这一领域，公共财政资金应当发挥的是"四两拨千斤"的引导放大作用，而不必全额投入。要充分利用政策性金融手段，例如设立专门的政策性住房金融机构，如美国的住房储蓄协会、日本的住宅金融公库以及新加坡的中央公积金局等，建立由政府机构出面组织担保机构，如美国、加拿大等国设立的政府抵押贷款担保机构，向金融机构发放的住房贷款提供担保，鼓励金融机构向广大中低收入居民提供住房贷款。对进入租赁性保障房领域的社会资本向其融入的资金进行财政贴息，降低社会资本的相关成本。对于公共属性较强的廉租房、公租房，要积极引导社会资本参与，大力发展PPP（公私合作伙伴关系，政府与社会资本合作）融资模式，政府可以给予公租房投资者一定的财政补贴，实现公租房投资者的盈亏平衡，补贴的数量和标准需要与其向被保障对象提供的服务数量和水平等挂起钩来，从而激励公租房投资者做好对被保障对象的居住服务工作。

总体而言，在创新公共财政住房支出方式，提高政策保障绩效的过程中，应根据不同类型保障性住房公共属性的差异，有差别地选择公共财政资金介入程度，并建立公共财政资金与其他渠道资金的有效合作机制，充分发挥市场的资源优势和遴选机制优势，构建公共财政资金与商业资本"无缝对接"的保障性住房融资体制与机制。

（五）适时转换公共财政住房保障支出模式

从我国保障性住房政策来看，目前主要采用"补砖头"形式来进行，也就是主要面向住房供应方的补贴，主要包括对低租金或低售价公共住房的建设和运营补贴以及向低收入家庭出租私有住房的供应补贴。从国际发展趋势来看，多数发达国家的住房政策都经历由住房供应方的补贴（"补砖头"）向住房需求方补贴（"补人头"）转变，住房需求补贴包括以现金方式支付给租房者的房租补贴和对于购买自有住房家庭的税收减免。

我国住宅市场存在着大量商品房闲置与保障房大规模建设的矛盾现象，在一定程度上导致了社会资源的浪费。同时，保障性住房由于带有政策优惠性，住房的选址、户型结构、面积以及配套基础设施等方面相对于现有的商品住房存在一定差距。这在一定程度上也降低了低收入群体的选择范围和居住的福利水平。因此，非常有必要逐步转换公共财政住房保障支出模式，即从实物补贴方式向货币化补贴方式转变。直接通过货币化补贴被保障对象，提高其支付能力，从而有能力在市场上获得被保障物品，是世界上很多国家通常采用的方式，在住房保障领域也是如此。

通过对保障对象住房消费能力的货币化补差，将存量商品房和保障性住房纳入到住房保障体系中，将政府补贴资金直接发放到需要保障的消费者手中，例如以代金券的方式，由消费者通过市场机制的"货币选票"，自主选取所需住房，不仅提高房地产市场的活跃度，解决住宅市场结构性供需不平衡问题，也有助于提高居民居住福利。

对于政府而言，货币化补贴使得政府的行政行为更加公开、透明，同时在市场住房供应充裕的条件下，保障对象通过货币补贴可以很快实现应保尽保，同时减轻政府保障性住房建设、融资与管理的压力，避免其中可能存在的腐败问题，政府公信力可以得到显著提升。我国长沙、常州、沈阳等城市已经试行货币化补贴方式，相关经验可以推广借鉴。

（六）进一步改革和完善住房税式支出

1.完善住房公积金免税政策

目前住房公积金免税政策主要是个人住房公积金的免税和住房公积金管理中心的免税。单位和个人分别在不超过职工本人上一年度月平均工资12%的幅度内，其实际缴存的住房公积金，允许在个人应纳税所得额中扣除。单位和职工个人缴存住房公积金的月平均工资不得超过职工工作地所在设区城市上一年度职工月平均工资的 3 倍。个人实际领取原提存的住房公积金时，免征个人所得税。个人住房公积金的利息所得免征个人所得税。住房公积金管理中心用住房公积金在受委托银行发放个人住房贷款取得的收入，免征营业税。住房公积金管理中心在受委托银行存储、用住房公积金购买国债、在指定的受委托银行发放个人住房贷款取得的利息收入，免征企业所得税。为进一步促进单位和个人缴纳住房公积金的积极性，可以适当提高缴存标准和缴存比例，特别是企业缴纳部分，允许在企业和个人应纳所得税前加计扣除，在减轻企业和个人所得税负的同时，增加住房公积金的缴存数额，提升对职工个人的住房保障能力。

2. 改善各类保障性住房税收优惠政策

目前，我国对保障性住房的税收政策主要从四个方面给予优惠支持：一是支持廉租住房、经济适用住房建设，二是支持住房租赁市场发展，三是支持公共租赁住房建设和运营，四是支持城市和国有工矿棚户区改造项目。涉及的税种主要是个人所得税、契税、城镇土地使用税、土地增值税、印花税、房产税、营业税等。整个税收优惠政策主要体现的是对个人购买、使用、经营保障性住房以及保障房运营管理部门的税收优惠，而对于开发建设保障房的房地产企业以及为房屋租赁市场（包括保障房租赁）提供服务的中介机构的税收优惠较少，特别是涉及这些企业的所得税、增值税、营业税等主体税种的优惠政策较少，这大大降低了吸引社会力量参与保障房建设、运营与管理的积极性。因此，从这一角度看，对于参与建设、运营管理保障房的房地产企业，特别是参与建设廉租房、公租房、棚户区拆迁改造房的房地产企业和中介机构应当在其主要纳税税种，如企业所得税、增值税、营业税方面给予更为切实的优惠政策，引导这些社会力量参与保障房建设。

3. 进一步规范土地出让金减免政策

目前，我国部分省、市、县对用于保障房（廉租房、公租房、棚户区改造房、经适房）建设的土地采取行政划拨方式，免征土地出让金，给予保障房建设极大的支持，并产生了积极的效果。这一做法值得在全国范围内进一步推广。但是，配合土地出让金减免的优惠政策，对于具有产权出售性质和未来上市交易的保障房，如何补征土地有偿使用费和土地增值收益，需要做出通盘的整体性考虑和政策设计，合理保护公共产权。

第五章

引导符合国情的住房建设和消费模式

引导建立和形成符合国情的、可持续的住房建设与消费模式，是构建资源节约型和环境友好型社会的要求，也是房地产市场健康可持续发展的必由之路。早在2006年5月17日召开的国务院第136次常务会议就强调指出，"房地产业的发展和住宅建设必须充分考虑我国人口多、土地少的基本国情和建设节约型社会的要求，要合理引导消费住房需求和消费模式。"在此之前，《中共中央关于制定国民经济和社会发展第十一个五年规划的建议》也明确指出，要"强化节约意识、鼓励生产和使用节能节水产品、节能环保汽车，发展节能省地型建筑，形成健康文明、节约资源的消费模式。"

形成符合国情的住房建设和消费模式，需要通过合理规划、政策引导调控、制度规范以及科技创新，以较小的包括土地在内的资源环境代价统筹解决好全社会居民的住房问题，实现我国住房消费与经济社会发展水平、人口与资源环境条件相适应。构建这一模式的基本点就是要建立和完善经济、适用、环保和节约资源的住房标准体系；关键是要通过经济政策的引导和调控，大力发展节能省地型住房建设（供给结构调控），大力倡导科学、理性的适度住房消费和梯级住房消费（需求结构调控）。

一、我国住房建设现状、问题与评价

（一）对当前我国住房产业化发展的基本评价

近年来，在国家宏观经济政策和城镇住房制度改革的指导和推动下，我国住宅建设保持持续快速发展，住宅建设对促进国民经济增长和提高人民生活水平发挥了重要作用。以住宅为主的房地产业已经成为国民经济的支柱产业。目前，城镇人均住宅建筑面积已由1998年的18.6平方米提高到2005年的26.11平方米，住宅私有率已达到81.62%，基本解决了住房短缺的问题。

2012年底，我国城镇和农村人均住房面积32.9平方米、37.1平方米，分别比2007年增加2.8平方米和5.5平方米。2005年，"国八条"和"新国八条"就明确提出要"大力调整住房供应结构"，"保证中低价位、中小户型住房的有效供给"。2006年住建部更是规定，建筑面积90平方米以下住房所占比重必须达到70%以上。2007年屡次强调"90平方米、70%"政策丝毫不得打折，但实际执行情况却并不理想。国家发改委在2007年曾经公布过一项数据，90平方米以下普通商品住房投资仅占商品住宅投资的17.2%。

为了满足人民群众日益增长的住房需求，提高住宅质量，加快住宅建设从粗放型向集约型转变，推进住宅产业现代化，1999年8月国务院办公厅转发建设部等部门《关于推进住宅产业现代化提高住宅质量若干意见的通知》（国办发〔1999〕72号文件）。72号文件是推进我国住宅产业现代化的纲领性的文件，文件中明确提出了推进住宅产业现代化的指导思想、近期的主要目标和具体的工作内容。经过多年的不懈努力，我国的住宅产业化得到了很快的发展，居住区规划设计、住宅建筑设计水平有了明显的提高；住宅功能质量、工程质量和环境质量有了较大的改善，取得了显著成效。

（二）存在的问题与原因分析

总体而言，当前我国住宅建设及产业的整体面貌仍未摆脱粗放型的生产方式，离百姓对住宅性能的期望还有较大差距，住宅的功能质量和环境质量还不能适应经济和社会发展的需要。主要表现在：

——工业化水平低、劳动生产率低。当前我国住宅建造方式仍以现场砌（浇）筑、手工作业为主，虽然施工机械化的水平有了相当的提高，但是工程质量和施工效率仍然取决于工匠的责任心和水平；缺乏完善的工业化住宅建筑体系和住宅部品体系，难以切实提高住宅产业化的程度。而工业化发达国家已基本实现各种结构的预制构件或房屋模块工厂化生产，施工现场组装装配化；住宅部品率也达到了 80% 以上，有效地提高了施工效率和保证住宅建设质量，相比之下，我们与发达国家在住宅建造劳动生产率方面仍存在较大差距（见表 5-1）。

表 5-1 国内外住宅建造劳动生产率比较

国　　家	人均竣工面积（平方米/人·年）
中　　国	20 ~ 30
美　　国	40 ~ 80
瑞　　典	40 ~ 80
德　　国	80 ~ 100
日　　本	110 ~ 120

——资源消耗高、循环利用率低。目前我国大多家庭使用的卫生洁具的耗水量高出发达国家的 30% 以上，城市污水处理后的回用率仅为发达国家的 1/4。据统计，全国实心黏土砖厂占地 450 万亩，每年毁田 95 万亩，耗能 1 亿多吨标煤；而据有关资料介绍，前苏联早在 20 世纪 80 年代初黏土砖在墙体材料中的比重就已下降到了 37.9%；美国和日本黏土砖的使用比例分别在 15% 和 3% 以下。由于我国建筑用钢材和水泥的强度较低，与发达国家相比钢材消耗高出 10%~25%，每拌和 1m3 混凝土要多消耗 80kg 水泥。建筑的结构用材大量采用水泥硅酸盐材料，硅酸盐材料是不可再生的资源，而且在建筑解体后它将变成难以循环再利用的废弃物，给环境造成很大的压力，因此，当前许多发达国家都在研究如何尽可能降低水泥制品的

用量（例如日本）。住宅建筑能耗为相同气候条件下发达国家的3倍左右，我国绝大多数采暖地区住宅外围护结构的热工性能比气候相近的发达国家差许多，外墙的传热系数是他们的3.5～4.5倍，外窗为2～3倍，屋面为3～6倍，门窗的空气渗透为3～6倍（见表5-2）。欧盟国家住宅的实际年采暖能耗普遍降低到6升油/平方米，大约相当于8.57kg/平方米标煤，更领先的"高舒适度、低耗能"住宅达到了3升油/平方米以下。而在我国，达到节能50%的建筑，其采暖耗能也为12.5kg/平方米，约为欧洲国家平均水平的1.5倍。以北京地区的采暖耗能为例，住宅平均采暖耗能按欧洲方法折算为16升油/平方米，按节能50%标准要求新建的住宅采暖耗能也还要维持在8.75升油/平方米的水平。

表5-2 中外住宅建筑外围护结构传热系数比较

国家			外墙	外窗	屋顶
中国	北京	JGJ 26-95	1.16～0.82	4.00	0.80～0.60
	哈尔滨	JGJ 26-95	0.52～0.40	2.50	0.50～0.30
瑞典南部地区（包括斯德哥尔摩）			0.17	2.0	0.12
丹麦			0.20～0.30	2.9	0.15
德国			0.50	1.50	1.50
英国			0.45	（双层玻璃）	（双层玻璃）
美国	相当于北京采暖度日数地区		0.32（内保温）	2.04	0.19
加拿大	相当于哈尔滨采暖度日数地区		0.45（外保温）	2.22	0.17（可燃） 0.31（不燃）
	相当于北京采暖度日数地区		0.27	2.86	0.23（可燃） 0.40（不燃）
日本	北海道		0.36	2.33	0.23
	东京都		0.42	6.51	0.66
俄罗斯	相当于哈尔滨采暖度日数地区	一级	0.87	2.35	0.40
		二级	0.56	2.35	0.24
	相当于北京采暖度日数地区	一级	0.32	2.75	0.57
		二级	0.77	2.75	0.33

由于落后的技术和粗放的生产方式导致物耗水平较高,因此,较国际先进水平要耗费更多的自然资源。

——技术配套、集成度低。住宅建筑和部品体系是应用技术和系统技术的载体,由于缺乏完善的工业化住宅建筑和住宅部品体系,我们的技术集成度很差,其水平也非常低。技术配套和技术集成度低,导致各项子技术的集合性差,难以发挥新技术应用的综合效益,难以提高技术应用后的性能价格比,从而影响技术的推广。典型的例子就是"禁实"淘汰实心黏土砖,"禁实"和墙改与建筑节能是密不可分的。"禁实"必须寻求新的替代墙体材料,新的墙体材料开发与应用也必须与建筑体系相结合,由于新型墙体材料的研发没能与建筑体系和部品体系很好地结合,材料研发单一,未能与体系相集成,导致替代技术推广缓慢,反过来也影响到了"禁实"工作的实施效果。住宅建筑太阳能利用应该是开源节流,既要提高太阳能的取热效率,又要采用建筑节能技术降低住宅能耗,才能使太阳能的利用达到最佳的性价比,为市场所接受。住宅装修导致室内空气污染物超标的问题,技术标准不统一是其原因之一。家庭装修涉及的装饰装修材料门类较多,而各类材料都有其相应的污染物控制标准,在各类材料都分别达标的前提下,仍然会有各类材料释放的污染物累加而超过室内空气污染物标准的现象;同类事例不胜枚举。

——住宅生产、使用造成的污染现象严重。落后的住宅生产方式与技术所造成大气污染、水污染、室内空气污染问题比较突出。建筑用能产生的气体排放占到全国温室气体排放的25%。北方城市冬季由于燃煤导致空气污染指数是世界卫生组织提出的最高标准的2~5倍。目前毛坯房的供应方式还未改变,家家户户自行装修不仅浪费资源,而且造成质量隐患、环境污染等。据北京市疾病预防控制中心的调查发现,室内污染物包括化学、物理、生物、放射性四大类50多种,其中甲醛、苯和有机挥发物往往超标20~30倍,最高竟达40倍,劣质装修材料是污染物的主要来源。另据中国室内装饰协会环境检测中心提出的数字,我国因室内装修引发严重室内空气污染,造成每年11万人死亡,平均每日死亡304人,相当于每日车祸死亡人数;北京三成居住在新装修住宅的住户会出现头痛、头晕、乏力、睡眠不好等症状,甚至对呼吸道都会造成损害。

二、处理好住房投资品与消费品属性的关系

住房与衣食住行一样是人们生存、生活、生产的必需品，是要满足人民安居、康居、乐居的消费使用需求，因此本质上属于消费品，或者说耐用消费品。但同时，我国居民购房被作为投资品归入固定资本。如国家统计局和联合国制定的《1993年国民经济核算体系》中把居民购房支出归类为固定资产投资。住宅消费和投资两者属性之间的关系到我国房地产业的健康发展，也对整个国民经济产生重大影响。

（一）居住消费功能是住房最基本和根本的功能

从消费和投资的含义界定上看，消费在于直接满足人们生活需要，投资作为储蓄的转化形式，是通过资金或物质财富垫支以最终获利的途径。所以投资实际上是对现期消费的抑制，投资是为了实现收益。居住是人类消费最重要的内容之一，居住需求可以通过自己拥有住房和租赁住房实现；同样的，作为住房所有者，他可以选择完全由自己居住、出租部分甚至全部房屋等方式。所以，当住房拥有者用于自己消费时，住房就属于消费品；用于出租时，就应当属于投资品；对于租赁者而言，房租属于本期消费的支出。

住房作为一种商品，具有消费品和投资品的双重属性。由此，房屋需求可以分为消费需求和投资需求两种，而不同的需求结构直接影响房产市场的价格。

（二）住房具有作为投资品的天然优势

首先，住房具有稀缺性和不可再生性。通常来说，房屋随着时间的推移会逐渐地磨损和消耗，本身的使用价值将渐渐降低，保值和增值功能无从谈起。但是，由于住房与土地天然的联系在一起，因此，土地所有的属性也就自然而然被嫁接到住房上。土地特别是城市中心的土地具有天然的稀缺性，而且随着经济社会的发展和集中化趋势，城市基础设施和区域配套条件的不断完善，土地及其附着在其上的房产的升值潜力就十分大，在这种情况下，住房就很容易成为居民的一种储蓄性或投

资性购买对象,以获得稳定的资本收益。

其次,住房具有耐用性。与前几年"蒜你狠"、"姜你军"、"豆你玩"等短期投机品相比,住房具有经久耐用性,库存成本和损耗较低,更方便作为一种储蓄手段或投资品。在市场稳定或看涨的时候,如果缺乏足够的政策手段的对冲,在中国社会较为偏好储蓄的东方文化环境中,住房的投资品属性就会进一步跃然凸显。

(三)住房过度成为投资品的危害

房屋最基本的功能是居住,投资只是衍生的功能,赋予住房过多的投资属性,将导致对投资者和对宏观经济的一系列负面影响。

第一,推动房地产价格上涨,引发房地产泡沫。在城市化过程中,我国的工业、住房和商业用地需求增加,而将住房作为投资品会进一步加大土地需求。土地的所有权垄断及土地的稀有性共同决定了土地供给的低弹性,在浓烈的房地产投资氛围下,势必会导致土地价格上涨,住房成本增加,房价上涨,导致房地产泡沫。

第二,引发土地方面的问题。一是土地有效供给减少。土地总量有限,政府为了提高财政收入,会将土地投放于支付出让金较高的行业。房地产投资热会导致开发商不惜出高价购买土地,这样土地就会大量的供给房地产业,一些更需要土地的行业因此得不到土地,这样使土地的有效供给减少和低效使用。二是房地产土地需求的增加会挤占农用地,引发粮食危机。房地产投资热,开发商对建筑用地的需求增加,而土地的数量一定,城市的土地用完后,他们又由城市不断地向乡村发展,我们以前看到的绿荫浓密的农田现已被大片高楼覆盖。如此发展,我国十几亿人口的粮食问题十分令人担忧。

第三,大量房屋空置,导致资源浪费。房地产投资者买房是为了赚取房价上涨的差价,并不是为了居住。花巨大的人力、物力、财力建造的房屋一直处于闲置状态,是对资源的巨大浪费,同时,由于投资需求的增加,新的房子还正在不断建设,新原材料等各种资源还在不断地浪费。相关数据报道:中国每年新建房屋面积占到世界总量的50%,建筑能耗占到全社会能耗的40%。有学者声称:我国建筑的平均寿命只有30年,年产垃圾数以亿计。据资料显示,英国建筑的平均寿命达到

132 年,美国的建筑平均寿命也达到了 74 年(数据来源:搜狐焦点网)。

第四,拉大贫富差距,造成社会不公平。住房作为投资品引发的差距主要体现在两个方面:一是不同区域之间的财富分配不均,由于城市化进程不同,造成地方政府的土地资产收益存在巨大的差距,而地方政府的财政收入大部分用于基础设施建设,这样就恶化了区域之间经济发展的不平衡性;二是有房者与无房者财富分配的两极分化。

(四)公共政策调控的重要任务是要尽可能地使住房回归消费品属性

对于住房到底是投资品还是消费品的判断,是一个关系中国房地产未来命运的重大问题。如果把住房当成消费品,则必须限制甚至禁止影响和阻碍居民住房的诸多行为,例如哄抬房价、住宅商用、房屋囤积等,把解决公众住房当成政府的一项基本职责;反过来,如果认定住房就是投资品,则尽可以通过任何方式包括房屋囤积等手段推动其价格上涨,政府可以通过对自给式住房的限制以及房屋投资收益征税等方式,以保证政府的收入,对于住不起房者可以看作是市场物竞天择的失败者,由政府实施人道主义救济以避免其露宿街头。而在以往的政府政策现实中,经常处于把住房当成消费品和投资品摇摆不定的状态,甚至基于政府利益决定对住房定性的取舍,这是造成目前我国房地产混乱的重要根源之一。

党的十七大报告中提出,"创造条件让更多群众拥有财产性收入"。社会有一个误读,认为就是要鼓励更多人拥有资产,尤其是房地产资产。近年来,国内理论界有不少人推崇美国学者谢若登所提出的"资产型社会政策"理论,并多少影响到执政党社会治理理念和政府决策。但不少人把资产型社会政策理论简单地理解为以资产保障来代替传统的收入保障,具有迷惑性,也有危险性。

党的十八大报告对居民财产性收入的提法修改为,"多渠道增加居民财产性收入"。此中的深意:首先不鼓励居民把资产过度集中在住房上,其次要广开渠道,增加居民其他方面投资途径,分散资产风险。抑制住房过度资产化,主要从税收制度入手。如通过实施房产税,增加囤积成本,并使住房资产增值有相当部分"归公"。公共投资带来的土地增值收益理应多数转换为公共资财,再投入为公共服务;

其次通过调整交易环节的税收，降低住房的可投资性。

如前所述，住房具有消费品和投资品双重属性，但住房又不同于一般投资品和消费品。除了具有固定性、差异性和有限性外，还具有民生性。住房的民生性，突出表现是确保居民生存最基本的物质条件。人要活得有尊严，首先要有安身之处。此外，不能把买房等同于一般投资还在于，买卖房屋并不能增加整个社会的财富，投机过度只会抬高房价，并引发泡沫。因此，正确认识住房的本质属性还必须从经济学范畴中跳出来，而要从维护社会公平和公民的基本权利中去把握，赋予其民生性，这样才能为制定科学有效的政策提供依据。

为了保障居民拥有住房的基本权利，真正做到"居者有其屋"，许多国家和地区从来就不把所有房屋都看成是投资品，而是从维护和促进人类最基本的居住权出发，制定相关的法律和政策来抑制住房的投资需求，防止高房价侵犯居民最基本的生存权。比如新加坡规定两个人联名才能拥有房产，单个人不得同时拥有两处以上的房产。公民所买的组屋（政府投资建设的住房，以较低的价格出售给中低收入家庭）5年内不得转让，确实要转让也不能直接通过市场交易，而需在政府指定的机构中交易。香港地区也只允许少数高档商品房可以自由买卖，政府为符合一定条件的居民提供大量廉租房，限于租金低廉和转手困难，居民很难借廉租房投资。美国则主要通过税收制度来抑制住房的投资需求，因此在美国拥有两套以上房子的人并不多。

在我国多数城市人多地少矛盾比较突出的大背景下，中国住房政策和房地产市场调控政策的重点，就在于合理抑制住房的投资品功能，让住房真正回归到民生性或消费品功能上。为此，各级政府理应把基本解决中国民众的住房问题作为一项基本职责，牢牢把握住房的民生性，以此调整住房政策。具体说来，其一，明确提出不把房地产作为支柱产业，彻底打消投资者认为政府会救房地产市场的念头；其二，政府向市场提供更多廉价的土地和公租、廉价房，满足居民基本的住房消费需求；其三，通过鼓励居民住房消费来发展中国房地产市场，为自住型住房消费提供更多的优惠政策，同时尽快开征房产税，抑制社会对住房的投资投机的行为，这样才有可能实现住房供求的基本平衡，让大多数人都能买得起房、住得起房，进而从根本上确保房地产市场的平稳发展。

三、构建符合国情的、可持续发展住房消费模式必要性

（一）中国城镇住房需求粗略预测

从中国与主要国家经济发展历程比较看，我国目前的经济水平大致与上世纪美国 40 年代、英国 50 年代、日本 60 年代中后期、韩国 80 年代中后期的发展水平相当；在 2020 年将达上世纪美国 70 年代、日本和英国 80 年代中期、韩国 2000 年左右的收入水平。

从长期来看，住房需求是由消费需求决定的。在未来城市人口收入水平快速提高、城市建设快速发展的背景下，中国城镇住房需求仍将呈现快速上升趋势，表现在以下几方面：

其一，未来人均收入与人均住房。估计 2020 年我国城镇居民家庭人均可支配收入将达 36189 元（2009 年价），2030 年达到 58764 元。2020 年城市人均住宅建筑面积应达到 35 平方米，户均 1:1 套；2030 年应达到 44 平方米，户均 1:1.2 套。

其二，未来人口总量与住房总量。估计 2020 年中国总人口峰值可能达到 14 亿左右。城镇人口将达 8.4 亿，3.5 亿个家庭，考虑 0.5 亿暂住人口需求，2020 年我国城镇住宅存量将达到 312 亿建筑平方米；2030 年城镇人口将达到 9.8 亿，不考虑暂住人口，住宅存量达到 431 亿建筑平方米。

其三，未来人口结构与住房结构。未来家庭平均人口将继续减少，预测 2020 年城镇家庭平均人口 2.4 左右，家庭将增长 1 亿，老龄化人口将超过 16%，由于可能的家庭合并，一个大家庭拥有两套房的比例将提升。与此同时，新迁徙居民（流动人口，迁徙时间 5 年以下）的比例也将进一步增加，2020 年将占城市人口的 40%，这预示着公共和私人租赁房的比重比例将进一步提升。

其四，未来新增住房需求及其增长。按照 2010-2030 年城镇人口每年人均增加 1 平方米计算，从 2011 到 2020 年净增住房面积 108 亿平方米，2021-2030 年净增 119 亿平方米。

（二）必要性分析

21世纪是我国城市化和房地产业快速发展的新的历史时期。当前，房地产业已经成为拉动国民经济增长的支柱产业，"十一五"期间，全国竣工面积接近13亿平方米，建筑保有量和新建规模居于世界前列。至2006年底，城镇居民人均住房建筑面积超过27平方米，比2000年提高了7平方米，已经达到了世界中高收入人群的居住水平。但与此同时，我国房地产业在快速发展中出现了房价飞速上涨、住房超前消费、非理性消费、投资性住房需求旺盛、城市居民购房压力加大、环境污染、生态环境破坏严重等诸多问题。这些问题关系到房地产市场的可持续发展，也关系到社会的和谐与稳定，关系到城市居民住房消费可持续发展。

一个时期以来，我国存在着与国情不相适应的住宅消费观念和模式，主要表现在以下方面：一是在户型结构上片面追求宽敞、大户型。在住房商品化和市场化后，使消费者获得大面积住房成为现实，于是长期被压抑的对中、大套型住房的需求猛烈释放，消费者住房消费观念不成熟。受住房供应、住房消费政策不完善等多种因素影响，部分居民住房消费观念不够理性，追求住宅面积，忽视住宅品质，追求一次性到位，超前消费，没有形成梯度消费观念，市场上住房需求出现非理性化的倾向。比如，2007年1—6月，全国40个重点城市开发的住宅平均每套建筑面积为113平方米，累计成交面积中，144平方米以上的套型住房占总面积的72.8%，90平方米以下的套型住房占总面积的18.9%。此种消费倾向，大大增加了土地资源和能源的消耗。二是片面追求住房的气派豪华而忽视环保。在楼盘装修上片面追求豪华，忽视内部建材质量、能耗状况，对使用节能环保材料没有意识。三是轻"租赁"，重"自有"。由于传统"富而置地"观念影响，居民难以将"有房住"和"拥有住宅"区分开，很多消费者认为只有购买房子才能解决自己的住房问题。而根据建设部公布的"2005年城镇房屋概况统计公报"的数据，我国城镇住宅私有率为81.62%，其中东部地区私有住宅率最高，达到了82.58%，中、西部地区住宅私有率分别为79.69%和81.93%。而同期美国的住房私有率为68%，英国为67%，德国42%，可见我国目前的城镇住宅私有率已大大超过英美等发达国家。四是过于热衷住房作为投资品的属性。据调查，许多城市居民投资性购房比例达20%，在房价上涨较快的城市，这种比例还要高。许多二次或多次置业者的购买目的纯粹就是投机套利，"温州炒房团"等就是单纯投机套利的代表。五是片面追求个人利益而忽视公众利益。在我国，住宅建设还是资源消耗型的粗放型生产，住宅产品能耗高、质量低和性能差，目前住宅使用能耗为相同气候条件下发达国家的2-3倍。住房生产和日后的使用，其能源消耗占到我国能源总消耗的32%。住房用地占到全部建设用地的50%左右。少消耗一度电，少占用一点地，是对国家和社会都有益的事情。但是由于采用新技术、新材料会抬高住房的初始建设成本，使得房地产开发商通常不愿意采用。

第十届全国人代会第五次会议上所作的《政府工作报告》中明确提出："从我国人多地少的国情和现阶段经济发展水平出发，合理规划、科学建设、适度消费，发展节能省地环保型建筑，形成具有中国特点的住房建设和消费模式。"构建符合国情的、可持续发展住房消费模式必要性主要体现在以下方面：

一是这一模式是由中国人多地少、资源短缺的基本国情所决定的。我国有13.9亿人口，从"十一五"到2020期间，每年人口城市化率约为一个百分点，也就是说城市化的推进使每年将有1000多万人进入城市，到2020年城市人口将占到总人口的55%左右，居住在城市的人口接近8.5亿。这给城市的住房供应带来巨大的压力。我国土地资源紧张。2006年全国耕地面积18.27亿亩，比10年前减少了1.23亿亩，人均耕地1.4亩。目前，全国尚可利用的未利用存量为73.9千万平方米，其中，宜开发建设用地仅0.88千万平方米，只占1.19%。我国可耕地、水、森林资源的人均占有量仅为世界水平的1/3、1/4、1/6。我国能源相对短缺，但能源消耗却十分严重，人均煤炭、石油、天然气的拥有量分别为世界平均值的1/2、1/9、1/23，但2006年的能耗总量达到24.5亿吨标准煤，占世界能耗的15%左右，远远超过同期世界5.5%的GDP所占比重。在600多个城市中，2/3供水不足，1/6严重缺水。居民住房可持续发展面临严峻的挑战。

二是我国房地产业在取得显著成绩的同时仍然没有摆脱粗放型发展特征——即物质消耗高，能源消耗高，生产率效率低，科技进步对住宅发展的贡献率低。我国住宅建筑的单位能耗为发达国家的 3 倍～4 倍，住宅建筑用钢平均每平方米 55 公斤，比发达国家高出 10%～15%，水泥用量为每平方米 221.5 公斤，每 1 立方米混凝土比发达国家要高消耗 80 公斤水泥。住宅使用能耗占总能耗的 20%，如果加上建材生产和制造过程中的能耗，住宅总能耗占全国总能耗的 37%，是名副其实的能耗大户。从水资源消耗来看，我国卫生洁具耗水量比发达国家高出 30% 以上。从土地占用来看，发达国家城市人均用地 82.4 平方米，发展中国家平均是 83.3 平方米，我国城镇人均用地为 133 平方米。科技进步对住宅业的贡献效率仅为 31%，与发达国家标准 60%～80% 的水平有巨大差距。目前，我国的住宅平均使用寿命不足 30 年，远低于设计寿命 50 年的标准，而发达国家的住宅寿命一般高达 80 多年。

三是由中国目前所处的发展阶段所决定的。我国虽然经过 30 多年的改革开放和现代化建设，但仍然是一个发展中国家，人民人均可支配收入在世界上处于中等偏下水平，不同地区、不同行业、城乡之间收入差距较大。按照一般规律，住房消费模式应与居民的收入水平和承受能力相适应。

四、符合国情、可持续发展住房消费模式的内涵及要求

一般来说，住房消费模式是由住房消费观念、消费方式、消费水平、消费结构等多重因素构成的，它是住房消费诸因素的总和。可持续发展住房消费模式，核心是"发展"，关键是"可持续"。所谓中国特色的可持续发展住房消费，就是建立在中国国情基础上的资源节约型、环境友好型住房消费，树立节约型、适度型住房消费观念，以经济适用为原则，既保持当代人对住房消费的改善和发展，又不损害下代人持续性发展的住房消费，注重生态平衡和环境保护，采用节省和高效利用资源的住房消费方式，确立与收入状况、环境承受能力相适应的住房消费水平，形成科学合理多层次的梯度住房消费结构，实现"人人享有适当住宅"的目标。其核心是构建住房理性消费、适度消费、梯度消费、健康消费的体系，关键是适度消费，梯度消费，大力发展节能省地住宅的要求。

（一）倡导住房适度消费

综观目前的住房消费行为，不外乎我们的消费观念中存在超越实际情况的超前消费、过度消费和盲目消费。而住房作为重要的消费资料，应该建立一种逐步向上可持续发展的消费观念才能符合当前的国情和和谐社会建设的需要。因此，必须大力倡导适度消费观念。所谓"适度消费"，就是俭而有度，以经济适用为原则，合理消费。具体到住房消费问题上有三层涵义：一是指住房消费方式要与一国能够提供的资源条件相适应，是一种反对浪费倡导节能省地型的住房消费。适度消费是建立在可持续发展基础上的可持续住房消费。二是指住房消费水平要同所处阶段的经济发展和收入水平相符合，是一种反对盲目消费，提倡理性的住房消费。那种脱离国情、仿效发达国家和富裕人群的住房消费，追求越高档越好的倾向，是不切实际的，因此，适度消费也可以说是实事求是的住房消费。三是指住房消费要与人的全面发展的需要相匹配，是一种反对奢侈、倡导健康消费的住房消费。

（二）倡导"先租后买"，逐步实现居者有其屋

欧洲统计局的统计显示，欧盟成员国居民家庭拥有个人住房的比例平均为63%。欧盟主要成员国住房自有率都不高：英国为70.1%，比利时为69.8%，芬兰为69.2%，塞浦路斯为66.5%，瑞典为62%，法国为57.9%，荷兰为52.5%，丹麦为50.9%，奥地利为49.8%。

而德国住房自有率则更低，据德国联邦统计局2009年的统计，拥有个人住房产权的家庭仅占德国家庭总数的43%，57%的家庭要靠租房过日子。1993年个人拥有住房产权的家庭为39%。虽然这一比例在十几年间增长了4%，但总体上变化不大。2007年，德国自有住房率是41.6%，租房率是58%，其中42%是社会出租房，16%是各类公共租赁住房。柏林、汉堡等大城市的租房率都达到了80%。德国年轻人极少买房，这主要是由于年轻人的职业面临着多次选择，住所和收入都不稳定。除了经济因素之外，还在于租房比买房方便、实惠。德国房屋租赁市场发达。有关材料透露，仅仅在德国东部地区，就有100万套闲置的住房供出租或销售。在德国西部地区，仅仅是德国联邦、州和地方3级政府拥有的廉租房就有300万套。此

外,住房合作社、公司和居民个人还有大量的闲置房屋可供出租。

在我国,根据住房和城乡建设部提供的数据,截至2011年,城镇居民人均住房面积已经超过30平方米,家庭住房自有率达到80%以上。"居者有其屋"是所有国家和地区住房政策的目标。但是不同国家对"有"的含义理解并不相同。西方国家的经验告诉我们,买房和租房,都是住房消费的合理形式,不一定要买房住才正确,提倡的是"居者有其屋",而不是"居者买其屋"。根据"过滤"模型,确定梯度住房消费的观念。长期以来,我国住房保障模式是以租为主还是以售为主存在较大争议,以租为主的一方的理由是在我国住房短期是一个长期的现象;以售为主的一方的主要论据是有恒产者有恒心。一个健全的住房政策体系应该是让能买房的买房,不能买房的租房,"租售并举的住房供应体系"应是我国的主导政策。

(三)以多层次梯度消费为中心

所谓"梯度消费",就是根据消费者自身的年龄、收入来确定自己的住房消费层次,不盲目追求超能力范围的住房高消费;同时,消费的形式也可以按照自己收入的增长逐步由租赁到自用再到投资转变。

社会舆论驱动了一些即使经济承受能力不足、不惜降低生活水平而勉强买房的人。这是一种明显的误导。目前我国部分居民住房明显超前消费、非理性消费。更为重要的是居民的收入分为高、中、低不同层次,住房消费的承受能力是有显著差别的。不同收入群体,只能根据收入的实际情况,购买或租赁与自己承受能力相适应的住房,人人买房、家家户户买房是不现实的。我国不但现阶段做不到人人拥有产权房,而且未来经济发达了,也难以做到,应当大力发展租赁市场。

社会上还有一种买房"一次性到位"的说法,希望通过一次购买解决终身居住问题,这是一种不符合住房消费规律的误导。在人的一生中,经济收入是随知识积累和业务技术熟练程度的提高而不断递增的,与此相对应,住房消费水平也只能是随收入增加而逐步提高。如刚参加工作的头几年收入低,积累少,买不起房,只能租房住;待工作年限增加,收入有了提高,积累增多,便可以购买面积不大的二手房,或者购买小户型新商品房;进入中年收入更高、积累颇丰时才能购买面积大一点、档次高一点的住房。美国人一生要搬六至七次家，道理就在于此。可见，住房消费应是多层次、渐进式梯级改善。

（四）大力发展节能省地住宅

节能省地型住宅指在保证住宅功能和舒适度的前提下，坚持开发与节约并举，把节约放在首位，在规划设计、建造、使用和维护寿命过程中，尽量减少能源、土地、水和材料等资源的消耗，并尽可能对资源进行循环利用。

我国住宅在节约资源方面具有十分巨大的潜力。据有关专题报告预测，到2020年，如果城镇建筑达到节能标准，每年就可节省3.35亿标准煤，空调高峰负荷可减少8000万千瓦时，约相当于1998年到2003年5年新增电力装机总量之和，相当于4.5个三峡大坝的发电量。通过推进城镇化，合理规划布局，到2010年，城乡新增建设用地占用耕地的增长幅度要在现有基础上减少20%，到2020年要在2010年的目标基础上再大幅度减少。降低供水管网漏损率10个百分点，一年可节水47亿吨。推广使用节水器具等，全国城镇家庭一年可节约用水17亿吨。大力发展节能省地住宅，是未来中国住宅建设、住房消费别无选择的发展方向。

五、政策建议

随着中国经济转轨和社会转型，房地产业成为经济发展的支柱产业。深刻的社会经济结构变革，必然会影响我国住房建设的未来发展前景。在市场繁荣的背后，我们无法忽视出现的问题和矛盾：人口资源环境的压力加大；城乡差距的加大；城镇规划布局的不合理；土地使用失衡；社会保障事业滞后；社会资源缺乏公平和优化的配置等等。一系列的问题亟待我们去解决。中国城镇建设和住宅建设必须向"紧凑型"方向发展，住房消费必须向健康文明的节约化引导，在合理控制居住水准和降低环境成本的前提下，努力达到生活质量的提升，真正使住宅建设和消费适应节约型社会的要求。

总体思路：制定并实施引导合理住宅建设和消费的经济政策，通过税收、价格、信贷等经济杠杆，推广有利于环境保护、节约资源的建筑新技术、新材料，发布房屋建设标准。鼓励中小户型、功能良好的经济适用住宅的供应与消费，引导和鼓励社会成员"梯级住房消费"，对超大面积的过度住房消费行为实施累进阶梯税制，通过差别化的住房保有和交易税制，着重以经济杠杆调节市场消费行为。可加大住房交易环节税收（营业税、契税、城镇土地使用税、土地增值税等）的调控作用，在持有环节也进行相应的调节，使消费趋于理性。

中国正处于城镇化快速发展时期，面临世界历史上最大规模的城乡人口迁移，城镇住房需求大，但资源承载力相对不足。因此，制定住房政策必须坚决贯彻节约资源、保护环境的原则，坚持从我国人多地少的基本国情出发，建立科学合理的住房建设和消费模式，减少住宅发展的资源环境代价。一要合理规划，主要建设中小套型住房。按照节约用地的要求，确定适当的住房建设套型面积、建筑形态和建筑容积率。优化空间布局，充分利用每一寸土地、每一寸空间。在精细设计、保证功能基础上，尽可能增加中小套型住房供应。二要科学建设，提高住房的节能环保水平和住房品质。加快住房科技创新，推广应用节能、节水、节材与环境保护技术。三要引导居民适度消费。既要支持和保护居民住房消费的积极性，改善居住条件，同时也要加强国情教育和政策引导，反对超前消费，树立经济适用、理性适度的住房观念，形成节约资源、健康文明的消费理念。

我国正处于全面建成小康社会的关键时期，经济社会发展进入新阶段，工业化、城镇化进程加快，居民收入持续稳定增长，消费规模不断扩大，资源消耗强度高。中央提出，要把节约资源作为基本国策，发展循环经济，保护生态环境，加快建设资源节约型、环境友好型社会。建立符合国情的住房建设和消费模式，通过合理规划、科学建设、适度消费，用较小的资源环境代价解决好居民住房问题，是我国人口资源环境条件和现阶段经济社会发展水平决定的，有利于促进经济社会可持续发展，有利于提高城镇居民整体生活水平，是必须长期坚持的方针。现阶段重点要做好以下工作。

（一）科学制定适合我国国情的居住标准，引导住宅建设与消费可持续发展

日本、韩国以及欧洲发达国家在采取政策干预的同时，都会制定相应的阶段性

住房标准。如日本早在 1979 年就设定了最低居住水准，1986 年在住宅建设五年计划中，提出了"城市居住型引导居住水准"和"一般型引导居住水准"。韩国政府在 1988 年对住房单位面积进行立法限制，要求 70% 的住房使用面积小于 85 平方米，对于 85 平方米以上的住房，按照面积标准划分为 3 个层次：85～102 平方米，102～135 平方米，135 平方米以上，并采取不同的对策加以控制。

住房标准必须和一定的社会经济发展水平相适应，再加之土地环境资源对城市住宅产生了无法抗拒的约束，对住房的标准限制成为一种必然，即便对发达国家而言，在城市高密度的居住形态中，政府提供的公共住房标准也是有所限定的。20 世纪中期这个标准大部分位于 50～80 平方米区间。对于那些为低收入者提供的保障性廉租房，基本上都在 50 平方米以下，如：1969～1971 年间韩国给低收入者提供的住房每户使用面积 27～33 平方米；香港地区 1990 年由政府提供的公屋，租住的每户使用面积为 28.27 平方米，自住的为 52.39 平方米。1986 年日本制定的"城市居住型引导居住水准"中规定，5 口人家庭的居住室内面积 69 平方米。这个标准基本顺应了市场需求，同时起到了调控市场的作用。

欧美等发达经济体城市化水平已稳定在很高的水平上，平均套内使用面积普遍处于 90～115 平方米的范围，与 1980 年前后相比，总体平衡，个别略有增加。中国面临的人口、资源、环境的压力远大于欧洲，人均 GDP 还远远落后欧洲。因此，城镇居住标准不应盲目追逐欧洲等国现在居住水平。而亚洲国家如日本、韩国、新加坡的户均建筑面积大致都在 90 平方米左右，这一数据也应成为我们控制城镇居住标准的重要参考。

目前，我国住房供应结构上出现了大户型供量远远超于中小户型供应量的不协调现象。据有关单位统计：截止至 2006 年 4 月底，40 个重点城市可销售商品住房总量约 100 万套，但面积在 80 平方米以下的仅 23 万套，据北京市建委统计，北京市 2006 年未售商品房平均套型建筑面积超过 150 平方米。

究竟多大的住房面积应该成为市场供给的主流产品？广大购房者的消费预期是什么？2007 年中央国家机关住房制度改革办公室在对北京和青岛两地住房需求的一项调查分析显示，尽管两地家庭在收入和房价支出水平上存在较大的地域差别，然而居民家庭在面积的选择上具有极大的共性。一是选择 50 平方米以下和 120 平方米以上的住房比例较低。二是绝大多数居民选择 65～120 平方米的住房，比例可达 80% 左右，其中 75～105 平方米区间的比例最高，平均值为 90 平方米，从家庭人口结构看，80～120 平方米的 2 居或 3 居，对于 3 口人以上家庭来说是比较舒适的，这对于一般城市而言，也具有通用性。对照目前商品房市场上所提供的大户型比例偏多的状况，说明当今的住房供应结构在很大程度上与普通老百姓的需求不匹配。

基于此，需要深入研判我国的人地关系，结合城镇发展规划，加强土地综合和节约利用，合理确定住宅面积标准，提高住宅品质。人多地少是我国的基本国情，人地矛盾突出的压力长期存在。近几年，全国每年新增建设用地约 400 万亩，其中城市发展用地 100 万亩左右。按现行城市规划和居住区规划标准计算，每年新增的居住用地可建造住宅 2.75 亿平方米。如按户均 90 平方米，能建成 305 万套住宅，仅可满足 900 多万人口的住房需要。因此，必须科学合理确定住房面积水平，加大规划和土地供应的调节力度，切实调整住房供应结构，增加中低价位、中小套型普通住房有效供应，严格限制别墅类、低密度住宅开发。同时，要坚持高起点规划、高水平设计、高质量施工、高标准管理。通过科学规划，合理确定建筑容积率，优化住宅区空间布局，合理利用地上和地下空间资源，充分利用每一寸土地，充分利用每一寸空间。通过精细化设计，提供合理的户型，提高住宅内部功能，适应居民家庭生活和工作需要。通过技术集成应用，健全住宅建筑质量控制体系，大力提高住宅品质，实现在较小住宅面积内的高品质、高性能和高舒适度。

科学、合理地确定居住标准，对保障大多数人的住房权益、解决人民群众的住房困难都至关重要。我国的城市住宅标准是国务院 1983 年颁布的，1990 年建设部和国家计委联合发文重申。城市住宅建设标准的贯彻执行，对于国家加强城市住宅建设的宏观调控，加快解决人民群众住房困难的步伐，改善城市大多数居民的住房条件，促进住宅建设事业的蓬勃发展，提高我国城市居民的居住水平，无疑起了重大作用。

针对当前城市住房建设状况和市场需求状况，我们提出适应"十二五"期间及未来一个日期的城镇居住标准，这个标准适用于新建的供中低收入家庭居住的普通住宅。见表5-3。

表5-3 住宅套型面积标准

类别	小套	中偏小套	中套	中偏大套
建筑面积（平方米/套）	40-60	60-80	80-100	100-120
使用面积（平方米/套）	30-45	45-60	60-75	75-90
家庭适居人口（个）	1-3	3-4	4-5	5-6
套型比例	≥75%			

目前我国居民住房消费心态还不成熟。由于住房供应、住房消费政策不完善等多种因素影响，部分居民住房消费行为不够理性，单纯追求住宅面积，追求一次到位消费，没有形成梯度消费观念。因此，要引导居民形成适度居住消费的观念，以经济、适用为消费原则，量力而行，根据自身的经济承受能力购买或租赁符合家庭实际需要的住房。同时要引导居民从追求住房面积到追求住房性能质量，培育在适当面积内实现高质量居住生活的消费理念。也要使广大居民充分认识住宅使用过程中的居住支出问题，引导居民在住房消费中充分考虑住宅寿命周期的使用成本。

调整住房供给结构，不只是控制住房的建筑面积指标，还应注重住宅品质和性能，要大力提高住宅的设计水平，特别要提倡精细设计，通过科学设计和技术集成应用，实现住宅的高品质、高性能和高舒适度。执行《城镇居住标准》的同时，还要突出强调节能、节地、节水、节材和环境保护及四新技术推广。通过执行标准，达到提高住宅综合质量，延长住宅使用寿命的目的。

（二）转变住宅建设的生产方式和增长方式

转变住宅建设生产方式和增长方式是我国住宅建设实现产业现代化，实现又快又好发展的一项重要而紧迫的任务。

长期以来，我国住宅建设生产方式和增长方式存在的问题。一是工业化水平低，劳动生产率低。当前住宅建造方式仍以现场砌（浇）筑手工作业为主，劳动生产率只相当于发达国家的1/5~1/6。二是技术配套、集成度低。缺乏完善的工业化住宅建筑和住宅产品体系。三是资源消耗高，循环利用率低。住宅建筑能耗为相同气候条件下发达国家的 2~3 倍，建筑供暖造成的空气污染高 2~5 倍。我国的建筑用钢与发达国家相比钢材消耗高出 10%~25%，每拌和 1 立方米混凝土要多消耗 80 吨水泥，建筑解体后的废弃物的循环利用率大大低于一般发达国家。四是住宅生产使用造成的污染严重。我国的建筑（包括住宅）在建造的过程中造成 50% 的空气污染、50% 水污染，增加了 42% 的温室效应和 48% 的固体废弃物排放。

推进住宅产业现代化是转变住宅建设生产方式和增长方式的有效途径。住宅产业化的核心任务就是要用现代化工业化的生产手段生产建造住宅，达到高效率、高质量、资源综合利用率高，环境负荷低的目的。

纵观欧美、日本等发达国家住宅发展的历程，大体经历了三个阶段。第一个阶段，重点解决数量问题。二战结束后，发达国家普遍处在住宅建设高峰期，欧美国家为了有效地解决市场供求矛盾，建立了工业化的住宅建造体系，提高了生产效率，制定了一系列推动住宅建设的政策和标准，建立了住宅保障制度；第二阶段，重点是解决质量和性能问题。上世纪 60—70 年代后发达国家住宅建设的重点转向住宅质量和性能，住宅产业化进入成熟期；第三阶段，重点是解决资源节约和循环利用问题。上世纪能源危机之后，大约在 90 年代后，发达国家的住宅建设及产业化重点转向节能、降低物耗、降低对环境的压力以及资源的循环利用，产业化进入了可持续发展阶段。

当前，我国住宅建设与发达国家存在着较大的差异，这可以从居住品质和居住形态两个方面进行比较。从居住品质上讲，我国正处在一个重要的转型期，既要满足数量增长需求，又要追求质量的提高，同时也要合理利用和节约资源。国外住宅建设经历的三个阶段，我国需要并成一步走。从居住形态上讲，我国以集合式住宅为主，居住密度和建筑密度普遍高于欧洲国家。以我国城镇户均建筑面积 85.32 平方米（使用面积 64 平方米）与欧洲发达国家对比，大致相当于欧洲 20 世纪 60 年代初期的居住水平；与日本对比，大致相当于日本 20 世纪 80 年代中期的居住水平。

为此，需要转变住宅生产方式，发展省地节能环保型住宅。我国住宅建设仍以粗放型为主，住宅生产、使用过程中资源消耗高，利用率低，资源浪费和环境污染等问题十分突出。据测算，住宅建设用钢占全国用钢总量的20%，水泥用量占全国总用量的17.6%，住宅用水占全国城市水资源消耗的32%，能耗占全国总能耗的30%。我国单位建筑面积能耗为相同气候条件下发达国家的2~3倍，建筑用钢消耗与发达国家相比高出10%～25%，每搅拌1立方米混凝土要多消耗80公斤水泥。科技进步对住宅产业的贡献率不到35%，建筑工人的劳动生产率约为30平方米/人·年。不少建筑没使用多少年就被拆除，建筑废弃物大多没有得到循环利用。这种状况与我国资源能源相对短缺的国情很不适应。要通过推进住宅产业化，改变传统的住宅生产方式，大力发展节能省地型住宅。系统应用节能、节地、节材和环保技术，力争在较小的住宅空间内创造较高的居住生活舒适度，提高住宅的性能品质和使用寿命，实现面积不大功能全，造价不高水平高，价格不高品质优，占地不多环境美。加快科技创新和技术进步，开发和推广资源节约和废弃物循环利用技术，建立"四节一环保"的技术体系，使住宅建设逐步走上科技含量高、资源消耗低、环境污染少、经济效益好的可持续发展道路，使住宅建设从数量规模型向质量效益型转变，住宅建设资源消耗从高增长向低增长方向转化，从粗放型向集约型转变。

（三）制定配套政策，对住房开发建设和消费实施双向调节

1.完善调控手段，创造有利于节能省地型住宅发展的政策环境

建立符合我国国情的住宅建设和消费模式，首先要加快建立和完善相关技术政策和经济政策，建立健全有效的推进机制，加大舆论宣传和引导。其次要从住宅的功能与建筑形态、户型和套型面积、生态环境和住宅性能等方面，明确节能省地型住宅构成体系，做到建设和消费有章可循。为了在住宅领域实现资源节约、环境友好、社会和谐，更好地引导住宅建设与消费，应采取对开发建设和消费双向调节和引导的政策措施。通过对最终消费者需求的引导，并传导到开发商，让开发商建设与市场消费需求相适应的住房；同时也要调节开发商的建设行为。在引导和调控方式上，应当针对不同的调节对象，以综合运用税收、信贷、财政等经济手段为主，同时辅之以必要的行政措施，建立起发展节能省地型住宅的长效机制。

2. 明确相关技术政策

完善和健全技术标准体系，要加快构建住宅技术保障体系，加大与住宅生产有关的标准和规范体系的编制力度，强化标准规范执行中的监督；要加快建立工业化结构和通用部品体系，逐步形成符合模数协调的标准化产品系列；要完善住宅建筑质量控制体系，加强市场准入管理，健全设计审查和质量监督、质量保障制度，积极推进住宅性能认定制度。统筹规划、明确重点，建立以市场为导向的推进机制。

3. 建立健全法规标准体系，完善住宅产业政策

加快法规建设，加快构建住宅技术保障体系，加快住宅建设有关的标准规范编制工作，强化标准规范执行中的监督。加快建立工业化的建筑结构和通用部品体系，逐步形成符合模数协调的标准化产品系列。完善住宅建筑质量控制体系，加强市场准入管理，健全设计审批和质量监督、质量验收制度，建立健全部品认证制度和淘汰制度，完善住宅性能评价制度。积极推进建筑材料、部品的规模化、标准化生产。鼓励商品住房一次装修到位。健全住宅产业财税、金融政策，引导住房建设和消费，鼓励新材料、新技术、新设备、新工艺的应用，发展建筑中水回用，推广可再生能源利用，全面推行节水器材。加强对现有住宅的节能改造，因地制宜地搞好旧住宅区综合整治，降低使用过程中的能耗。

4. 加强宣传和引导，促进居民适度消费

我国正处于并将长期处于社会主义初级阶段，生产力还不发达，城镇居民家庭住房支付能力相对有限，改善人民居住水平不能脱离这个现实。要从住宅的"四节"与环境生态指标、户型与套型面积、建筑形态、住宅基本性能要求与技术发展导向等，制定居住水准引导性标准，正确引导住宅建设与消费。当前要积极开展多种形式的宣传活动，普及国情教育，树立资源节约意识和正确的消费观。引导居民立足中国国情，发扬中华民族勤俭节约的传统，以经济适用为原则，从追求住房面积到注重住房性能质量，树立适度消费、梯度消费观念，形成节约资源、健康文明的住房消费理念。

(四)制定引导住房合理消费的经济政策

有效的经济政策是调节住房建设和消费的重要杠杆和手段。要加快研究制定引导合理消费的经济政策,通过税收、价格、信贷等经济杠杆,鼓励推广应用有利于环境保护、节约资源的新技术、新材料、新设备和新产品,鼓励购买小套型、功能良好的经济适用住宅。对过度消费行为,实行累进阶梯税制,课以重税,增收消费税,完全以经济杠杆调节市场消费行为。近期可加大交易环节税收(营业税、契税、消费税、城镇土地使用税、土地增值税等)的调控作用,远期在持有环节也进行相应的调节(增设物业税),使消费趋于合理。

1. 对住房消费的调节政策

税收是打入经济中的一个楔子,税收对住房消费有重要影响。(1)税收方面:①契税:90平方米以下的,契税按1.5%征收;90~120平方米,按3%征收;120平方米以上,按5%征收。②消费税:累进征收,90平方米以下免征;90平方米以上的,开征2%;120平方米以上,每增加10平方米,累进征收1%。③房产税:90平方米以下,第一套自住房,免征收。

表 5-4 住房税收结构设计

住宅建筑面积	契税	消费税	营业税
90平方米以下	1.5%	免征	5%
90~120平方米	3%	2%	6%
120以上平方米	5%	每增加10平方米,累进征收1%	7%

新增税收用于保障性住宅建设和建立节能省地型住宅的发展基金(凡符合节能省地型住宅要求,采用新技术、新材料、新工艺、新产品,实现住宅的节能率、节水率超出现行标准10%,清洁可再生能源替代率30%以上,全部采用一次性装修到位等,达到《住宅性能评定技术标准》(GB/T50362-2005)A级性能标准,予以财政补贴。)

（2）信贷方面：90平方米以下，第一套自住房，在首付款、按揭成数、贷款年限、贷款利率上给予优惠。

（3）保险方面：凡90平方米以下，并符合节能省地型住宅要求，节能率超过60%的，达到《住宅性能评定技术标准》（GB/T50362-2005）A级性能标准，投保住宅质量保证保险给予优惠。

2. 对开发建设单位的调节政策

（1）税收方面：①土地增值税：开发项目中90平方米以下住房达不到70%的，一律扣除加计20%或不予免税。②营业税：通过营业税首先调节开发企业，同时转嫁给购房者。开发项目中90平方米以下住房达到70%以上，仍按5%征收企业营业税，低于70%的加收营业税；或户型面积大于90平方米的，累进加收营业税1%~2%。

（2）信贷方面：开发项目中90平方米以下住房达到70%以上的，给予优先贷款。

（3）财政方面：开发项目中90平方米以下住房达到70%以上的，并符合节能省地型住宅要求，达到《住宅性能评定技术标准》（GB/T50362-2005）A级性能标准，结合地方条件，适当减征行政事业性收费。设计费也可作相应的调整。

3. 建立分类土地供应调控政策

合理区分各类用地指标，确保保障性安居工程用地、中小套型普通商品住房用地占住宅用地的比例应不低于70%，进一步加大商品住宅用地供应力度。创建符合国情的住房建设和消费模式，是一项十分重要且艰巨复杂的任务。实现这个任务，还必须进行一系列的工作，例如，加大宣传力度，增强全社会节俭意识；转变房地产经济增长方式，以节约资源促进效益提高；制定节约型住宅标准，设置监控目标；加快技术创新，积极推进住宅产业化现代化；加强宏观调控，完善体制机制；在法规政策上采取鼓励节约、抑制奢侈浪费的措施和手段，为形成这一模式提供可靠的保证。

附：

创新商品房合作建设模式——众美定制实践的案例

开发模式的创新、产品的更新和突破、服务能力的优化升级，是房地产行业健康、持续发展的动力。作为定制房产服务的先行者，众美集团以客户需求为本，以客户和市场为双驱动，通过实践探索，形成了"多样化空间 + 综合化社区生活"的定制产品和服务的供给模式。十多年来，众美集团坚持创新型商品房合作建设，以企业的信用、实力为基础，以对客户、对社会负责的态度，采取高效运作型的经营模式，在京津冀先后开发了众美·凤凰城、众美·现代城、众美城、众美·凤凰绿都等多个大型项目，累计服务 60 余家团体单位客户。众美模式践行了企业社会责任，实现了购房者、房地产企业和地方政府的多方共赢，不仅为 1 万多户家庭提供了优质低价的商品住房，也为新时期探索解决"夹心层"住房难题探索了一条符合中国国情和政策要求的现实路径。

一、"众美定制"模式的运行流程

众美定制项目，涉及合作建设的客户选择、征地拆迁与一级开发、土地取得、资金筹集与运作、配套设施建设运营等多个环节。具体而言，定制项目建设的流程主要包括四个环节：

一是确立合作关系。确立合作关系是众美模式的首要环节，也是最重要的环节之一。众美集团依据丰富的实务经验和强大的数据分析，对合作方及土地等进行精准把握和选择。根据建设目标，确定合作单位以及单位内部购房者的准入条件。例如，在石家庄凤凰城建设初期，以发展城市基础设施、引进优质资源为主要目标，引入河北国家电网作为合作客户,解决了项目建设之初周边没有开发建设、供水供电缺乏的问题。确定合作单位后,需进一步明确合作单位内部购房者的准入条件。一般而言,单位内部个人购房者的购房标准和流程均由各合作单位自行制定。

二是启动全面规划。一旦立项,购房者将以购买投资产品的形式,在企业、银行及众美三方监管、合作的保证下,和众美集团一起从土地的选择到整体的规划、从空间的设计到建筑风格的确定、从商业配套到社区服务的设定,进行协商、规划,充分体现购房者的需求。

三是推进开发建设。项目启动后,就进入开发建设环节。在此环节,有两个方面较为重要。一是土地的取得。从众美石家庄合作建设模式的经验来看,众美现代城项目的土地由众美进行一级开发。众美集团与村集体、村民协商土地拆迁补偿的标准和办法。尽管众美在征地拆迁方面的成本比较高,但政府考虑到众美在解决村民安置问题、改善城市面貌等方面做出的社会贡献,会按照最低收益收取政府的土地收益,从而控制了地价。二是资金的筹集、运用及管理。合作建设单位成立委托建房小组,在银行开设对公账户。房款用于支付地价款以及后期的开发建设,取地之后就由委建小组账户划转到河北省金融租赁公司账户。金融租赁公司将款项作为委托借款,即时划转到众美与合作建设单位的共管账户。进入共管账户后,众美若需运用款项,需经每个合作建设单位同意,由每个单位盖章再加上银行盖章才可动用款项,从而保证了建设资金的安全。在建设的过程中,众美以全透明的流程和实时的动态信息,让合作单位和购房者参与到住房建设之中。

四是配套社区服务。众美的定制是为客户创造的一个专属的生活,在完成空间打造后,众美会根据规划全面引进各类社会资源,营造出符合客户生活所需的全方位商业及社会化服务配套,包括舒适便捷的生活、优质的教育和医疗、时尚的商业、星级的服务和亲密的邻里关系。

二、"众美定制"模式包含了诸多创新元素

"众美定制"模式,不同于传统的房地产开发,而是房地产融资、住宅建设的

生产方式、开发企业盈利模式等方面，实现了诸多创新。

（一）创新房地产融资模式

众美模式是面向特定单位团体客户开展的创新型商品房定制服务。在这一模式中，通过购买金融产品，引入金融租赁公司，开展工资消费循环贷等方式，将多种金融手段融合到合作建设的过程中，实现了房地产融资的创新。石家庄市金融办对这种金融创新给予了肯定。下面通过河北石家庄市的项目简要介绍一下该融资模式的流程和特点。

一是签订协议，购买金融产品。特定单位团体客户在充分了解、认同众美模式的基础上，通过购买定制化金融产品，如信托收益权、资管计划份额、合伙企业份额等，参与特定项目投资，并签署《收益权转让协议》、《合伙协议》等金融产品认购协议，完成投资及资金交付，投资款定向用于项目开发建设。同时，众美作为项目开发建设方，与投资客户签署《投资意向书》，给予其优惠购房权，约定在特定项目具备预售条件时可选择行权兑现权益。依据相关法律法规要求，在上述过程中，众美和金融机构均不得向客户承诺固定回报，并需向投资客户进行相应的风险提示。

二是在指定银行开立账户。合作建设单位成立委托建房小组（简称委建小组），在河北银行开设对公账户。金融租赁公司、众美也在河北银行开设账户。合作单位个人购房者先期缴纳房款的30%或50%，剩余部分由河北银行提供工资消费循环贷或其他无贷款住房为抵押物的贷款，放入委建小组对公账户。房款用于支付地价款以及后期的开发建设，取地之后就由委建小组账户划转到河北省金融租赁公司账户。金融租赁公司将款项作为委托借款，即时划转到众美与合作建设单位的共管账户。

三是对购房者给予金融支持。工资消费循环贷是河北银行根据众美需求首次操作。根据个人工资水平和还款能力确定贷款额度，一般是家庭年收入的2倍。贷款时个人需提供大件物品消费凭证，并由众美提供抵押，再加上单位内收入不少于借款人的保证人，基本上风险是比较小的，而且如果违约可从个人工资中扣款。贷款的利率原来是基准利率，现在上浮10-30%。在开发项目取得预售证之前循环贷的利息由众美支付，取得预售证之后个人可申请住房抵押贷款，用贷款来偿还消费循环贷，如不偿还，众美也不再支付循环贷利息。

四是三方监管，确保资金安全。河北省金融租赁公司作为一个金融中介，与众美、合作建设单位签订三方委托借款协议，资金在其账户上即时流入即时流出，以此规避非法集资的政策风险。在此过程中金融租赁公司仅收取2.5‰的手续费。河北银行既作为一个金融平台，为各利益主体开设账户，对资金进行监管，同时又为购房者提供以已有无贷款住房为抵押物的贷款、工资消费循环贷等购房支持，也为众美提供开发贷款等开发建设资金支持。资金进入共管账户后，众美若需运用款项，需经每个合作建设单位同意，由每个单位盖章再加上银行盖章才可动用款项。

（二）转变住宅建设的生产方式

在传统的商品房建设中，住房建设是房地产开发商的事情。开发商建成商品房之后，便将其投放市场，由购房者选择。而"众美定制"模式则与之不同，转变了住宅建设的生产方式，由传统的取地—开发建设—销售转变为达成合作（合作客户购房）—取地—开发建设。

一是定制房产，客户全程参与。在"众美定制"模式中，房地产开发不再只是地产商一方的事情，购房者成为地产开发的全程参与者甚至合作伙伴，按购房者的需求来量身打造产品，即"按需定制"。在项目规划面积中以一定比例通过前置营销，以"单位组织、群众自愿、市场化运作、合法合规"的方式，引入合作单位进行定制开发。在这一模式中，单位与众美是合作关系，单位首先成立合作定制建房小组，小组从拿地到规划设计、开工建设到交房，充分参与，全程监督。在意向土地阶段，通过调研收集客户潜在需求，按照客户需求研发产品，认购项目意向，通过稳健的资金众筹模式与客户形成合作关系，与客户深层沟通定制项目及产品，最后到建设施工、建成交房。这种客户全程参与、监督开发过程的"众美定制模式"，让客户从一开始就以较低的价格参与建房项目，有效降低房地产开发中的资金成本、营销成本，开发、建设完全符合客户需求的产品，最终得到客户满意。它既保留了传统模式的优点,又改善了其过程不透明、信息不对称、信赖成本高的局限性,提升了客户体验和客户信赖度。

二是定制生活服务。"众美定制"模式不仅是定制房产的,而且也包括定制生活服务,为居民提供居住、工作、休闲、度假及公共空间等各种生活空间的个性化需求,逐步形成了"众美会"综合社区服务体系,满足业主尤其一老一小的生活需求,提高业主生活质量。众美的定制生活服务,包括社区商业、四点半学堂、社区图书馆、社区艺术团、社区护理、健康门诊、日间养老中心、无公害果蔬社区供应站以及多种志愿者服务等。

(三)推行合作共赢、利益分享

合作共赢、利益分享,是"众美定制"模式的一个鲜明特点。合作共赢的利益分享模式主要体现在两个方面:

一是打破传统定价模式,引入定制理念,让利于购房者。众美在获取土地前即遵循"合作共赢"的理念,通过事先与团体及个体定制客户签署协议,完全按照双方的实际需求和具体要求来进行商品房开发建设,优化了供应结构,达到了"量体裁衣"的实施效果。在定价模式上,众美一直倡导的诚信、共赢的企业价值观,让利于购房者,即使在最艰难的特殊时期,也要把客户利益放在第一位,实现客户利益的最大化。因此,即便在房价高企时,与众美房地产开发集团有限公司采用定制模式合作的单位购房者,也能享受到低于市场价的"福利"。例如,《中国建设报·中国住房》记者采访时,河北电视台定制模式合作负责人表示单位员工当时定制的众美·现代城项目的价格,比周边其他项目便宜 20% 左右。即使在成本大幅上升的情况下,众美也能遵守当初的合作价格。据众美集团的一位负责人表示,河北银行当时与 4 家房企同时确立了合作关系,也商谈好了合作价格。但是到了 2008 年建材价格普遍上涨,其他 3 家房企纷纷要求上调定制价格保本经营,否则就要取消合作。只有众美宁愿损失 1 亿多元,坚持诚信,仍然保持原有价格。

二是提高土地补偿标准,优化补偿方式,让利于被拆迁居民(农民)。例如在对众美现代城项目土地开发时,提高了给予赵卜口村的土地补偿标准。根据石家庄市城中村改造政策,征地后给农民返还一部分土地,即人均 1 分发展用地,留作村集体产业用地,建设商业设施,获取长期收益用于农民分红。一般是补偿农民人均 15~30 平方米的商业。村民宅基地的补偿原则上是每户补偿不超过 300 平方米的住宅。众美则在这基础上,优化补偿方式,主动为老年人发放养老金、为回迁房用地补缴土地出让金使村民获得完整的商品房产权,在已有政策的前提下,进一步提高补偿标准,切实保障了被拆迁农民的实际利益。具体的补偿和安置情况如下:

(1)宅基地:每户补偿 4 套共计 300 平方米左右的城市住房。

(2)人均 1 分发展用地:每人 16 平方米商业。

(3)宅基地上房屋:根据重置价提供现金补偿,重置价按 400 元/平方米计算,为加快拆迁进度,实际操作中按 500 元/平方米计算,折旧系数 0.98,每户约 40 万元左右的补偿款。

(4)村民养老:本区域土地补偿款 30 万/亩,大多由村里用于农民养老保险。对于 60 岁以上老人,众美为其发放每年 5000 元的养老金,按年下发到村里,老人按月到村里领取。

(5)村民就业:众美的物业公司优先吸引村民就业,并提供培训。

(6)回迁房产权:众美主动为回迁房用地缴纳了土地出让金,使农民的回迁房获得了完整的产权,具备完全的商品房属性,可以上市交易。

(四)促使开发企业盈利模式从一元走向多元

在传统的开发模式下,开发企业的盈利主要来自房地产建成之后的出售,而"众美定制"模式,拓宽开发企业的盈利途径,改变了原有的这种开发企业盈利模式,使其盈利由一元走向多元,即由单一的住宅盈利转向多种物业形态综合盈利。众美项目通过整合物业服务、健康养老、生态农林、商业运营等地产相关多元化业务,形成综合性定制服务模式。这就意味众美在房地产开发建设中,没有止步于住宅楼盘开发销售,而是同时关注后期物业管理、商业开发以及公共服务配套设施的建设。例如,在众美石家庄项目中,住宅楼盘销售后,众美物业公司便进驻负责其物业管理，小区配套底商全部招商入驻，同时提供社区幼儿园、医院，为社区居民的日常生活提供了切实的便利，并逐步形成健康养老产业、文化产业等产业相融合的综合性开发建设模式，有效拓展了房地产综合开发的产业链，拓宽了企业盈利空间和渠道。

第六章

我国房地产市场宏观调控实证分析

2003年以来,我国实施了一系列的房地产调控政策,取得了一些积极成果,但也面临着诸多不足。分析影响我国房地产调控效果的主要因素,判断房地产调控政策潜在风险,进而明确下一步调控的基本思路,对于提高调控政策的有效性,实现调控目标,促进房地产市场健康发展至关重要。

一、2003年以来我国房地产市场政策调控的阶段、特点及效果

(一) 2003年以来我国房地产调控的主要阶段

1998年7月3日,国务院颁布了《关于进一步深化城镇住房制度改革加快住房建设的通知》(国发〔1998〕23号文),提出了"停止住房实物分配,逐步实行住房分配货币化;建立和完善以经济适用房为主的多层次城镇住房供应体系;发展住房金融,培育和规范住房交易市场"的改革目标,住房被真正全面推向市场,标志着我国住房制度改革进入了一个新的阶段。经过了1998—2002年相对平稳发展期后,我国的房地产市场进入了快速发展的阶段。为了保障房地产市场健康发展,我国自2003年起实施了一系列的调控措施。按照调控的目标,可以把自2003年以来我国房地产调控划分为四个阶段。

1. 以控制开发规模为主要目标的阶段（2003年6月—2005年2月）

2003年中后期，国内部分城市的房地产市场开始出现过热现象。2003年，全国房地产开发投资额10154亿元，同比继续增长了30.6%，新开工房屋面积、竣工面积和房屋销售面积为别为54708、41464和33718万平方米，同比增长27.8%、18.6%和25.8%。为了稳定房地产市场，我国开始实施以控制开发规模为目标的房地产调控，以便改变固定资产投资过热的状况，抑制房价上涨的势头。这一阶段的政策重点是围绕房地产开发的信贷资金和土地管理展开，具体包括加强房地产开发贷款管理，提高项目自有资本金要求，从而提高行业进入门槛；改进规划管理，调控土地供应，严格控制土地供给总量；加强审批，严禁擅自调整土地利用总体规范占用基本农田；加强市场监管，整顿市场秩序。

表6-1　2003年6月—2005年2月房地产主要调控政策

时间	政策或相关文件名称	出台单位	政策主要内容
2003年6月5日	《关于进一步加强房地产信贷业务管理的通知》（银发〔2003〕21号文）	中国人民银行	房地产开发企业申请银行贷款，自有资金不低于总投资30%；严格控制土地储备贷款的发放；强化个人贷款管理等
2003年8月12日	《关于促进房地产市场持续健康发展的通知》（国发〔2003〕18号文）	国务院	完善供给政策，调整供给结构；改革住房制度，健全市场体系；发展住房信贷；调控土地供应，加强市场监管等
2003年7月30日	《关于清理整顿各类开发区加强建设用地管理的通知》（国办发〔2003〕70号文）	国务院办公厅	对各类开发区全面清查，加强对开发区建设用地集中统一管理等
2003年7月15日	《关于房产税、城镇土地使用税有关政策规定的通知》（国税发〔2003〕89号文）	国家税务总局	明确房地产开发企业开发的商品房征免房产税问题以及房产税、城镇土地使用税纳税义务发生的时间等问题

续表

时间	政策或相关文件名称	出台单位	政策主要内容
2003年8月21日	《关于严禁非农业建设违法占用基本农田的通知》（国土资发〔2003〕336号文）	国土资源部	严禁擅自调整土地利用总体规范占用基本农田；严格执行非农建设占用基本农田审批制度；加强监督检查等
2003年11月3日	《关于加大工作力度进一步治理整顿土地市场秩序的紧急通知》（国发明电〔2003〕7号文）	国务院	严肃查处土地违反行为，抓紧建立完善土地管理各项制度等
2004年4月26日	《关于调整部分行业固定资产投资项目资本金比例的通知》（国发〔2004〕13号文）	国务院	房地产开发项目资本金比例由20%及以上提高到35%及以上
2004年4月27日	《关于清理固定资产投资项目的通知》（国办发〔2004〕38号文）	国务院办公厅	对所有在建、拟建项目进行全面清查、审核
2004年10月21日	《关于深化改革严格土地管理的决定》（国发〔2004〕28号文）	国务院	严格执行土地审批和占用耕地补偿制度等
2004年1月7日	《关于加强协作共同做好房地产市场信息系统和预警预报体系有关工作的通知》（建住房〔2004〕7号文）	建设部、国家发改委、财政部等部委	做好房地产市场信息系统和预警预报体系有关工作
2004年11月22日	《关于进一步加强新增建设用地土地有偿使用费征收使用管理的通知》（财综〔2004〕85号文）	财政部、国土资源部、中国人民银行	严格用地审批、开展土地有偿使用费的清欠工作，调整土地有偿使用费的缴库方式

经过第一阶段以控制投资规模为重点的阶段，2004年全国房地产开发投资额13158亿元，同比继续增长了29.6%；新开工房屋面积、竣工面积和房屋销售面积为别为60414、42465和38231万平方米，比去年同比增长10.4%、2.4%和13.4%。与2003年相比，虽然房地产开发投资额增幅仍然相同，但新开工房屋面积、竣工面积和房屋销售面积有了较大程度的下降。这表明在控制开发规模上起到了一定的作用。

2. 以稳定房地产价格为主要目标的阶段（2005年3月—2008年8月）

虽然2004年新开工房屋面积、竣工面积和房屋销售面积有了较大程度的下降，但房地产价格却出现了快速上涨的势头，增幅由2003年的5%增为15%，并在2005年初继续攀升。这一问题，引起中央的高度关注，于是在2005年3月26日，国务院办公厅下发了《关于切实稳定住房价格的通知》（即"国八条"），标志着房地产宏观调控进入一个新的阶段。这一阶段，又可具体划分为两个阶段。

第一阶段，以"国八条"为指导的调控（2005年3月—2006年4月）。

这一阶段，主要是以"国八条"精神为指导，其政策重点严格控制被动性住房需求，正确引导居民合理消费预期，调整和改善住房供应结构。本阶段有个显著特点：开始注重税收的调节作用，利用税收政策，打击投机性购房等房地产交易行为。

表6-2 2005年3月—2006年4月房地产主要调控政策

时间	政策或相关文件名称	出台单位	政策主要内容
2005年3月	《关于切实稳定住房价格的通知》（国办发明电〔2005〕8号）（"国八条"）	国务院办公厅	严格控制被动性住房需求；大力调整和改善住房供应结构；正确引导居民合理消费预期；全面监测房地产市场运行等
2005年4月30日	《关于做好稳定住房价格工作的意见》	建设部、发改委、财政部等七部委	改善住房供应结构；加大土地供应调控力度；调整住房环节营业税政策（2年规定）；加强信贷管理；加强经适房建设等

续表

时间	政策或相关文件名称	出台单位	政策主要内容
2005年5月18日	《关于进一步加强房地产税收管理的通知》(国税发〔2005〕82号文)	国家税务总局	以契税征管为抓手,全面掌控税源信息;加强房地产各环节的税收管理等
2005年7月1日	《关于加强土地税收管理的通知》(国税发〔2005〕111号文)	国家税务总局、财政部、国土部	加强土地税收管理
2005年8月22日	《关于坚决制止"以租代征"违法违规用地行为的紧急通知》(国土资发〔2005〕166号文)	国土资源部	制止"以租代征"违法违规用地行为,从严从紧控制建设用地总量

尽管实施了一系列调控措施,但2005年房屋销售价格仍增长了14%,房屋销售面积增长45%,调控政策并没有显现出应有的效果。进入2006年以后,房价快速上涨的势头并没有得到遏制,甚至部分城市的房地产价格出现了"报复性上涨"。

第二阶段,以抑制房价过快上涨和全面治理房地产市场为重点的调控(2006年5月—2008年8月)。

为了抑制房价过快上涨,解决房地产市场面临的新形势,2006年5月17日国务院常务会议提出了促进房地产业健康发展的六项措施("国六条"),对未来房地产市场调控制定了政策导向,拉开了新一阶段的宏观调控序幕。这一阶段的房地产调控一直持续到2008年8月。这一阶段是在防止经济过热的大背景下实施的,政策的主要目标是解决部分城市房价过快上涨和房地产投资规模过大,促进房地产市场健康发展。政策的具体措施主要包括:调整住房供应结构;发挥税收、信贷、土地政策的调节作用;整顿和规范房地产市场秩序;加快城镇廉租住房制度建设,规范发展经济适用住房等。本阶段的宏观调控呈现出三个较为突出的特点：

一是出台的房地产调控政策较为密集。在这一阶段，国务院及有关部委出台了数十项调控政策，涉及土地、信贷、税收、市场交易等多个方面。政策主要出台在 2006 年和 2007 年，2008 年出台的政策主要是对上一年度有关政策的具体落实。

二是更加注重经济调节手段的运用。例如，从 2007 年 3 月 18 日至 12 月 21 日，央行已连续进行 6 次加息；2007 年 1 月 5 日至 12 月 8 日，央行先后十次上调存款类金融机构存款准备金率，调整后，存款类金融机构将执行 14.5% 的存款准备金率标准，创 20 余年历史新高；2008 年 1 月 15 日至 5 月 20 日，先后四次上调存款类金融机构人民币存款准备金率。

三是调控的思路有了一定的转变。2007 年 8 月 13 日国务院公布了《关于解决城市低收入家庭住房困难的若干意见》，将解决低收入家庭住房困难纳入房地产调控目标之中，标志着房地产调控的思路开始出现转变。此后，国务院及有关部门出台了《经济适用房管理办法》、《廉租住房保障方法》、《经济适用住房开发贷款管理办法》、《关于廉租住房、经济适用住房和住房租赁有关税收政策的通知》等政策，旨在通过加快建立梯级住房保障体系，多渠道解决城市低收入家庭住房困难问题，实行住房分类供应体制。2008 年 3 月国务院新设立住房和城乡建设部，不再保留建设部，这一部门的设立也意味着政府要把住房保障放在更加关注的层面。

表 6-3　2006 年 5 月—2008 年 8 月房地产主要调控政策

时间	政策或相关文件名称	出台单位	政策主要内容
2006 年 4 月 28 日	上调房贷利率	中国人民银行	全面上调贷款利率 0.27 个百分点，其中，5 年期以上的银行房贷基准利率上调至 6.39%。其目的是为了抑制投资需求，进一步稳定房地产价格

续表

时间	政策或相关文件名称	出台单位	政策主要内容
2006年5月17日	促进房地产业健康发展的六条指导性措施（"国六条"）	国务院	重点发展中低价位、中小套型普通商品住房、经济适用住房和廉租住房，合理控制城市房屋拆迁规模和进度，减缓被动性住房需求过快增长以及进一步整顿和规范房地产市场秩序等内容
2006年5月24日	《国务院办公厅转发建设部等部门关于调整住房供应结构稳定住房价格的意见》（"十五条"）	国务院办公厅	对"国六条"进一步细化，而且在套型面积、小户型所占比率、新房首付款等方面作出了量化规定，提出90平方米、双70%的标准
2006年5月30日	《关于加强住房营业税征收管理有关问题的通知》（国税发〔2006〕74号文）	国家税务总局	个人将购买不足5年的住房对外销售全额征收营业税
2006年7月6日	《关于进一步整顿规范房地产交易秩序的通知》（建住房〔2006〕166号文）	建设部、发改委、工商管理总局	房地产开发企业取得预售许可证后，应当在10日内开始销售商品房；未取得商品房预售许可证的房地产项目，不得发布商品房预售广告
2006年7月11日	《关于规范房地产市场外资准入和管理的意见》（建住房〔2006〕171号文）（"外资限炒令"）	建设部、商务部、发改委等六部门	规范外商投资房地产市场准入；加强外商投资企业房地产开发经营管理；严格境外机构和个人购房管理；进一步强化和落实监管责任

续表

时间	政策或相关文件名称	出台单位	政策主要内容
2006年7月18日	《关于个人住房转让所得征收个人所得税有关问题的通知》（国税发〔2006〕108号文）	国家税务总局	全国范围内统一强制性征收二手房转让个人所得税
2006年5月31日	《招标拍卖挂牌出让国有土地使用权规范》、《协议出让国有土地使用权规范》（国土资发〔2006〕114号文）	国土资源部	对招标拍卖挂牌或协议出让国有土地使用权的范围作了细化，进一步明确六类情形必须纳入招标拍卖挂牌出让国有土地范围：供应商业、旅游、娱乐和商品住宅等各类经营性用地以及有竞争要求的工业用地
2006年8月19日	调整人民币存贷款基准利率	中国人民银行	金融机构一年期存款基准利率和贷款基准利率上调0.27个百分点
2006年8月30日	《关于印发〈城镇廉租房工作规范化管理实施办法〉的通知》（建住房〔2006〕204号文）	建设部	加强城镇廉租住房制度建设，规范城镇廉租住房管理
2007年1月5日至12月8日	先后十次上调存款类金融机构存款准备金率	中国人民银行	调整后，存款类金融机构将执行14.5%的存款准备金率标准，创20余年历史新高，在一定程度上控制了银行放贷的额度
2007年3月18日至12月21日	先后六次加息	中国人民银行	频繁的加息达到了累积的效果，并对市场产生了放大效应

续表

时间	政策或相关文件名称	出台单位	政策主要内容
2007年5月23日	《关于进一步加强、规范外商直接投资房地产业审批和监管的通知》（商资函〔2007〕50号）	商务部、国家外汇管理局	依法加强外商投资房地产企业的审批和监管，严格控制外商投资高档房地产
2007年8月13日	《国务院关于解决城市低收入家庭住房困难的若干意见》（国发〔2007〕24号）	国务院	进一步建立健全城市廉租住房制度，包括逐步扩大廉租住房制度的保障范围、确定廉租住房保障对象和保障标准；改进和规范经济适用住房制度等
2007年9月27日	《关于加强商业性房地产信贷管理的通知》（银发〔2007〕359号）	中国人民银行、中国银监会	购买第二套住房首付比例不得低于40%；商业用房购房贷款首付款比例不得低于50%；严格房地产开发贷款管理；严格规范土地储备贷款管理等
2007年9月30日	《关于进一步加强土地供应调控的通知》（国土资发〔2007〕236号）	国土资源部	优先安排用于解决城市低收入家庭住房困难的住房用地；加强土地供应管理，保证住宅用地供应，每宗地的开发建设时间原则上不得超过三年
2007年9月28日	《招标拍卖挂牌出让国有建设用地使用权规定》（国土资源部令第39号）	国土资源部	强调建设用地使用权证书必须在完全付清土地款的情况下才能获得，不得进行按比例分期发放，打击了部分开发商蓄意囤积土地的行为

续表

时间	政策或相关文件名称	出台单位	政策主要内容
2007年12月30日	《关于严格执行有关农村集体建设用地法律和政策的通知》（国办发〔2007〕71号）	国务院办公厅	重申城镇居民不得到农村购买宅基地；严格规范使用农民集体所有土地进行建设；严格禁止和严肃查处"以租代征"转用农用地的违法违规行为
2008年1月15日至5月20日	先后四次上调存款类金融机构人民币存款准备金率	中国人民银行	控制了银行放贷的额度，明确释放出货币政策从紧的信号
2008年2月4日	《经济适用住房开发贷款管理办法》	中国人民银行	开发经济适用房，房地产开发企业的贷款利率可以下浮10%以内，开发企业的建设项目资本金不低于项目总投资的30%，贷款期限最长不超过5年
2008年3月3日	《关于廉租住房、经济适用住房和住房租赁有关税收政策的通知》（财税〔2008〕24号）	财政部、国家税务总局	支持廉租住房、经济适用住房建设的税收政策；支持住房租赁市场发展的税收政策
2008年7月15日	小产权房不给宅基地证	国土资源部	开展集体建设用地流转试点和集体建设用地整理，因被小产权房占用而未得到"合法使用"的宅基地不具备登记发证的资格

本阶段的宏观调控政策密集出台，政府从土地、信贷、税收等多个方面采取措施全面调控房地产市场，但对房地产价格的抑制作用不大，效果不太明显。一直到

2008 年初，效果方才显现。据资料显示，2008 年 1 月全国住房成交量首次出现近十年来的首次负增长。此后，房屋销售价格涨幅开始下降，到 2008 年 8 月全国都出现了楼市交易量大幅萎缩的局面。

3. 以救市、支持房地产发展为主要目标的阶段（2008年9月—2009年10月）

经过前段时间各项调控政策的累积，2008 年房地产市场由热转冷，出现了房价回落、楼市成交量下滑的情况。随着 9 月份，世界金融危机逐渐出现失控局势，导致多间相当大型的金融机构倒闭或被政府接管，我国宏观经济面临的困境增加，宏观调控的首要任务从年初"两防"调整为年中的"一保一控"：即保持经济平稳较快增长、控制物价过快上涨，到年底完成了"一保"的方向性转变。在这种背景下，紧缩性的房地产调控政策开始松动，并进入了以救市、支持房地产发展为主要目标的调控阶段。这一阶段，调控政策的主要措施：五次下调贷款基准利率，降低房地产项目资本金比例，给予房地产商信贷支持，扩大商业性个人住房贷款利率下浮幅度，支持居民首次购买普通住房，实施了一些减免税措施等。

表 6-4　2008 年 9 月—2009 年 10 月房地产主要调控政策

时间	政策或相关文件名称	出台单位	政策主要内容
2008 年 9 月 16 日到 12 月 25 日	先后五次下调贷款基准利率	中国人民银行	从 2008 年 9 月 16 日起，下调一年期人民币贷款基准利率 0.27 个百分点。这是自 2004 年 10 月 29 日以来的首次降息。此后，又四次下调贷款基准利率
2008 年 10 月 22 日	扩大商业性个人住房贷款利率下浮幅度，支持居民首次购买普通住房	中国人民银行	将商业性个人住房贷款利率的下限扩大为贷款基准利率的 0.7 倍；最低首付款比例调整为 20%

续表

时间	政策或相关文件名称	出台单位	政策主要内容
2008年10月22日	《关于调整房地产交易环节税收政策的通知》(财税〔2008〕137号)	财政部、国家税务总局	对个人首次购买90平方米及以下普通住房的，契税税率暂统一下调到1%；个人销售或购买住房暂免征收印花税；对个人销售住房暂免征收土地增值税
2008年12月21日	《关于促进房地产市场健康发展的若干意见》(国办发〔2008〕131号)("国13条")	国务院办公厅	加大对自住型和改善型住房消费的信贷支持力度，将现行个人购买普通住房超过5年(含5年)转让免征营业税，改为超过2年(含2年)转让免征营业税
2008年12月3日	《廉租住房建设贷款管理办法》	中国人民银行、中国银监会	新建廉租住房项目资本金不低于项目总投资20%的比例；改建廉租住房项目资本金不低于项目总投资30%的比例
2009年1月3日	实行优惠利率政策	四大行	四大国有银行宣布，只要2008年10月27日前执行基准利率0.85倍优惠、无不良信用记录的优质客户，原则上都可以申请七折优惠利率。为楼市回暖蓄积了政策基础
2009年5月21日	《土地增值税清算管理规程》(国税发〔2009〕91号)	国家税务总局	对土地增值税清算的前期管理、清算受理、清算审核和核定征收等具体问题做出具体规定

续表

时间	政策或相关文件名称	出台单位	政策主要内容
2009年5月18日	《关于切实落实保障性安居工程用地的通知》	国土资源部	对廉租房和经济适用房用地将给予减免费用的政策支持
2009年5月22日	《2009—2011年廉租住房保障规划》	住建部、发展改革委、财政部	计划用三年时间，基本解决747万户现有城市低收入住房困难家庭的住房问题
2009年5月27日	《关于调整固定资产投资项目资本金比例的通知》	国务院	保障性住房和普通商品住房项目的最低资本金比例为20%，其他房地产开发项目的最低资本金比例为30%。这是自2004年以来执行35%自有资本金贷款比例后的首次下调，紧缩了数年的房地产开发信贷政策开始"松绑"
2009年6月19日	《关于进一步加强按揭贷款风险管理的通知》（银监发〔2009〕59号）	银监会	要求加强信贷管理，切实防范按揭贷款风险，促进按揭贷款业务健康有序发展
2009年8月21日	《关于严格建设用地管理促进批而未用土地利用的通知》	国土资源部	依法纠正和遏制违法违规使用农村集体土地等行为，切实预防和防止未批即用、批而未征、征而未供、供而未用等现象发生，严厉打击囤地行为
2009年10月16日	《关于利用住房公积金贷款支持保障性住房建设试点工作的实施意见》	住建部等七部委	可将50%以内的住房公积金结余资金贷款支持保障性住房建设，贷款利率按照五年期以上个人住房公积金贷款利率上浮10%执行，"公积金"和"保障房"实现"对接"

应该说这一阶段的政策，房地产调控政策变化非常大，效果也非常明显。从 2008 年 9 月中国人民银行第一次下调贷款基准利率开始，到 2009 年的第二季度，北京、上海、广州、天津等重点城市的楼市迅速回暖，房地产开发企业表现出强烈的拿地意愿并频频出手，出现了继 2007 年之后的新一轮购地高潮。到了下半年，房价已经呈现快速上涨的态势。

4. 以遏制房价过快上涨为主要目标的阶段（2009年11月至今）

进入 2009 年，房地产市场出现了新的变化，房地产价格连续十个月走高，房地产市场货币投放量高，1—11 月房地产资金来源达 48170 亿元，地产资金杠杆率大幅提高，由 2008 年的 2.86 倍成本杠杆提高到 5 倍，新地王不断涌现，房地产市场出现明显过热的势头。为此，自 2009 年 11 月，中央逐步开始调整房地产调控政策，到 12 月 9 日，"国四条"出台，标志着我国开始进入了以遏制房价过快上涨为主要目标的阶段。政策的重点在于，一方面抑制投资投机性购房需求，规范房地产市场运行，另一方面，继续支持居民自住和改善型住房消费，着力解决低收入者和"夹心层"的住房问题。

总体而言，这一阶段的房地产调控具有以下几个特点：一是政策力度和调控决心大于以往数次调控。针对房地产调控中存在的问题，国务院先后出台了"国四条"、"国十一条"、新"国四条"、"国十条"、"国五条"和新"国五条"等措施，国家各有关部委也围绕国务院的指示精神，出台了许多政策措施，出台的政策之多、力度之大，史无前例。二是调控手段变化较大。与前几次调控形成鲜明对比，这次调控在税收、金融等经济手段效果不是很明显的情况下，行政手段重新获得了更为重要的地位。例如，许多地方实行的房地产"限购令"、土地使用规定。实际上，差别化的住房信贷政策在一定程度上也属于准行政手段。三是抑制房价上涨的思路更为明确、调控措施更为细化。既着眼于影响需求，注重打击投机性需求、抑制投资性需求，例如对购第一套房和第二、第三套做了不同的规定，也在供给上采取了一系列针对性的措施，特别是大力推进保障房建设，力求解决低收入者和"夹心层"的住房问题；既关注房价上涨问题，也开始关注房租上升问题。

表 6-5 2009 年 11 月以来房地产主要调控政策

时间	政策或相关文件名称	出台单位	政策主要内容
2009 年 11 月 18 日	《关于进一步加强土地出让收支管理的通知》（财综〔2009〕74 号）	财政部等五部委	明确土地受让人拿地首次缴纳比例不得低于全部土地出让价款的 50%，开发商拿地后分期缴纳全部土地出让价款的期限原则上不超过一年
2009 年 12 月 9 日	自 2010 年 1 月 1 日起个人住房转让营业税征免时限由两年恢复到五年	国务院常务会议	主要是为了遏制炒房现象，但契税、个人买卖印花税、个人转让出售的土地增值税还继续维持
2009 年 12 月 14 日	"国四条"	国务院常务会议	增加普通商品住房的有效供给；继续支持居民自住和改善型住房消费，抑制投资投机性购房；加强市场监管；继续大规模推进保障性安居工程建设
2009 年 12 月 22 日	《关于调整个人住房转让营业税政策的通知》（财税〔2009〕157 号）	财政部、国家税务总局	自 2010 年 1 月 1 日起，个人将购买不足 5 年的非普通住房对外销售的，全额征收营业税
2010 年 1 月 7 日	《关于促进房地产市场平稳健康发展的通知》（国办发〔2010〕4 号）"国十一条"	国务院办公厅	重申二套房贷首付不得低于 40%、房源需一次性全部公开并明码标价等
2010 年 1 月 18 日至 12 月 20 日	先后六次上调准备金率	中国人民银行	1 月 18 日、5 月 10 日、10 月 11 日、11 月 16 日、11 月 29 日和 12 月 20 日先后六次上调准备金，准备金率已经高达 18.5% 的历史第一高位

续表

时间	政策或相关文件名称	出台单位	政策主要内容
2010年1月21日	《关于改进报国务院批准城市建设用地申报与实施工作的通知》	国土资源部	申报住宅用地的,经济适用住房、廉租住房和中低价位、中小套型普通商品住房用地占住宅用地的比例不得低于70%
2010年3月10日	《关于加强房地产用地供应和监管有关问题的通知》(国土资发〔2010〕34号)	国土资源部	明确规定开发商竞买保证金最少两成、1月内付清地价50%、囤地开发商将被"冻结"等19条内容
2010年3月9日	《关于首次购买普通住房有关契税政策的通知》(财税〔2010〕13号)	财政部、国家税务总局	对两个或两个以上个人共同购买90平方米及以下普通住房,其中一人或多人已有购房记录的,该套房产的共同购买人均不适用首次购买普通住房的契税优惠政策
2010年3月18日	国资委要求78家非地产主业央企退市	国资委	要求78户不以房地产为主业的中央企业,要加快进行调整重组,在完成企业自有土地开发和已实施项目等阶段性工作后要退出房地产业务,并在15个工作日内制订有序退出的方案
2010年4月11日	银行不得对投机投资购房贷款	银监会	银行业金融机构要增加风险意识,不对投机投资购房贷款,如无法判断,则应大幅度提高贷款的首付款比例和利率水平,加大差别化信贷政策执行力度

续表

时间	政策或相关文件名称	出台单位	政策主要内容
2010年4月13日	《关于进一步加强房地产市场监管完善商品住房预售制度有关问题的通知》（建房〔2010〕53号）	住房和城乡建设部	房地产开发企业应将取得预售许可的商品住房项目在10日内一次性公开全部准售房源及每套房屋价格，并严格按照预售方案申报价格，明码标价对外销售
2010年4月14日	新"国四条"	国务院常务会议	对贷款购买第二套住房的家庭，贷款首付款不得低于50%，贷款利率不得低于基准利率的1.1倍
2010年4月17日	《关于坚决遏制部分城市房价过快上涨的通知》（国发〔2010〕10号）"国十条"	国务院	价格过高、上涨过快、供应紧张的地区，商业银行可暂停发放购买第三套及以上住房贷款；对不能提供1年以上当地纳税证明或社会保险缴纳证明的非本地居民暂停发放购买住房贷款
2010年4月27日	《关于加强经济适用住房管理有关问题的通知》（建保〔2010〕59号）	住房和城乡建设部	经济适用住房购房人在取得完全产权以前，只能用于自住，不得出售、出租、闲置、出借，也不得擅自改变住房用途
2010年4月30日	北京出台"限购令"	北京市政府	同一购房家庭只能新购买一套商品住房；暂停对购买第三套及以上住房，以及不能提供1年以上本市纳税证明或社会保险缴纳证明的非本市居民发放贷款。此后，其他一些城市陆续实行了"限购令"

续表

时间	政策或相关文件名称	出台单位	政策主要内容
2010年5月19日	《关于土地增值税清算有关问题的通知》（国税函〔2010〕220号）	国家税务总局	如房企逾期开发缴纳的土地闲置费不得在土地增值税中扣除、土地增值税清算时收入确认的问题等
2010年5月25日	《关于加强土地增值税征管工作的通知》（国税发〔2010〕53号）	国家税务总局	除保障性住房外，东部地区省市预征率不得低于2%，中部和东北地区省市不得低于1.5%，西部地区省市不得低于1%
2010年5月26日	《关于规范商业性个人住房贷款中的第二套房认定标准的通知》（建房〔2010〕83号）	住建部、人民银行、银监会	就商业性个人住房贷款中第二套住房的认定标准进行了明确的规范
2010年6月8日	《关于加快发展公共租赁住房的指导意见》（建保〔2010〕87号）	住建部、国家发改委等七部委	对发展公共租赁住房提出了保障土地供应等相关政策支持，弥补了长期以来"夹心层"住房政策缺位，是解决"夹心层"住房困难的有力举措
2010年9月21日	《关于进一步加强房地产用地和建设管理调控的通知》（国土资发〔2010〕151号）	国土资源部、住房和城乡建设部	企业违约开发土地、因自身原因土地闲置一年的，都将禁止竞买资格
2010年9月29日	《关于调整房地产交易环节契税个人所得税优惠政策的通知》（财税〔2010〕94号）	财政部、国家税务总局、住建部	对个人购买普通住房，且该住房属于家庭（成员范围包括购房人、配偶以及未成年子女）唯一住房的，减半征收契税，等

续表

时间	政策或相关文件名称	出台单位	政策主要内容
2010年9月29日	国家七部委发布房地产调控新政"国五条"	中央人民银行、银监会等七个部委	加大楼市宏观调控的力度；完善差别化的住房信贷政策；调整住房交易环节的契税和个人所得税优惠政策；增加住房有效供给；加大检查力度。其中，暂停发放居民家庭购买第三套及以上住房贷款；首付款比例调整到30%及以上；对贷款购买第二套住房的家庭，严格执行首付款比例不低于50%、贷款利率不低于基准利率1.1倍的规定以及其他相关规定
2010年10月20日、12月26日	两次上调金融机构人民币存贷款基准利率	中国人民银行	先后两次将金融机构一年期存款和贷款基准利率上调0.25个百分点
2010年11月1日	房贷七折优惠利率取消	各家银行	从11月1日起，全面取消房贷七折利率，首套房首付最低30%，利率优惠下限调整为同档期基准利率的85%；二套住房最低首付50%，利率执行同档期基准利率的1.1倍
2010年11月2日	《关于规范住房公积金个人住房贷款政策有关问题的通知》（建金〔2010〕179号）	住建部、财政部、中国人民银行、银监会	套型建筑面积在90平方米及以下的，贷款首付款比例不得低于20%；套型建筑面积在90平方米以上的，贷款首付款比例不得低于30%；全面叫停第三套住房公积金贷款

续表

时间	政策或相关文件名称	出台单位	政策主要内容
2011年1月14日至5月18日	五次上调金融机构人民币存款准备金	中国人民银行	1月20日、2月24日、3月25日、4月21日、5月18日先后五次上调存款类金融机构人民币存款准备金率，每次上调0.5个百分点
2011年1月26日	《关于进一步做好房地产市场调控工作的有关问题的通知》（国办发〔2011〕1号）（"新国八条"）	国务院办公厅	将第二套房的房贷首付从原来的不低于50%改为不低于60%。同时要求各直辖市、计划单列市、省会城市和房价过高、上涨过快的城市，在一定时期内，要从严制定和执行住房限购措施
2011年1月27日	重庆、上海两地房产税试点办法出台	重庆、上海人民政府	重庆对个人拥有的独栋商品住宅、新购的高档住房以及同时无户籍、无企业、无工作的个人新购的第二套（含第二套）以上的普通住房征收房产税；上海队家庭第二套及以上住房、非本市居民家庭在本市新购的住房征收房产税
2011年2月9日至7月7日	三次上调金融机构人民币存贷款基准利率。同时，个人住房公积金存贷款利率也上调	中国人民银行	2月9日、4月6日、7月7日三次上调金融机构人民币存贷款基准利率，每次上调0.25个百分点
2011年3月5日	2011年政府工作报告提出扩大保障性住房建设规模	国务院	开工建设保障性住房、棚户区改造住房共1000万套，改造农村危房150万户。重点发展公共租赁住房

续表

时间	政策或相关文件名称	出台单位	政策主要内容
2011年3月14日	全国人大十一届通过了"十二五"规划,对提高住房保障水平提出了要求	国务院	健全住房供应体系,加大保障性住房供给,改善房地产市场调控
2011年3月16日	《国家发改委关于〈商品房销售明码标价规定〉的通知》(发改价检〔2011〕548号)	国家发改委	商品房经营者应当在商品房交易场所的醒目位置放置标价牌、价目表或者价格手册;商品房销售明码标价实行一套一标;商品房经营者应当对每套商品房进行明码标价
2011年7月12日	"国五条":房价上涨过快的二三线城市也要采取必要的限购措施	国务院常务会议	严格落实地方政府房地产市场调控和住房保障职责;加大政府投入和贷款支持力度,确保今年1000万套保障性住房11月底前全部开工建设;继续严格实施差别化住房信贷、税收政策和住房限购措施;确保保障性住房用地;规范住房租赁市场,抑制租金过快上涨
2013年2月30日	新"国五条"	国务院常务会议	完善稳定房价工作责任制;坚决抑制投机投资性购房;增加普通商品住房及用地供应;加快保障性安居工程规划建设;加强市场监管

(二）近年来房地产市场宏观调控政策的特点

一个时期以来，为了保障房地产市场的健康运行，我国针对房地产市场的变化，实施了一系列调控政策，总体而言，取得了一定的效果，但也存在诸多问题。

1. 调控政策变化较大

有人将近些年的房地产调控政策形象地比喻为"过山车"、"打摆子"。的确，近些年来调控政策变化比较大，大体上经历了"紧缩——刺激——紧缩"的过程，但政策调整主要是依据经济形势的变化做出的。房地产调控政策的变化大，从侧面也反映出了经济形势的变化比较大。从 2003 年到 2008 年 8 月，这一阶段的房地产政策总体来说是围绕规范市场运行、控制价格过快上涨这一目的来制定的，注重防止因房地产价格过快上涨而引发经济过热现象。政策的重点在于加强房地产开发贷款管理、土地管理，调整住房供应结构，整顿和规范房市场秩序，此时房地产信贷政策和土地政策处于紧缩状态。

到了 2008 年 9 月之后，受世界金融经济危机的影响，我国宏观经济形势出现了较大变化。宏观调控的首要任务从年初"两防"调整为年中的"保持经济平稳较快增长、控制物价过快上涨"，到年底完成了"一保"的方向性转变，即保持经济平稳较快增长。在这种情况下，房地产调整政策发生了较大变化，以前的紧缩信贷政策逐渐松绑，先后五次下调贷款基准利率，降低房地产项目资本金比例，给予房地产商信贷支持，同时也对居民购房在信贷、税收等方面实施了一系列的优惠措施，支持居民购房。

然而，随着经济形势的好转，房价上涨较快，房地产市场出现了过热势头，在这种情况下，房地产政策又一次实现了较大转变。先后 11 次上调准备金率、5 次上调金融机构人民币存贷款基准利率，收缩信贷，取消房贷七折利率，提高购房首付比例，而且政策一次比一次严厉，一些城市甚至发布了"限购令"，将紧缩的调控政策推向了高峰。

2. 调控政策的协调性有一定增强

调控政策的系统性、协调性增强主要表现在调控手段的运用上，不仅反映经济、行政和法律三大手段之间的协调性增强，也反映在其内部调控手段协调性的增强。不同层面、不同手段的调控政策结合在一起，逐渐形成了较为系统的调控政策体系。

首先，从经济、行政和法律三大手段之间的搭配来看，我国逐渐从以行政手段为主逐渐过渡到经济、行政和法律三大手段协调搭配，更加注重经济政策的运用。2003年到2005年我国的房地产调控主要是以行政手段为主，无论是在加强房地产开发贷款管理，提高项目自有资本金，还是在加强审批，改进规划管理，调控土地供应，严格控制土地供给总量，都带有浓厚的行政色彩。到2007年，我国在适当采用行政手段的基础上，更加注重经济和法律手段的运用。例如，从2007年3月18日至12月21日，央行已连续进行6次加息；2007年1月5日至12月8日，央行先后十次上调存款类金融机构存款准备金率；2010至2011年又11次上调准备金率、5次上调金融机构人民币存贷款基准利率，并采取了一系列的税收手段；采取法律手段规范市场秩序，打击开发商的不法行为等。2010年以来，在经济手段效果不是很明显的情况下，以"限购令"为代表的行政手段又再次发挥了重要作用。

其次，从调节手段的内部来看，协调性的增强主要体现在经济手段内部。在本世纪初的前几年，我国房地产市场调控中的经济手段主要依赖于金融政策，而且金融政策的重点主要放在信贷规模控制上。例如，在房地产开发企业申请银行贷款时，对其自有资金规模的规定以及适时调整项目资本金比例。随着调控的进行，金融手段不断完善，存款准备金率、人民币存贷款基准利率等手段成为主导。与此同时，财税政策也逐渐走向前台，发挥了积极的作用。例如，在控制房价时，采取征收契税、个人所得税、营业税等；而刺激房地产市场时，则通常采取减税政策。这样逐渐形成了以金融与财政为主的经济调控政策体系，对于经济手段的运用也不在仅仅依赖某一项政策，而是各种政策搭配使用，协调性有所增强。

3. 调控政策的针对性也有增强

近几年来，我国在房地产调控方面一个明显的进步就是调控政策的针对性增强，改变了调控之初"一刀切"的状况，这主要体现在四个方面：一是需求调节的针对性增强。为了控制投资和投机需求,实行了差别化的信贷和税收政策。例如,2010年9月对房贷做出规定:暂停发放居民家庭购买第三套及以上住房贷款;首付款比例调整到30%及以上;对贷款购买第二套住房的家庭,严格执行首付款比例不低于50%、贷款利率不低于基准利率1.1倍的规定以及其他相关规定。二是供给调节的针对性增强。不仅调节商品房供给,而且加大保障房供给,出台了诸多相应的调节政策。三是区域调节的针对性增强。2010年4月"国十条"出台,对区域房地产政策提出了一些的要求,例如:价格过高、上涨过快、供应紧张的地区,商业银行可暂停发放购买第三套及以上住房贷款;对不能提供1年以上当地纳税证明或社会保险缴纳证明的非本地居民暂停发放购买住房贷款。北京率先出台了"限购令",此后深圳、厦门、上海、广州等多个城市陆续公布限购令。四是人群调节的针对性增强。实际上,这一方面是与其他三个方面紧密结合的。人群调节主要分为两个层面:一个是针对有能力购买商品房的群体,针对这部分群体购买住房的数量情况,采取差别化的税收、信贷政策;另一个是针对低收入者和"夹心层"等购房困难的群体,则采取优先供应土地、资金扶持、税收优惠、贷款贴息等方式,促进廉租住房建设、经济适用住房建设、棚户区改造和公共租赁住房建设,使低收入者和"夹心层"等购房困难群体的住房条件有了很大改善。

(三)近年来房地产市场宏观调控政策效果

1.房地产市场宏观调控政策取得的主要成果

通过近几年的房地产调控实践,不仅在一定程度上改善了居民的居住条件、保障了宏观经济的稳定发展,而且还明确了调控的思路,使调控手段使用更加娴熟、更趋合理。

(1)调控思路逐渐明确

在调控之初,为了稳定房地产市场,我国实施了以控制开发规模为目标的供方调控政策,以改变固定资产投资过热的状况,抑制房价上涨的势头,政策重点是围绕房地产开发的信贷资金和土地管理展开。虽然在控制开发规模上起到了一定的作用,却没能解决房价上涨问题。于是政策重点开始转向严格控制被动性住房需求、引导居民合理消费预期、调整和改善住房供应结构,打击投机性购房等房地产交易行为。然而,房价依然居高不下,并且引发低收入者住房困难问题。在这种情况下,调控的思路和政策的重点逐渐明确,即:一方面抑制投资投机性购房需求,规范房地产市场运行;另一方面,继续支持居民自住和改善型住房消费,着力解决低收入者和"夹心层"的住房问题。2007年8月13日国务院公布了《关于解决城市低收入家庭住房困难的若干意见》,将解决低收入家庭住房困难纳入房地产调控目标之中,标志着房地产调控的思路开始出现转变。此后,国务院及有关部分出台了《经济适用房管理办法》、《廉租住房保障方法》、《经济适用住房开发贷款管理办法》、《关于廉租住房、经济适用住房和住房租赁有关税收政策的通知》等政策,旨在通过加快建立梯级住房保障体系,多渠道解决城市低收入家庭住房困难问题,实行住房分类供应体制。2011年政府工作报告提出扩大保障性住房建设规模,开工建设保障性住房、棚户区改造住房共1000万套,改造农村危房150万户。"十二五"规划提出建设住房供应体系的目标,即:"立足保障基本需求、引导合理消费,加快构建以政府为主提供基本保障、以市场为主满足多层次需求的住房供应体系。对城镇低收入住房困难家庭,实行廉租住房制度。对中等偏下收入住房困难家庭,实行公共租赁住房保障。对中高收入家庭,实行租赁与购买商品住房相结合的制度。建立健全经济、适用、环保和节约资源的住房标准体系,倡导符合国情的住房消费模式。"这标志着我国调控政策思路得到进一步完善。

(2)一定程度上保障了宏观经济的稳定发展

自2003年至2008年,我国的宏观经济运行正处于经济周期的上升阶段。随着经济增长速度的提高,引发了宏观经济局部出现过热现象。为此国家实施了一系列的以控制投资为重点的宏观调控政策,其中包括对房地产市场调控。进入2008年之后,国内外一系列不利因素的影响下,上半年我国经济增速有所放缓,GDP增长率出现了自2007年第二季度以来连续第四个季度下降的局面。2008年9月,世界金融危机逐渐出现失控局势,导致多间相当大型的金融机构倒闭或被政府接管,我国宏观经济面临的困境增加,特别是出口环境进一步恶化,"入世"七年来增长速度首次低于 20%。面对这种宏观经济形势，宏观调控的首要任务从年初"两防"调整为年终的"一保"，即保 8% 的 GDP 增长率，并实施了包括促进房地产发展等一系列的调控措施，使当年的增长率达到 9.6%。总体来看，我国一系列的房地产调控政策，对于促进宏观经济稳定发展，避免经济出现大起大落起到了积极作用，2003 年至 2010 年我国 GDP 年均增长 10.2%。

表 6-6 2003—2010 年我国 GDP 增长状况

2003 年	2004 年	2005 年	2006 年	2007 年	2008 年	2009 年	2010 年
10.0%	10.1%	10.4%	11.1%	11.4%	9.6%	9.1%	10.4%

（3）普遍改善了居民住房条件

我国以廉租住房、经济适用住房等为主要形式的住房保障制度初步形成，有效改善了居民住房条件。据有关资料显示，"十一五"期间，全国 1140 万户城镇低收入家庭和 360 万户中等偏下收入家庭住房困难问题得到解决，累计完成北方既有居住建筑供热计量和节能改造 1.67 亿平方米，城镇化水平为 46.59%，比"十五"期末提高了 3.6 个百分点。2010 年全国各类保障性住房和棚户区改造住房已经开工 590 万套，基本建成 370 万套，农村危房改造已开工 136 万套，基本竣工 108 万套。2010 年底，全国城市人均住宅建筑面积约 31.6 平方米，农村人均住房面积 34.1 平方米，比 2002 年分别增长了 29% 和 28.7%。与 1978 年城市人均 6.7 平方米和农村人均 8.1 平方米相比，则分别增长了 4.7 倍和 4.2 倍。

（4）调控手段使用逐步丰富

从单纯的依靠行政手段，到现在已经形成了经济、法律、行政手段相互搭配的调控体系，可以根据住房的性质和人群特点，进行选择使用调控手段，实行差别化的调控政策，增强了调节的针对性，使房地产宏观调控的水平进一步提高。尽管最近的"限购令"饱受质疑，有人认为这是房地产调控甚至市场经济的倒退，但不管如何质疑，"限购令"在对房价上涨的控制上还是起到了非常重要的作用。

2. 房地产市场宏观调控政策存在的主要问题

虽然房地产调控政策取得了一定成效，但也存在的诸多问题，这主要表现在以下三个方面：

（1）房地产市场价格仍在高位运行，一些城市房地产泡沫严重，但同时出现"冰火两重天"的分化

除了在 2008 年下半年至 2009 年上半年这一段时间之外，在其他时间房地产市场调控的重心在于控制房地产价格。然而，尽管采取了种种调控政策，房地产市场价格仍居高不下，即使在号称"史上最严厉的房地产宏观调控"的 2010 年，房价依然不断上升，地王不断出现，一度出现了"越调控、越疯狂"的状况。

如图 6-1 所示，自 1998 年以来，除 1999 年房价受政府大量推出经济适用房和 2008 年受金融危机的影响外，我国的商品房平均销售价格一直呈上升的趋势，由 1998 年的每平方米 2063 元上升到 2010 年 1-10 月份的 5107 元。其中，涨幅最大的为 2009 年。2009 年全国商品住宅房价止跌上扬，全国商品房均价达到 4695 元/平方米，比 2008 均价上涨 23.6%，超过了 2004 年 17.8% 的涨幅，成为十年来房价的最大增幅。

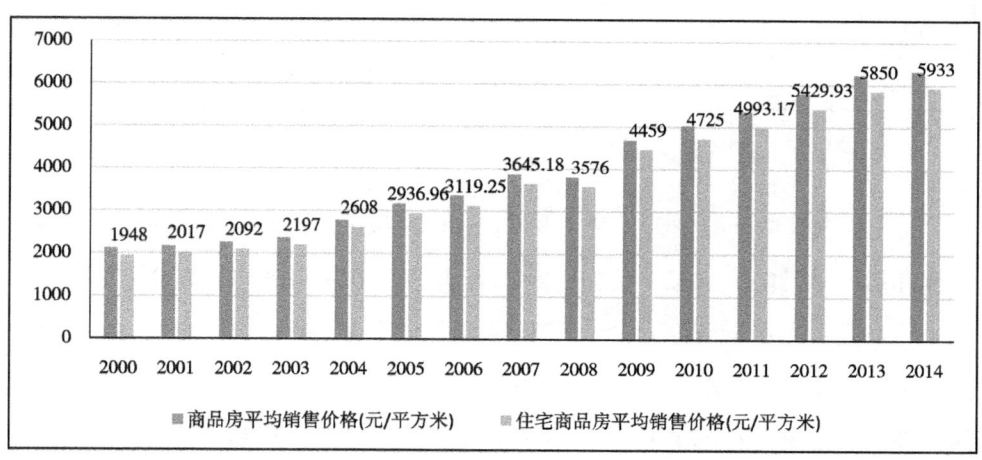

图 6-1　2000-2014 年全国商品房和住宅商品房平均销售价格

表 6-7　1998-2010 年商品房平均销售价格及增幅

年份	商品房 平均销售价格（元/平方米）	增幅（%）	住宅商品房 平均销售价格（元/平方米）	增幅（%）
1998	2063	3.30%	1854	
1999	2053	-0.48%	1857	0.16%
2000	2112	2.87%	1948	4.90%
2001	2170	2.75%	2017	3.54%
2002	2250	3.69%	2092	3.72%
2003	2359	4.84%	2197	5.02%
2004	2778	17.76%	2608	18.71%
2005	3168	14.04%	2937	12.61%
2006	3367	6.28%	3119	6.21%
2007	3864	14.76%	3645	16.86%
2008	3800	-1.66%	3576	-1.90%
2009	4695	23.55%	4459	24.69%
2010	5032	7.18%	4725	5.97%
2011	5357	6.46%	4993	5.68%
2012	5791	8.10%	5430	8.75%

资料来源：根据国家统计局数据库整理而得

由于我国区域差异较大，仅从平均销售价格状况不足以反映出一些城市房价上涨和居民承受能力情况。例如，2010 年北京市商品房平均销售价格为每平方米 17782 元，比上年上涨 11.5%，其中新建住宅上涨 18%。再以房价收入比来分析北京市居民承受能力情况。根据北京市统计局资料表明，2010 年度北京市城镇居民人均可支配收入 29073 元，如果一个家庭按两个收入成员计算则年均收入为 58146 元，如以 80 平方米计算，房屋的价格为 1422560 元，则北京市房价收入比

24.5∶1，远远超出普通人的承受能力，而目前国际比较通行的观点则认为，房价收入比的合理区间在 3∶1~6∶1 之间。

与房价居高不下伴随而行的是地价的凶猛上涨。以北京市为例，近些年的土地交易价格不断上涨，地价记录经常被刷新，"地王"频现。2009 年 6 月 30 日，北京朝阳区广渠门 15 号地块被"黑马"方兴地产以 40.6 亿元天价拍下。2010 年"两会"结束后的第一天，北京土地市场涌现出三个新"地王"，即：3 月 15 日，北京大望京村一号地块，被远洋地产旗下公司 40.8 亿元拿下之后，很快中信地产以 52.4 亿竞得亦庄地块，而当天下午中国兵器装备集团公司旗下的房产公司以 17.6 亿元竞得海淀区东升乡居住、商业项目用地，折合楼面价 3 万元/平方米，刷新了 2010 年的单价"地王"。在上海、广州、深圳、杭州、大连、南京、厦门等城市也都出现了"地王"。这些"地王"的频频出现，给整个房地产市场的健康发展带来了不利因素，推动了房价的进一步上涨。

表 6-8 2005—2010 年北京市土地交易价格指数（上年=100）

2005	2006	2007	2008	2009	2010
103.8	105.2	109.4	111.6	104.0	115.9

资料来源：《北京统计年鉴（2011）》

2014 年，国内主要城市房价则出现了明显的回调与分化，甚至有人惊呼有"崩盘"危险，个别城市如温州等，确实房价表现为一落千丈式急跌。但总体客观评价，需特别注重回调中的分化。一线城市，特别是一线城市的中心区，房价抗跌能力明显高于其他地方，2015 年后首先重拾升势。再其后，有深圳、上海、北京等地的新一轮房价猛涨。2016 年下半年，在中国三四线城市房市仍低迷、"去库存"压力沉重的同时，却出现了一线、二线城市带动下部分"2.5 线"城市（如合肥、珠海等地）也加入房价飙升行列的问题，又引起了明显的社会焦虑，甚至有部分城市出现与购房相关的"离婚潮"等社会问题。严格的"限购"、"限贷"等措施又在各地纷纷推出。

(2) 房地产供求矛盾未得到有效解决，尚未形成完善、稳定的调控机制

虽然调控思路逐渐明确，但仍未形成较为完善、稳定的调控机制。主要表现在两个方面：一是调控政策主要是针对短期市场供求状况而实施的，缺乏长期的稳定的制度安排，不利于形成一个合理的市场预期；二是调控手段的运用存在一些不合理、不匹配的现象，例如，过度依赖行政手段，使政策的"后遗症"较多，不利于长期房地产市场的发展，并且有时会出现政策冲突的现象。

(3) 房地产市场运行仍不规范

房地产市场运行仍不规范，主要表现在四个方面：

①市场主体资格的不规范。

巨大利润空间引发"房地产热"，诱使大批不具备资质条件的企业纷纷涉足房地产，致使市场主体资格参差不齐。例如，一些房地产开发企业规模较小，组建的时间短，资质较差，有的企业甚至只有几个低级技术人员；有的企业因项目临时成立，无经营场所，无充足资金，内部管理不规范；还有的企业属于没有主体资格的"黑企业"。由于种种利益驱动，在房地产开发中存在着超越本身资质能力、无资质开发等问题，导致开发的专业化程度和标准化程度较低，竞争力较弱，难以形成规模。再加上一些企业虽具有相应的资质条件，但由于缺乏内部管理，从而产生许多安全问题。例如，在我国许多地方都出现了所谓的"楼倒倒"、"楼歪歪"、"楼脆脆"、"地陷陷"等。这些问题的出现，虽然与地质条件有一定的关联，但开发企业的管理不善、内部控制不规范也是一个重要的原因。

②市场主体的非理性。

我国房价的上涨，并非真实地反映了房地产市场的合理性需求与供给状况，在一定程度上反映了市场主体的非理性。在房价上涨的预期下，导致了消费者和开发商的非理性行为，从而进一步推动了房价的上涨。对于消费者而言，其非理性主要表现在两种情况：一是消费心理不成熟，缺乏对相关知识和信息的了解，受从众心理的影响以及一些宣传的误导，容易跟风提前购房或超越自身消费能力而购房；二是投资投机心理较重，出现了大量的靠倒卖房屋、赚取差价的"房虫"，导致投资投机需求旺盛。在一些大城市，拥有多套住房的人不在少数，有的甚至拥有一、二十套住房，投机行为盛行。对于开发商而言，其非理性主要表现在高价购地和用地上。虽然从企业和个人角度而言，这种追求利益最大化的行为也许是合理的，但从整个房地产市场而言，就会出现"合成谬误"，即：导致许多地方的炒楼、炒土地的情况较为严重，致使市场运行出现混乱无序的局面，催生了房地产的泡沫。

③市场主体行为的不规范，这主要表现在以下几个方面。

一是土地交易行为不规范。例如，在农地征用方面，随意解除农村承包合同，以较低的补偿标准强制性征用农民承包的土地，致使农民没有充分享受土地增值带来的收益；一些单位和个人以各种名义，采取未批先用、多征少用等手段大规模圈地；在城区改造、拆迁等方面，通过不合理的拆迁计划和拆迁补偿标准，以低廉价格获得土地使用权，有的甚至采取暴力手段，摧毁居民房屋设施，实行强制拆迁；在土地使用权出让、转让方面，一些企业或个人利用土地招拍挂政策的缺陷，通过各种特殊关系，以假招标、协议等暗箱操作方式低价取得土地使用权，或对批文、立项批准书、许可证等资料和资格进行炒卖，哄抬地价。在土地使用方面，一些企业大量囤积土地，购而不用，或者擅自改变土地用途，致使土地使用不规范。

二是房地产开发行为不规范。例如，在规划设计上，随意改变原定方案；在工程发包上，有资质和无资质者同轨经营，一些不具备开发资质的小企业利用各种关系参与开发建设；在建筑施工中，更改设计方案，使用假冒伪劣材料，偷工减料，违规建设；在工程监理上，有关部门的监管形同虚设，使一些不合格工程蒙混过关。

三是房地产销售行为不规范。一些开发商利用标价混乱、信息不透明、价格欺诈、制造虚假信息等方式哄抬房价，牟取暴利。一些开发商随意提价，造成部分楼盘出现"一月一价"、"一日一价"。有的开发商在未取得预售许可的情况下，擅自进行预售，或者通过认购、预订、排号等方式，向购房人收取或变相收取定金。此外，还存在建筑面积"缺斤短两"、产权不清晰、一房多售等不规范的销售行为。

四是房地产信贷行为不规范。在开发融资上，一些开发企业通过假按揭等方式套取或骗取银行贷款，或通过包装上市、做假账、炒作股票等方式在资本市场上融通资金。在消费信贷上，一些购房者通过开具假收入证明，进行远超过自己承受能力的抵押贷款购房，或通过假按揭、重复抵押等方式骗取银行贷款，进行投机性炒房。

五是房地产中介行为不规范。例如，评估行为不规范，评估结果以满足委托评估单位的需求为主，缺乏客观性；一些中介公司缺乏诚信，隐瞒重要信息，发布虚假广告，欺骗消费者，赚取不正当差价，损害相关当事人的利益，有的甚至参与炒房。中介行为的不规范，除了监督、处罚机制不完善之外，还与中介服务体系发展不平衡有关。

④房地产市场监督体系不完善、法律约束不力。

监管约束和法律约束是市场正常运转的必要条件，然而我国当前房地产市场存在着监督体系不完善，法律体系不健全，致使监管约束和法律约束不力。

一是监督体系不完善，监管约束不力。一个完善的监督体系，应该监督主体健全、内容全面、方法有效，是包括资质审查、准入监管、质量监管、销售监管等在内的全方位监管体系，但我国目前的监管体系存在很多问题。例如，从监管主体角度而言，在横向上看，由于房地产环节较多，监管职责分散于政府各职能部门，容易造成职能交叉、职责不清，一些部门在制定调控政策时，仅从本部门去考虑，而没有从整体角度出发，造成出台的政策相互矛盾，削弱了调控力度；从纵向上看，中央与地方之间的监管职责也划分不清，造成了监管不力。从监管的方式上而言，当前使用的"以罚代管"的市场监管方法，是造成众多问题的一个重要原因。以罚代管，最大的问题在于企业违规成本过低，导致产品质量伪劣、销售欺诈等问题。例如，对于商品销售不明码标价的，罚款的最高限额为5000元，相较于房屋销售的高额利润，这样的处罚明显力度不够。

二是法律体系不健全，法律约束不力。例如，在土地市场，对于土地收购、储备及其具体的操作方法，并没有确切的法律依据，土地补偿也缺少法律规范，强制性的征用和按照农产品的产量或收益进行补偿的不合理的方式，极大损害了农民的利益。在产权市场，没有明确的法律规定在私有房屋所有人享有完整的房屋所有权的期间，保护期土地使用权，也未对国家行使土地所有权进行较清晰的必要限制。在销售市场、中介市场和房产信贷市场，都普遍存在法律和制度不健全的问题，现有法规的广度和深度还不能满足实际需要，造成了房地产市场的种种隐患和问题。

二、影响我国房地产调控效果的主要因素

房地产宏观调控的效果，不仅取决于政策的目标、内容以及实施的时机、方式，而且还受房地产市场状况、利益分配与博弈机制、相关宏观经济形势与政策以及基础信息等诸多方面因素的制约。

（一）房地产市场机制的缺陷

房地产市场既是调控政策的作用客体，又是政策实施的传输渠道。房地产市场的状况，必然影响调控政策的有效性。从现实情况来看，我国房地产市场存在的一些内在缺陷制约了房地产政策效果的发挥。这些缺陷，既有与其他国家和地区房地产市场相同的属于共性的缺陷，也有属于我国所特有的缺陷。

从共性方面而言，房地产市场普遍存在垄断性和信息不充分。这在很大程度上是由于房地产这一商品的独特属性所决定。房地产商品具有不同于一般商品的特性。首先，它具有固定性，很难像其他可以自由流动的商品，从一个地方流动到另一个地方。这也就意味着无法通过房地产的区域流动来调节市场供求。由于一个区域土地的数量是固定的，从而决定了房地产市场是一个具有区域性较强、带有垄断性特点的市场。其次，它具有异质性。在一个区域很难找到两块相同的土地，房地产具有位置上的独占性和空间上的排它性，因而使房地产产品具有天生的差异性，在一定程度上消费者很难找到能够完全替代的房地产产品。这一特征决定了房地产市场属于一个产品差异市场。此外，由于房地产开发投资大、回收期较长，进入这一市场门槛相对较高，因而容易形成垄断。上述这些特性，决定了房地产市场既是一个地域性的分散化市场，也是一个信息极不完全、具有垄断性质的市场。此外，由于搜寻成本、搬迁费用等交易费用较大，市场供求双方都有大量代理机构，导致竞争也是不完全的。这为房地产商通过相互之间的合谋、影响市场博弈、操纵房价牟取暴利提供了可能。

从特性方面而言，由于我国的房地产市场建立的时间较短，具有明显的不完

善、不成熟的特征，与上面分析的共性特征相叠加，从而使已有的垄断性和信息不充分更加突出，市场竞争更加不充分，房地产价格更易偏离完全竞争市场下的均衡价格。同时，由于城镇化进程的加快、居民住房质量的改善、耕地的保护等我国现代化发展中不可避免的状况，使房地产市场供求问题变得更加复杂。加上权力寻租、虚假宣传等不正当竞争因素，常常使价格偏离正常的市场供求关系。

房地产市场的内在缺陷，一方面，需要政府对其干预和调节，另一方面，又增加了政府对其调控的复杂性和难度，成为影响调控效果的一个重要因素。由于垄断性和信息不充分，使房地产调控政策在制定和实施过程中，来自市场各方面的干扰，使其方向和力度都受到不同程度的影响，调控的效果容易被削弱甚至抵消。

（二）利益分配与博弈机制的扭曲

在市场经济条件下，一个充分竞争、机制健全的市场是市场主体之间利益分配与博弈的基本渠道。在房地产市场中，存在消费者、开发商、政府以及金融部门等在内的诸多利益主体。这些利益主体之间为了追求各自利益，进行相互博弈。这种利益博弈和分配状况，决定着房地产市场发展的健康程度。由于我国房地产市场存在的垄断性、信息不充分等内在缺陷较为突出，致使利益分配与博弈机制产生扭曲。其中，一个较为突出的表现就是：一些地方政府与开发商之间在博弈与合谋中形成利益共同体，推动了房价的上涨，以片面实现各自的利益，即开发商追求利润、地方政府追求推升土地出让金和税收等。这种合谋不仅表现在开发商与政府之间，有时也表现在开发商之间，如形成价格攻守同盟。而消费者作为利益相关的另一方，由于其力量分散而薄弱，在博弈中明显处于弱势地位，很难与房地产商进行讨价还价，更多只能是被动的接受市场价格，从而使我国的房地产市场表现出卖方市场的特点。

房地产宏观调控政策不可避免的引起市场主体之间利益分配的调整，因而各方对待调控政策的态度和方式也就不同，进而影响调控效果。首先，地方政府对中央调控政策的态度和响应程度将直接影响调控效果。在房地产宏观调控中，中央政府与地方政府的目标明显不同。中央政府基于全国经济稳定和民生等诸多考虑，必须对房地产市场实施调控，而这些调控政策最终要影响地方财政收入。为了减少这种影响，一些地方政府可能会对宏观调控抱有不情愿、不合作的态度，采取私下抵制或变通等方式，以维护地方的短期利益，从而使调控政策的效果大打折扣。其次，开发商更是采取种种措施，抵消调控政策的影响，以维护自身利益的最大化。一方面，采取极端化的宣传，制造舆论错觉，影响政策制定者的判断和消费者的预期。例如，"房地产价格下跌将重伤国民经济"、"房价下跌引发金融动荡和危险"等说法并未给出"下跌"的数量概念，却给人"以楼市绑架国民经济"之感，干扰宏观调控政策的制订和执行，宣扬"调控政策必然带来下一轮楼市暴涨"等，加上一些媒体的推波助澜，影响和改变消费者预期；另一方面，采取游说、抵制、变通等手段，以便绕过或规避调控。在宏观调控实践中，一度出现"中央政府虽然一直在推出各种调控政策，然而房价却仍然持续走高"的"空调"现象，虽然这与供求失衡有很大关系，但利益分配与博弈机制扭曲的影响也不可忽视。

（三）房地产调控政策的内在不足

房地产调控政策的针对性与合理性，是决定政策效果的重要因素。从我国调控实践来看，调控政策本身存在一些问题，制约了调控效果的发挥。

一是房地产调控目标一度较为模糊，留给人们解读的空间很大。虽然在每个调控政策相关文件里都提到了调控的目标，但在表述上有的却不是很清晰，给人预留了想象空间。例如，2006年5月17日的促进房地产业健康发展的六项措施（"国六条"），将政策的主要目标定位于"解决部分城市房价过快上涨"，但对于何谓"过快上涨"没有给出明确的界定，某种程度上会给消费者和开发商带来房价还要继续上涨的暗示，对市场预期起到逆向调节。再如，最近在调控目标上提出"促进房价合理回归"，但"回归"到何种程度才算"合理"并没有一个明确、统一的界定。目标的不明确，不仅使政策在执行上留下了较大的弹性空间，而且可能产生相反的预期，从而影响调控的效果。

二是政策的差异化和灵活性相对不足。由于我国幅员广阔，经济发展很不平衡，不仅区域状况差异很大，而且人群收入水平的差距也比较大，因此，房地产市场发展呈现明显的地域特征，并且人群之间的住房需求和购买能力差异较大。这就需要采取差异化和灵活性的房地产调控政策。然而，2010年之前的房地产调控政策，大都未对人群、区域状况做明确的细分，而大体呈现全国整齐划一的特点，导致调控的针对性不强。2010年，实行了差别化的信贷和税收政策，使政策的差异化和灵活性得到明显改善。例如，2010年9月暂停发放居民家庭购买第三套及以上住房贷款；首付款比例调整到30%及以上；对贷款购买第二套住房的家庭，严格执行首付款比例不低于50%、贷款利率不低于基准利率1.1倍的规定以及其他相关规定。同时，也针对人群和区域的状况，出台了一些差异化的措施。这些政策对于控制房价上涨、改善低收入者的住房条件发挥了积极作用。但目前调控政策的差异化和灵活性仍相对不足，如一些政策在抑制住房投机行为的同时，对改善型住房需求也产生抑制效应。

三是调控手段的运用存在一些不合理、不匹配的现象。其一，有时可能出现政策冲突的现象。例如，抑制过热投资、控制土地的政策措施，在一定程度上又与抑制房价的目标相矛盾。其二，调控方式过多依靠行政手段。虽然近几年来我国的房地产调控方式有了很大的变化，经济、行政和法律三大手段之间的协调性增强，但仍过多依靠行政手段，特别是饱受诟病的限购政策。虽然这是特定时期出应对于房价持续过快上涨的无奈之举，但也带来诸多弊端。例如，一些人质疑限购是向计划体制回归，限购不能真正调节供求失衡的状况，只是把"火山口"暂时捂住，这是有一定道理的。其三，部门调控政策之间的协调性需要增强。由于各个部门的政策导向不尽相同，导致一些政策无法发挥合力作用，甚至出现相互掣肘。

四是调控手段稳定性不够、长效机制缺失，治标之举反复"打摆子"式运用、治本之举即配套改革攻坚克难的制度建设却迟迟未能跟上。高水平的调控理应"标上兼治"，但"治本为上"。虽然宏观调控政策主要是针对短期市场供求状况而实施的，但如果缺乏长期的稳定的制度安排，就很难形成一个合理的市场预期，特别是由于我国的房地产市场存在诸多缺陷，倘若仅依赖某一个调控政策，很难解决房地产市场中存在的深层次问题。例如，目前在房地产保有环节显然就缺少一个像房产税这样具有长期、稳定调节功能的制度手段。

（四）从众心理的驱动

消费者在市场中做决策时，不仅要取决于以信息为基础的理性计算，而且受自身的情感、意志、偏好以及外部环境等诸多因素的影响。由于房地产市场存在较为普遍的信息不对称，加上一些消费者对信息识别和分析能力不足，较易产生从众心理，致使其决策受周围其他人的行为影响较大。他们往往根据其他消费者的行为对市场预期做出判断，并采取类似的行动，从而导致了从众行为。从众心理和从众行为往往导致非理性的消费行为，这种非理性主要表现为买房的盲目性和冲动性。从众心理的非理性程度的大小，与房地产市场的发育程度呈正相关。越是机制不健全的房地产市场，越容易引发这种非理性、不成熟的消费行为。由于我国房地产市场起步较晚、发育不健全，一些消费者的消费心理还不成熟，因此，存在着大量的非理性行为。例如，买涨不买跌，房价越是上涨，越是疯狂抢购。市场上下波动中，各地还屡屡出现"房闹"现象。

这种非理性、不成熟的消费心理和消费行为引发的盲目驱动或无节制的冲动，不仅给房地产市场运行带来较大的负面冲击，造成房地产价格的大幅上升，而且削弱了房地产政策调控的效果。特别是在开发商有意识的引导下，加上一些媒体不负责任的推波助澜，使调控政策无法形成稳定的预期，调控效果被削弱。

（五）宏观经济形势的扰动及相关政策的外部冲击

房地产调控政策作用于一定的宏观经济环境中，必然受环境变化的影响。环境变化，不仅可能会影响调控政策的传导机制，而且因其他目标而实施的一些相关宏观政策，可能会增加对房地产市场的扰动性，从而削减房地产调控政策的作用。因此，房地产调控政策的效果，不仅取决于政策本身，而且受宏观经济形势和相关政策的影响也较大。

1. 宏观经济形势变化导致的扰动性

近几年来，宏观经济形势变化导致的扰动性主要表现在三个方面：一是经济增长速度的波动而带来的扰动。促进经济增长、保持宏观经济稳定，一直是我国宏观调控的主要目标。当经济出现过热的情况下，政府一般会采取控制投资规模、收缩银根等紧缩性政策进行调节。当经济增长放缓、经济出现疲软的情况下，政府又会采取一定扩张性政策应对。这两种情况都会给房地产市场及其调控政策带来影响。例如，2009年和2010年房地产价格的快速上涨，以及调控政策的乏力，就与宏观形势的变化密切相关。二是通货膨胀的扰动。首先，通货膨胀会诱发建筑材料和劳动力成本的上涨，导致房屋建造成本增加，进而推高房屋销售价格。在通胀情况下，会削弱调控房价政策的效果；其次，通货膨胀带来消费预期的变化。在通胀情况下，面临资金贬值的风险，人们为了保值增值的需要，在没有更好投资渠道的情况下，会增加对房地产投资的需求，增加了调控房价的难度；此外，通货膨胀还会对供给的数量产生影响，带来政策调控的扰动性。三是人民币升值预期带来的扰动性。人民币升值的预期，使房地产成为内外资热钱的追逐对象，进而诱发更多的投资和投机性需求，增加了调控的复杂性。此外，收入差距的拉大、财富分配制度的缺陷，也给房地产调控政策的实施带来一定的扰动性。

2. 相关政策的外部冲击

实际上，与经济形势的变化相随而行的是相关宏观政策的实施和变化。一些政策的实施和变化，对房地产调控政策形成了外部冲击，从而削弱了调控效果。在这些政策冲击之中，影响最大的来自两个方面：一是货币政策的冲击。这主要表现在宽松的信贷条件、货币的快速增长以及实际负利率等方面。自2003至2008年9月份，这一阶段我国实行紧缩的货币政策，防止通货膨胀和经济过热是主要基调。全球金融危机给我国带来短期冲击，2008年9月份之后，我国的货币政策由紧缩转为极度宽松，放宽了信贷条件。例如，将商业性个人住房贷款利率的下限扩大为贷款基准利率的0.7倍；最低首付款比例调整为20%。在货币的增长方面，货币和准货币（M2）的数量由2000年的134610.3亿元上升到2011年的851590.9亿元，增长了 5.3 倍；M1 的数量由 2000 年的 53147.2 亿元上升到 2011 年的 289847.7 亿元，增长了 4.45 倍，而这一时期 GDP 则增长了 3.75 倍。M2 的增速明显高于 GDP 和 CPI 之和。2011 年，M2 的数量是 GDP 的 1.8 倍，货币的供应相对于需求显得"过剩"。在缺少其他有效投资渠道的情况下，货币的快速增长以及实际负利率，使大量投资涌向房地产市场，增加了调控的难度。二是耕地保护政策。《国民经济和社会发展第十一个五年规划纲要》将 18 亿亩耕地定位为不可逾越的一道红线。这一耕地保护政策，在开发商和一些媒体的宣传下，引起消费者对房价上涨的预期，削弱了调控政策的作用力度。

表 6-9　2000—2011 年我国货币量和国内生产总值情况

	货币和准货币（M2）（亿元）	货币（M1）（亿元）	GDP（亿元）
2000	134610.3	53147.2	99214.6
2001	158301.9	59871.6	109655.2
2002	185007	70881.8	120332.7
2003	221222.8	84118.6	135822.8
2004	254107	95969.7	159878.3
2005	298755.7	107278.8	184937.4
2006	345603.6	126035.1	216314.4
2007	403442.2	152560.1	265810.3
2008	475166.6	166217.1	314045.4
2009	606225	220001.5	340902.8
2010	725774.1	266621.3	401202
2011	851590.9	289847.7	471564

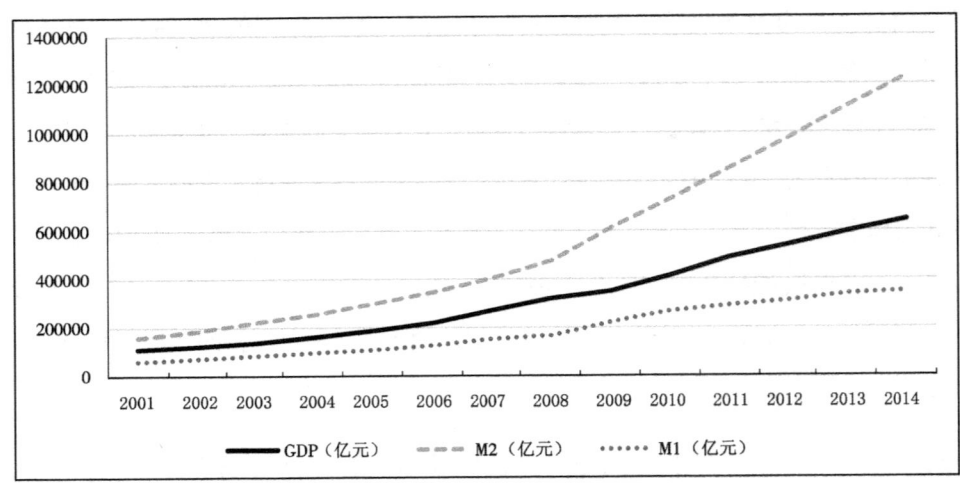

图 6-2　2000-2014 年我国货币量和 GDP 增长情况

（六）基础信息和资料的不完善

信息不仅是房地产市场博弈的基础，也是制定调控政策的重要依据。由于房地产市场普遍存在垄断性和信息不充分，如果缺乏一个全国统一的信息系统，无论是对房地产市场交易，还是对于政策调控，都将产生极为不利的影响。由于信息的不完整，使消费者在市场博弈中处于不利的位置，影响了其对市场状况的正确判断，更容易导致从众行为，引发盲目地抢购商品住房。信息的缺乏，也使政府很难区分改善性需求和投资投机性需求，无法制定更有针对性的调控政策。目前，我国还没有一个统一、规范的房地产市场信息发布平台，各地和各部门之间发布的信息不统一，也不完整，有时出现相互矛盾的情况，不能给政策制定者提供完整而准确的信息，无法使政策更具有针对性。例如，一些调控政策在遏制投资投机性需求的同时，也误伤了一些改善性需求，削弱了政策的调控效果。

三、现阶段我国房地产调控政策潜在风险的判断

判断房地产调控政策潜在的风险，要依据未来政策的走向。政策走向不同，带

来的风险也是不同的。未来房地产调控政策走向及其风险，可以分为两种情况进行分析。

（一）放松现阶段调控政策可能带来的风险

一些观点以继续维持现阶段房地产调控政策将会带来房地产崩盘、金融风险，并导致国民经济硬着陆为由，主张放松调控政策。笔者认为，这种风险的可能性不大。相反，放松调控政策可能会引起房地产价格的报复性反弹，进一步扭曲房地产市场结构，给国民经济和社会运行带来更大的风险。

继续维持现阶段房地产调控政策，使房地产价格适当下降，不会导致严重的银行坏账。据有关统计，2010年我国个人房贷余额为6.2万亿，房地产开发贷款余额为3.13万亿，两者合计为9.32万亿，占金融机构总贷款余额的21%，占中长期贷款余额为32.36%，基本上处于安全范围。与欧美国家不同，我国个人购房首付的比例相对较高，因此，恶意坏账可能性不大。调控政策导致的商品房投资的减少，可以被保障房的投资对冲一部分，减少了对经济的影响。此外，继续维持这种政策，可以使房地产市场的回归理性，形成稳定的预期，有利于形成长远、可持续投资。

如果放松现阶段调控政策，将会给经济社会运行带来诸多较高的风险。首先，由于市场供求矛盾并没有得到根本解决，加上从众心理的影响，将可能导致房价报复性反弹，使前一阶段的调控成果毁于一旦；其次，房价的上涨，将会进一步推动房地产泡沫的膨胀，扭曲房地产价格，更加不利于我国调整经济结构，使国民经济面临硬着陆的风险更大；再次，将会给社会稳定带来负面影响。房价的上涨，将会使消费者对调控丧失信心，进而将导致政府的公信力下降，这不仅不能形成稳定的社会预期，而且会削弱消费者的住房购买能力，一旦保障性住房等工作没有到位，将可能激化民众矛盾，从而演变成一个影响稳定的重要社会问题。

（二）继续维持现阶段调控政策可能带来的风险

虽然继续维持现阶段调控政策使经济硬着陆的可能性不大，但仍可能带来一些风险。

一是经济增长下行的风险。由于现阶段我国房地产投资是支撑经济增长的重要力量,调控政策带来的房地产投资的变化,必然影响经济增长的速度。据统计,2011年,全国房地产开发投资61740亿元,虽然比上年增长27.9%,但增速却回落5.3个百分点。在其他因素不变的情况下,继续维持调控政策所导致商品房投资减少的部分,如果不能完全由保障房的投资所对冲,将会导致经济增长下行。

二是对地方财政带来消极影响。地方财政收入对来自土地出让金和房地产税费的依赖性较大。继续维持现阶段调控政策,必然影响地方财政收入,给地方财政运行带来一定的压力。根据中国指数研究院发布的监测数据显示,2011年全国130个城市土地出让金总额为19052.3亿元,同比减少11%。

三是压制需求,不利于供求矛盾的改善。虽然本轮房地产调控采取了抑制需求和扩大供给"两条腿"走路的调控思路,但在扩大供给政策相对乏力的情况下,遏制需求政策发挥了重要作用。无论是"限购令"的实施,还是首付比例和贷款利率的调整,都抑制了住房的消费行为。虽然这些政策打击了一部分投资投机需求,但也造成了市场配置资源的扭曲,使一些刚性需求无法得到满足。由于一些刚性需求仅仅是被暂时地"冻结",并最终会通过一定的方式释放出来,因此,有可能加剧未来供求矛盾,增加市场的波动性。

四是影响金融秩序的稳定。虽然房地产方面的贷款对于整个金融体系而言处于安全范围,但区域性和结构性差异带来的风险不容忽视。在一些地方,出现个人住房信贷和房地产开发贷款比例过高的问题。再加上由于一些房地产开发商的自有资金所占比例较小,银行贷款所占比例较大,严厉的调控政策可能使其出现资金断裂,从而影响金融秩序的稳定。

五是对城镇化进程、住房改善等方面的影响。城镇化必然以居住的转移为前提。地方政府限制外地人购房在打击投机的同时,也误伤因城市化而带来的真实需求,制约了城镇化推进的速度。同时,限购等调控政策对一些居民住房改善,也将产生不良的影响。

四、消除认识误区，明确调控思路

从当前我国房地产市场来看，调控进入了一个关键时期。防范房地产调控的风险，不仅要着眼于让房价合理回归，而且要立足于经济结构调整这一大背景，使短期的调控和长期的制度建设结合起来，完善房地产市场运行机制，降低房地产调控对经济基本面的冲击，增大结构调整的压力和动力。为此，首先要使住房和房地产业回归本质属性，消除认识误区。

对住房和房地产业性质的认识和定位，不仅影响一些政策设计，而且还影响开发商和消费者的诸多行为特征。例如，2003年将房地产业定位为"国民经济支柱性产业"，使地方政府将其作为促进GDP增长的重要利器，当调控进入控房价和保增长的两难选择之后，促投资、保增长成为逻辑的必然选择；当房地产商认定房地产业对政府至关重要，政府必定出手救市时，便会在以价换量上消极对待；当消费者把住房作为投资品，认为其价格必然上涨时，便会更加容易引发非理性的从众行为。客观上讲，将房地产业视为支柱型产业，对于促进国民经济增长起到非常重要的作用。但经济增长过重依赖房地产业，不符合产业发展的方向，不利于解决经济结构转型和构建创新型国家。

让住房和房地产业回归其本质属性，这不仅是防范风险的前提，也是房地产市场健康发展的基础。住房是一个兼具消费和投资双重属性的特殊商品。土地的相对稀缺性，以及我国庞大的人口数量，特别是我国以住房为基础的"家"的传统文化观念，决定了住房的首要功能在于满足居住需要。如果将过度注重住房的经济属性和投资功能，必然会引发更多的投资投机需求。这也意味着如果任由市场自发调节，必然引起严重的社会问题。从这一角度而言，我国的住房政策带有明显的公共政策的性质。房地产业的基本属性应该定位于满足住房需要的基础产业，而不应定位于过度强调经济功能的支柱产业。只有弱化住房的经济和投资属性，使房地产业回归基础产业属性，才能加快经济转型，逐步摆脱国民经济和地方政府对房地产业的过度依赖，促进经济和社会的良性发展。

总之，为降低房地产调控面临的风险，针对影响政策调控效果的主要因素，今后完善我国房地产宏观调控政策的基本思路是：从近期看，回归住房和房地产业本质属性，增强政策明确性和稳定性，形成稳定的市场预期，削弱市场非理性冲击，在保持当前调控主体基调不变的情况，依据宏观经济形势的变化和区域差异，按照差异化和灵活性原则，把握微调时机和力度，增强调节的针对性，并采取堵疏结合的调控措施，逐渐挤出房地产泡沫；从长期来看，与经济结构调整结合起来，进一步规范"保障轨"与"市场轨""双轨统筹"的运行模式，构建一个合理的利益博弈机制，促进调控方式稳步转型，形成稳定的调节机制，解决体制性等深层次问题。

五、完善我国房地产宏观调控政策的具体建议

按照上述调控思路，为进一步提高我国房地产宏观调控政策有效性，需要把握以下政策要点。

（一）加大结构调整力度，纾解"阵痛"，摆脱对房地产业的过度依赖

地方对房地产业的过度依赖，不仅加大了结构调整的力度，而且增加了地方经济运行和财政运行的风险。加强对房地产的调控，从短期来看，将给地方发展带来"阵痛"，但这种"阵痛"是我们长期健康发展必须面对的。为了舒缓"阵痛"，加大结构调整力度，就需要地方拿出决心，加快生产力空间布局的调整，进一步改善中小企业的生产经营的环境，实施创新驱动发展，促使科技成果转化为现实生产力，增强地方发展的动力。特别是要结合后金融危机时代，全球创新密集和产业振兴的特点和趋势，推进工业化和信息化的融合，催生新的发展动能，加快培育新的经济增长点。

（二）增强政策明确性和稳定性，形成稳定的市场预期，削弱市场非理性冲击

近几年来，房地产市场调控遇到的"一调就跌、一跌就放、一放就涨"的怪圈，在很大程度上是由于没有形成政策的稳定性，社会上普遍产生了调控之后房价

必然大涨的心理预期。形成稳定的市场和政策预期，对于遏制投资冲动，防止市场大起大落至关重要。

形成稳定的市场预期，关键在于明确政府的调控目标，保持政策的明确性和稳定性。从我国城镇化进程和住房情况来看，未来的刚性需求和改善型需求依然旺盛。虽然我国的城镇化率已达56.2%，但仍处于高速进程中，必然对城镇住房产生刚性需求。人们收入水平的提高和社会的发展，也将带动大量的改善型需求。因此，从长期来看，城镇住房供求矛盾仍然非常突出。在这种情况下，抑制住房的投资投机不是一时的权宜之计，而应成为长久之策。这就需要政府继续坚定"促使房价合理回归不动摇"和"促进房地产市场长期、稳定、健康发展"的调控目标，并以政策的明确性和稳定性予以支持。目标明确、政策基本方向稳定，就会形成稳定的市场预期，进而改变地方政府、开发商和消费者的一些行为偏差。例如，使地方政府将地方的发展重心逐渐转移到加快转变发展方式上来，而不是过度的追求房地产业的发展；使开发商合理定价并理性参与土地招投标，并形成稳定的投资预期；使消费者的消费更具理性化，消除盲目的从众行为。

对于房价回归到何种程度才算合理，观点不尽相同。有观点提出了两条标准："一是房价与居民的收入相适应，二是房价与成本和合理的利润相匹配。"但我们不能简单照搬国际标准——房价收入比在3-6倍之间为合理区间，来认定我国合理的房价收入比。由于我国的人口众多、土地人均量偏低，我国合理的房价收入比应高于国际标准，并且一线城市和二、三、四线城市之间也应做明显的区分。

（三）按照差异化与灵活性原则，把握微调时机和力度，增强其针对性

为了提高政策调控的有效性，实现调控目标，需要在坚持政策大方向不变的情况下，按照差异化与灵活性原则，依据宏观经济形势和房地产供求关系的变化，对政策进行微调。但对政策微调时，需要把握以下几点：

一是把握好微调的节奏和力度，防止微调演变为普遍调整。当经济增长速度出现明显放缓或下滑时，则要对既有政策进行微调。微调的方式应以适当调整货币供应量为主，慎用大规模、大范围的减税政策。在节奏把握上应兼具科学性和艺术性，切不可轻易释放任何可能被外界误读为房地产调控要松动的信号。否则，将会改变预期，推动新一轮的房价上涨。

二是根据各地情况不同，实行渐进的差异化调整，因城施策。我国的房地产市场发展非常不平衡，供求矛盾存在明显的差异。无论是一线和二线、三线、四线城市之间，还是东部和中西部之间、城市和农村之间，均存在着巨大的差异。这就要求在调控中，对不同城市、不同地段、不同情况要做些区分，不能实行"一刀切"。例如，对北京、上海等房价上涨过快的城市应坚持现有政策不放松，而对于房价上涨缓慢的二线、三线和四线城市采取较为缓和的调控措施。

三是坚持有保有压、区别对待的原则，对不同需求采取不同政策。由于我国房地产市场结构性矛盾较为突出，因此应该实行更为灵活的政策。对于刚性需求，要适当给予政策支持，使其得到合理满足；而对于投资投机需求，则坚决不能放松采取差别化政策、加大投机、投资性购房成本，"寓禁于征"。同时，要防止地方借"鼓励自住需求"为名，变相松动或放宽政策范围，改变调控政策的基本方向。

（四）明确政府责任，规范"保障轨"与"市场轨""双轨统筹"的运行模式

近几年房地产市场调控的一个很大的成果就是逐渐明确了"保障轨"与"市场轨""双轨统筹"的运行模式，但从实践来看，这一运行模式还存在诸多问题，还需要继续完善。

首先，要进一步厘清房地产领域中政府与市场的职能边界，并以法律的形式明确住房体系中政府的职责。通过住房权立法，建立切实可行的住房运行体系，以法律手段明确住房保障的权利义务关系，保障居民的居住权，完善保障房和商品房并存、相互补充的制度，解决不同消费能力的消费者的居住需要。

其次，拓展保障房建设资金来源和供给方式。解决资金来源问题，是保障房政策能否有效持续和落实的关键。为解决这一问题，应积极寻求多元化的资金筹集方式。适当提高土地收益和住房公积金增值收益用于保障房建设的比例，在增加政府投资的同时，可采用公私合作伙伴关系（PPP）等方式，逐步引入民营资金参与。建立支持市场化租赁住房和住房补贴的筹融资体系，拓展资金来源渠道。

再是，加强对保障性住房的规划、管理。由于保障房建设可以对城市空间结构产生长远影响，尤其是影响社区的社会构成，客观上要求加大对保障房建设的规划，防止形成贫富人群泾渭分明的居住区域，从而避免对就业和社会稳定带来消极影响。在管理方面，完善保障房准入和退出机制，严把分配关。加强对保障房申购人的资格审查制度，防止骗租、骗购行为。完善保障性住房准入和退出机制。进一步明确退出条件，及时跟踪掌握保障房居住者收入和生活变化情况，增加退出程序的可操作性，解决保障房"退出难"的问题。

此外，对于"市场轨"，政府则要发挥制度构建、调控和监督职能。以制度建设，建立完善市场运行机制；以宏观调控，稳定市场运行；以强化监督监管，规范房地产市场秩序，严肃查处不正当竞争及有关违法违纪问题。

（五）强化制度建设，构建一个透明、合理的利益博弈机制

构建一个透明、合理的利益博弈机制，既是增强调控政策有效性的必然要求，又是规范相关利益主体的博弈行为、防止催生房地产泡沫、促进房地产健康发展的重要措施。构建一个透明、合理的利益博弈机制，关键在于处理好消费者与房地产商、中央政府与地方政府的博弈和利益分配关系。为此，需要抓好以下两个方面的制度建设：

一是建立健全房地产市场信息披露和监测体系，确保信息公开、透明、完整，阻断房地产商由信息优势到市场力量强势的发展链条，减弱因信息不对称引起的从众行为、开发商合谋等不公平的博弈方式。其一，完善房地产统计制度，建立全国联网的城镇居民家庭住房数据库；其二，建立住房成本监测制度，定期测算并公布商品住房的社会平均成本，提高房价的透明度；其三，改进房价及相关宏观统计指标，避免指标过于笼统，多角度反映不同区域房价变动情况，以使消费者准确、全面地了解房价的真实情况。

二是推动财政体制改革，理顺中央与地方的分配关系，削弱地方政府与开发商利益合谋的动机。完善分税制财政体制，构建起财权与事权相顺应、财力与事权相匹配财税体制。其中，尤为重要的是尽快构建地方税主体税种，完善转移支付制度,使地方有稳定、充裕的收入来源,逐步消除对"土地财政"的过度依赖。在中央与地方的分配关系理顺之后,才能减弱二者在房地产调控目标和行为的不一致性,增加地方政府配合中央调控的积极性,进而提高调控效果。

(六)短期调控与长期制度建设相结合,在配套改革攻坚克难中促进调控方式转型,形成稳定调节长效机制

根治我国当前房地产市场中的种种弊端,不能仅靠短期的调控,而且应该着眼于长期的制度建设,形成稳定的调节机制,解决诸多深层次矛盾问题。为此,需要处理好两个问题:

一是优化现有调控手段,提高调控的针对性。做好金融、税收与"限购"等行政手段之间的协调和配合,优化差别化的住房信贷政策,适当释放刚性消费需求,继续严格控制投资投机需求。我国的利率尚未完全市场化,市场对利率变动不够敏感,这导致了其对改变房地产市场主体行为的能力有限。因此,应注重完善更有针对性的货币供给量、贷款规模和贷款条件等调控手段。

二是在完善相关制度取向上,积极推进土地、住房、投融资、税收等相关制度改革的配套实施、攻坚克难,在符合市场经济客观要求的制度体系框架形成中,逐渐淡出"限购"等行政手段,形成以法律和经济手段为主的长期、稳定的调节机制。以法律手段和经济手段逐步代替行政手段,从法制建设上规范房地产商的行为,才符合市场经济的内在要求,这对房地产未来的健康发展至关重要。在调控制度建设中,关键的一项重点任务就是构建房地产税调节制度,使其在房地产保有环节形成有效的预期与行为引导、长效的调节和制约。开征房地产税,不仅有利于形成长期、稳定的调节机制,而且对于构建地方税体系、调节收入和财产分配等起到积极作用。尽管"限购"、"限贷"等行政手段对房地产市场调节发挥了重要作用,但其后遗症也非常明显。从房地产发展的长远角度考虑,"限购"等行政手段逐渐淡出非常有必要。但是,淡出的时机,取决于制度建设的配套状况,特别是房地产税的推进情况。

（七）完善堵疏结合的调控方式，处理好保护耕地和稳定土地供给的关系

尽管我国房地产宏观调控总体呈现堵疏结合的特点，即严控需求、扩大保障房供给，但"堵"的成效更为明显。未来一段时期，我国城镇化进程的加快、人们生活水平的提高，以及偏爱置房的传统消费文化，决定了房地产供需矛盾仍会非常突出。这也就意味着解决这一矛盾，不能单靠"堵"来发力，更需要完善堵疏结合的方式，在增加保障房的同时，有序、稳定的增加商品房供给。增加住房供给，显然需要增加土地供给，但住房供给增加受到了保护耕地的硬约束，因此，需要处理好保护耕地和稳定土地供给的关系。

解决这一问题，不在于实行土地私有化，而在于做好土地规划、供给、使用等制度建设。一是改善土地供给结构，稳步增加住房用地供应。在严格的耕地保护制度下，地方政府做好土地的使用规划，适当加大土地供应量。清理建设用地存量，促使房地产企业减少囤地行为，使闲置建设用地有效进入住房用地市场。二是改革和完善土地招拍挂出让制度。在各地推行改革这一制度的试点工作，例如，将高档商品房和普通商品房用地区别对待，实行"分类出让"模式；改变"价高者得"的方式，采用"综合条件最优者得"的综合评标方式，构建更加完善的招拍挂出让制度。三是加强城市规划和容积率管理，提高土地利用效率。在土地供应矛盾越来越突出的情况下，做好对容积率的总体规划和管理，特别是改变一些中小城市容积率过低的状况，有利于缓解土地供给紧张的矛盾。四是加快现有存量空置住房的流转使其转化为有效供给。相对于城市住房而言，农村住宅及宅基地闲置、过剩情况较为突出，浪费了大量的土地资源。为此，应该加快住宅用地的整合，允许农村宅基地及住房交易流通，提高土地的使用效率。

第七章

房地产税制体系改革问题研究

作为不动产税的房地产税具有受益税特征,在房地产保有环节按年征收,对降低房产投资投机收益预期、抑制不合理需求等方面有一定作用,是住房制度和调控政策体系的重要内容之一。由于房地产税税源稳定,发达国家和新兴市场经济国家及地区已大多开征,并作为地方基层政府的主体税种。本章拟对我国房地产税及其相关联的税制体系的现状和问题进行分析,并对作为不动产税意义上的房地产税的战略作用、改革方向和推进要领加以深入探究。

一、我国房地产税制体系概况

(一)我国房地产税制的主要沿革

房地产税制体系是以与房地产相关的税收制度组合形成的一个体系,既包含直接针对房地产业征收的税种,也包含与房地产业相关的其他税种。

中国的房地产税制经历了多年的变革,尤其是近几年,根据经济发展的需要,为更好地发挥税收的各项功能,国家对房地产税制做了多次改革完善,主要包括:

一是统一了内外税制。自 2007 年起,国家陆续对多个税种做了调整,统一了房地产税制体系中"内外有别"的制度设计,包括合并内外资企业所得税、合并房产税和城市房地产税；将涉外企业和个人纳入城镇土地使用税、耕地占用税、城市维护建设税的纳税人范围。

二是对部分税种的税制进行了改革。2006 年 12 月，国务院对《中华人民共和国城镇土地使用税暂行条例》进行了修订，新的暂行条例自 2007 年 1 月 1 日开始执行。该次修订将每平方米年税额标准在 1988 年城镇土地使用税暂行条例规定的基础上提高 2 倍。2007 年 12 月，国务院又对《中华人民共和国耕地占用税暂行条例》进行了修订，在税制上主要是将原有税额标准的上、下限提高 4 倍左右。同时规定，占用基本农田的，适用税额在基础税额之上再调高 50%。

（二）现行房地产税制体系

目前我国现行的 18 个税种中，有 10 个与房地产业有关（包含自 2016 年 5 月 1 日起全面试点"营改增"的营业税），这 10 个税种构成我国房地产税制体系。

根据征收的环节不同，房地产业相关税种可以分为流转环节征收的税种和保有环节征收的税种。在现行体系中，有 2 个税种是在房地产保有环节征收，其他均在房地产流转环节征收。

按照与房地产业的相关程度，房地产业相关税种可以分为直接针对房地产开征的税种和与房地产业相关的其他税种。在现行体系中，有 5 个是针对房地产业开征的税种，其余 5 个是与房地产业相关的其他税种（见表 7-1）。

表 7-1 中国房地产税制体系

房地产税制体系包含的税种（10 个）	耕地占用税、城镇土地使用税、土地增值税、企业所得税、个人所得税、营业税、城市维护建设税、契税、房产税、印花税	
按照征收环节分类	流转环节征收的税种（8 个）	耕地占用税、土地增值税、企业所得税、个人所得税、营业税、城市维护建设税、契税、印花税
	保有环节征收的税种（2 个）	房产税、城镇土地使用税

续表

按照与房地产业的相关程度分类	针对房地产业开征的税种（5个）	耕地占用税、土地增值税、契税、房产税、城镇土地使用税
	与房地产业相关的其他税种（5个）	企业所得税、个人所得税、营业税、城市维护建设税、印花税

二、我国当前房地产税制存在的主要问题

我国的房地产税制经多次调整，解决了内外税制不统一的问题，对个别税种也做了必要的调整，但是仍然存在一些问题，不利于税收职能的发挥，具体表现为以下方面。

（一）房地产税制体系结构不合理，重流转、轻保有

我国的房地产税制体系虽然具有较为完整的框架，但是在结构上还不够合理，突出表现为重流转，轻保有。首先从税种数量上来看，房地产税制体系中包含的10个税种，仅有两个是在保有环节开征的，其余全部是在流转环节开征；其次，从税收收入来看，保有环节开征的税种的税收收入远远小于流转环节开征的税种的税收收入。2011年，我国保有环节开征的两个税种，即房产税和城镇土地使用税，其税收收入合计为2324.65亿元，仅占当年税收总收入的2.59%，远远低于流转环节征收的三税（耕地占用税、土地增值税、契税）收入5903.80亿元[①]。

（二）现行房地产税制设计落后于经济现实需求

以1998年我国的土地制度改革和住房制度改革为起点，近10多年我国的房地产市场发展突飞猛进，但是相对于房地产市场的发展，我国房地产税制革新速度严

---

① 数据来自财政部官方网站。http://szs.mof.gov.cn/zhengwuxinxi/gongzuodongtai/201301/t20130123_729605.html

重滞后。例如，我国城镇土地使用税开征于 1988 年，在长达 24 年的时间里仅仅调整过一次。我国房产税开征于 1986 年，除了将缴纳城市房地产税的外商投资企业和外国企业及个人纳入房产税纳税人范围之内，26 年未作大的调整。

多年未作调整的房地产税制在制度设计上存在诸多不合理的地方，包括：

1. 税基较窄

我国房产税、城镇土地使用税都对居民普通住宅免于征税。虽然房产税将全部城市住房纳入征税范围，但是明确对居民非经营性住宅免税；虽然城镇土地使用税暂行条例中并未对城市居民普通住房免税，但是多数地方政府都明确规定对其免税。税基较窄，导致税收收入规模偏小，影响了税收收入职能的发挥。尤其是房地产税收多为地方税种，地方财政收入因此受限。

2. 税种多，存在重复征税

我国房产税税种较多，达 10 个税种，有些税种虽然在形式上相互独立，但是实质上却对同一税基重复征税。例如对房屋租金收入，不仅要征收 5% 的营业税，还要征收 12% 的房产税；房地产保有环节既要征收房产税，又要征收城镇土地使用税，等等。税种较多会直接增加税收征管成本，形成重复征税而且还造成房地产税收繁重的印象，引起居民的不满。

3. 计税依据不合理

多年未作调整的税制，其计税依据明显不合理。例如，我国的房产税的计税依据为房产原值或者租金收入，城镇土地使用税计税依据为实际占用土地的面积，这些都不能反映房地产的实际价值，尤其是近几年我国房地产市场价格的变化较大，以面积和原值为计税依据使得税收收入不能随房地产价值的增加而增加，也会影响税收调控功能的发挥。

4. 税制设计过于复杂，影响税收征管和税收调节能力的发挥

为了实现较强的税收调节功能，税制设计上追求较高的累进性，但是在实践中，税收的征管能力有限，不能完全按照税收条例征收，反而造成偷漏税现象，影

响税收调节功能的发挥。例如，我国的土地增值税，该税种对土地增值额征税，同时根据土地增值的程度，设计了四档税率，分别为30%、40%、50%、60%，税率的累进性可见一斑。但是，在实际征缴中税务机关很难完成大量的土地增值计算工作，多数会按照房地产全部价值预缴税款，核算时采取简化方法核定税款，甚至放弃核算。再比如，对于抑制普通商品住房炒作的二手房交易环节征收的个人所得税，也多以全额的1%计征，调节作用也因此大打折扣。

5. 房地产税制的配套制度不完善，限制了房地产税制的发展

从发达国家的实践来看，房地产税的制度设计、征收管理需要一系列的配套制度，其中最主要的就是房地产信息登记和机制评估体系。我国目前房地产登记和评估体系尚不健全，还没有在全国范围内实现房地产信息的共享，这种平台和制度的缺失影响了房地产税的征缴和税制的改革步伐。例如，房地产税改革的方向就是要以房地产的评估价值作为计税依据，没有完备的房地产注册登记信息系统，没有完备的房地产价值评估体系，房地产税改革无从谈起；与此同时，房产、土地、户籍等相关管理部门与税务部门的协作配合不够，一方面造成税收收入的流失，另一方面，也影响了税收调控能力的发挥。

三、现行房地产税制不完善引发的问题

近十年，我国房地产市场发展较快，而与之伴生的问题也比较突出，这些问题的存在虽不能完全归咎于税制，但是税制的不完善却在一定程度上诱致了某些不合理现象的发生。

（一）房地产税制不完善是形成地方政府"土地财政"收入格局的重要原因之一

由于不动产的非流动性和不可藏匿的特点，房地产被认为是天然的地方税税基，多数国家的地方税体系以房地产税为主体，相关的税收收入也理所当然成为地方政府的主要的、稳定的收入来源。根据我国中央和地方税收收入的划分（见表

7-2),地方税种共有 10 个,其中除了烟叶税和车船税,均与房地产密切相关。但是如前所述,房地产税制体系结构不合理、税制设计滞后等原因导致房地产税收入规模相对较小且不稳定,实践中并没有形成地方政府本级主要且稳定的收入来源。

表 7-2 现行税种划分

中央税	关税、消费税、船舶吨税、车辆购置税
地方税	营业税、印花税、城市维护建设税、烟叶税、车船税、房产税、城镇土地使用税、契税、耕地占用税、土地增值税
中央与地方共享税	增值税(中央共享 75%,地方共享 25%), 企业所得税(中央共享 60%,地方共享 40%), 个人所得税(中央共享 60%,地方共享 40%), 资源税(海洋石油资源税归中央,其余资源税归地方)

说明:(1)铁道部门、各银行总行、各保险公司总公司集中缴纳的营业税和城市维护建设税收入归中央;[①]

(2)海关代征的进口环节的消费税和增值税收入归中央;

(3)来源于证券交易的印花税收入归中央。

我国地方税种中针对房地产开征的"五税"(包括耕地占用税、土地增值税、契税、房产税、城镇土地使用税)对地方政府收入的贡献偏低。2011 年"五税"收入占地方本级税收收入的 20.01%,占地方本级财政收入的 15.66%[②],相对于多数发达国家偏低(见表 7-3)。

---

① 此处地方税的定义为财政部收入划分中,除了特殊规定的行业和企业之外,其收入都归地方政府所有的税种。自 2016 年 5 月 1 日全面试点"营改增",营业税已取消。

② 数据来自于《中国统计年鉴》(2011 年)。

表 7-3　部分 OECD 国家房地产税收入占地方税收收入的比重及其变化

国家		1975	1985	1994	变化率（%）
美国	州	4.1	3.7	4.3	—
	地方	81.9	74.2	75.8	-7.4
加拿大	州	2.3	4.0	7.3	+217.0
	地方	88.3	84.8	85.3	-3.3
澳大利亚	州	26.6	25.7	29.4	+1.1
	地方	100.0	99.6	99.6	—
英国		100.0	100.0	100.0	—
法国		19.1	25.2	26.0	+36.1
爱尔兰		100.0	100.0	100.0	—
意大利		17.5	—	42.1	+140.6
丹麦		13.2	6.4	7.1	-46.2
荷兰		54.2	75.2	66.9	+23.4
匈牙利		—	—	9.7	—
捷克共和国		—	—	0.4	—
波兰		—	—	36.5	—
新西兰		89.1	93.0	90.2	+1.2

数据来源：Revenue Statistics of OECD Member Countries (1965—1995); 转引自 McCluskey, W.L. and Williams, B. (1999), "Introduction: A Comparative Evaluation", in McCluskey, W.L. (ed), Property Tax: An International Comparative Review, Ashgate Publishing Ltd.

此外，房地产税收重流转、轻保有的特点导致地方政府收入会随着房地产市场交易量的波动而波动，稳定性不足。近几年，土地使用税、耕地占用税和契税的收入存在明显的波动（见表7-4）。

表7-4 土地使用税、耕地占用税、契税的税收收入及增长情况 2005-2011

	土地增值税（亿元）	增长率（%）	耕地占用税（亿元）	增长率（%）	契税（亿元）	增长率（%）
2005	—	—	141.85	—	735.14	—
2006	—	—	171.12	20.63	867.67	18.03
2007	403.10	—	185.04	8.13	1206.25	39.02
2008	537.43	33.32	314.41	69.91	1307.53	8.40
2009	719.56	33.89	633.07	101.35	1735.05	32.70
2010	1278.29	77.64	888.64	40.37	2464.85	42.06
2011	2062.61	61.36	1075.46	21.02	2765.73	12.21

数据来源：《中国财政年鉴》2006-2012

地方政府在缺乏稳定、大宗的税收收入的情况下，很容易诱发其对"一次性"的土地出让收入的高预期和过份看重。而这种预期促使地方政府过多地干预房地产市场，助推房地产市场价格的非理性上涨；而房地产市场价格的走高又进一步鼓励了地方政府的干预行为，并且使得地方政府收入越来越倚重土地出让收入，逐渐形成"土地财政"的局面。地方政府"因地生财"本来无可厚非，很多国家在税收实践中地方政府收入都依靠土地和地上建筑物形成，但是过多倚重土地出让收入这一特殊方式获得地方政府收入，并引致其过多干预房地产市场，干扰市场正常的价格形成过程，这一方式便不可取。而且，依靠土地出让收入获得地方政府财政收入实际上是寅吃卯粮，也缺乏可持续性。

（二）房地产税制体系不完善导致税收对房地产市场调控受限

税收是政府宏观调控的重要手段，但是房地产税制的不完善，限制了税收调控市场的能力。

1. 住房保有环节税制缺乏调控能力，税收调控政策单一，能力有限

对房地产市场的调控是个系统工程，需要在房地产的流转和保有环节同时发力，对各环节的投机和房地产空置予以限制。从有房地产税收调控政策至今，我们多数情况下都是期望通过提高流转环节的税负来降低居民家庭对住房的需求，而在我国城市化进程加快的特殊时期，城市住房需求并没有因为流转环节税负的增加而降低。流转环节的税负通过转嫁，最终由消费者负担，结果是房价越来越高。而与此同时，由于住房价格持续走高，住房愈发成为的投资品，成为社会各类资金追逐的热门标的。而目前我国少数地区在房地产保有环节开征的房地产税制度，对于个人所有普通住宅免于征税，即普通住宅空置不会增加税负，无法通过税收政策予以调控，客观上反而鼓励了住房的空置及浪费。

2. 现有的税制过于强调调控作用，反而在实践中未能收到很好的效果

包括土地增值税和个人所得税在税制设计上，都特别强调了税制的调控作用，例如，土地增值税中有四档超额累进税率，但是在税收征管实践中，却容易出现变通性操作。事实上，很多地区都是通过简便征收办法征收，在总价基础上定率征收，税收的调控作用也因此非常有限。

四、发达国家房地产税制体系的借鉴——以日本为例

日本在经过数十年的实践，已经形成了针对房地产保有和流转环节的较为均衡的税收体系。作为地域和文化都较为接近的国家，其房地产税制体系值得关注并借鉴。

（一）日本房地产税制体系概况

日本与房地产业相关的税种也较多，包括在交易环节针对房地产流转征收的流转税，在流转环节针对交易收益征收的所得税，在保有环节征收的财产税等等，具体见表7-5。

表 7-5 日本房地产税制体系列表

保有阶段		地价税（1991 年停征）
		固定资产税
		城市规划税
		特别土地保有税（保有环节）（2003 年停征）
流转环节	让渡阶段（针对所得）	所得税
		法人税
		住民税
		事业税
		消费税
	取得阶段	不动产取得税
		特别土地保有税（取得环节）（2003 年停征）
		注册登记税
		继承与赠与税

如表 17-5 所示，在诸多税种中，直接针对房地产开征的税种，除了已经停征的地价税和特别土地保有税，日本目前正在征收的主要有三个税种，包括保有环节开征的固定资产税和城市规划税、流转环节的不动产取得税。

（二）具体税种

1.保有环节开征的税种

日本房地产保有环节目前征收的税种有两个，固定资产税和城市规划税。这两个税种均为市町村税。虽然固定资产税和城市规划税由总务省负责管理，但是税收收入全部归是市町村政府所有和支配，而且地方政府有一定的税收减免权限。

（1）固定资产税

日本的固定资产税实行宽税基、低税率的原则，征税范围为日本全部市町村征收，以土地、房屋和折旧资产为纳税客体，纳税人为土地、房屋和折旧资产的所有人，计税依据为房地产的评估价值，每三年重新评估一次，标准税率为房地产评估价值的 1.4%。

在税收职能上，日本的固定资产税以筹集地方财政收入为主，是市町村地方政府的主要且稳定的收入来源（见表 7-6）。2009 年，日本固定资产税收入为 8 万 7789 亿日元，约占全国税收收入的 11%，约占地方政府税收收入的 43%。而且从变化趋势上来看，固定资产税和城市规划税占地方财政收入的比重近十年来波动较小。在筹集财政收入的基础上，日本固定资产税也在税制设计上适当考虑了税收的调节功能，主要体现在一些税收减免规定。一是对一定价值以下的固定资产或者折旧资产给予免税。具体免税条件为，土地为 30 万日元以下，房屋价值为 20 万日元以下，折旧资产为 150 万日元以下；二是对于住宅用地给予特殊的政策规定，对于一般的住宅用地，课税标准为其评估价值的 1/3，对于小规模（200 平方米以内）的住宅用地，课税标准为其评估价值的 1/6；三是为了减轻纳税人的负担感，对于评估额急剧上升的土地，也采取一定措施，减缓税负增加速度，当地价明显下跌时，即便在重新评估以外的年份也会下调评估额。

表 7-6 日本房地产保有环节课税收入占地方政府税收收入的比重

	固定资产税占比（%）	城市规划税占比（%）	合计占比（%）
全部市町村	43	6	49
大城市	39	8	47
城市	44	5	49
町村	52	1	53

资料来源：日本总务省提供资料整理。

注：大城市是指政令制定城市及东京都23区。

（2）城市规划税

在房地产保有环节开征的另外一个税种为城市规划税，用于补充城市规划事业资金，原则上对于拥有城市规划区域的市町村中位于市街区域的土地及房屋征收，纳税依据和纳税人与固定资产税相同，税率由地方政府自行制定，但不得高于 0.3%。

从城市规划税开征的目的来看，其职能主要是筹集财政收入。由于城市规划税的税率较低，其收入有限。2009 年，日本城市规划税收入占地方政府税收收入的 6%。

2. 流转环节开征的税种

日本专门针对土地和房屋流转开征了不动产取得税，纳税人为土地或者房屋的取得者（不包括通过继承取得者、企业重组兼并取得者），计税依据为不动产的评估价值，实行标准税率为 4% 的比例税率。不动产取得税为都道府县税，收入归都道府县政府支配和使用。

不同于保有环节开征的固定资产税和城市规划税，不动产取得税在筹集都道府县级财政收入的基础上，加强了该税种的调节功能，对居住用途的住房和小面积的住房给予税收减免，原则上对于住房面积在本地平均住房、土地面积以下的予以免税。例如，居住用途的新建住房，计税依据可在评估价值的基础上扣除 1200 万日元；对于评估价值低于一定数额的土地和房屋予以免税；2012 年 3 月 31 日之前取得的土地，其计税标准为评估额的 50%。

由于有较多的税收减免，不动产取得税的税收收入相对较少。2009 年日本不动产取得税收入为 4042 亿日元，约占全国税收收入的 0.5%。

3. 与房地产业相关的其他税种

除了针对房地产业开征的税种，在房地产取得和转让环节还有其他相关的税种，包括：注册登记税。不动产所有权转让、新建房屋等所有权保存等进行登记时，需要缴纳注册登记税；房地产建筑和销售各环节的消费税应税劳务需要缴纳消费税；不动产转让合同需要缴纳印花税；法人和个人就其不动产转让所得缴纳所得税、法人税、事业税、住民税等；继承和赠与土地和住房需要缴纳继承与赠与税，这些与房地产业相关的其他税种，也构成房地产税制体系的重要部分。

值得一提的是，由于房地产税制体系中多数税种的计税依据以房地产的评估价值为基础，因此，日本的房地产登记和评估制度对房地产税的征收起到了相当重要的作用。早在1964年，日本根据其《不动产鉴定评价法》开始建立不动产评估制度，并在数十年的实践中，不断完善。日本的不动产评估实行市町村长负责的房地产评估师制度，每年国土交通省土地鉴定委员会会确定不动产公示价格，以此为依据，各市町村房地产评估师向市町村长提交房地产评估结果，最后由市町村长确定辖区内房地产的具体评估价格，并登记公示房地产征税台账，以做到公平公正，日本固定资产评估和固定资产税评估流程见图3。

由于房地产对国家宏观经济、居民的基本生活、地方辖区社会管理等等方面具有重要影响，负责地方税种征收的日本总务省每五年还在全国范围内实施住宅统计调查，内容包括住宅的质量、居住环境、老年人的居住状况和各地区住宅建设的发展情况。这些最基本的住宅信息不仅成为日本精细化管理的基础资料，也成为房地产保有环节税收制度设计、税收征管的最基础的信息。

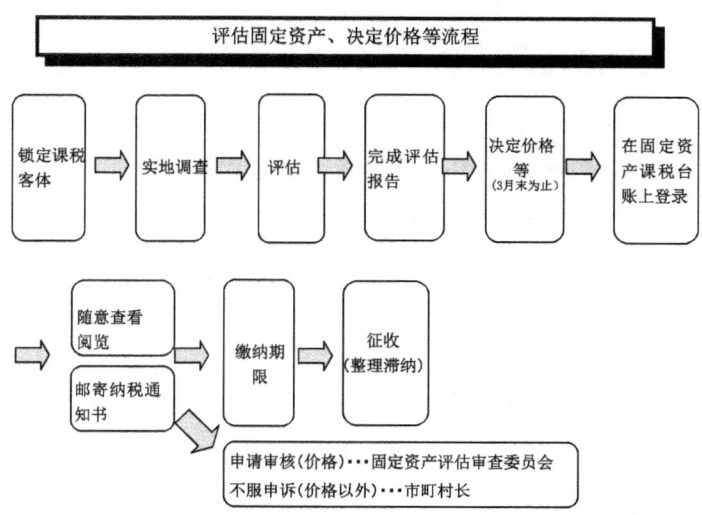

图 7-1　日本固定资产评估、价格决定、固定资产税征收流程

资料来源：日本总务省资料

（三）对中国房地产税制改革的借鉴

从收入占比来看，日本的房地产税的重要性不及美国和加拿大等国家，但是即便如此，日本房地产税无论从税制、税收管理、还是配套制度，都能给我国的房地产税制改革提供一些有益的启示。

1. 固定资产税可以成为地方政府重要且稳定的收入来源

从日本的房地产税收收入情况来看，地方政府的税收收入中，房地产税收入占有比较重要的地位，尤其是市町村一级政府，其约有一半的税收收入来源于房地产保有环节的征税。在市町村政府的收入中，来源于房地产保有环节的税收收入占有相当的比例，同时由于房地产的非流动性，来源于房地产保有环节的税收收入也较为稳定，税收收入波动较小。

2. 以房地产的评估价值作为房地产税的课税依据

日本针对房地产业开征的税种，其计税依据均为房地产的评估价值。以房地产的评估价值作为征税的依据，首先可以体现税负的公平原则，评估价值由于其反映房产在同一时点上的价值，具有较强的可比性；而以面积或者历史原值为计税依据，不具有这样的可比性，不能体现税收的公平原则。例如在相似的地理位置的房产，其历史原值可能相差较大；同一面积的房产在不同的地理位置，其所代表的价值差距可能非常大。其次可以保证地方财政收入的稳定增长。从长期来看，房地产价格随居民收入的增长而增长，随城市人口的增加而增长，房地产评估价值基本能够反映房地产的市场价格，因此，房地产税收能够随房地产价格的稳定增长而增长，为地方政府提供与房地产价格基本配比的公共服务提供稳定的资金来源。

3. 房地产税制须以完备的不动产登记和评估体系为基础

如果房地产课税以评估价值为计税依据或者课税标准，那么房地产的登记和评估体系就必然成为房地产税制的基础。日本自固定资产税开征之初，就建立了相应的不动产登记制度，并以此作为包括税收制度在内的多项社会和经济制度的基础。在不动产登记制度的基础上，日本建立了较为完善的房地产评估制度体系。评估体系以第三方为主体，基本能够做到客观、公正，民怨较小。

4. 对于"第一单位"的免税和其他适当优惠措施

这实为对于不动产"基本保障"式的减免税关照，因照顾了低端、便化解了对此种直接税最易产生不满情绪的社会成员群体的潜在对抗因素。

五、完善房地产税制体系的政策建议

房地产税制体系改革是个重大的系统工程，在战略上需要高度重视，徐图推进；在总体思路上，需要流转环节和保有环节并举。

（一）完善房地产税制体系的总体目标

税收有两大重要职能，一是收入职能，即为政府筹集必要的财政资金；二是调控职能，即借助税收对经济的影响，通过一定的税制设计，实现特定的政治、经济和社会目标。基于此，完善房地产税制体系的目标就是要在特定的经济发展阶段，使得房地产税收能够更好地执行其收入和调控的职能。房地产调控也不应仅仅着眼于价格，而要以市场的健康发展，以完善价格形成机制为目标，具体来说：

1. 完善房地产税制体系，构建以房地产税收为主体的地方税制

我国现行税制是1994年分税制财政体制改革时形成的，早在税制改革之前，就明确提出要建立地方税收体系，充实地方税税种，增加地方税收入。但是时至今日，地方税建设问题依然没有较大进展，举步维艰。从税制改革现实来看，"营改增"会倒逼财政体制进行调整，那么以完善不动产税为主要内容的地方税制建设也就迫在眉睫。

2. 平衡房地产流转的交易环节的税负，抑制房地产投机行为

中国房地产价格的持续快速上涨有其必然性，但是房地产市场价格的持续上涨以及继续上涨的预期催生的投机，却是政府房地产调控的重点。税收是政府宏观调控的重要手段之一，抑制房地产市场投机是房地产税收的应有职能，从中国房地产

市场的情况来看，房地产税也大有可为。

3. 以房产税改革为契机，理顺政府间财政关系，缓解地方政府对土地出让收入的依赖

推进房产税改革，使房产税成为市县政府的主体税种，既是发达国家的通行做法，也是加快推进地方税制建设，理顺政府间财政关系，缓解地方政府对土地出让收入的依赖的必要之举。改革现行房地产税，一方面能为地方政府提供充足稳定的收入来源，成为地方税体系的主体税种，促进地方税体系建设；另一方面，房地产税成为地方主体税种，配合"扁平化"的财政管理，进一步推进省以下分税制财政体制，既能保证地方政府有充足的财力提供辖区所需的公共产品和服务，也能够在一定程度上缓解地方政府对土地出让收入的依赖。

（二）完善房地产税制体系的总体思路

1. 合并税种，革新税制

从我国房地产税制存在的问题来看，当前税制改革的重点是要建立房地产保有环节的税制，整体上要整合税种，革新税制。改革的主要思路是在保有环节仅保留一个税种。理由如下：从历史资料来看[1]，在房地产保有环节同时开征房产税和城镇土地使用税的初衷是要对房产和地产分开征缴税收，其税基也分别对应为房产的购买原值和土地使用面积。但是时至今日，这种房产和地产分别征缴税收的初衷与实际情况并不相符。目前的房产税的税基，并不是简单意义上的地上建筑物的价值，

---

[1] 1950年1月，当时的政务院公布的《全国税政实施要则》中明确的全国暂定统一征收的14个中央和地方税种，其中包括房产税和地产税，即当时认为，房产和地产应该分别税种征税；同年6月，国家调整税收，将房产税和地产税合并为房地产税。1951年还颁布了《城市房地产税暂行条例》。1973年，在税制改革中，房地产税又一分为二，对实行工商税的企业缴纳的城市房地产税并入工商税，另一部分，仍称为城市房地产税，仅对个人、房地产管理部门继续征收。1984年，国务院决定对国营企业实行第二步利改税和全面改革工商税制，在房地产税方面，取消了工商税，对企业恢复征收城市房地产税。同时，鉴于中国城市的土地归国家所有，使用者没有土地产权的实际情况，城市房地产税又分为房产税和土地使用税。

而是房产和地产价值的合计[①]。另一方面，目前我国的土地使用税的税基为占用城市土地的面积，其收入和调控功能都受到限制。基于此，我们认为，在房地产保有环节应该仅保留一个税种。

2. 加强房地产税收管理

房地产税收管理是制约税制职能发挥的关键。近年来房地产调控措施频繁出台，但是由于各种原因，税法执行不到位，削弱了税收政策的调控效果。加强房地产税收管理，一是要规范执法，严格按照税法征税；二是要利用信息系统，加强税收监控，防止偷税漏税。

3. 建立并完善配套制度

房地产登记和评估制度是房地产税收征收的关键，是基础制度。没有完备的房地产登记和价值评估制度，房地产保有环节的税收征管便无从谈起。完备的房地产登记制度要求，一是要统一城市和农村的房地产登记制度；二是要建立全国统一的房地产信息系统，做到各个地区、各部门之间的信息共享，以备核查。

房地产评估制度也是房地产税收的基础制度，尤其是保有环节的税收。考虑我国的实际情况，房地产评估制度既要有全国的统一规范，也要给予地方一定的灵活；既要适度尊重个人隐私，也要力求公平公正。

（三）近期房地产税制体系的改革建议

1.取消城镇土地使用税，完善房地产税设计

前已述及，房产税的税基已经包含土地的价值，城镇土地使用税便没有存在的必要，为此我们主张取消城镇土地使用税，将土地（包括空置土地）和地上建筑物全部纳入房产税征收范围。

其一，加快推进房地产评估体系建设，将房地产税的税基尽快调整为房地产的评估价值。借助目前正在建设的个人住房信息系统，可以在重庆和上海进行一次个

[①] 我国目前的房产税税基是商业房产的历史交易价格，其中包含一次性征收的数十年土地使用费，从经济学理论上来看，长达数十年的使用费，可以视为土地价值。

人住房普查，在两地先行推出房地产登记和评估体系。为房产税改革试点的顺利进行，也为今后房产税的改革奠定信息基础。

其二，扩大房产税的征收范围，对空置土地和房产征收房产税，以控制住房闲置。对没有根据规划时间开工的空置土地，征收房地产税，税基为土地评估价值；对于逾期半年未能竣工的在建房地产项目，征收房地产税，以该地段在售房地产评估价值为税基；对于逾期一年未能售出的房产，征收房地产税，税基为评估价值。

2. 加强房产税征收管理

在税收征收和管理方面，要做到依法征税、严格征税，避免税收征管上的宽严变化，给大众造成政府政策频繁变动的印象。首先，房地产税制改革，政府的态度应该明确坚决，不能左右摇摆，要给社会明确的政策预期；其次，给居民缴纳税款提供方便。对于缴纳时间和缴纳方式，可以给纳税人多种选择；再次，对于超过缓缴期限仍未能缴纳房产税的开发商和个人规定惩处措施，并严格执行惩罚规定。

3. 建立房地产登记和评估制度体系

没有房地产登记和价值评估体系作为支撑的房产税改革是无以为继的，在试点时期，加快建立上海和重庆的房地产登记和评估制度至关重要。

从各方公布的消息来看，在上海和重庆两市完成住房登记制度，并在相关部门之间做到信息共享并不困难。住建部在2010年下半年就启动了40个城市的个人信息系统的建设工作，40个城市包括所有省会城市、计划单列城市，以及极个别一些比较大的地级市。经过近两年的努力，这一工作在稳步推进，至2011年底，我国各省辖市主城区和80%的县（市、区）实现了房屋登记纸质档案数字化和历史数据的扫描录入。2012年初，住建部表示，保证在2012年6月末前实现40个主要城市的个人住房信息系统联网。再以后，明确了全国不动产登记工作要在2018年全部完成。

（四）中长期房地产税制体系改革设想

从长期来看，房地产税制要在房地产保有环节税制改革的基础上，进一步完善体系，实现筹集财政收入和房地产市场调控的双重职能。

1. 总结经验，将房产税改革适时推向全国范围

房产税不能长时间停留在试点阶段，要择机向全国推开。政策试点的目的是为了检验改革效果，并发现问题，避免在较大范围内造成效率损失。房产税改革试点在上海和重庆两地的试点已经数年，政策效果和问题已经有所显现，目前需要针对问题，完善政策。试点时间不宜过长，需要努力对接房地产税的"加快立法"过程，完成立法后可分步推向全国。

2. 在税收职能上，各税种要有所偏重，保有环节的税种要逐渐引向以筹集财政收入为主，但要设计"第一单位"的免税扣除

税收收入和调节职能的实现只能通过复合税制才能实现，单一税种在一个时期只能以一种职能为主。从这一点出发，房地产税制需要有若干税种的配合，才能较好地实现筹集财政收入和调节经济两大职能。

由于住房的非流动性，保有环节的税收在客观上必发挥调节引导职能的同时，也更适合执行收入职能。

前已述及，在推出房产税改革之时，考虑房产税对于房地产市场投机、住房和土地空置等的影响，保有环节的房产税的职能定位于调控。而在长期，当房地产价格趋于稳定之后，考虑住房的非流动性，保有环节的房产税应该以为市县级政府提供财政收入、打造主体税种为主要职能。在税制设计上，应在现在试点的基础上，扩大房产税的覆盖面，同时适度考虑税收的调节功能，以城市人均住房面积或家庭住房套数为标准制定计税扣除（统一立法过程，以法律文本形式确定细节），尽量减少过多的税收减免。

当住房价格形成机制趋于良性、房地产市场供求关系较为平衡之时，房地产流转环节税收要更多地承担调节职能。考虑前几年我国房地产市场税收调控政策的实践效果，有人可能会质疑房地产流转环节税收的调控能力。我们认为，房地产流转环节的税种是具有调控能力的，但是调控能力的发挥同时也是有条件的。条件包括：一是房地产市场供需均具有一定弹性；二是税收要依法征收、从严管理，偷漏税会使得税收的调节作用大打折扣。当调控条件具备时，应更多地将房地产调控的职能赋予流转环节的税种。

3. 简化土地增值税税制设计，以加强征管实现土地增值税的调控职能

1993年开征土地增值税的主要目的就是为了规范土地、房地产市场交易秩序，合理调节土地增值收益，维护国家权益。有些人认为既然土地增值税征收中存在一些问题，调控效果也不尽如人意，应取消该税种。我们认为不妥，首先，土地增值税是房地产税制体系中肩负调控功能的重要税种之一，不能因为征收中存在问题就取消；其次，由于城市基础设施建设的不断完善导致的土地增值必须通过税收部分归于政府，土地增值税便能承担这一使命；再次，土地增值税调节功能不尽如人意的一个重要原因在于征管能力弱，随着征管能力的不断提高，一些问题就会迎刃而解。当然，客观的讲，现行土地增值税的税制设计存在一些问题需要完善，其一是税制设计过于复杂，可以适当简化；其二，企业税负过重，偷逃税动机强。可以将税率适当降低，比如设计一定的免征额，对于增值额未超过扣除项目金额20%的部分不予征税；适当降低超额累进的各档税率。此外，针对土地增值税征管中税务部门工作量大的问题，可以允许其聘请独立第三方进行核算。

4. 定期调整耕地占用税税额标准，以保护耕地

耕地占用税是特定目的税，主要是为了保护耕地。当前我国的耕地流失情况比较严重，这一点从近几年耕地占用税的税收收入变化就可见一斑。我国耕地流失的原因很多，遏制耕地流失仅仅通过税收手段是远远不够的，但是，税收的存在一定程度上能够减缓耕地流失的速度。因此耕地占用税有存在的必要，而且还应该通过税额标准的调整来提高其调节能力。我们认为，耕地占用税税额标准应该定期调整。我国耕地占用税自1987年开征以来仅调整过一次，而这期间经济形势不断发生变化。随着经济发展，土地资源的稀缺性越来越强，以占用耕地面积作为计税依据的耕地占用税的调节功能在逐步弱化。基于此，建议以耕地面积作为计税依据，定期调整耕地占用税的税额标准，以适应经济形势的变化，维持耕地占用税的调节功能。

5. 加强征管和完善配套制度是税制体系改革的必然要求

税制改革必须要考虑征管水平和配套制度，换言之，税收征管水平和配套制度有可能成为税制改革的瓶颈。加强税收征管、建立房地产登记和评估体系不仅是目前房产税改革试点最为紧迫的事情，也是今后较长一段时间我国房地产税制改革的重要内容之一。特别是保有环节的房产税，将长期承担为地方政府筹集财政收入的职能，征税范围要扩大，必然会给税收征管和住房登记和评估体系带来压力。为了配合房地产税制的征收，为此建议，在适当的时候全国各市县要进行一次房地产普查，彻底摸清楚房地产存量信息，为税收征管奠定基础。同时，加快建立全国联网的住房信息系统。将相关政府部门的信息汇总至统一平台，一方面可以方便各部门使用完备的信息，另一方面，信息系统也可以成为政府对居民公布公共信息的基础。

第八章

房地产税的作用、依据及改革方向、路径、要领

2016年7月，中国财政部部长在第三次G20财长和央行行长会议期间明确表示，改革房地产税制，才能更好地解决包容性，解决收入分配问题，尽管会受到利益调整阻碍，但我们要义无反顾地予以推进。完善房地产税等相关制度，有利于稳定市场预期，引导居民形成合理的住房消费，也有利于为地方政府提供持续、稳定的收入来源。要坚持积极稳妥的方针，借鉴国际经验，认真总结房地产税改革本土试点经验，在充分论证的基础上立税清费，适当减轻住房建设、交易环节的税费负担，设立和提高保有环节的税收。对于房地产税的改革方向，应当充分肯定和坚持，它对应于中国税制中直接税比重过低、地方税体系不成型、国民经济中房地产调控需体现治本水准和收入分配需有效抑制差距扩大这几个突出问题，将产生不可忽视的正面效应。在大方向下的路径选择，应注重试点突破与渐进推动，科学决策，稳妥推进；改革要领上，则应更显公开透明和需给社会公众吃"定心丸"。

一、改革的缘起与思考的要点

在我国现行税制下，房产税是以房屋为征税对象，按房屋的计税余值或租金收入为计税依据，向产权所有人征收的一种财产税，征收范围限于城市、县城、工矿

区、建制镇。对于自用的按房产计税余值征收,对于出租的房屋按租金收入征税,目前对个人非经营性住房暂免征税。近年来,我国加快了房地产税改革的进程。2011年,重庆与上海开展个人住房房地产税改革试点。

上海、重庆启动试点的房产税改革,在严格概念上所涉及的税种,是指不动产税或房地产税,其与香港地区物业税是不同性质的。香港地区的物业税相当于我们过去所说的房产税概念下对营业性房产所征的营业租金的税收,而中国内地此前已经搞了多年"空转"的物业税,实际是对应于美国的"property tax"或者"real estate tax",就是不动产税或者房地产税。至于香港地区的差饷,在形式上看是要做一个税基评估的,无论你有没有经营性的活动都要上缴,有点接近我们所说的不动产税了,但是,严格来讲它不需要认定产权的所有者,形式上是对房产的使用权持有人来征收的,使用权持有人可以和产权所有者之间再通过讨价还价作博弈,有可能产生税负转嫁,因此仍属于间接税的范畴。而我们所谈的国际经验中市场经济的不动产税或者房地产税,即中国内地前些年搞的模拟"空转"的物业税,实际都指的是直接税概念之下、不动产持有环节上的产权持有人所要承受的相应税收。

社会利益机制与现在讨论的不动产税有非常密切的关系,十分复杂、非常敏感、牵动感情。对这个问题应该推动理性探讨,寻求有利于社会和民族长远根本利益,又有助益于较短期经济运行平稳的可行性方案,形成经得起历史考验的真知灼见。

近年来,中央有关改革文件已多次明确规定要加快房地产税立法并适时推进改革。但要提高实施方案的可行性,还需要对其做出更为科学化、合理化的设计。比如,2013年2月出台的"国五条"中关于交易环节严格按照20%征税的内容,虽然原来就有这样的政策框架,但很多人感觉难以执行,就是因为没有实施的细则,也没有配套的政策。结果导致很多地方出现抢搭末班车、在政策细则没落地的时候赶快成交的情况,一度形成了房产交易的井喷行情,甚至逼出了荒唐的离婚潮,这就是政策与信息都不配套所造成的副作用。在这种牵一发而动全身的事项上,调控和改革必须做好顶层设计,注重理顺机制,科学决策,注意综合协调配套,才能够取得预期政策效果。

对于房地产税改革的一些相关情况和认识,值得我们认真思考:

第一,中国居民住房自有率的水平很高,但是差距在拉大。福布斯有一个调查结果披露,中国富裕阶层至少40%有3套以上的住房;北京大学的调查结果也显示,近九成中国家庭拥有产权房,超过10%的家庭拥有两套以上的住房。这些调查结果的准确性可以讨论,但是中国在高住房自有率的基础上,自有住房的差距确实在拉大,这是需要得到税收等经济杠杆调节的。

第二,在住房方面遇到困难的主要是什么社会群体?现在问题最突出的是城镇低收入阶层和"收入夹心"层,以及常年在城市务工的农民工。"收入夹心层"觉得自己应该过体面的生活,但是到了买房的关口,往往力不从心,千方百计买了房的人不得不当"房奴",更多的人是望房兴叹。所以在城市中心区商品房价持续高位运行的情况下,必须大力增加对低收入群体的保障房供给,他们提供合适的"宜居租房"机制。

第三,作为国民经济重要组成部分的房地产业的健康发展,需要相关税费的整合式通盘改革。税费的作用,既可以减少房地产市场泡沫,抑制肆无忌惮的炒作和提高土地集约利用程度等,又可以对地方税体系的健全和收入分配、财产配置的优化产生正面效应。在"保障轨"和"市场轨"的"双轨统筹"下,从不动产开发到住房交易,再到住房保有各个方面的税费的合理化整合,不可避免地应包括在住房保有环节从无到有地建立税收调节机制。

第四,我国对消费住房的房产税可否实行"普遍征收"?这直接涉及房产税改革的方案设计思路问题。我们一向力主推进房地产税改革,但政策重点主要是调节高端住房。作为牵一发而动全身的改革,在这个事项上只调节高端的原则非常重要,应及早明确,给全社会予稳定的预期,吃"定心丸"。美国式的"普遍征收"不适合中国国情,会使这一改革无法施行。在可以预料的历史阶段内,应定位于"高端征收"。同时开征房地产税时应该有"梯级差别",比如第一套住房不征收,或是人均居住面积的指标应该放宽松一些予以免税,第二套住房税率可考虑从低,第三套开始再按标准税率征收,这样可以给房地产税的框架建立和征收工作减少阻力,使之较为顺利地推进。至于那些因房产税经济负担作用由空置转为出售或出租的房子，可以减少房屋空置率，增加二手房或租房市场上的供应量，从而平抑房价、房租的涨幅，是明显的资源配置优化和提效，也是政策追求的效果。

第五，是什么人在反对房产税？一是一些开发展商，但客观地讲，不是全部开发商都反对，比如潘石屹就明确认为对三套以上的住房征房产税是很有必要的；二是一些学者，见仁见智，各有其主张；三是网民，其中大多数是年轻人。网上活跃的这些年轻人，主要是应该得到保障房供给的中低收入人群，而我们讨论的房产税如果明确是调节高端住房消费的话，本来不会跟他们有什么直接关系，但是他们心目中的预想是：只要有可能就要买自己的产权房，如果进而要被征税，就要坚决反对。同时，由于调控当局"定心丸"没有送到位，个人理解不同，往往导致民间反对房产税的声音很大。四是很多官员对房产税改革持反对意见。在当今中国，从中央到地方的官员大多有好房、大房，还有不少人有多套房。是不是有多套房子的官员都有违规行为？那也未必，绝大多数还是各种历史因素造成的。但这已形成了现在的既得利益群体。所以，我们要化解既得利益的阻碍，按总书记说的，"突破利益固化的藩篱"，把房产税改革往前推，最大限度地化解对立因素，在渐进改革中徐图实际进展。

此外，社会上一直存在着一种很有影响的观点，就是应该把重庆、上海两地的试点先停下来，由人大立法以后审批通过，然后全国一起实行。首先，这样一个注重立法的思维方向无疑是对的；其次，在有很多争议和很多观点对抗的情形的情况下，由人大立法来解决问题，什么时候有望可以操作？可能多年难以争出眉目。现在存在如此激烈的利益冲突、带有如此强烈感情色彩和观点争议的房地产税要立法的话，怎么把它的立法和中国改革的推进相对接？这个问题无法回避。

党的十八大之后的改革机遇是极为宝贵、极为重要的，因为这关乎国家前途、民族命运。未来中国很多的改革事项怎样制定实施规则？都等着立法是等不起的。我们高度认同"改革要于法有据"，要按照税收法定原则，加快立法进程，但我们更要认识到改革与法治的辩证统一关系，要在法治已明确的大方向下积极推进改革实践，不断为法治完善提供鲜活的实践基础，做到在法治下推进改革、在改革中完善法治。事实上，房地产税法已经被列入十二届全国人大常委会立法规划，但"加快立法"的要求迟迟未能落实。

基于理想和现实的矛盾，有必要学习邓小平的改革智慧，对大方向有判断之后，在改革的实际步骤方面应减少争论和允许先行先试。有些事情暂时形不成共识，还是应允许先行先试。提高顶层规划水平的同时，要特别给出信号，继续允许摸着石头过河，待经验积累到一定程度的时候，才可能由改革的"红头文件"上升为"暂行条例"或"条例"，再以后，有了一套基本稳定成熟的规则了，才有望上升为"法"。当然，具体到房地产税改革的推进过程，既然已有了"立法先行"的原则和"加快立法"的要求，基于两地试点的本土初步经验，下一步首先应争取的，还是各方寻求最大公约数来力求以进入规范化的立法程序，来完成"税收法定"。

二、大方向与正面效应

上海和重庆已经率先试点的房产税改革已逾数年，实际是在既有的房产税里面加入了两个非常重要的因素，一是原来房产税不覆盖的非经营性消费住房的一部分，在这个改革方案被覆盖了；二是引入了税基评估机制。可从两个大角度先对此大方向及房产税改革作用作个观察。

（一）实施房地产税改革在大方向上别无选择，是大势所趋

第一，中国税制改革面临的突出问题，牵动人心和全局。

首先，不论是学界还是官界，都已有这样的共识：中国的税制结构里面，直接税的比重偏低。讲到直接税比重偏低这一点，又会把它合乎逻辑地引导到关于中国社会成员的税负和"痛苦指数"是高还是低。其中有一种强调"区别看待"的认识值得重视，是认为由于中国现在间接税比重很高（老百姓所说的"馒头税"，就是消费品里以间接税形式所含的税负）。间接税具有累退性质，愈是低收入阶层，实际的税收痛苦程度越高。因为低收入阶层的恩格尔系数高，其收入的盘子里可能有80%甚至更高的比重要用于基本消费品的支出，而不得不承受这里面所含的间接税负担。高收入阶层消费的恩格尔系数低得多，在发展资料、享受资料层面接受税收

调节，实际的税收负担痛苦程度就要低很多。除此一弊之外，还有其二，就是直接税比重过低，与市场经济的国际经验相比，还会带来宏观调控方面的问题。比如我们都很看重市场经济条件下的所谓"自动稳定器"功能，从美国的调控模式来看，最明显的自动稳定器就是联邦政府手里占整个收入盘子40%以上的个人所得税，因为有超额累进的税率设计，在经济繁荣乃至过热的时候，自动地使很多社会成员的税负往上跳档到更高的边际税率上；而在经济萧条的时候，则自动落档，落到比较低的边际税率上，这就成为一个很好的逆周期的宏观经济运行自动稳定器。然而，中国现阶段在这方面基本是无从谈起。目前超额累进税率只是在工薪这个很窄范围里有这样的设计，对于其他的个人所得，就是比例税率，因此自动稳定器的功能非常弱。

其次，中国地方税体系不成型。1994年的综合改革建立了与市场经济配套的分税制为基础的分级财税框架，但是走到今天，对分税制的抨击仍不绝于耳，里面有很多认识误区。朱镕基同志在参加清华经管学院活动的场合非常直率地谈了他关于分税制的看法：分税制改革的基本制度成果必须坚持，方向必须肯定。至于现实生活里面的很多问题，如基层财政困难和"土地财政"特征明显，把这个板子打在分税制上面，是打错了地方。实际上我国省以下体制的状况是迟迟未能进入分税制状态，它还是五花八门、复杂易变、讨价还价色彩非常浓厚的分成制或包干制。现在人们所抨击的地方"土地财政"、短期行为、政府职能扭曲等等的发生，实际上都是我们过去就知道会发生很多弊病的分成制、包干制的实际情况带来的。那么为什么在省以下迟迟不能进入分税制状态？如果简单分析起来，一是财政层级太多，税分不清楚。除了中央级，省以下还有四个层级，怎么配置税基？总共只有二十几种的税，怎么配？很难形成相对清晰稳定的五层级分税制；二是在这种混沌状态里面，地方政府没有成型的地方税体系。没有大宗稳定的主体税源，没有地方税里面的支柱，稍微像样一点的收入就是营业税（"营改增"后也面临全面取消），除此之外没有什么像样的有支撑力的税种。不得已就搞出很多的隐性负债（地方融资平台前些年发展到全国至少有几千家），另外还必然要特别看重土地批租，于是"招拍挂"中力求把地价冲得很高，在任期之内把土地交易环节的收入拿足。所谓"土地财政",它总的逻辑框架其实是别无选择的:因为搞城市化就必须要有扩大建成区的土地批租,有土地批租就必须采取有偿形式,这个大方向应该肯定。但是由于没有地方税体系,没有阳光融资制度的配套,容易促使地方政府和想拿地的开发商之间以拍卖形式不断推高地价。其实"土地财政"主要的偏颇在于:地方政府只关注一次性把地价拿足,尽可能解决自己任期之内出政绩的需要,而以后这块地在十几届甚至二十几届政府任期之内就不再产生一分钱现金流。如果没有其他的制度制约和配合,这种不断创造"地王"的势头就会仍然存在。但如果有了保有环节的税收,有了其他的融资条件,各个参与者的预期就都改变了,就不会动不动把土地批租冲到天价上去。因此问题的实质,仍然是有效制度供给与激励约束机制不足。地方税体系要从不成型向成型转变,又和我们现在讨论的不动产税有密切的关系:一是直接税比重需要提高,是绕不开不动产税问题的;二是地方税体系需要成型、要寻找其财源支柱,也绕不过不动产税问题。这是必须清楚把握的一个认识视角。

第二,房地产调控和收入分配状况,牵动人心和全局。更宽广地从整个国民经济的角度看,有两个突出问题。

首先,中国的房地产业的"野蛮发展"引起严重的不满,已经牵动人心与全局。要保证又好又快发展必须要解决这个重大而又棘手的问题。要真正解决好房地产业健康发展问题,税收的工具和调节手段显然十分重要。税收不是万能的,但是要使房地产业健康发展,不考虑在房地产保有环节建立一个像美国、日本等市场经济相对成熟的经济体都有的不动产税,又是万万不能的。不应把所有的调控任务都指望于某一个税种,比如房地产税,但是又不能对这样一个很重要的经济手段置于一边不加考虑、弃而不用。

其次,中国收入分配差距扩大引起严重的社会不满,牵动人心与全局。大家都在抨击收入差距在明显拉大。邓小平同志晚年最后一次谈他的治国理念,是在他退下来以后和他弟弟邓垦的一次谈话(收录于《邓小平年谱》)。他明确地说,发展起来之后的问题看来不比不发展的问题少。他最关心的就是收入分配怎么样控制两极分化:一部分人、一部分地区先富起来以后,能不能真正走向共同富裕,如果处理不好,我们的改革和发展就失败了。小平同志还把这个事情提升到了关系国家民族现代化命运的高度上。收入分配差距的扩大，实际上是与财产分布状态的差距扩大如影随形且相互联运的。在很大的程度上，人们所谈论的收入差距扩大，最主要的原因之一是来自于不动产财富的实际分布情况。因为收入的差距中现在越来越有影响分量的财产性收入（特别是不动产收入），与其他收入综合在一起，形成了分配差距不断扩大。这显然需要得到一定的再分配调节和制约。这又引到了不动产税这样一个税种，它显然应该发挥收入分配方面以再分配的方式产生的优化作用。同样是前面提及的道理：不能指望这样一个税收发挥包揽一切的作用，但又不能将这样一个必须充分考虑的调节手段扔在一边、弃之不用。

中国国民经济全局中的前述两大突出问题，一是房地产调控，二是收入分配调节，都与不动产税有密切关系，都需要得到不动产税（房地产税）的优化作用。

（二）实施房地产税改革的多重正面效应

以上涉及的四个现实问题都表明，在大的改革方向上，我们没有其他选择，需要考虑积极推进实施房地产税的改革，且其必将带来多重正面效应。

直接效应之一，是增加中国直接税的比重。现在还可以考虑什么其他的税种呢？比如所得税，在法人所得税方面已没有什么提升空间，以后总体来说要长期稳定，税负还可能要适当有所降低，比如对小企业的企业所得税还要长期优惠。个人所得税是应该更好发挥它的作用，但又困难重重，今后个税走向综合的进展也不能指望它能够有多快的步伐。除此之外中国还能有什么直接税？应该提到，中国有没有可能讨论财产税概念下的遗产和赠与税？我们估计"十三五"期间此事仍难有任何作为，在财产申报制度方面，由于种种制约，短期内还很难完全做到。因此剩下可考虑的直接税里面要抓住不放的，必然落在房地产税上。

直接效应之二，就是要解决中国地方税体系不成型的问题。这件事已迫在眉睫，有效制度供给必须跟上，别无选择。在坚持1994年基本制度成果、坚持与市场经济配套的分税制改革方向情况下，就必须想方设法完善地方税体系，就需要寻找地方税体系里能够支撑大局的支柱财源。在城市化区域，从沿海发达地区到西部、中部一些中心城市，房地产税的这个税基势必要合理建立起来的。

直接效应之三，是促使已实施的房地产调控新政体现其应有水准。面对诸多的社会对房地产市场的不满，现在已经发展到以行政手段限购，给市场上的每一套住房锁定价格，走到这个地步了，但这能真正治本地解决问题吗？真正长治久安的制度建设是不能绕过不动产保有环节的税收的。

直接效应之四，就是优化收入和财产的再分配。在"双轨统筹"框架下，房地产税不仅将使中国的房地产业发展提高健康度和可持续性，还会在收入分配和财产分配方面施加再分配的优化调节。我们要贯彻邓小平"先富共富"的现代化过程中的大逻辑，是不可能不讨论怎么样建立房地产税制度问题的。

此外，房地产税作为接近地方低端、落入基层社区的地方税，还天然具有倒逼民主理财、依法理财，发育公众预算参与机制的民主化、法治化作用，客观上可望催生与美国"进步时代"相类似的现代化过程，这一点又具有极为重要长远的意义。

总之，房地产（不动产）税制建设对当前中国是一举多得势在必行，这是全局配套的供给侧结构性改革、优化税制、促进社会和谐、贯彻科学发展观、追求可持续发展状态必须过的一道制度建设的坎儿。在中国经过前面那么多的改革后，帕累托式（只有人受益而无人受损）的改进已经走完，没有多大的空间了，现在要动就是动这种利益格局，虽然动既得利益难度重重，但我们必须过这个坎儿，不过这一关口，那么多的重要原则和改革要领都会流于形式，成为某种空谈。

三、房地产税改革试点的观察与评价

舆论上有一些说法，认为上海和重庆这两市的试点好像成效不足。一个说法是税收收入很少；另一个说法是并没有看到房价急速下跌，"动静不大"。这都是一些非常偏颇的认识。首先，这两个地方都不会太看重试点期间能收多少税，但对这个税的成长逻辑都心里有数，以后它的成长性肯定是没有问题的。这个税最重要的任务，在上海、重庆这样的发达地区，一定意义上还不是筹集收入，而是要调节经济和社会生活，其未来的财源支柱属性将会逐渐显现。其次，就是房价并不会应声而落，不是那么简单的事情。这样一个税制，不可能改变中国现在城镇化水平才 40% 多些、以后要一路走高到 70%~80% 才能相对稳定这个历史过程中间，中心区域不动产价格的上扬曲线。但是有了这个税以后，它会使这个上扬曲线的斜率降低，发展的过程更平稳，减少泡沫，不会动不动就大起大落，造成对社会生活的负面冲击。

房产税改革试点实施一段时期后，重庆和上海高端的不动产，都明显出现了成交量下降，价格趋稳，这就是很明显的正面效应。重庆统计表明 2011 年前几个月里，高端的住房成交量已经下降了 28%。另外上海同志讲，原来多年想追求的一些不动产配置方面如何优化的目标，这次发现通过税制的具体设计，很好地取得了实际的调节效果。比如上海多年苦恼的问题就是大家都愿意在原来的中心区里面购置不动产，政府反复动员说周边地区很好，发展不错（确实周边地区发展也很好），但是共性与惯性造成大家都倾向于不考虑周边地区，第一目标就是在中心区购置物业。而这次上海的方案里面一个很小的杠杆——中心区域的税率是 0.6%，周边区域的税率是 0.4%，就是这种差异，便使现在的成交大量地被引流到周边区域。这明显体现了搞市场经济就要间接调控，要运用规范的经济手段，而经济手段里面税收是不可忽略的政策组合工具。

往前看，发展路径上还需要充分考虑到这个问题的艰巨性，应该沉住气、在总结经验基础上，讨论试点地区的方案应怎样优化以为"加快房地产税立法"的借鉴，再积极地讨论怎样通过整个立法程序后分步在不同地区施行，当然时间表还是次要的，关键是先认清这样一个大逻辑，按照这个逻辑逐渐增加共识，排除原来的一些疑虑。方案设计和立法过程中要理性地回应不同意见，尊重不同角度的诉求，承认所有的诉求都有他们充分表达的必要性，按照"共和"的精神使博弈过程更加理性化，从而寻求方案和法律上尽可能实现优化。

四、大方向下的改革路径选择与基本要领

方向和路径明确以后，还需要把握改革的基本要领。这项改革虽然有如前所述

的那么多值得肯定之处，但是怎么样掌握要领确实应非常审慎，要化解阻力，尽可能淡化抵触情绪。

首先，建议相关实务操作管理部门应该更开明。为什么搞了这么多年的物业税模拟试点"空转"，税基评估的模拟还是一条信息都不披露呢？各个地方试点里面具体的数据可以不披露，但是它的框架完全可以披露一些信息，因为大家都关心这个事，只字不提，这可能有点太拘谨了。我们做过一些调研，所到之处不接触数据，就了解一下"空转"怎么推进的，了解这些情况以后，很多的反对意见也就不攻自破。比如有人说这个事复杂得不得了，现实中操作不了。其实不应是这样的。十个试点地区，无论是沿海发达地区、东北地区还是西部，试点都是要求对地面上所有的不动产确权之后，按照三大模式做不动产的税基评估：一个是制造业的；一个是商业的；一个就是消费性住宅的。三大类型都有已经成形的评估公式和技术上的一套评估方案，而且已将其计算机软件化了，调查人员、工作人员只要把不动产的具体数据一一填入，给一个指令，计算机在软件支持下自动生成它的评估结果。当然这需要培训干部，需要进一步理清里面的技术细节，需要优化相关软件和应用，但这都不应成为问题。这些事情应该进一步开明地透露信息。

其次，应尽可能把政府关于未来改革的一些基本考虑做出必要的信息披露，给社会公众吃"定心丸"。比如说公务员、公职人员最担心什么？辛辛苦苦工作了一辈子，最实惠的就是住房，如果说房改拿到了自己有完全产权的房子，然后马上要征房地产税，可能大多数人会跳起来。所以这方面应该非常清晰地给大家一个信息：所有社会成员的所谓第一套房或者家庭人均计算下来的一定标准之下的基本住房，是不被这个税覆盖的。这条非常重要，这是一个要吃"定心丸"、要跟各方面说清楚的事项。建议有关方面积极考虑这个问题，既然大方向已定，改革试点已启动，这个事情要比较早地让大家心里面不再打鼓。另外有人说中国基本特点就是第二套房有社会保险功能，第二套房是自己给自己买了一个商业性的社会保险。这有一些道理，那么对第二套住房能不能税率从轻？我们认为完全可以考虑。如对这两点尽快形成相对清晰的态度，再往下，便可讨论怎么样按照支付能力原则去调节高端，应该在符合市场经济税制的"支付能力原则"下，抽肥补瘦。这就是促进形成先富起来的阶层和低收入阶层在一个社会共同体里共享改革开放成果的和谐局面，实际上是一种共赢。先富起来的这些群体，一处房产一年交一两万、两三万元钱的房产税，不会"伤筋动骨"，而这个再分配使政府更有能力扶助低收入阶层住有所居，促使整个社会和谐，一起分享改革开放成果。

总之，在房地产税问题上，应从方向、到路径、到要领，把握我们应该共同寻求制度建设优化的一些基本认识。决策和管理部门在这方面应更好地顺应形势，在改革中掌握好相关的制度创新和调控要领。我国目前以房地产制度、财税制度、金融制度等一系列改革作为组成部分的全面改革，已进入深水区、攻坚期。全面改革的大方向已经明确，关键是进一步提高实施方案的科学性和可行性。这需要我们以更大的决心、勇气、智慧研究制定科学合理又切实可行的方案，在正确方向下加快推进实质性的改革进程。

第九章

改革和完善我国住房金融政策体系

住房是人们生活中不可或缺的必需品，住房金融也是一个国家金融体系的重要组成部分。住房金融体系的构建和运行对于各国经济社会发展都有着重要意义，世界各国政府普遍高度关注住房金融体系的构建与健康发展，在必要时还会采取一些政策措施加以调控，实现其住房政策目标，满足本国居民改善居住条件的现实需求。

一、住房金融的内涵及作用

（一）内涵

住房金融是指围绕着居民住房消费和维护等经济活动而发生的货币信用行为及相关的社会资金融通活动的总称，这里的住房消费，既包括居民购买住房用于自住、对外租赁、投资等活动发生的资金需求和使用住房过程中发生的物业费、房地产税、取暖等使用费和维修费用等，也包括居民租赁住房以解决住房需求的活动。住房金融的资金融通渠道，既包括通过商业性金融机构的融资，又包括政府的政策性金融的融资；社会资金的融通，既包括货币信用（存贷款）、货币流通、保险及货币结算等各项资金融通活动，还包括资金需求方直接向供给方融通资金的活动。同时，住房金融除了各种住房抵押贷款之外，还包括住房抵押贷款证券化之后产生的抵押证券的二级流通市场。

与住房金融概念相关的还有房地产金融,一般而言,住房金融是房地产金融的一个组成部分,但也是最受政府关注的部分。房地产金融是房产金融和地产金融的合称:地产金融是指围绕土地所有权和使用权的交易和转让等而开展的资金融通活动,不与居民的住房消费产生直接关联;房产金融则是指作为商品的房屋和建筑物在生产、流通、消费和维护过程中发生的社会资金融通活动的总称。房产金融包括住房金融,但与住房金融的差异在于:(1)房产既包括居民住房,也包括住房以外的建筑物,比如办公楼、商铺、工业厂房、仓库等商业建筑;(2)房产金融既包括了住房消费过程中的融资活动,也包括了住房生产(住房开发)等过程的融资活动。在房产金融中,住房金融是房产金融的重要组成部分,不仅在于住房的数量多、规模大,而且在于住房的重要性要高于完全市场化调节的商业性建筑物,由于住房问题事关政府的居民住房保障目标,政府往往对居民的住房问题持有更多的关注,提供更多、更直接的住房政策支持。

从住房金融的概念看,住房金融的本质是使资金从收入盈余单位转移到收入赤字单位,从而满足收入赤字单位的住房融资需求,住房资金的这种流转方式即为住房金融的基本业务流程。一般而言,住房金融的资金流转过程都包括间接融资和直接融资两方面。其中,通过金融中介的间接融资方式是住房金融的主要形式,图9-1是一个简化后的住房金融业务流程。

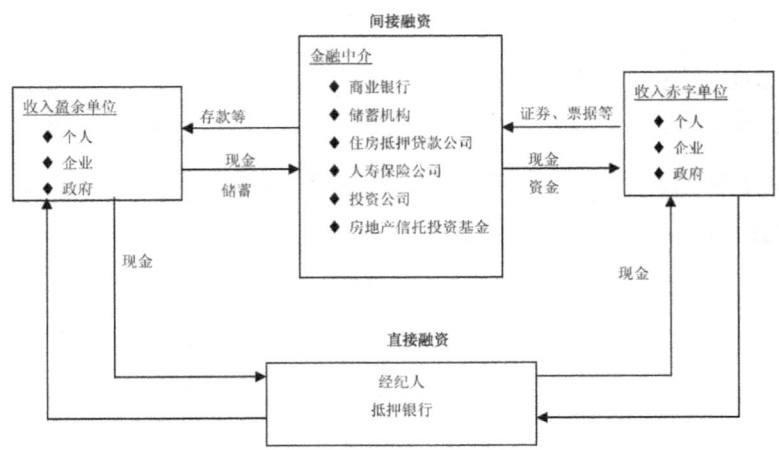

图9-1 简化的住房金融流程图

（二）住房金融的重要作用

住房是居民生活的基本需求，住房的建设和开发又对其他产业具有较强的带动作用，因此，住房金融对于一国经济发展和居民生活都具有重要作用，影响广泛。

1. 发展住房金融是改善居民居住条件、提高居民居住水平的重要途径

住房作为居民"吃穿住行"的重要组成部分，不仅是人们生活的基本消费资料，是人们安居乐业的关键所在，居民居住水平的高低对于居民的生活质量有着十分重要的影响。同时，住房是一种价值不菲的商品，一般情况下，普通收入家庭需要积累数十年甚至若干年的收入才具有支付能力，这种需求与购买力不足之间的矛盾，直接影响居民的居住水平。住房金融则可以为居民购买或者租赁住房提供资金支持，解决居民即时支付能力不足的问题，使其对住房的需求转为有效的购买力，促进居民居住水平的提高。因此，住房金融对于满足居民住房的有效需求、推动房地产业的发展和提高人民居住水平发挥着重要作用。

2. 发展住房金融有助于发挥住房产业的带动作用，促进经济增长

由于房地产行业的特殊性，无论从技术领域还是从产业链角度看，作为房地产行业主体的住房产业都与国民经济的众多产业部门有着广泛而密切的联系，产业链长，辐射带动作用强，住房产业发展会带动相关产业部门的快速增长。

住房产业属于资金密集型产业，无论是住房的供给方还是需求方，都需要来自外界的资金支持，以解决自身资金不足的问题。因此，住房金融在住房产业的发展中起着极为重要的作用，它为住房产业的发展提供可持续的资金支持，推动住房产业成为国民经济的支柱性产业。

3. 发展住房金融有助于居民合理安排生命期的总体收入现金流，实现居民收入跨期合理配置

在没有住房金融的情况下，居民无力直接购买住房，需要等到积累的资金额度足以购买其所需要的住房之后，才能购房支付款。而有了住房金融业务的资金支持，居民可以在积蓄不够支付购房款的情况下，也可以借入资金住上自己心仪的住房,但需要在接下来的很长一段时间定期偿还本息。住房金融的这种作用,可以使得居民对整个生命期的收入水平进行优化,从而有能力提前住上条件较好的住房。

4. 住房金融已成为国家金融体系的重要组成部分

目前,以住房抵押贷款为主体的住房金融业务是商业银行等住房金融机构的重要且较为优质的资产类别,许多国家的住房金融已经超过其全部金融机构贷款余额的30%,比例最高的国家都已经超过了50%。住房抵押贷款证券化业务形成的住房金融二级市场也已经成为一国资本市场的重要组成部分。随着资产证券化技术的发展,住房金融二级市场可以提供一些收益率高于国债、政府机构债甚至企业债,但风险水平却相差无几的证券化产品,成为养老基金、保险公司等风险控制较为严格的机构投资者重要的资产类别。

(三)政府干预住房金融领域的理论依据

由于住房问题的特殊性,政府为了实现其政策目标,通常会对住房金融领域进行一定的干预。政府干预住房金融领域的主要原因有:

1. 住房问题的具有多元属性

住房在促进国家经济发展和改善居民住房问题等方面都发挥着重要作用,因此,住房对于政府而言是非常重要的政治经济和社会问题,住房问题的解决程度直接关系到政府的执政基础。在住房问题解决的过程中,住房金融发挥着较为明显的作用,为居民购买或租赁住房提供了较为有效的资金支持,为了维持住房对其他相关行业的带动作用,同时也为了最大限度地满足居民住房消费的需求,政府往往对住房金融进行一定程度的干预,使其向着既定政策目标发展。同时,住房资产还具有金融资产属性,作为大宗资产,常常成为投资标的和财富配置的对象,与经济发展、人口、社会结构、城镇化进程、社会资金利率、社会预期等参数或变量息息相关,其价格经常发生较大幅度的波动。

2. 住房金融市场的失灵

商业性住房金融的基础是市场,市场作用于住房金融的主要方式是通过住房金融的价格变动，引导居民改变对住房的需求，但是作为住房金融价格的核心，住房金融的利率调节机制并不总能带来住房金融市场的"出清"。所谓出清，简单讲就是在商品价格能够自由而且迅速涨跌的情况下，市场供求双方能够迅速达到平衡的状态。住房金融市场的出清是通过利率的自由变动来自动调节资金的供求平衡，但住房金融市场的开放性使得住房金融利率不是由住房金融市场的供求状况决定的，通过调节贷款利率也并不能实现住房金融市场的全部"出清"，导致住房金融市场的自发调节经常失效。

3. 住房金融的外部性

在住房金融领域，外部性主要是指某些住房金融主体的行为对整个金融体系以及整个社会经济体系造成的正面和负面的影响，主要表现在与住房金融的风险状况紧密相关联的两方面：一方面，从系统性风险的角度考察，住房金融的系统性风险是由涉及整个经济活动的经济、政治和社会因素造成的，但却要由住房金融机构承担一定的损失；另一方面，从非系统性风险的角度考察，非系统性风险主要是由住房金融主体非理性的微观经济主体的行为造成的，但其危害却往往涉及整个社会经济领域，并且需要社会承担很大的成本。基于上述两点，住房金融的外部性问题难以在市场框架内自动解决，需要政府适当干预。

4. 住房金融的政策性

在金融领域，商业性金融存在"嫌贫爱富"的现象，经济效益状况越好的企业，其能够获得的贷款也较多。在住房金融领域，这一问题同样然存在，这就导致高收入者获得的住房金融支持会多于中低收入阶层，从而中低收入者很难获得商业性住房金融机构的资金支持。但从政府的角度看，为了实现"居者有其屋"的政府政策目标，其重要的考虑是要想办法为中低收入者获得住房金融的支持，这也是政府在住房金融领域的政策性的体现。

二、国外住房金融模式及政策启示

国外住房金融的模式较多，大致可以分为资本市场融资模式、合同储蓄融资模式和强制储蓄融资模式。

（一）资本市场融资模式

资本市场融资模式是指由住房金融机构通过在资本市场上发行住房抵押债券来筹措住房建设和消费资金。

1. 资本市场融资模式的特征

资本市场融资模式以住房抵押贷款的证券化为核心特征。这一模式下，在住房金融领域发挥基础作用的是住房抵押贷款，居民获得住房抵押贷款之后购买住房，而金融机构向居民发放住房抵押贷款之后，为了实现资金的快速循环利用，并实现风险资产的的重新组合，可以选择在资本市场上打包向投资者出售以住房抵押贷款为基础资产池的贷款证券化产品。

资本市场融资模式通过证券化市场把住房金融领域的资金需求方与资金供给方联系在了一起，有学者把住房抵押贷款的证券化市场作为住房金融的二级市场，而把金融机构向居民发放住房抵押贷款的过程称为住房金融的一级市场。住房金融融资的资金需求方与供给方只在住房金融的二级市场之中发生联系，在住房金融的一级市场之中，住房金融的资金提供方是通过商业银行等金融机构与资金需求方间接关联的。

推行资本市场融资模式需要满足一定的条件，主要有：一是发达的资本市场体系和投资于资本市场的历史传统；二是较为发达的社会信用评级体系；三是较为发达的资本市场中介机构体系；四是政府对住房抵押贷款的证券化业务提供一定的支持。

目前，世界上住房金融体系实行资本市场融资模式的国家主要集中在北美和北欧地区，以美国、加拿大和丹麦为代表，其中美国是最为典型的资本市场融资模式，也是最早使用资本市场融资模式的国家。

2. 美国住房金融政策体系的特色及演进历程

美国住房金融体系最突出的特色是抵押贷款证券化市场高度发达，整个体系的基本架构为"银行信贷+证券化",证券化是整个体系运作的核心环节。2008年发端于次贷危机的国际金融危机,是自大萧条以来发达经济体经历得最严重的一次金融危机,这场危机对全球金融市场和全球经济正常运行产生了破坏性后果,同时也从一个侧面反映出抵押贷款证券化市场在美国经济和住房金融体系中"牵一发而动全身"的影响力。

缺乏长期资金是美国在住房金融领域面临的核心障碍,这也成为美国住房金融政策要解决的主要问题之一。在20世纪30年代之后的80多年里,美国联邦政府一直致力于通过成立政府发起企业、发展抵押贷款证券化业务等诸多措施为住房金融体系注入流动性,联通货币市场与资本市场,满足住房金融业务对长期资金的需求,使美国人可以获得可负担起的住房抵押贷款(Affordable Housing Mortgages)。美国住房金融体系是在联邦政府的支持下构建起来的,至今联邦政府仍扮演着关键参与者的角色。国际金融危机期间和其后的大衰退时期(the Great Recession),私人金融机构几乎完全退出了抵押贷款二级市场,新增抵押贷款的九成以上是由联邦住房管理局、房利美、房地美、吉利美来提供担保或保险的。表9-1是美国住房金融体系的演化历程。

表9-1 美国住房金融体系的演进历程与目标蓝图

	机构	产品	风险或冲击
探索阶段（20世纪30年代以前）	● "临时"建房合作社（开始于1775年） ● "永久建房合作社"（开始于1870年） ● 抵押贷款公司（19世纪70年代） ● 人寿保险公司（20世纪前10年活跃）	● 非分期付款,浮动利率,每半年还款1次 ● 贷款期限6—11年,贷款最高占房屋价值50%~60% ● 抵押贷款公司发行抵押贷款支持债券（19世纪70年代到19世纪90年代）	● 资金集中管理,并以存款为基础集资 ● 区域风险管理(例如,50米半径规则) ● 19世纪经济衰退导致抵押贷款公司倒闭,合作中存在代理问题 ● 20世纪20年代快速增长,1929年股市崩溃

续表

	机构	产品	风险或冲击
制度形成阶段（20世纪30年代至60年代）	●建立 HOLC、RFC 为不良贷款和坏银行提供流动性 ●建立 FHL 系统（1934年）和房利美（1938年）以提高流动性 ●建立 FHA、FDIC、FSLIC 和私人抵押贷款保险公司以增信 ●房利美私有化、建立吉利美（1968年）	●按月完全分期还款 ●固定利率，贷款期限长达20年或更长年限 ●贷款最高可占房屋价值的80% ●房利美制定担保规则	●大萧条（20世纪30年代） ●全国住房法案（1934年），住房法案（1949年） ●Q条例（1966年） ●利率上升和通货膨胀（20世纪70年代）
证券化阶段（20世纪70年代至80年代）	●建立房地美（1970年） ●新投资进入市场，包括：共同基金、养老金、外国投资者（20世纪80年代） ●储贷协会危机（20世纪80年代）、建立 RTC（1989年）	●引入可调整利率贷款 ●发行抵押贷款证券： ●首次发行担保抵押贷款业务（CMO）（1984年），抵押贷款证券大规模发行 ●利率互换市场发展（20世纪80年代）	●两次石油冲击 ●储贷协会利率飙升、资产负债错配；取消利率上限（20世纪80年代） ●拉美债务危机（20世纪80年代） ●FIRREA（1989年），巴塞尔协议 I

续表

	机构	产品	风险或冲击
自动化或计算机化阶段（20世纪90年代至2006年）	● 建立OFHEO（1992年）：对政府发起企业的最低资本要求和风险资本规则 ● HUD对政府发起企业提出可负担住房目标（1992年） ● MBS市场的全球化	● 信息革命：自动担保体系，抵押贷款评分，自动估值模型 ● 房地产繁荣（20世纪90年代中期到21世纪早期） ● 与住房所有权相关的信贷产品，次级抵押贷款和其它可负担产品（20世纪90年代至今）	● 加利福尼亚违约 ● 信贷衍生品市场繁荣（20世纪90年代中期以来） ● 以住房价格指数为基础的对冲市场
制度调整阶段（2006年至今）	●《住房与经济复苏法案》（2008年），成立联邦住房金融管理局 ●《多德—弗兰克华尔街改革与消费者保护法》（2010年） ●《美国住房金融市场改革报告》（2011年）	● 为抵押贷款证券化建立一个共同的平台和全国标准 ● 消费者保护 ● 可支付租房计划	● 次贷危机 ● 国际金融危机 ● 两房破产 ● 大衰退 ● 巴塞尔协议Ⅱ ● 两房逐步退出

资料来源：根据Integrated Financial Engineering, Inc. Evolution of the U.S. Housing Finance System: A Historical Survey and Lessons for Emerging Mortgage Market, April, 2006, The Department of Treasury, U.S. Department of Housing and Urban Development, Reform America's Housing Finance Market: a Report to Congress, February 2011等文献整理

通过美国两百多年住房金融体系的演进历程可以看出，美国实行市场机制为主导的住房金融政策，形成以私有金融机构为主体，以住房抵押贷款市场为基础，多种住房金融机构广泛参与，政府积极调控的住房金融体系。联邦政府的住房金融政策发挥着关键作用，不仅是调控作用，而且直接塑造了美国住房金融体系的架构，建立了庞大的政策性住房金融体系，充分服务于联邦政府的住房政策目标。

3. 美国住房金融政策的启示

（1）美国住房金融政策的核心目标是提高住房自有率，其意义在于为降低居民的购房成本，提供一个较为宽松的住房金融环境，提供较为稳定的资金来源。尤其是对于居民真实的住房需求，应提供便捷和低成本的金融服务，促进住房市场与金融市场的良性互动，这不仅有利于改善家庭部门的居住环境，也有利于建筑业、金融业这两大产业的发展，拉动经济增长和就业水平。

（2）住房金融政策对于资产价格泡沫应保持警惕，实施审慎的住房信贷标准，避免住房金融成为住房市场泡沫累积的源头。更进一步来看，总量政策解决不了结构问题，住房金融政策的整体宽松，甚至极度宽松也没有从根本上解决低收入群体的住房需求，反而为滋生资产价格泡沫提供了土壤。因此，解决住房市场的结构性问题需要采取结构性的政策措施。

（3）政府针对于市场缺失、发育不完善等市场失灵领域支持住房金融市场，有利于完善住房金融体系的框架。采取金融方式支持住房金融市场，可以使政府在住房金融体系的关键环节发挥作用，有利于调控住房金融体系的运行。随着金融市场的深化，证券化模式的住房金融的推广意义将逐步显现，它可以降低抵押贷款的风险，促进抵押贷款的资金流动，解决资金结构中短期储蓄与长期抵押贷款之间期限不匹配的问题。无论从金融创新的角度，还是发展住房金融市场的角度，包括抵押贷款在内的证券化的住房金融业务，在我国将有广泛的发展空间。

（4）住房市场既是一个消费市场，也是一个投资市场，住房金融市场具有长期性和广泛的影响力，这些因素导致住房金融市场容易成为一个滋生泡沫、爆发金融危机的市场。对该市场的风险应保持足够警惕，适时进行动态调整，避免风险累积而引发危机，防患于未然是住房金融政策调控的优先考虑。

（5）政策性金融系统是各国住房金融体系不可或缺的重要组成部分，发达的政策性金融系统可以弥补商业住房金融系统的缺陷，甚至在特定领域发挥主导作用。以住房政策性金融系统作为政策工具，既可以链接住房金融市场的薄弱环节，拓宽住房金融市场的资金来源，实现总量目标，又可以开展定向服务，为特定的群体提供住房金融服务，实现结构目标。

（二）合同储蓄融资模式

住房金融的合同储蓄融资模式是指住房金融的借贷双方通过签署储蓄合同契约的方式来筹措住房资金。

1. 合同储蓄融资模式的特征

在合同储蓄融资模式下，潜在购房者根据自己的收入状况和希望获得的住房的情况，自愿与专门的住房储蓄机构订立住房储蓄合同。该合同一般是存贷合一的，即该储蓄合同不仅仅是一个未来有权进行住房贷款的合同，而且是以定期存款为前提条件的贷款合同，即潜在购房者要按照储蓄合同的约定，定期到专门的住房储蓄机构存储一定数额的资金，当储存的资金到了一定时间或者是达到一定的金额后，潜在购房者才能够获得从该机构获得与存款利率和数额挂钩的住房抵押贷款的权利。

合同储蓄融资制度的实质是"低存低贷"，即储蓄合同规定的存款利率和贷款利率都要低于商业银行的市场化的存贷款利率；同时，贷款利率要比存款利率高出1-2个百分点。有些国家为了吸引居民使用合同储蓄方式获得住房金融支持，甚至还把贷款利率压低，使其低于实际存款利率，高进和低出之间的差额由国家通过减免利息所得税或直接贴息等方式解决。合同储蓄融资模式最早起源于英国，后来在德国、奥地利等国得到较为快速的发展。尤其是在德国，合同储蓄融资规模已经占到居民所有住房融资的一半以上。此外，日本的住房金融公库制度在本质上也是一个合同储蓄融资体系，其住房金融公库的资金来源是居民在邮政储蓄系统存储的剩余资金。

2. 德国的合同储蓄型住房金融体系

德国金融体系属于典型的银行主导型,在住房金融领域,主要融资方式也是以银行的住房抵押贷款为主。德国构建了一个以互助合作为主旨的多元合同储蓄制度,为解决住房金融问题发挥了主导作用。德国住房金融体系由多种金融机构参与,形成各种形式互相配合的融资体系。从事住房金融业务的主要金融机构有四种:信贷银行、储蓄银行、抵押银行和住房储蓄银行。其中,合同储蓄制度在住房金融领域发挥主要作用。

德国合同储蓄计划的主要特征是先储蓄、后贷款。即先由储户根据自己住房需要及储蓄能力,与住房储蓄银行签订储贷合同,储户每月按合同约定存钱,当存满储贷金额的一定比例后,即可取得贷款权。德国住房储蓄银行、住宅互助储金信贷社、住宅信贷协会、私人建筑协会和公营建筑协会都是在吸收个人存款的基础上,发放房地产贷款,为个人买房、建房筹集资金。其中,住房储蓄银行属于国家银行,安全性高,吸收了德国一半以上的居民存款;住宅互助储金信贷社是一种民间住宅金融机构,凡入社居民,只有当储蓄额达到所需贷款额的40%~50%时,才有资格向银行申请合同全额的购房贷款。住房储蓄银行再运用一套严格的借款人资格评定体系,以存款额与存款时间相乘所得"评估值"来决定对不同潜在借款人的配贷顺序,使各个储户得到贷款的机会最大限度趋向公平。

德国合同储蓄计划的另一个特点是贷款实行固定利率政策,低存低贷。德国的住房抵押贷款都采取固定利率,不管是住房储蓄合同贷款,还是商业性贷款都是如此。这是因为德国居民购房一般会选择住房储蓄合同贷款和商业贷款组合贷款的模式,两类贷款组合过程中不应该采取两种利率政策。另外,由于合同住房储蓄计划带有明显的居民合作互助的性质,居民合同储蓄计划的存贷利率通常较为优惠且保持固定不变,并远低于商业银行存贷款的利率。德国住房储蓄银行的贷款利率一般为储蓄利率加2个百分点的利差,通常在2.5%至4%之间。住房储蓄银行的贷款期限较长,一般为6至15年,平均期限在11年半左右,这种长周期的房贷利率安排可以较好地抵御金融市场的周期性波动。

在德国,居民购建住房的资金来源主要有三部分:一是自己积蓄的资金;二是从信贷银行、储蓄银行或抵押银行申请的抵押贷款;三是合同储蓄计划贷款。其中,以住房储蓄合同为基础的贷款金额大约占到德国居民购房支出总额的 50%,另外 20% 的部分来自家庭储蓄,剩余约 30% 来自商业住房贷款。

(三)强制储蓄融资模式

强制储蓄融资是政府凭国家权威和信用,通过国家法令和行政规定等强制手段,要求将雇员工资收入的一定比例定期存入指定机构,专项用于雇员住房消费支出和购买住房支出的一种住房金融类型。在这种住房金融融资模式下,制度的设立具有强制性特征,所有符合条件的居民都要参加。强制储蓄融资模式的特点是融入资金的稳定性强、存款期限长、筹资数额巨大、筹资成本低。

1. 强制储蓄融资模式的特征

强制储蓄与合同储蓄模式的区别主要在于:计划参与者是主动选择在住房储蓄银行开立储蓄账户的,而强制储蓄融资模式下的计划参与者是没有权力选择是否参与这一住房融资体系的。强制储蓄模式下有可能出现,一些中低收入的居民在按照法律法规的约定缴纳了资金,但由于其收入水平较低而无力拿出购房的首付款,从而导致无法从强制储蓄融资模式中获得住房金融支持。

实行强制储蓄的国家主要集中在 3 个区域:一是东南亚和南亚地区的新加坡、马来西亚、菲律宾和印度;二是南美地区的巴西、墨西哥和智利;三是非洲的加纳、尼日利亚等国。其中,新加坡的中央公积金制度是实施最早,也是最为成功的。我国住房公积金制度实质上也是强制储蓄融资模式的一种类型。

2. 新加坡的中央公积金制度

新加坡自 1955 年 7 月建立的中央公积金制度采用强制性储蓄模式,以备解决年老、残疾或死亡等急难问题。所谓强制性储蓄模式,又可称为储蓄保险模式,是一种个人交纳保险费的社会保险制度。这种模式强调雇员的个人缴费和个人账户的积累,退休者的社会保障权益来自于本人在工作期间的积累,且积累的资金通过投资基金进行运作以实现保值增值。

新加坡的公积金制度实行会员制，即所有受雇的新加坡公民和永久居民都是公积金局的会员，无论是雇主和雇员都必须按雇员月薪收入的一定比例向公积金局缴纳公积金。由中央公积金局按照上每月应得利息，一并记入每个公积金会员的账户，专户专储。目前雇主和雇员各缴纳20%。公积金会员的存款采用个人账户集中管理的办法，其账户每年都经过国家审计局审计并对外公开，政府公积金各项费用的收支、管理、运营的情况透明度也很高，监督和约束机制强。

公积金制度刚建立时纯粹是一种养老制度，主要用于解决职工的退休养老问题，此后随公积金归集额的扩大，逐步扩大到其他领域。1968年推行公共组屋计划，允许会员利用公积金存款购买组屋，解决了会员的住房问题；1981年开放购买私人住宅，同年并推出家庭保障计划，开放运用公积金账户购买保险，确保账户持有人一旦不幸逝世或终身残障时也能清偿公共住屋的贷款；1984年推行保健储蓄计划，允许动用公积金账户存款支付医疗费用；1986年则开放利用公积金存款购买信托股票、可兑换之债券股、单位信托和黄金，同年亦开放购买商用产业；1989年开放用公积金支付大学教育费用；1994年推出增值健保双全计划，让账户持有人可以再加保获得更佳的医疗保障。这些计划使公积金逐步扩展到住房、医疗、养老、保险、教育等各个领域，成为新加坡的基本社会制度，使新加坡在不长时间内实现了老有所养、病有所医、居有其屋。

3. 中央公积金在新加坡住房金融体系中的重要作用

虽然新加坡的中央公积金并不能直接对建屋发展局贷款，也不能直接对居民购房发放贷款，但中央公积金制度的结余资金是建屋发展局进行组屋建设和发放住房贷款的主要资金来源，并且通过对中央公积金的提取，解决了很多居民住房抵押贷款的首付款和后续本息还款的资金来源问题。总体看，新加坡中央公积金制度对新加坡住房金融体系的主要作用有以下几方面：

（1）中央公积金具有间接支持新加坡政府组屋及个人住房贷款的作用

新加坡中央公积金制度设立初期，中央公积金管理局除支付会员的正常提款外全部用于购买政府债券，这就使得中央公积金通过国家债务方式转由国家控制，再由国家向建屋发展局提供建房贷款和个人购房贷款。在这一流程中，政府向中央公积金发放的政府债券的收益率一般和政府向中央公积金承诺的公积金收益率是一致的，而政府向建屋发展局提供的建房贷款和个人购房贷款的利率则稍高于承诺的公积金收益率，建屋发展局向个人购房发放贷款的优惠利率则稍高于政府贷款的利率。因此，在中央公积金的这一资金循环过程中，建屋发展局建设政府组屋和向居民提供个人住房贷款的资金实际上是居民自己积累的资金，新加坡的住房金融体系归根结底是以中央公积金强制储蓄为基础的，是一种强制储蓄型的住房金融体系。

（2）中央公积金局可以直接向房屋建筑承包商提供贷款

新加坡允许中央公积金局直接向新加坡政府组屋建筑的承包商提供贷款以解决它们的住房建设资金需求。由于建设房屋需要大量的流动资金，为防止因为承包商的资金缺口导致组屋建设速度的放缓，新加坡政府允许这些建筑承包商直接向中央公积金局借款，且中央公积金对建筑承包商贷款的利率一般都会低于市场利率水平，因此很受建筑承包商的欢迎。通过向住宅建筑承包商提供贷款，使中央公积金直接转化为住房建设资金。

（3）新加坡中央公积金为居民购买住房提供首付款和还款资金来源

从1968年新加坡政府推行"居者有其屋"政策之后，新加坡政府允许居民个人提取中央公积金用于购买个人住房，主要是购买政府组屋。具体的政策虽然几经演变，但主要措施基本上没有太大变化，主要包括几方面：

一是允许居民提取中央公积金账户资金支付住房抵押贷款的首付款。由于建屋发展局向居民提供的个人住房贷款需要居民提供20%的首付款，新加坡允许居民从其中央公积金账户中提取与这部分资金相对应的金额，如果中央公积金账户的积累不足以支付首付款，居民可以将政策允许提取的中央公积金全部提出。

二是允许居民提取公积金账户资金支付个人住房贷款本息。为了鼓励新加坡居民按照政府的要求积极购买住房，新加坡政府允许居民日常性的提取中央公积金用于偿还个人住房抵押贷款的本息。在政策初始阶段，新加坡政府只允许居民使用中央公积金归还其从建屋发展局借入的个人住房抵押贷款本息，后来又允许居民使用中央公积金归还其借入的商业性住房抵押贷款的本息，但其从中央公积金提取的资金不能够超过缴纳的资金。为了体现中央公积金的公平性，新加坡政府在允许居民使用中央公积金归还住房抵押贷款的本息之后，如果居民出售了使用中央公积金归还住房抵押贷款本息的住房之后，该居民必须将使用的中央公积金金额归还到公积金账户之中。这种制度的存在，使得中央公积金制度在支持了居民购买住房的同时，还能够形成中央公积金的循环利用，防止居民出现套取中央公积金的行为。

三、我国住房金融的作用及存在的问题

我国住房金融对于房地产行业的发展起到了积极的促进作用，但由于缺乏统筹规划等多方面因素，我国住房金融发展中也存在一些亟待解决的问题。

（一）我国住房金融的作用

我国房地产行业的快速发展始于20世纪90年代初期。在行业发展初期，房地产行业的主体定位是为城镇居民提供市场化的商品房，不断增加商品房供给，满足高收入居民的住房需求。1998年东南亚金融危机之后，随着外需的减少和工业生产行业的不景气，房地产行业对于我国经济的促进作用开始受到重视，政府将房地产行业的发展作为拉动我国经济走出低谷的重要政策，并出台了一系列有利于商业性房地产发展的重大举措，推动房地产行业的高速发展，对于我国经济的稳定和快速恢复发挥了重要作用。此后，房地产行业对于经济发展的促进作用得到政府的重视。在房地产行业对我国经济增长和财政收入发挥明显带动作用的情况下，我国住房金融业务的发展也较为迅速，在改善居民居住条件、为房地产投资提供资金来源等方面起到越来越重要的作用。

1. 为居民获得住房提供了金融支持

对于居民个人而言，住房支出是一项大宗支出项目，仅靠居民个人的日常收入难以一次性支出相关款项，住房金融则为居民个人购买住房提供了资金支持，成为居民实现"居者有其屋"目标的重要资金来源。

2. 促进了房地产行业的快速发展

住房金融的发展，在为居民提供购房资金的同时，也为房地产开发商销售商品房回收资金提供了支持，为房地产行业的快速发展提供了资金支持。

3. 为商业银行提供重要的优质资产渠道

商业银行开办个人住房贷款业务都是要以住房作为抵押的，在房地产价格上涨时期，抵押品的价值在不断增长，商业银行发放的个人住房贷款的安全性也较高，加之商业银行发放的个人住房贷款多采取随行就市的浮动利率制，这实际也就把利率风险的大部分转嫁给贷款者承担。因此，除非房价大幅度下跌到其抵押金额比例之下，商业银行的住房抵押贷款才可能会出现问题，但这种情况出现的可能性较小。总体而言，商业银行发放的住房抵押贷款的安全性较高，加上这种贷款的期限有较长，商业银行一般都将个人住房抵押贷款视为优质资产。

4. 通过住房公积金制度，为购房者提供了住房贷款优惠

在住房制度改革过程中，为了降低购房者的利息负担，弥补当时的专业银行不能大量开展住房金融贷款的不足，1994年我国正式建立了住房公积金制度。该制度是以个人和单位缴费为基础，在筹集资金后向制度参与者发放优惠利率的住房公积金贷款。很多购房者获得了住房公积金的低利率优惠，尤其是在1998年房改初期，住房公积金为参与房改者提供了大量资金支持。

（二）我国住房金融体系存在的问题

住房金融体系的建立和完善对于我国经济和社会发展带来了较为明显的影响，但在运行中也还存在一些问题，不仅影响着住房金融体系的进一步完善，也对我国经济和社会发展带来了一定程度的不利影响。主要表现在：

1. 住房价格持续上涨导致住房金融体系建设面临外部环境约束

20世纪90年代以来，我国住房制度由福利分房向住房分配货币化、供应市场化方向发展，这一过程中，我国商品房建设规模迅速扩张，人均住房面积快速增长，居民住房紧张的局面得到一定程度的缓解。但与此相伴而随的是入，我国商品房价格持续快速上涨,很大程度上超出了居民的住房购买力水平,由此导致了我国的住房金融体系在发展过程中面临较为明显的外部环境约束,带来了诸多不利影响,主要表现在:

(1)住房价格的快速上涨,与我国居民收入的缓慢增长形成了鲜明对比,居民收入与住房价格比值的越来越低,居民购买住房需要积累的时间越来越长,从而导致居民很难实现"住有所居"的梦想,由此也引发一些社会问题。

(2)商业银行住房贷款难度上升。近年来我国实行的控制住房价格快速上涨的相关政策更多的是控制居民住房的需求,对居民住房贷款的限制条件不断增加,加上2009年贷款接近10万亿元之后,整体信贷环境一直处于收紧的状态,商业银行加紧了对贷款者资质和收入水平的认定,由于增加了居民获得商业银行住房贷款支持的成本和难度。

(3)政策性住房金融的发展缓慢。由于住房公积金制度带有互助性的特点,对于每一个贷款对象的支持金额都有限制,这一限制在不同地区虽然不同,但即使在限额较高的城市,住房公积金贷款的限额也不超过120万元,这与动辄几百万元的购买住房的支出相差非常大,从而导致住房公积金贷款在这些城市成为"鸡肋",在住房公积金最高限与购房总价之间的差距越来越大的情况下,住房公积金的利率优惠政策没有太大意义。加上住房公积金贷款的申请手续繁杂,需要较长的审核过程,远不如商业性住房贷款申请过程的便利,影响了居民从公积金制度获益。

2. 商业性住房贷款快速增加导致金融风险向商业银行集中

由于我国金融市场发展处于尚不成熟的阶段,间接金融在整个金融市场中还占绝对地位,资本市场等直接金融发展相对落后,导致我国房地产融资主要依靠商业银行。通过住房消费贷款、房地产开发贷款、建筑企业流动性贷款和土地储备贷款等各种形式的信贷资金集中,商业银行直接或间接承受着房地产市场运行中各个环节的市场风险和信用风险。商业银行开展中长期住房贷款,容易导致其资产负债在数量、期限、结构上的不匹配,从而蕴含着较大的流动性风险。

3. 政策性住房金融不健全

以 1999 年 4 月国务院颁发《住房公积金条例》为标志，经过十多年的不断改革，我国住房金融业务得到了发展，形成了以住房公积金为主体的政策性住房金融体系，但这种政策性住房金融体系存在一些较为明显的问题。

（1）政策性住房金融没有充分发挥应有的作用

作为我国政策性住房金融主要组成部分的住房公积金制度，自成立以来提供了大量住房公积金贷款，但贷款对象多是中上等收入者，大多数中低收入家庭很难从公积金制度中受益，这在很大程度上脱离了政策性住房金融的设立初衷。同时，住房公积金制度管理落后，并没有真正形成独立的住房金融政策性金融机构，造成管理效率的低下和资金利用效率不高。

（2）政策性住房金融与商业性住房金融之间的衔接配合存在问题

政策性住房金融与商业性住房金融的配合也存在明显的问题，这主要表现在以下两方面：

一是由于政策性与商业性住房金融之间没有很好地相互补充，导致我国住房金融体系存在空白地带，不能很好地满足我国居民住房融资的需要。我国住房公积金的缴交率不高，覆盖面不广。全国尚有 40% 的职工未参加住房公积金，这部分职工难以享用政策性住房金融，但它们的收入又不足以在市场上购买住房，从而造成住房金融的空白地带。

二是政策性与商业性住房金融存在支持功能上的重叠错位。我国的住房公积金虽为政策性住房金融，但在服务对象上却没有根据收入水平而有所限制，这就造成参与住房公积金的职工，无论收入高低，均可享受我国的政策性住房金融，在实际操作中，由于收入高的职工有更强的住房消费能力和还贷能力，导致中高收入职工占了住房公积金贷款的大多数，而这部分中高收入居民实际上应该为商业性住房金融的消费者，由市场来解决住房融资问题。我国政策性与商业性住房金融的重叠错位不仅使政策性住房金融的实际效果大打折扣，造成住房资源配置的有失公平的现象；又减少了商业性住房金融的消费者，制约了其正常发展。

4. 住房抵押贷款证券化发展缓慢

住房抵押贷款证券化发展缓慢的根源在于我国住房价格的快速上涨，政府担心住房抵押贷款证券化业务的发展可能会促使商业银行加快发放住房抵押贷款，进一步带动住房需求，推升住房价格。实际上，目前我国住房抵押贷款的风险已经向商业银行集聚，为了降低风险，同时也优化商业银行的资产结构，调整我国社会资金存量，需要逐步推行住房抵押贷款证券化业务。

四、构建我国住房金融体系的基本思路与框架建议

（一）构建我国住房金融体系的基本思路

我国住房制度市场化改革以来，居民的住房面积大幅增加，过去住房紧张的局面得到明显缓解，但前期住房制度改革中过分强调市场化取向，在高端房地产能够带来更高利润的情况下，为了获取更高的利润，房地产开发商大力发展高端地产项目，由此产生了两方面的问题：一是忽视了低收入者的住房需求，低收入者住房矛盾日益突显；二是中等收入者也很难支付得起适宜的住房。

纠正住房制度前期设计过程中出现的偏差，需要从制度设计的顶层出发，采取有针对性的措施，我国住房制度及相关政策的设计应遵循"放开高端、保障低端、适当扶助中端"的思路。

1. 放开高端

"放开高端"是指的对于高端地产项目，可以采取市场化的措施，以市场化的手段解决，政府无须对高端地产项目的供给及价格进行控制，同时，在住房金融制度设计过程中切断高收入人群使用住房公积金贷款享受优惠贷款利率的途径。高端地产项目只要符合政府城市整体发展规划即可立项，高端地产的需求完全由高收入人群以自有收入或者是商业性住房金融解决。同时，为了控制高端地产项目占用大量土地，还需要配套建立房地产税等措施，对高端地产项目要按照一定标准征收房地产税。

2. 保障低端

"保障低端"是指的要保障低收入人群及贫困人口的住房需求。低收入人群及贫困人口的收入较低，食品等基本性支出已经占其总收入的较大部分，根本没有能力支付市场化的租赁性住房，更不可能在房价日益上涨的情况下购买属于自己的住房，因此，出于社会公平和社会稳定的需要，世界各国政府都会采取措施尽可能满足这部分人群的居住需求。我国低收入人群的住房问题更加严重，主要是因为前期住房制度市场化、货币化改革之后，各级政府忽视了住房保障问题，基本上没有采取措施为低收入人群提供住房保障，导致这部分人群或者是流离失所，或者是拥挤在狭窄破旧的房子里面。因此，今后政府需要大力发展住房保障事业，特别是对低收入者的住房保障，通过大力建设公租房，尽可能满足低收入者以及贫困人口的住房需求。

3. 适当扶助中端

"适当扶助中端"是指政府要采取一些政策措施帮助中等收入阶层获得住房。中等收入者虽然具有一定的购买住房的支付能力，但是在房价持续快速上涨的阶段，其收入上涨难以跟上房价的上涨，导致他们购买住房需要储备更多的资金，延迟了住房消费。由于中等收入阶层是社会人口的主体，满足他们的住房需求对于社会稳定具有重要意义。因此，政府应该通过一定的支持措施帮助解决他们的住房问题，但这部分人群住房需求规模较大，政府也不能大包大揽，一则政府没有如此大的财力给予支持，二则也需要防止社会公共资源被倾斜配置到某些领域之中，带来社会资源分配的不公平。

在帮助中端需求方面，政府可以采取的措施主要有：

第一，鼓励房地产开发商开发能够满足基本居住需求的中端房地产项目。中等收入阶层购买自有住房的一大难题是房地产开发商不愿意开发户型相对较小、房屋总价相对较低的房地产项目，使得中等收入阶层在购买自有住房方面进退两难、十分尴尬。因此，政府要采取措施增加中端住房的供给，一方面要对房地产开发商开发的住房项目给予一定限制，比如严格限制房地产开发项目的中小户型不能低于一定水平，另一方面要鼓励旧有公房（房改房）上市，由于这些房屋大多数都属于中端住房，而且这类住房的数量较大，在不少城市基本能够满足中等收入阶层的居住需求。

第二，建立和完善公租房供应制度。公租房是介于廉租房与市场化租房之间的住房保障形式，其租金水平要高于廉租房，但低于与市场化租金水平。公租房的主要定位为城市"夹心层"提供过渡性住房。公租房一般着重面向收入低于一定水平的参加工作不久的年轻人及农村转移劳动力，在一段时期之后，随着职业的积累，这部分人群的收入水平会不断提高，储蓄额也会不断增加，具备了购买自有住房的能力，政府可采取一定措施鼓励他们购买自有住房，并随后退出公租房转给其他人使用。

第三，在住房金融方面给予支持。政府可以采取的政策措施有：一是通过优化住房公积金制度，将其改制为政策性住房金融机构向中等收入阶层提供优惠利率贷款支撑购买住房；二是建立住房储蓄银行等储蓄性金融机构，通过税收手段鼓励居民增加储蓄用于以后购买住房；三是建立住房合作社等互助性住房金融机构，为某一特定领域或区域的人群购买或者是建设中端住房提供资金支持。

（二）构建完善合理的住房金融体系框架建议

在明确我国住房金融体系的构建思路基础上，应根据我国住房金融体系现存的问题，有针对性地构建科学合理的住房金融支持体系。

1. 通过不同形式构建多层次住房金融体系

多层次的住房金融体系能够满足不同人群的住房融资需求，使它们在不同领域各自发挥着独特的作用，共同组成无缝联接的住房金融体系，为绝大多数居民提供住房资金。在构建多层次住房金融体系过程中，要根据不同住房金融业务的特征明确各自的发展方向和重点，采取不同的政策措施实现多层次住房金融体系的健康发展。总体而言，我国在构建多层次住房金融体系时应该放开商业性住房金融、做实政策性住房金融、鼓励发展互助储蓄性住房金融。

（1）放开商业性住房金融

商业性住房金融在我国住房金融体系中占主导地位，我国已经建立了较为成熟的商业银行住房抵押贷款业务体系，承担了住房金融体系的大部分业务。根据重构后的住房金融体系分工，商业性住房金融将主要负责高收入人群住房业务的融资需求以及大部分中等收入阶层购买住房的融资需求。

放开我国商业性住房金融领域主要包括两个方面：一是放开住房金融业务的提供机构。目前只有商业银行可以开展商业性住房金融，今后应放开提供商业性住房金融业务机构的范围，可以逐步放开信托公司、保险公司、财务公司、小贷公司甚至证券公司等金融机构参与商业性住房金融业务，破除商业银行在商业性住房金融领域的垄断，通过市场竞争，改善居民获得的住房金融服务条件。二是放松商业性住房金融业务规制。目前，商业银行开展商业性住房金融业务只有住房抵押贷款一种，贷款利率方式较为单一，灵活性不足，今后改革的方向，应允许商业性住房金融机构在业务经营方面根据自身条件和外部经济环境的情况开发住房金融产品，以更为灵活的方式为居民购买住房提供融资；同时进一步放开商业性住房金融的融资形式、融资期限和贷款利率等条件，允许金融机构以更为灵活的方式、更为优惠的融资条件和更为便捷的融资服务等向居民提供住房融资业务。

（2）夯实政策性住房金融

在政策性住房金融领域，前期以住房公积金制度为基础的政策性住房金融业务开展得并不理想，虽然它建立了一种普惠制的低利率住房公积金贷款的业务模式，但这对于政策性住房金融机构而言是不够的，最主要的问题是该制度在住房保障方面存在明显缺位，因此，要采取措施真正做实政策性住房金融体系。

具体而言，做实政策性住房金融，就是要对现有的住房公积金制度进行彻底改革，将其真正转制为政策性住房金融机构，将业务运作的目标人群定位为中低收入阶层，满足其的住房融资需求。

对于中等收入阶层和低收入阶层而言，他们在住房融资方面的需求是不一样的，政策性住房金融机构要有针对性地给予满足。中等收入阶层的住房金融需要注意政策性住房金融与商业性住房金融的配合，要对两者功能划分一定的界限，例如政策性金融机构可以从满足中等收入阶层基本住房需求着手，商业性住房金融机构则着重在于解决中等收入阶层的改善性或投资性住房需求等。对于低收入者以及贫困人口住房需求问题，要改变由政府直接提供保障性住房的做法，逐步由政策性住房金融机构接手保障性住房的建设和经营管理，以提高专业化水平和效率。

（3）发展互助储蓄住房金融

互助储蓄住房金融是互助住房金融和储蓄住房金融的统称，互助住房金融和储蓄住房金融都是以体系内的成员为住房金融支持对象的，与商业性住房金融相比，互助储蓄住房金融业务发展更有针对性，机制更为灵活，对资金申请人的支持更为明确，在很多国家是中产阶级获得住房融资的主要渠道。

我国住房金融的重构过程中，在商业性住房金融和政策性住房金融之外，还可将互助储蓄性住房金融作为着力发展的领域，鼓励互助性住房金融机构和储蓄性金融机构的设立和发展，为商业性住房金融和政策性住房金融的运作起到拾遗补缺的作用。具体思路上，可以在一些大中城市、大型企业或者特殊行业等进行试点，建立一些互助性住房金融机构，为成员间的住房融资提供支持；还可以在借鉴中德住房储蓄银行运行经验的基础上，在多个大中城市设立储蓄性住房金融机构，在提高居民储蓄的同时，为他们提供住房金融服务。

2. 发展住房金融市场，构建住房金融市场体系

住房金融体系是一个立体的体系，不仅有向购房者提供资金支持的各种住房贷款业务，还包括将这些住房贷款出售给市场投资者的住房金融市场体系，即住房贷款的二级市场。在这个市场里，购房者的住房贷款经过统一打包包装后，可以设计成为一系列的标准化的固定收益产品，能够在证券市场上进行交易，满足不同投资者的需求。我国未来也可积极发展住房金融市场体系，主要考虑是：一是住房贷款证券化可以提高资本充足率，降低金融机构整体风险，解决我国住房金融风险过于向商业银行集中的问题；二是证券化之后回收的资金可以继续发放贷款，可以充分利用有限信贷资金；三是住房贷款证券化产品能够为证券市场的投资者提供风险收益特征各不相同的工具，满足投资者的需求；四是住房贷款的证券化，为小型金融机构进入住房贷款市场提供了条件，有助于提高住房金融服务质量。

今后我国住房金融体系发展的一个重点环节就是发展住房金融市场，通过构建完善的住房贷款证券化市场，实现住房贷款所有权由商业银行向证券市场投资者的转换，并且将住房贷款证券化市场作为证券市场的一个有机组成部分，实现住房金融资金的顺畅循环。

五、关于我国住房金融几个重点问题的分析

在构建我国住房金融体系的过程中，除了要对整体框架进行顶层设计之外，在具体构建之时，还需要对影响住房金融体系构建的几个问题进行深入分析，有重点的加以解决，这些领域主要有住房抵押贷款的证券化、住房公积金制度的改革以及保障房融资问题等。

（一）发展住房抵押贷款的证券化业务

住房抵押贷款证券化把不能分割的居民住房变成可分割的财产，把不可移动的房地产转化为可流通转让的有价证券，从而实现了汇聚小额资金投资到房地产市场的目的。因此，住房抵押贷款证券化一方面为一般投资者提供了共享房地产开发和经营收益的机会，另一方面通过把社会短期货币资金转化为长期稳定的资本金，也有利于社会的投资渠道、以及住房抵押贷款的运作和退出。

对我国商业银行来说，推行住房抵押贷款证券化有三个方面的作用。首先，通过住房抵押贷款的证券化，使这些中长期贷款不再留在商业银行的资产负债表内，这就在减少商业银行风险资产的同时增加了流动性资金，从而提高了商业银行的资本充足率指标；其次，能够适当解决商业银行"借短放长"的矛盾。一般而言，住房抵押贷款的期限较长，最长甚至可以达到30年，而商业银行吸收的存款平均期限通常较短，这就会导致商业银行的资产负债之间出现明显的期限错配，造成流动性风险，通过将住房抵押贷款证券化则可降低这一风险；最后，可以为商业银行提供较好的投资产品，有利于实现商业银行多元化的资产配置结构住房抵押贷款证券化之后的产品既有较好的流动性，又有一定的固定收益水平，商业银行进行资金管

理是可以选择将一部分资产配置在这类产品之中。

住房抵押贷款证券化有助于活跃住房市场，满足中低收入阶层的住房需求。我国实行住房市场化、货币化改革之后，住房价格持续上涨，目前我国绝大多数城市房屋的平均销售价格都在家庭年收入水平的十倍以上，工薪阶层对房地产市场的需求只有通过住房抵押贷款实现。但在只有住房抵押贷款业务的情况下，当借款人购买住宅时首期自付部分不足20%时，商业银行等贷款机构就认为贷款风险相对较大，从而很难批准借款人的贷款申请。实行住房抵押贷款证券化后，由于商业银行可以很快收回住房贷款，在竞争环境下会有意识的降低首付款的比例，例如，住房抵押贷款证券化发展比较早的美国，其居民购房贷款的首付款平均为房价的5%~7%。在首付款降低的情况下，购房人的购房意愿可能会增加，从而有利于激活抵押贷款一级市场。

目前看，我国发展住房抵押贷款证券化业务存在一定的障碍，主要有：

第一，相关法律法规的限制。我国尚未对住房抵押贷款的证券化业务出台专门的法律规范，只能由相关的《商业银行法》《信托法》《公司法》《证券法》《证券投资基金法》等进行规范，但上述法律法规中对于住房抵押贷款证券化业务的一些核心问题存在模糊地带，需要继续等待相关法律法规的明确。

第二，次贷危机的爆发对住房抵押贷款证券化业务的不利影响。2008年的次贷危机使得金融监管机构对于证券化产品风险问题的担忧加剧，出于审慎的角度，监管机构对于发展住房抵押贷款证券化业务存在疑虑，但我国金融体系的状况已经使得监管机构无法选择。根据银监会公布的数据，截至2013年一季度末，我国银行业资产规模为138万亿元，是2012年GDP总量的260%；而美国一季度末银行资产存量规模为135万亿美元，是GDP总量的80%。商业银行贷款增速已经远远超过GDP的增速，继续按照这样速度增长下去，迟早会对我国经济带来严重打击。因此，需要采取措施降低商业银行的风险积聚，即降低商业银行贷款的快速增长，在增量贷款难以迅速控制的情况下，采取措施降低存量贷款就成为商业银行的一个必然选择。因此，住房抵押贷款证券化业务的发展是不以监管部门的意志为转移的。

第三，发展住房抵押贷款证券化可能会与政府对住房市场的调控观念存在不一致的地方。我国政府当前的一个主要目标是防止房价的继续快速上涨，并且采取了一系列的住房调控措施。其中，限制住房金融业务的发展是重中之重，在推行住房抵押贷款证券化业务之后，商业银行为了保持住房抵押贷款的比例，会继续增加住房抵押贷款，从而与政府的住房调控存在不一致的地方。

第四，住房抵押贷款证券化市场的投资者队伍不健全。我国目前缺乏大型机构投资者，现有的投资者难以起到稳定市场的作用，在证券化市场里面，机构投资者的作用也难以得到充分发挥。

第五，信用体系建设需要进一步完善。我国经济的一个严重问题是信用体系的不健全，居民住房抵押贷款的信用水平在整体贷款业务之中算是比较好的，但在住房抵押贷款证券化领域，进行信用增级的过程需要信用体系的进一步完善，否则，投资者对于证券化的信用增级不认可，也将会使得住房抵押贷款证券化业务的发展受到影响。

因此，要发展住房抵押贷款证券化业务，首先要破除政府调控和金融监管观念的误区，充分认识到住房抵押贷款证券化业务对商业银行和我国金融体系正常运转的重要性和发展这一业务的必然性，不能瞻前顾后，犹豫不决，继续任由我国金融体系风险的进一步加速积累；其次，要采取措施增强投资者对于住房抵押贷款证券的信心，促使投资者接受住房抵押贷款证券化产品，活跃住房金融市场。

从住房抵押贷款证券化的业务流程看，开展住房抵押贷款证券化业务的核心是要建立住房抵押贷款证券化业务的特定目的机构（SPV），发达国家设立这一机构的方式较多，承担这一角色的机构种类也有较多选择，例如政府、证券公司、信托公司甚至商业银行子公司等，而在各国开展资产证券化的初期，常常是由政府出面设立的SPV，从我国的实际情况看，由政府组建一到两家专门从事住房抵押贷款证券化业务的机构也是一个较为合适的选择。这是因为，第一，政府可以借助法案、借助宏观调控手段、借助政府的影响力来强化SPV的发展条件；第二，有政府背景的SPV存在政府的隐性担保，有助于提高或强化SPV的资信水平，有助于提高资产证券的资信评级，从而增强投资者信心，吸引更多投资者进入资产证券化市场；第三，SPV机构的资信水平高有助于减少所发行资产证券的评级费、担保费、保险费、SPV的运作费等费用支出；第四，我国社会主义市场经济体制尚不完善，社会信用基础还较差，中介机构的服务还欠缺规范，特别是处在次贷危机之后，国内外经济金融形势都比较严峻的大环境下，开展金融机构创新的风险较高。因此，政府背景或政府支持对SPV的初期运作能够起到树立机构形象、稳定市场信心的明显效果。

在SPV成立之后，由其按照市场化原则，在对住房抵押贷款证券进行结构设计之后，按设定的标准向商业银行及住房公积金管理中心收购个人住房商业性贷款及个人住房公积金贷款，并在信用增级之后，此上述贷款为基础资产池在资本市场发行住房抵押贷款的相关证券筹集资金，各公积金管理中心和各商业银行则通过出售个贷所获得的资金滚动发放个人住房抵押贷款，从而完成个人住房抵押贷款证券化过程，实现资金的良性循环。图9-2是对我国住房抵押贷款证券化的业务流程的设计方案。

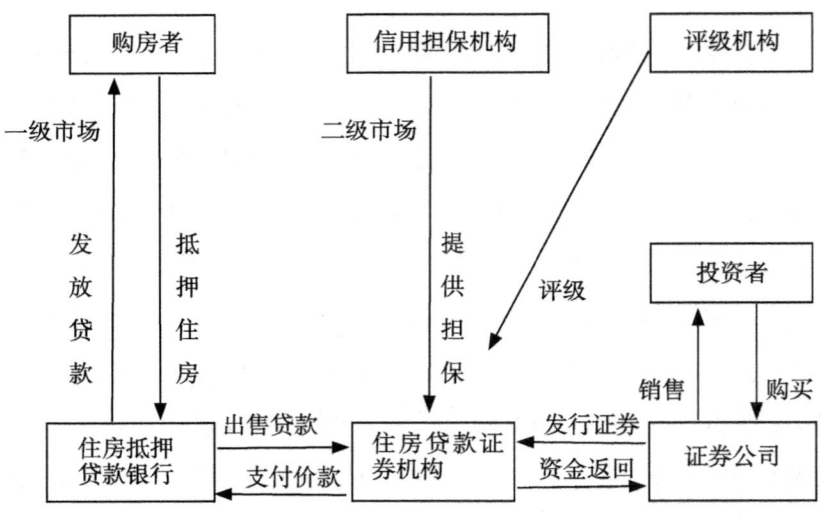

图9-2 我国住房抵押贷款证券化业务流程设计方案

在住房抵押贷款证券化业务顺利发展之后，我国的住房金融市场体系也会逐步发展起来，但在这一过程中需要注意的是，住房金融市场体系的建设不是一蹴而就，需要逐步放开、逐步完善。首先，要放开住房抵押贷款证券化市场的初次证券化业务，即直接以住房抵押贷款为基础资产池的证券化业务，从而真正起到解决住房金融业务风险向商业银行积聚的作用；其次，在加强金融市场监管的同时，大力培育住房抵押贷款证券的机构投资者，使其成为住房抵押贷款证券市场的"主力军"和"稳定器"；第三，要控制住房抵押贷款证券化的风险，增强投资者对相应证券的信心；第四，要实现证券化市场规模的快速增长。住房金融证券化市场的存在和发展，需要在一个不长的时期内达到一定的市场规模，从而能够满足投资者的需要，也防止在证券化的初期遭到市场的炒作，难以赢得投资者特别是机构投资者的认同；第五，对试点阶段的住房抵押贷款证券化实施税收优惠政策，以促进住房抵押贷款证券化的全面推行。

（二）改革住房公积金制度

我国住房公积金制度，是上世纪90年代初我国为推行住房制度改革，增强职工住房消费能力，参照新加坡中央公积金制度建立的。1991年上海市在全国率先试点公积金制度，1994年国务院在总结上海等试点城市经验的基础上，在全国推行公积金制度。1999年，国务院分布公积金管理条例，2002年进行修订，将公积金制度纳入了法制化轨道。

住房公积金制度自建立以来，在积累住房专项资金、促进住房消费和经济增长等方面发挥了重要作用。根据住房城乡建设部、财政部、人民银行公布的《全国住房公积金2015年年度报告》数据，2015年底，全国实际缴存职工人数达到12393.31万人，公积金缴存总额89490.36亿元，缴存余额40674.72亿元。2015年底，个人住房贷款余额32864.55亿元，个人住房贷款率（年度末个人住房贷款余额占年度末住房公积金缴存余额的比率）80.80%。住房公积金支持了大量职工购房安居，在帮助职工解决"住有所居"问题的同时，也已成为职工收入和福利的重要组成部分。

1. 我国住房公积金制度存在的问题

（1）住房公积金制度的定位模糊不清

我国住房公积金制度为相当多的家庭提供了住房公积金贷款，帮助他们解决了的住房问题,但住房公积金制度的定位并不清晰,即住房公积金到底是住房金融还是住房保障?住房公积金制度所服务的目标客户到底是谁?

1994年《建立住房公积金制度的暂行规定》提到,实施住房公积金是为了提高职工解决自住住房能力。1999年《住房公积金管理条例》提到,维护住房公积金所有者的合法权益,提高城镇居民的居住水平。但职工或居民是一个模糊的概念,没有对制度参与者的收入进行区分。从收入视角看,不同企业职工(或居民)收入不同,对于中高收入职工,其住房可支付能力较高,而对于低收入职工,可支付能力低。住房问题主要集中于广大中、低收入职工。如果目标定位不明确,现有的"低贷低存"原则加上"低息和免税"等优惠措施,更有可能是要更多地帮助中高收入居民获得优惠利率贷款。

(2)住房公积金制度的覆盖面偏窄

住房公积金制度建立之后,在初期发展得较为迅速,公积金制度的覆盖面不断扩大,到2006年底,住房公积金制度覆盖面超过了60%,但之后的5年间,住房公积金制度的覆盖面增长非常缓慢,到2011年,住房公积金制度的覆盖面大约只有70%。2015年,全国实际缴存职工人数近1.24亿人,仅为全国7.7亿就业人数的16%。2015年缴存公积金的职工中,国家机关和事业单位职工占35.06%,国有企业职工占25.1%,大量的在私营企业、民办非企业单位、城镇集体企业就业以及灵活就业的职工未被住房公积金制度覆盖。

住房公积金覆盖面增长缓慢的主要原因:一是一些企业为降低成本,未按照规定给企业职工建立住房公积金;二是大约超过2亿农民工中绝大部分人没有住房公积金。我国在推进城镇化的过程中,广大农民的住房问题没有纳入住房公积金制度的覆盖范围,在新农村建设中,其住房资金是以政府与个人共同负担的方式解决的,相对农民的收入水平而言,其个人负担的部分是较高的,他们却无法像城镇职工一样获得外部的资金支持。

(3)住房公积金的管理体制分散

我国住房公积金的管理体制非常分散,目前基本上由散落在全国的300多个(2015年底为342个)住房公积金管理中心进行管理,负责住房公积金的收缴、贷款审批、运营和提取等各项工作，各住房公积金管理中心的规模差异较大，相关规则也不尽完全相同，不利于形成全国统一的住房公积金运营体系，这种局面带来突出问题一个是职工异地买房无法使用住房公积金贷款，增加了职工的负担；另一个是职工工作调动到其他城市之后住房公积金无法转移，不利于劳动力的流动。

（4）公积金筹集中容易产生马太效应

《住房公积金管理条例》规定，由职工和所在单位共同缴存住房公积金，缴存基数是职工上一年度的月平均工资，最低不低于当地最低工资标准，最高不高于当地平均工资的3倍。缴存比例下限是5%，上限是20%。

实际操作中，各地市在具体执行过程中的标准不一，同一城市不同单位之间的情况也差异很大，有些单位效益较差，缴纳公积金时使用的平均工资水平口径非常紧，缴纳比例也从低按照平均工资的5%，因此每个月给职工缴存的公积金水平非常低；有些单位效益较好，由于公积金属于税前扣除项目，在缴纳公积金时对平均工资水平的计算口径就较为宽松，缴纳比例就高不就低，从而使单位职工每个月缴纳的住房公积金水平相对较高。在某些垄断企业，公积金甚至成为高管享受福利并逃避国家税收的工具，这种情况进一步放大了收入分配上的不均，损害了社会公平。

（5）住房公积金贷款及提取过程也容易产生马太效应

虽然住房公积金贷款属于长期、低利率的政策性住房金融，但公积金贷款也要求按期还本付息，在贷款审查过程中对于职工的工资水平有所要求，同时还要求采取公积金贷款的职工需要一次性拿出房价的20%~30%作为首付，这些要求使低收入者很难获得公积金贷款的支持来购买住房。这样会带来公积金贷款和提取的马太效应，即中高收入者容易获得低利率的公积金贷款，而且能够从自己的公积金账户中提取资金，低收入者无力购房，无法享受住房公积金的优惠政策，其公积金账户内的资金也因没有购房而无法提取，从而在事实上形成了低收入者通过缴纳公积金为收入相对较高人员购买住房提供"补贴"的扭曲现象。

（6）住房公积金的使用效率偏低

经历20多年的发展，我国住房公积金的使用效率一直偏低。到2014年底累计只有 18.4% 的职工家庭享受了公积金贷款，基金使用率只有 50% 左右，政策惠及面不理想。在这种情况下，住房公积金积累了数量可观的结余资金，据统计，2015 年我国住房公积金的沉淀资金为 7810.17 亿元。沉淀资金占缴存余额的比例为 19.2%。如此巨额的沉淀资金，并没有得到合理有效的投资运作，大多数被存入商业银行，造成这种状况的主要原因是：第一，住房公积金管理的相关规定里面不允许住房公积金开展除购买国债之外的投资；第二，缺乏专业投资运营能力，很多住房公积金管理中心选择将结余资金存入银行；第三，住房公积金管理中心的考核标准中并没有对公积金资产保值增值的指标，对住房公积金管理中心缺乏投资运营的激励；第四，虽然住房公积金整体结余较多，但分散在全国 300 多个住房公积金管理中心，缺乏统筹集中使用的机制，每个中心的结余资金存量也就并不大，由每个投资管理中心开展投资运作的难度相对较大。

2. 对我国住房公积金制度的重新定位

党的十八届三中全会《决定》提出"建立公开规范的住房公积金制度，改进住房公积金提取、使用监管机制"。相关部门也正在研究修订《住房公积金管理条例》。

我国住房公积金制度的改革有两种取向，一种是延续目前的半强制性住房互助机构的性质，以"低存低贷"为主要特征，即仅对住房公积金的某些条款进行适当微调，尽可能适应新的情况；另外一种是对目前的住房公积金制度进行全面改造，主要方向一是强化制度的住房保障功能，二是强化制度的住房资金融通功能，三是强化制度的政策性功能。即通过对现有住房公积金制度的改造，使之成为一个以满足中低收入者住房需求为主要目的的政策性住房金融机构。

我们建议将住房公积金制度转型成为一个主要为中低收入人群解决住房问题的政策性住房金融机构。主要原因是：

第一，有助于促进社会公平。住房公积金在运行 20 多年后，适合作为其公积金贷款对象的较为优质的客户或者是已经解决了住房问题，或者是因为公积金贷款的各项限制而选择商业性贷款，而迫切需要解决住房问题的中低收入者又很难满足目前公积金贷款的基本要求。这也是一个时期以来我国的住房公积金结余资金快速增加、使用效率下降的一个重要原因。

同时，当前实施的住房公积金制度在资金征缴、公积金贷款发放和公积金余额提取过程中都存在较为明显的马太效应，这使得现行的住房公积金制度带有一定的"劫贫济富"的嫌疑，如果继续按照目前的制度延续下去将会越来越偏离住房公积金制度设计的初衷。

第二，从国际经验看，世界各国所采取的解决住房问题的相关措施都是针对中低收入者的，具体的方式多种多样，发展政策性住房金融体系是一个较为普遍的选择，例如，德国、美国、日本、新加坡等。一方面为被保障对象购房提供贷款或者担保，另一方面则是直接为保障房的建设提供资金。我国目前解决中低收入者住房问题的措施主要是督促各地方政府加快建设保障性住房，建房的资金来源大部分是各地方政府各种渠道筹集，这种方式虽然也能够在一定程度上解决中低收入者的住房问题，但是供应渠道单一，中低收入者可选择的余地较为有限，特别是缺少专门为中低收入者提供资金融通服务以解决其购买或者租赁住房所需资金问题的政策性金融机构。

第三，从目前的情况看，在解决了大部分高收入者购买住房的需求之后，需要采取措施为中低收入者提供更有针对性、更优惠的住房金融服务。为了实现这一目标，将现行的住房公积金制度进行政策金融性改造就成为一个现成的选择。从实际情况看，将住房公积金制度改造成政策性住房金融机构也有一定的制定和组织基础，首先，住房公积金制度的主要工作是接收计划参与者的缴费并且发放住房公积金贷款，实际经营的基本业务流程相当于银行的存贷款业务，在经过多年的治理整顿之后，住房公积金管理中心在相关的账务处理方面已经基本规范化、透明化；其次，住房公积金制度运行 20 多年之后，已经建立了覆盖全国大部分地区的管理中心网点，未来将要构建的政策性住房金融机构可以依托这一体系快速发展业务；最后，住房公积金制度已经建立了一支具备一定素质的住房公积金业务管理人员队伍，将各地住房公积金管理中心改制成为政策性住房金融机构，可以直接发挥原有住房公积金管理人员和管理体系的作用。

3. 改造成政策性住房金融机构的主要业务范围

住房公积金制度改造后的政策性住房金融机构主要目的是为中低收入者提供住房保障，但并不一定采取产权代的住房保障方式，因此，政策性住房金融机构虽然是从住房公积金制度改造而来，但也不应只采用利率较为优惠的公积金贷款的方式向被保障对象提供资金支持，而是要以金融机构为基础不断扩大业务范围，通过多种方式解决中低收入者的住房问题。具体而言，政策性住房金融机构可以逐渐开展以下几方面的业务：

（1）通过金融市场不断拓宽资金来源渠道

为壮大政策性住房金融机构的资金实力，可允许政策性住房金融机构通过金融市场融入资金为中低收入者提供住房金融服务，主要形式有：

一是允许政策性住房金融机构进入银行间同业市场拆入资金以解决资金头寸不足问题。政策性住房金融机构实际也有存贷款业务，因此也可以看作住房领域的政策性银行，允许其进入银行间同业市场拆入资金，可以帮助政策性住房金融机构解决短期资金不足的问题。

二是允许政策性住房金融机构发行债券融资。我国现行的政策性金融机构的一个重要资金来源是发行债券融入资金，它们凭借其政策性金融机构的地位，享受政府信用，所发行的债券与国债相比只高十几个BP（一个BP为万分之一）的利差。因此，政策性住房金融机构凭借准国家信用，可通过降低的利率获得资金，从而开辟低成本的资金来源。

三是允许政策性住房金融机构直接向中央银行进行贴现，必要时可以申请再贷款。为了解决政策性住房金融机构的较为紧迫性的资金需求，可以允许该机构直接向中央银行进行票据或者是国债等票据进行贴现；同时，在紧急的情况下，为了快速解决政策性住房金融机构面临的资金困境，中央银行可以向其发放再贷款直接给予资金支持。

（2）拓宽资金运用渠道

为了实现运作目标，政策性住房金融机构还需要不断扩大资金运用业务，在传统的住房公积金贷款业务的基础上，不断对住房公积金贷款进行细化，增强住房公积金贷款业务的灵活性,同时,贷款业务将只是政策性住房金融机构资金运用的一部分,为了更好地实现目标,政策性住房金融机构还可以通过其他方式运用资金以满足中低收入者的住房需求。具体而言,政策性住房金融机构的资金运用可以有以下几方面:

一是继续做好公积金贷款业务。住房公积金贷款是住房公积金管理中心的核心业务,改造后的政策性住房金融机构应续续坚持这项业务为主,但要针对住房公积金贷款存在的效率低、利率僵化等问题,对住房公积金贷款的流程进行优化,同时增强公积金贷款的灵活性。一要提高住房公积金贷款的审批效率,简化审批手续,缩短审批时间,方便合格的贷款申请者及时获得资金支持;二要根据被保障对象的经济条件和居住需求层次等不同情况,灵活调整公积金贷款的首付款比例;三要探索公积金贷款利率形成机制,使其更具弹性和灵活性。

二是为商业住房贷款提供贴息支持。对于收入相对较高的社会成员,虽然不属于政策性住房金融机构的直接服务对象,但制度上允许其向政策性住房金融机构存入资金,因此,当这部分人在购买第一套住房或者是为改善住房条件购买住房时,可以在其通过商业性住房贷款获得资金支持过程中给予利息补贴等优惠措施。

三是为保障房建设提供资金。中低收入者住房需求的满足不只是通过资金支持使其有能力购买商品房,还可以通过建设保障房满足,即政策性住房金融机构可以为经济适用房或者是限价房的建设提供资金支持,这些经济适用房或者限价房的分配要符合政策性住房金融机构的相关要求;或者是政策性住房金融机构参与到租赁性保障房的建设,将机构的部分盈利转化为租赁性保障房,直接满足相对较低收入者的住房需求。

四是帮助中低收入者租赁住房。当计划参与者无力直接购买住房时,为了满足其住房需求,政策性住房金融机构可以在其租房时给予资金支持,允许其提取强制性缴纳的部分资金用于支付房租。

五是增强住房公积金资金提取的灵活性。住房公积金改造成政策性住房金融机构之后,其资金来源中强制性的缴费部分也是有支取条件的,但应该要增强住房公积金账户内资金提取的灵活性,即要比现行的住房公积金提取的六种条件要更为宽松，可以考虑允许计划参与者面临生活必须的大额资金需求时动用住房公积金账户的资金，这些情况比如子女接受付费高等教育、自己或者配偶、子女患重病以及子女首次购买住房等。

（3）开展多元化的金融中介业务

政策性住房金融机构除了开展传统金融机构的存贷款业务之外，还可以考虑经营金融中介业务，主要有：

第一，允许政策性金融机构对公积金的结余资金进行投资运作。结余资金除了存银行、买国债外，在确保安全的前提下，还可用于购买大额存单、地方政府债券、政策性金融债券、住房贷款支持证券等信用等级高的固定收益类产品。在改造成为政策性住房金融机构之后，这一体系将会拥有较为专业的金融投资人才，可以对缴存的住房公积金结余资金进行投资运作，需要注意以下几方面：

一是要注意统一机构进行投资运作。目前的住房公积金散落在各个地市级以上城市的住房公积金管理中心，如果要开展结余资金的投资运作，需要将结余资金统一上收到总部一级，否则分散式的投资运作将导致各个地方各自为政，甚至会出现不同城市之间住房公积金的恶性竞争，同时也很难对其进行监管；二是要对计划参与者缴存的住房公积金支付合适的利息，由于计划参与者缴存的住房公积金法理上是属于参与者自己的财产，因此，可以考虑参考养老保险个人账户的方式，给予个人的住房公积金一定的缴存利率，该利率要高于通货膨胀率以实现住房公积金资产的保值增值，同时还要根据市场利率情况进行灵活调整，政策性住房金融机构开展结余资金的投资运作，如果投资收益率低于缴存利率，要按照缴存利率给予计划参与者计息；三是要注意投资风险，政策性住房金融机构的资金运用大部分应该以固定收益投资为主，为了提高收益，可以允许较少一部分进入股票市场投资。

第二，允许为商业性住房贷款提供担保。政策性住房金融机构开展的住房贷款担保业务是有条件的，比如贷款者是在住房公积金系统内长期缴费的，贷款者不满足政策性住房金融机构的支持目标比如收入超出要求，贷款者是首次购买住房或者是出于改善住房条件等。

第三，允许开展住房贷款的资产证券化业务。政策性住房金融机构的资产主要是对计划参与者的公积金贷款，为了盘活公积金贷款资产，可以考虑允许政策性住房金融机构将发放的住房公积金贷款打包后，以打包后形成的资产池为基础发行资产支持证券，即将住房公积金贷款进行证券化。同时，在运转一定时间之后，政策性住房金融机构在开展贷款证券化方面积累了经验之后，还可以考虑借鉴美国"两房"的经验，购买符合一定条件的商业性住房贷款，将这些资产打包后发行资产支持证券，从而为在一定程度上也能够盘活商业性住房贷款。

对于产权性保障房而言，政府建设保障房的目的是为了以较低价格向被保障对象出售，保障房的运行模式是政府先垫资建设保障房，并且按照相关条件选择被保障对象对保障房进行分配，被保障对象获得住房之后，需要按照一定水平向政府支付购买保障房的款项，之后，保障房的产权就归被保障对象所有，当然，按照约定，被保障对象在一定时期内不能向其他人出售保障房，在约定时期期满，被保障对象若要出售保障房，需要缴纳一定的土地出让收入，之后才能在住房市场上自由出售。

需要指出的是，各级政府在建设保障性住房过程中，无论是采用土地出让金优惠、减免还是直接向保障性住房出资，都是将大量的社会资源用于满足部分人群的住房需求，这本无可厚非，但由于住房还具有投资品的特殊性质，如果被保障对象通过政府给予的优惠政策从而低价获得了保障性住房的产权，在未来一旦转手将会立即获得巨大利益。这事实上侵占了本应属于全体社会成员的社会资源，存在不公平之处。另外，由于产权性保障房存在的巨额收益，在实际操作过程中，容易导致产权性保障房在分配过程中出现了明显的异化，保障房分配的人为操作痕迹明显，设租寻租现象较为严重，导致大量房源流向了非被保障对象，被保障对象反而无法获得保障房。

对于租赁性保障房，由于其主要目的是向被保障对象提供低于市场价格的合格的租赁房，被保障对象只有使用权，只能满足其居住需要，不能从保障性住房的分配中获得额外的房屋价格上涨收益，是一种相对公平、合理的保障性住房提供模式。因此，出于公平性目的，我国保障房的建设和供给模式应该以租赁性保障房为主，尽量减少产权性保障房的供给。

4. 我国建设保障性住房的资金缺口分析

近年来，我国地方政府不断加大对建设保障房的资金投入力度，2006 年以前累计投入 70 亿元左右，2007 年一年就投入 80 亿元，2008 年又增加到 354 亿元，是 2007 年的 4.4 倍。即使如此，这些资金投入规模与"十二五"规划的要求相差甚远。根据住房和城乡建设部的要求，"十二五"期间，我国要建设 3600 万套保障房，作为"十二五"规划的第一年和第二年，2011 和 2012 年将分别开工完成 1000 万套保障房的建设任务，在剩余三年完成 1600 万套保障房的建设目标，按照这一规划，到 2015 年，我国保障房将能够覆盖 20% 的城镇居民。

（三）发展租赁性保障房信托投资基金

房地产信托投资基金（Real Estate Investment Trusts，简称"REITs"）于 1960 年在美国诞生，REITs 是一种由专门资产管理机构发行的、汇集特定多数投资者的资金进行房地产投资、并将投资净收益分配给投资者的一种信托基金。从本质上看，REITs 属于房地产资产证券化的一种方式，房地产所有者将存量房地产通过打包出售给外部投资者从而可以提前收回初始资金，而且由于商业性房地产能够带来租金收益和房产增值，REITs 能够给投资者带来长期稳定的收益，REITs 的分红比例一般不低于收益的 90%，因此受到养老金、捐赠基金等长期机构投资者的欢迎。

为解决我国当前面临的租赁性保障房建设所需资金及后续管理运营的问题，可考虑设立租赁性保障房 REITs，由基金管理者与地方政府达成协议，地方政府可以将部分租赁性保障房作为基础资产，与小区周边的商业出租房等资产打成一个资产包，然后基金管理者按照资产包的整体规模大小向社会公众或特定投资者发行 REITs 份额筹集资金，再用相应资金向租赁性保障房的所有者（一般为政府所属的保障房投资中心或其他相应机构）购买资产包，REITs 所属的专业物业管理人员按照政府的有关政策要求对租赁性保障房进行日常管理，被保障对象定期向基金缴纳的租金，则成为 REITs 持有人获得投资收益的主要来源。REITs 的基本运作模式如图 9-3 所示。

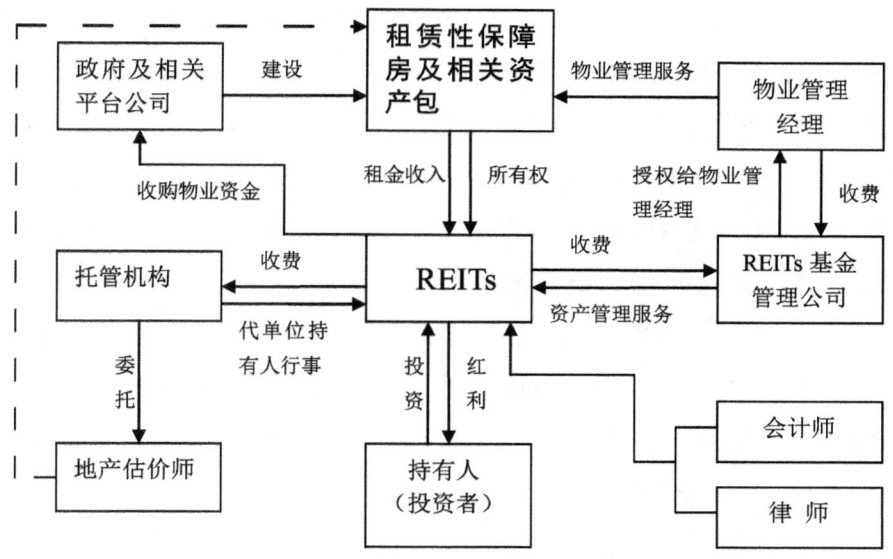

图 9-3 租赁性保障房 REITs 运作模式

通过 REITs 方式发展租赁性保障房具有以下优势：

（1）能够使地方政府用于租赁性保障房的建设资金周转起来，满足租赁性保障房的后续开发资金需求。租赁性保障房的重要特点是资金回收期长和需要占用大量长期资金。目前，地方政府所融入的信贷资金或者其他临时性借款的期限相对较短，必须通过不断地借新还旧将相应资金展期，以维持租赁性保障房的建设及运营。这种续短为长的融资方案给地方政府带来巨大的财务支出压力，引入 REITs 投资租赁性保障房之后，地方政府可以将用于租赁性保障房建设的资金提前回收，并且可以用于更多租赁性保障房的后续开发。

（2）由专业人员管理租赁性保障房，提高了运营效率。与政府出资建设和运营租赁性保障房的方式相比，通过 REITs 方式提供的租赁性保障房的管理人员队伍更加精干和高效，政府付出的成本也比直接运营要小得多。同时，由于租赁性保障房 REITs 获得的收益与租户的满意程度及租金的支付情况直接相关，从而能够激励租赁性保障房 REITs 所属的租赁性保障房物业管理人员为租户提供更加贴心、周到与高效的服务。

（3）实现租赁性保障房运营与监管的分离。租赁性保障房 REITs 发行后，相关的租赁性保障房的产权已经转移到基金持有人共有，并授权 REITs 管理机构雇佣部分物业管理人员进行管理。REITs 管理机构要按照政府相关部门的要求和政策对租赁性保障房管理运营，并且服从政府部门的监管。与政府直接建设、直接运营的方式相比，租赁性保障房 REITs 实现了租赁性保障房运营与监管的分离，政府出台的租赁性保障房政策更能够维护被保障对象的利益。

（4）为投资者开拓了新的投资渠道。REITs 作为一种金融产品，其风险收益匹配状况相比股票、债券等资产而言的特色是：从长期看，REITs 的整体收益与股票虽然有差距，但收益的确定性要远远大于股票资产；与债券相比，其收益的确定性相似，而收益率明显高于债券资产。尤其是 REITs 产品存续期均较长，收益也比较稳定，通常是寿险公司、养老金等机构投资者所青睐的长期投资工具。

第十章

积极探索土地年租制，创新住房供应模式

地价在我国土地国家和集体所有制下，其实质是地租。地价和土地制度与住房价格、房地产市场发展息息相关。批租制下的一次性土地出让金制度，在现实中产生了很多体制弊端和扭曲性激励。在土地公有体制框架下，推行土地年租制，使土地出让金收取平滑化，并配之以科学合理的相关设计，可化解我国住房土地制度的一些矛盾和问题，如有效降低居民取得住房时的一次性投入，扭转地方政府寅吃卯粮式的土地财政模式，实现土地收益的代际均衡，并减少囤地囤房等不良行为。从土地批租制转向年租制是一项具有重大战略意义的改革，值得积极试点推进。建议可先期在保障性住房领域推行土地年租制，实现地租与房价分离，作为解决"夹心层"群体住房保障的重要方式，同时取消产权并不明晰且操作上容易走样的经济适用房和限价房，在商品房领域则延续现行土地出让金制度，双轨运行，待时机成熟时，全面向土地年租制过渡。

一、我国政府土地出让收入的历史沿革

土地作为不可或缺的资源和生产要素，在国民经济和社会发展中具有举足轻重的作用。我国土地管理体制与其他国家有所不同，国外土地基本以私有为主，而我

国土地区分为国有和集体所有,不允许土地私有,并实行土地利用总体规划和年度计划管理制度。单位和个人建设需要使用土地,必须依法申请使用国有土地,包括国家所有的土地和国家征用的原属于农民集体所有的土地。

1978年以前,我国土地资源实行无偿无期限使用。改革开放后,为适应由计划经济向社会主义市场经济转轨的需要,土地供应从无偿无期限使用逐步向有偿有期限使用转变。伴随着土地供应方式的变革,政府土地出让收入也经历了从无到有、规模不断扩大的发展过程。目前,我国各地除军事、保障性住房和特殊用地以划拨方式供应外,其他用地均实行"招拍挂"和协议等出让方式供应。其中,工业和经营性用地必须实行"招拍挂"。以划拨方式供应土地,用地单位须向政府缴纳征地和拆迁补偿费用;以出让方式供应土地,用地单位须向政府缴纳土地成交价款。

总体上看,自1989年正式实行土地有偿使用制度以来,我国土地出让收入组织管理经历过四次大的调整:一是1989年至1993年,土地出让收入实行中央与地方分成,主要用于城市建设和土地开发。1989年,《国务院关于加强国有土地使用权有偿出让收入管理的通知》(国发〔1989〕38号)规定,土地使用权有偿出让收入,40%上缴中央财政,60%留归地方财政,主要用于城市建设和土地开发,支出管理以切块为主。之后,中央分成比例逐年下调,1992年时,5%上缴中央财政,95%留归地方财政。二是1994年至1999年,土地出让收入全部留给地方,专项用于城市建设和土地开发。1993年,《国务院关于分税制财政管理体制的决定》(国发〔1993〕第85号),明确土地出让收入全部留归地方,中央财政不参与分成。在土地出让支出管理上,各地政策制度不尽相同,以专户管理为主。三是1999年至2006年,土地出让收入分解为若干收入项目,使用范围逐步扩展,资金管理跨越预算内外两种方式。1999年,财政部发布《新增建设用地土地有偿使用费收缴使用管理办法》(财综字〔1999〕117号),新增建设用地有偿使用费实行中央和地方三七分成,分别缴入中央和地方国库,专项用于耕地开发。之后,土地出让收入分解出新增建设用地土地有偿使用费、农业土地开发资金等若干收入项目,使用范围从主要用于城市建设和土地开发,扩展到用于耕地开发、农业土地开发。在资金管理方面,土地出让收入先缴入地方财政专户作为预算外资金管理,扣除成本补偿性费用后，再将净收益缴入地方国库纳入地方基金预算管理。四是2007年至今，土地出让收支全额纳入基金预算管理，使用范围进一步扩大，管理日趋规范。《国务院办公厅关于规范国有土地使用权出让收支管理的通知》（国办发〔2006〕100号）规定，从2007年1月1日起，土地出让收支全额纳入地方基金预算管理。支出范围细分为土地补偿费、拆迁补偿费、城镇廉租住房保障支出等15个项目。

2011年，党中央、国务院《关于加快水利改革发展的决定》）（中发〔2011〕1号）明确要求：从土地出让收益中提取10%用于农田水利建设。至此，从土地出让收入当中计提的专项资金共有6项，即：①按土地出让收入的3%~5%计提国有土地收益基金，专项用于市县土地收购储备；②按规定标准（约为土地收益的15%）专项用于农业土地开发（其中省里最高可以分成30%）；③按照规定征收新增建设用地土地有偿使用费（实行中央和省级政府三七分成，专项用于耕地开发、土地整理、基本农田建设和保护支出）；④廉租住房保障资金（不低于土地收益的10%）；⑤农田水利建设资金（土地收益的10%）；⑥教育发展资金（土地收益的10%）。整体看，随着土地出让收支管理的日趋规范，国家逐步加强了对保障被征地农民和被拆迁居民合法利益的保护，统筹更多资金用于城乡基础设施建设、支持保障和改善民生，对于经济社会发展起到了巨大的推动作用。

在管理体制方面，我国《土地管理法》规定，土地权属登记、征收、补偿、出让和管理等均由市县地方政府负责，按照财力与事权相匹配的原则，1994年国务院在划分中央与地方财政体制时，将土地出让收入确定为地方收入。自2007年起，我国将土地出让收支纳入政府性基金预算，与公共财政预算严格区分管理。同时，为调节区域间土地出让收入的不均衡，国家先后几次调整了土地出让收入分配关系。如，1999年，通过中央和省通过征收新增建设用地土地有偿使用费（其中，中央分成30%，省级分成70%），调节市县土地收益。2004年，明确市县按照不低于土地纯收益15%比例建立农业土地开发资金，其中省级集中30%用于省内区域平衡。2011年，要求市县按照土地出让收益10%分别建立教育资金、农田水利建设资金，并允许省级集中一定比例用于省内调剂。2012年，中央集中20%农田水利建设资金，重点向粮食主产区倾斜。但是，总体来看，土地出让收入的大部分仍然归属市县人民政府,主要用于征地补偿、土地前期开发、城乡义务教育、农田水利建设、耕地开发和保护、保障性安居工程、城乡基础设施建设等开支,基本遵循了财力与事权相匹配的原则,实现了土地出让收益全民共享。

二、土地出让金性质辨析

土地是一种稀缺资源和可永续使用的资产。土地所有权内容包括对土地的占有、使用、收益和处分四项权能。我国实行土地公有制,土地制度的主要特点是所有权与使用权相分离,土地所有者将其所有权四项权能中的一项或数项让与土地使用者,土地使用者由此获得土地使用权或空间权、地域权。土地出让只是政府将土地使用权转移,不产生土地所有权的变更。

我国政府土地收入主要包括租、税、费三部分。其中,"租"是指土地出让收入,即市县人民政府依法出让国有土地使用权取得的全部收入,主要包括:招拍挂和协议出让土地收入、补缴土地价款、划拨土地收入、出租土地收入等。"税"是指与土地和房地产业相关的税收收入,涉及土地增值税等10个税种。"费"是指与土地和房地产业相关的收费收入,主要包括城市基础设施配套费等4项政府性基金以及耕地开垦费等11项行政事业性收费。

自1990年国务院颁布《中华人民共和国城镇国有土地使用权出让和转让暂行条例》以来,我国在城镇实行以土地所有权和使用权分离为基础、以土地使用权有偿出让为特征的土地出让制度。土地出让收入是市县人民政府依据《土地管理法》、《城市房地产管理法》等有关法律法规和国家有关政策规定,以土地所有者身份出让国有土地使用权所取得的收入,主要是以招标、拍卖、挂牌和协议方式出让土地取得的收入,也包括向改变土地使用条件的土地使用者依法收取的收入、划拨土地时依法收取的拆迁安置等成本性的收入、依法出租土地的租金收入等。按照财政部颁布的《关于国有土地使用权有偿使用收入征收管理的暂行办法》和《关于国有土地使用权有偿收入若干财政问题的暂行规定》的规定,"土地出让金是各级政府土地管理部门将土地使用权出让给土地使用者,按规定向受让人收取的土地出让的全部价款（土地出让的交易总额）；土地使用期满，土地使用者需要续期向土地管理部门缴纳的续期土地出让款；原通过行政划拨获得的土地使用权的土地使用者，将土地使用权有偿转让、出租、抵押、作为入股和投资，按规定补交的土地出让价款。"

土地出让金或称地价，实际上是土地所有者出让土地使用权若干年限的地租的贴现值之总和，是具有一定期限的地租资本化。用公式表示为：

$$M=R0+R1/(1+r)+R2/(1+r)^2+\cdots\cdots+Rn/(1+r)^n$$

其中，M为土地出让金，Ri（$i=0, 1, 2, 3, \ldots\ldots, n$）为各年租金，$r$为年利率，$n$为年限。

我国现行土地出让方式是土地批租制，即国家将城镇土地使用权，以一次性批租的形式有偿出让给开发商或土地使用者，开发商或土地使用者向国家一次性缴付土地出让金价款。

在现行土地出让制度下，由地方政府一次性收取土地出让期限（住宅用地70年、工业用地50年、商业用地40年）内的全部地租收入，作为土地出让金进入政府当年收入的盘子。土地出让金是国家作为土地所有者获得的国有资源性收入，是一种非税性质的公共收入。我国《宪法》总纲第十条规定：城市的土地属于国家所有，农村和城市郊区的土地，除由法律规定属于国家所有的以外，属于集体所有；宅基地和自留地、自留山，也属于集体所有。国家出于公共利益的需要，可以依照法律规定对土地实行征用。因此，土地作为国有资源的一部分，由土地出让产生的收益，同其他自然资源以及经营性、非经营性国有资产一样，都具有国有资产收益的性质，应纳入到政府预算管理范畴。

"土地年租制"是土地使用权的另一种出让方式，即国家将城镇土地使用权租赁给开发商或土地使用者，开发商或土地使用者按规定每年向国家缴纳一定数量的土地租金。

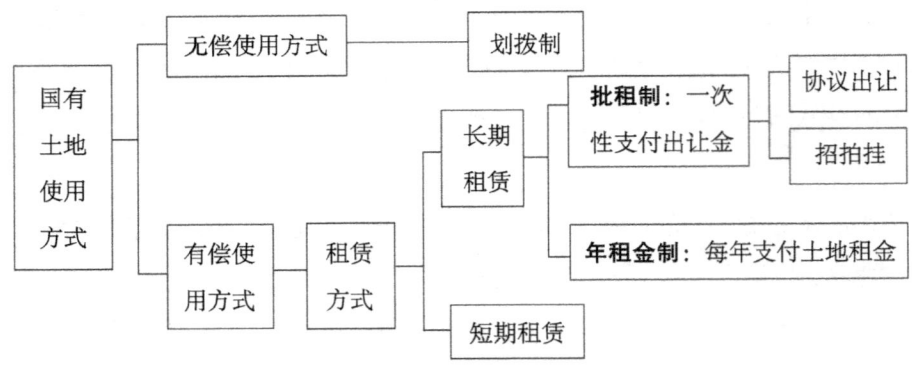

图 10-1 我国国有土地使用权出让方式

三、现行土地批租制+"招拍挂"机制的诸多弊端

从 1990 年至今，在有偿出让的前提下，我国政府先后使用过协议出让及土地招拍挂两种出让方式。协议出让方式作为有偿供地的主要方式之一，曾是最重要、最常用的政府供地方式。但由于协议方式容易导致寻租腐败等问题，2004 年"8.31 大限"终结了协议出让，实行土地公开拍卖制度，即要求国有土地使用权必须以公开招标、拍卖、挂牌的方式出让。土地使用权招标拍卖挂牌，通过引入市场竞价机制，采用"价高者得地"模式，一定程度上遏制了此前协议出让方式中的腐败寻租行为，将土地的真实价格予以显性化，当属一次重大的制度进步。但随着时间推移，这种出让方式的弊端也日愈明显。

一是土地批租制使地方政府患上"土地财政"依赖症。随着地价在招拍挂机制下越走越高，土地收入在地方政府收入中所占比重的不断上升，地方政府对卖地收入的依赖性也不断增强，公共收支体系出现异化。地方政府过度依赖土地批租的"土地财政"收入，在有些地方，土地出让金收入已经占到财政收入的半壁江山。有研究表明，土地招牌挂政策实施以来，地方财政收入的一半以上来自土地出让收入，土地财政已成为很多城市地方经济发展所倚赖的畸形运行模式。据统计，"十一五"期间，全国土地出让成交总价款累计超过 7 万亿元，土地出让成交总价款占地方财政总收入的比重从 2006 年的 38.9%，增长到 2010 年的 65.9%，充分表明地方政府对土地收入的依赖越来越大。

二是土地批租制诱发地方政府短期行为。在批租制下，地方政府将未来若干年的土地租金"一次性拿足"，并由当届政府支配使用，很容易刺激地方政府短期行为，甚至诱发地方政府操控土地市场和土地价格的利益动机，土地经营成为地方政府施政的一个"兴奋点"。单届政府为了谋求任期利益的最大化，热衷于大量批地，导致土地批租泛滥和土地开发的低效率，助长了当届政府的投资热、重复建设、政绩工程、形象工程等短期行为，这种短期行为已广遭社会诟病。

三是抬高了住房市场的进入门槛。批租制下，土地使用者把几十年的土地租金一次性折现交付，提高了房地产的开发建设总成本，并直接传导到房价上，造成住房市场进入的高门槛，使广大中低收入阶层被排斥在商品房地产市场之外，造成了普通民众住房难、住房贵和严重的社会不公问题。如 2010 年在北京、上海等一线城市曾经一度拍出所谓的"天价地块"，土地价格折算到每平方米楼面价就高达 2 万元以上，直接形成了高房价的基础。

四是批租制使土地收益分配异化。地价作为资本化的地租，应归属于土地所有者。在土地国有制下，土地的权益收入（包括地价本身及未来的溢价收入）应归属全体国民拥有，并由其代表者的政府来执收、掌管并使用，才符合社会公平原则。在"招拍挂"式的土地批租制下，尽管可以实现地价的应收尽收，但却也使政府丧失了对土地未来溢价收入的掌控能力。现实中，由于土地的稀缺属性，并随着与地块相联系的区域公共基础设施改善和公共服务水平的不断提高，地价随着时间升值应是基本趋势，而在一次性的批租制下，土地溢价形成的权益收入大部分都转化为"超额利润"，由房地产开发商和房地产投机者获取、瓜分（正在试点进行的房产税也仅能对这一收益做一定程度的调节），由此造成非常畸形的利益分配格局，形成严重的社会不公，也是当前我国国民收入分配失衡中财产性分布差距过大的重要原因。

五是土地出让金造成严重的代际不公。批租制下，地方政府一次性收取几十年的土地租金收益，导致寅吃卯粮，产生了较为严重的代际不公平。土地出让金作为一定期限内地租的现值收入，根据代际界限划分，这部分收入只有用于社会生产性质或者收入再分配性质的支出项目，才有可能避免产生代际不公问题。地方政府任期年限一般为5年，而现行土地法规按照出让土地使用目的不同，分类规定了土地使用权的70年、50年、40年的出让年限，远远超过了单届政府任期。在缺乏土地批租有效监督的情况下，单届政府大肆出让土地，在土地储备资源有限的约束下，过度的出让土地压缩了以后届期政府和居民进行城市建设和开发的空间，出现"本届政府卖土地，下届政府卖空气"的局面，其实质是提前透支了本应由往后各届政府的收支能力，损害了后代居民的公共利益和长远利益。

六是"招拍挂"的竞价拍卖制度与土地市场垄断结构不相匹配。现行的土地"招拍挂"竞价拍卖制度有助于实现土地取得程序上的正义和形式上的公平，但并不利于形成合理的土地价格机制。其原因在于竞价拍卖机制适用于竞争性的市场，而垄断性市场通常要进行价格管制。在当前城市快速发展而形成土地资源高度稀缺性的市场状况和政策环境下，土地市场国家高度垄断和土地资源供不应求提高了房地产企业对土地特别是好地段地块的价格预期。在绝对的土地垄断供应制下，采用竞价拍卖制度，无疑会把地价不断推向新高。地价"招拍挂"卖出天价并不等于实现了土地资源配置效率的最优，而是市场竞争机制和价格机制的严重扭曲，是政府过度干预下的市场失效。

七是高额土地出让金门槛造成房地产开发商之间竞争机制扭曲。由于高昂的土地出让金，土地公开"招拍挂"的游戏仅限于拥有大规模资金的大型开发商之间，而中小开发商由于土地出让金的高门槛而被排除在房地产开发市场之外。由于一次性要支付的土地使用权价款数额巨大，各地拖欠土地出让金的案例也是屡见不鲜。这种貌似公平的竞争，竞争的只是开发商与银行的关系、可贷款的资金额度，而非企业建设、房屋开发的总体实力和素质，造成严重的市场竞争机制扭曲。

八是土地批租制下不利于政府对土地使用的有效监管。在一次性收取土地出让金的批租制下，使得政府对土地使用的经常性监管有效手段的缺失。由于土地使用监管制度不完善，在遇到上升周期时，房地产开发商囤积土地现象严重，已经取得的土地不进行及时开发利用，造成土地供应不能有效转化为住房供给，加剧了供需失衡并推动房地产价格上涨。同时，由于市场的不完全性，土地出让价格往往很难准确反映土地未来几十年的使用价值，在缺乏规范管理的情况下，容易引发土地市场投机。对于市场买方而言，一次出价几乎一劳永逸，无保有（持有）成本，购买意愿、投机意愿便十分强烈，成为助推房价的动力。

四、现行保障性住房体系的缺陷和年租制的制度优势

（一）现行保障住房体系的缺陷

一是所谓的产权型保障性住房，其土地权属并不明晰。产权型保障性住房中的经济适用房、限价房，其土地权属（即使是使用权）并不明晰。例如，2007年七部门联合发布的《经济适用住房管理办法》第七条规定"经济适用住房建设用地以划拨方式供应"，免收土地出让金，各种收费实行减半征收，以微利价向城镇中低收入家庭出售，其定位是具有社会保障性质的商品住宅。可见，经济适用房价格中不含有土地租金，是不完全产权。但这种"半公半私"权属不清的性质，使得政策在实际运行中十分尴尬，特别是当涉及到权属需要变更抑或是使用对象改变的时候，用于保障的房源有可能成为牟利手段，国家如何实现或分享土地收益权，面临着障碍。作为补救措施，政策规定，在达到一定年限后，经济适用房在上市交易的时候需要补缴土地出让金，但标准的确立缺乏客观依据，且实际执行中通常还不能到位。总体上，各地办法各有不同，如《北京市经济适用住房管理办法（试行）》规定：购买经济适用住房不满5年的，不得上市交易，对于因各种原因确需转让经济适用住房的，可向购买人户口所在区县住房保障管理部门申请回购，回购价格按照原价格并考虑折旧和物价水平等因素确定；购买经济适用住房满5年的，出售时应当按照届时同地段普通商品住房和经济适用住房差价的一定比例交纳土地收益等价款，并由政府优先回购；购房人也可以在补缴政府应得收益后取得完全产权。贵阳市对已售经济适用住房的购房者，无论年限，从2010年11月1日起，按8%购房款补缴土地出让金等价款后，即可办理房屋的完全产权。后来的政策规定了经济适用房在转让时应由政府优先回购，购房人因各种原因确需转让经济适用房的，由住

房储备机构按照届时同类经济适用房价格进行回购。但从现实的角度来说,这显然缺乏可操作性。若按原价格或届时同类经济适用房价格回购,所谓的回购很可能会沦为政府的"一厢情愿":在市场房价远远高于回购价时候,住房产权人势必不会向政府出售,而可通过变相租赁方式取得收益,变相租赁行为通常很难杜绝,监督成本极高。据不完全统计,北京市回龙观经济适用房的出租比例就高达40%以上。

二是土地取得方式多样化,缺乏足够的法理基础,易留下后遗症。同样以取得产权为目的的经济适用住房和限价商品住房,由于面向群体的收入不同,土地使用性质完全不同。经济适用住房实行行政划拨用地,为零地价;限价商品住房按照"以房价定地价"的思路,土地出让金采用协议出让或者限定房价倒拍地价方式,采用政府组织监管、市场化运作的模式,其实质是一种不完全的土地出让金含量;普通商品房是完全的土地出让金含量。对于经济适用房和限价房,从法理的角度来说,如何来确认住户的土地权利及其权属的多少,特别随着市值的变化和需要转让流通时,原所缴纳的不完全土地使用权金该如何确认变化,政府和住户如何对房产进行分别确权或者"分割"产权,将会是一个非常棘手的难题。除此之外,目前多类政策性保障住房,保障对象、方式和标准各异,如何处理好相互之间的衔接也是一个大问题。值得一提的是,近年来,在江苏、上海等地,还推出了"共有产权房"①。共有产权房是政府将原来供应经济适用房划拨的土地改为出让,将出让土地与划拨土地之间的价差以及政府给予经济适用住房的优惠政策,显化为政府出资,形成政府产权,从而形成居民家庭与政府按不同的产权比例来共同拥有房屋产权。与租赁型保障房相比,共有产权房有两个鲜明特点:产权性、可交易性。但这一方式也会存在一些的问题,比如当住房升值,且居民欲将共有产权房转让他人时,就可通过虚构合同,压低成交价格,从而使政府按产权比例应分享的收益流失,而居

---

① 2007年8月,江苏省淮安市首创了与市场接轨的共有产权经济适用房模式,姜堰、如皋、苏州等城市已陆续进行了共有产权经济适用房的试点。2009年底,上海开始在徐汇、闵行两区实施共有产权房试点,房源销售基准价在每平方米4800元-5200元之间,居民和政府按"七三开"共同享有住房产权,有1819户家庭最终签约购房。目前上海市也把共有产权住房作为保障性住房体系的重要组成部分向符合一定条件的家庭出售,并决定在2012年较大幅度放宽共有产权住房的准入门槛(家庭收入标准)。

民可从合同外获利；此外，若住户将共有产权房用于出租的话，也会同样面临国家资产（产权）收益流失的问题。看似清楚的产权，实际上政府持有部分的产权权益很难落实，总体上共有产权房仍无法有效避免经济适用房中存在的一些缺陷。

三是现有保障性住房制度设计缺乏长远性考虑。通过"十二五"时期的大规模兴建，未来保障性住房将形成一个很大的存量和一笔很大的资产。居住的居民是来自社会各行各业、各个阶层，管理起来难度将是非常之大，特别是当保障房运行到一定年限后，其维护修缮成本将明显上升，如果租金不能及时调整的话，就会出现以往公房配租中"租不能养"的状况。另外还需看到，随着居民居住条件的改善和人口结构的变化，未来新增住房保障需求将逐步减少，对于存量保障性住房，很可能又要重回20世纪90年代房改时大规模"公房出售"的老路。

四是现行租赁型住房（包括公租房、廉租房）另一个重要问题是退出机制实施的困难。租赁型住房的最大问题是租户缺乏稳定的居家之感，同时存在退出机制上的困难，使得良性循环机制难以建立。目前，各类保障方式在管理办法中，均在政策层面上规定了退出管理办法，现实中却难实现有序退出。在未来公共租赁住房实施后，诸如上述问题，也极有可能出现。由于尚未实现实物配租房源的市场化管理以及租赁和出售方式之间的灵活转换，难以形成退出住房保障的疏导机制，强制退出实际操作相当困难。无论是在收入核查上，还是在财产调查上，无不面临着棘手的难题。较为合理、可行的办法是，当保障房居住者经济条件改善不再符合享受住房保障条件时，在退出机制不易实现的情况下，应考虑将其转换为普通住房，即通过大幅度提高租赁租金至市场标准或出售产权的方式，具体可由承租户选择。这样一方面避免了腾退的麻烦，另一方面也可以回笼公共资金，并有效减轻政府对公共住房的管护压力。

（二）年租制的制度优势

一是有利于地方政府土地财政模式转型。在年租制下，地方政府逐年收取执政年限内的土地收益，截断本届政府通过一次性土地出让金获得巨额收入的所谓"生财之道"，重新建立地方政府收入、公共服务水平与土地价值之间的良性互动机制和激励约束机制，减少地方政府短期行为和权力腐败等不良现象。推行"土地年租制"，能有效抑制地方政府寅吃卯粮的现象，抑制地方政府对土地收益的过分追求，有助于维持代际间的平衡，促进土地资源的可持续利用。按年取得出让土地的租金，作为政府经常性收入的重要组成部分，纳入财政预算管理，严格用于地方公共服务的提供，从而推动政府职能和运转模式的墨迹。此外，在年租制下，还有助于避免地方财政因为房地产周期因素而导致财政收入大起大落，增强地方财政运行的稳健性。

二是土地年租金制实施有助于降低土地取得的初始成本，降低房价水平。房价过高的一个重要制度性原因是房价中包含了一次性给付的土地出让金价款。实行出土使用权出让年租制，可以有效降低居民一次性住房消费成本，以不含土地出让金的价格流通。2008年，我国房地产开发企业项目开发总成本（包括直接成本和运营成本）中，土地成本所占比例最高达41.2%，土地成本占直接成本的比例高达58.2%。为此，应推进房地产连体流通体制改革，探索实行租、价、税分流，以租为主的流通体制。根据有关测算，若一次性房价是建安成本加平均利润，按年征收地租，按年征收房产税，则房价可总体下降约1/3至2/3。

三是有助于促进社会公平。土地溢价、租金的升值从根源上来说，主要来自于区域公共设施和环境的改善、公共服务水平的提高和区域经济增长的贡献带动，因此从社会公平的角度来看，土地升值的收益或溢价应由政府掌握并代表社会公众来共同分配，而不能落入到个别房地产开发商的腰包。土地年租制阻断了房地产商靠土地升值发财的渠道，通过按年缴付，土地租金升值的收益将逐年进入政府财政非税收入盘子，增强地方政府财力和公共服务能力，惠及广大的社会民众，进而形成土地租金升值和公共服务水平提升的良性循环。

四是可以有效杜绝囤地囤房行为，提高土地资源的利用效率。土地年租金制对二级市场存量土地的流动将产生积极影响。土地是一种十分稀缺的资源和资产，具有较明显的自然增值趋势。若在土地出让制度不能有效激励土地投资，抑制土地投机，则可能刺激有些人囤积土地，待机渔利。在前些年政府非理性的"卖地冲动"及房地产开发企业大肆"圈地运动"背景之下，客观上造成了大量土地投机需求的产生，不少开发商消极开发、坐地生财，造成了土地资源配置的低效率，土地成为少数人谋取暴利的工具和载体。土地年租金制一方面提高了土地所有者的年度"占地成本"，另一方面消除了土地占用者的升值期望收益，两个因素的共同作用，可促使开发商将精力专注于房屋设计、建造上，形成健康有序的市场竞争机制。

五是有利于政府强化对土地使用的监管。通过年租金制，国家保留了对租赁土地实时监督管理的便利。在收取年租金的同时，国家可以以土地所有者的身份，在租约期内对租赁土地的开发利用情况进行全面监督、考察，发挥对土地供应的调控作用，如将低效利用、擅自改变土地用途以及不合法利用的土地依法终止租约。

六是年租制可以更好地实现国家对土地增值收益的享有。土地具有自然增值属性，按年收取土地租金，通过年租金标准的及时动态调整，能够将国家通过城市基础设施建设投入而形成的土地升值，及时收归政府所有，为国家带来更多的土地收益，进而提高政府公共服务的能力。虽然年租金的即期收益与出让金相比微乎其微，但是从较长的时间轴上来看，年租制可以创造更高的经济收益，实现国有土地资产收益的最大化，促进土地资源的可持续利用，并实现经济、社会、资源、环境的协调发展。

五、推进租、价分离，积极发展土地年租制保障房

（一）制度框架的初步设计：租、价分离

土地使用权的取得仍可采取招拍挂方式来确定，但拍卖对象从"70年的土地使用权租金总和"改为"年度土地租金或租金标准"（为简化操作，也可以3年或者5年的标准为标的，但不宜过长），以后年度租金标准，正常年份可在首次拍卖确定的标准基础上，根据物价变化、GDP增长、收入水平等重要参数进行指数化调整；若遇到重大事项变化，如城市规划区、基础设施布局整体变化等，则可进行重新评估，土地年租金标准的调整要依据土地等级进行区别测算、评估、核定。有关评估职能和机构设置可结合房产税制度中的房产税税基动态评定一并来考虑。

房产开发商在取得土地使用权后，在房产开发建设期内，由其按年缴纳地租，

当然也可以允许其提前预缴趸缴，但后期土地租金标准若遇上调，则应再行补缴。在完成开发并进入房屋销售环节后，自销售合同生效之日起，由住房购买者继承开发商与政府签订的租约，并承担按年缴纳以后年度的土地租金的责任。在销售形式上，实现"房屋价格"与"土地租金"的完全分离，"桥归桥，路归路"，即房地产商销售发票上分别注明房屋价格和其已代为缴纳的开发期内的土地租金（可参考增值税专用发票来设计）。

房屋转让时，按年缴纳土地租金的义务将一并转让，对已缴纳而未到期的土地租金部分不能加价转让（发票上单独标注），但土地上的建筑物即房屋部分可以随行就市涨价，并对房屋转让的涨价升值部分征收增值税。相应地，则可逐步取消土地增值税[1]，或者将其直接改造为房屋增值税。

在这种制度设计下，将产生多重积极效应：

一是促进住房开发商盈利模式的转变，促使房产商将精力专注于房屋的设计、建造质量和品牌提升，只有在这些方面下真功夫，房产商才能真正获得市场认可，实现盈利并成长发展，而不再是像以往那样通过囤积地块的升值等投机方式来"坐地生财"。传统的房地产开发商（兼具住房开发建设和土地经营）将变为真正意义上的房产开发商，专注于房屋本身的设计、开发、建造和品牌推广，通过对"房屋"这个产品的策划与生产而取得合理的生产与品质（品牌）利润，所销售房屋价格的构成中不包含地价，将地价从房价中剥离。

二是将会促使房地产商加快住房开发周期。由于开发建设期的土地租金由开发商负担，其开发时间越长，承担的土地租金就越多，这样将促使开发商在符合质量和规划要求前提下，尽可能缩短开发建设工期，尽快形成市场供给，来满足社会公众的住房消费需求。在年租金模式下，开发商再也不能从土地升值上获益，因此囤地囤房等投机行为也就没有任何经济意义，反而会加重自身租金和税费负担。

三是促进房价合理回归。2012年政府房地产调控目标为促进房价合理回归，"土地年租制"，再配套上房产税，这一方面将促使房地产"租、税、价"关系进一

---

[1] 目前土地增值税由国务院1993年颁发的《中华人民共和国土地增值税暂行条例》规范，取消和改变不涉及到法律层面的调整，不存在太大的障碍。

步清晰化、合理化；另一方面也使对房价"向下拉动"的作用更为显著，是促进房价合理回归的一项基础性、长效性的制度建设。

四是有利于保障房和商品房未来的转换接轨。当前，保障性住房和商品住房双轨运行存在着必要性，但从长远来考虑，还必须考虑二者的接轨。当保障性住房的居住者由于经济条件改善不再符合住房保障政策时，通过合理提高土地租金标准，年租制的保障房即可顺利地转化为普通商品住宅。

目前，我国已有一些地方将土地出让金制改革为年租金制，北京市已有部分公租房项目开发建设试点实行土地年租制[①]。此外，还有浙江杭州、广东深圳、山东青岛、河南许昌等，从实际运转情况来看，这些地方的年租金制都取得了较好的效果。

（二）土地年租制的推行：区分属性，分类管理，分步实施，双轨运行

推行土地年租制是土地供应方式的重大制度变革，涉及到土地收益分配、住房价格形成机制等关系的重大调整。为避免土地年租制对地方财政的影响过大，可考虑采取分步实施、循序渐进的步骤。

首先，分类管理，分步实施。合理区分保障性住房、普通商品住宅、中高档商品住宅。在分清土地的不同使用需求之后，将国有土地出让分为批租制和年租制两种类型，前者用于建设普通商品住宅和中高级住宅并通过"招拍挂"方式一次性收取土地出让金，国家通过收取土地增值税保障土地增值的归公部分；后者用于建设保障性住房，并按年收取土地年租金和房屋租金。

其次，先行在公共租赁型保障性住房领域推行土地年租制。根据《国务院办公厅关于保障性安居工程建设和管理的指导意见》（国办发〔2011〕45号）规定：公共租赁住房项目采取划拨、出让等方式供应土地。《关于加快发展公共租赁住房的指导意见》（建保〔2010〕87号）具体规定为："面向经济适用住房对象供应的公共租赁住房，建设用地实行划拨供应。其他方式投资的公共租赁住房，建设用地可以

[①] 在北京，承建西二旗保障房项目的北京安达房地产开发有限公司，成为土地出让金年租制的第一个试点公司。

采用出让、租赁或作价入股等方式有偿使用,并将所建公共租赁住房的租金水平、套型结构、建设标准和设施条件等作为土地供应的前置条件,所建住房只能租赁,不得出售"。可见,政策规定的公租房土地取得方式有多种,但也正因为如此,将会带来两方面问题:一是使产权问题变得复杂化,究竟是政府所有,还是投资建设单位所有?二是给租金标准的制定造成困扰,如租金标准是否包括土地出让金的价格部分?如果通过出让制土地供应方式建设的公租房租金中包含土地价格因素而划拨制的不包含,不同类型公租房的租金标准又如何保持相对一致(租金标准若差异过大显然有违于保障性住房实现公平的原则)?为此,建议对公共租赁型保障房率先实行土地年租制,公租房具有实施土地年租制的先天便利条件,房屋租金和土地租金可以捆绑在一起收取。此外,公租房项目通过年租制供地,可以摊薄住房建设成本,缓解目前保障性住房建设中存在的融资难问题,有利于吸引社会资本参与建设和运营保障性住房。

(三)一些具体问题解决的配套解决方案

推行"土地年租制",将带来诸多好处,但也存在着一些需要配套解决的问题和制度建设的协同。

一是关于土地征用和成本问题。与土地出让金密切相关的一个问题是土地的取得成本,尤其是土地征用过程中涉及的拆迁和补偿费用。据财政部的统计数据,2010年,全国土地出让收入为29397.98亿元,土地出让支出总额为26977.06亿元,其中用于征地拆迁等成本补偿支出达16732.23亿元,占全国土地出让支出的62.1%,占收入的56.9%。2011年土地出让合同价款依旧有所增长,同时土地成本在土地出让金中所占的比重越来越高。因此年租金制的推行需要征地制度改革的配套衔接。方案的初步设想为:涉及到新增建设用地征用补偿问题处理,可以考虑原则上只补偿覆盖地面建筑物部分,土地使用权部分不纳入补偿范围,而是将其转换为原业主购置同等地段对应面积标准新住房时的土地年租金的免缴,免缴年限为原有土地的使用权出让的未到期年限。若原住房业主(拆迁户)不愿意购买可享受免地租政策的住房,可允许其将这一权利在市场上进行转让变现。

二是年租金征收管理问题。"土地年租制"的实施，将使国有土地使用权价款的征缴对象由开发商和建设单位转为数量众多的使用土地的业主，并且按年缴纳，任务量和收缴的难度将大为增加。但从未来合理规范的住房管理体系的发展来看，势必要走到这一步。随着住房信息系统、居民个人支付和信用系统的逐步建立和完善，这些技术性困难都有望得到妥善解决，不应构成根本性的实施障碍。此外，在房产税逐步推行之后，土地年租金还可与房产税进行捆绑征收，这样也有利于降低制度的遵从成本。

三是年租金标准调整的问题。由于城市区位级差地租和不同用途地租的差别明显，实施"土地年租制"，在调整年租金标准时候，需要科学地、动态地测定城镇不同区位位置、不同用途土地的地租。对此，可以结合房产税实施中税基评估的有关制度安排来统筹考虑。

第十一章

以"平权、共享"理念,启动新一轮土地制度改革

土地是住房的重要载体和依托,土地制度是住房制度的前置和基础。土地制度改革,是经济社会诸多领域改革的基础和保障。本章在对我国土地制度变迁历史分析的基础上,提出土地制度改革面临"五个矛盾"、应着力解决"六大问题"。建议遵循"平权"与"共享"两大基本理念,启动新一轮土地制度改革,基本思路是:在平权和赋权的基础上,分步改革"两种所有制"结构,取消不同性质土地的权利差异,实现同地、同权、同价;创新土地产权制度,形成"两级所有权",淡化土地所有属性,构建以使用权为核心的土地产权体系,使土地的产权结构由侧重于土地归属转到侧重于土地使用和利用;完善分配机制,形成新的公平合理、社会共享的土地增值收益分配模式;建立管理与保障机制,加强对土地流转及使用的管理,提高土地配置效率,以新一轮土地制度改革,推动城镇化、农民市民化及农业产业化的深入发展,逐步实现城乡一体化。

我国正在经历着工业化、城镇化、信息化、农业现代化、城乡一体化等诸多现代元素在内的千年未有的大变革。在这大变革之中,土地制度改革不仅是其重要一环,而且构成了其他诸多领域改革的基础和保障。顺应时代要求,启动符合未来社会经济发展需要的新一轮土地制度改革,事关中国改革发展大局,在一定程度上决

定着这一大变革成功与否。

一、我国土地制度的历史变迁

我国是历史悠久的传统农业大国。"在一个农业国家里,财富的首要基础是土地。因此,在中国历史上,一切社会、经济思想以致政府的政策措施都以土地的分配和利用为中心。"① 土地制度变迁成为我国农业经济史乃至社会发展史的一个缩影。启动新一轮土地制度改革,不仅要适应现代化发展的需要,而且不能割断历史。只有现实与历史相结合,才能构建适合我国发展需要的土地制度。简单照搬国外某一土地制度,很难取得合意的效果。在数千年的土地制度变迁中,我国形成了丰富的土地制度改革理论与实践。通过历史分析,可以得到以下几点结论与启示:

(一)"均"、"平"、"均等"等观念是影响数千年来土地制度变迁的重要因素

"公平"、"平均"、"均等"等词语的涵义并不相同。即使同一个词语,兼具有一般意义上的自然属性和特定意义上的历史属性。因此,在不同的历史条件和不同的语境下,其内涵也不尽相同。但在普遍意义上它们所体现出来的"土地平均"的理念,却成为影响数千年来土地制度变迁的一个重要因素。无论是儒家的"不患寡而患不均"、② "大同"理想,还是道家的"无积"、"予人"、"共利之之谓悦、共给之之谓安",都带有浓厚的平均、共有色彩。这些理念在土地分配、管理的思想中都有反映,例如:《管子》中倡导的"均地分力"、孟子主张平均的"制民之产"、北宋李觏提出"平土论"、王安石主张"方田均税"、孙中山提出"平均地权"等。

土地平均的理念成为影响我国数千年土地制度变迁的重要因素。原始社会的土地公有制度瓦解之后,逐渐出现了"计口授田"的井田制,这一制度盛行于西周、春秋时期。此后,我国土地制度的变迁,大体进入了"土地集中、兼并——土地平均"的循环模式,出现了一些以"土地平均"为特征的土地制度。例如,王莽时期

---

① 冯友兰:《中国哲学简史》,新世界出版社 2004 年版,第 16 页。
② 董仲舒、朱熹等认为,孔子的"不患寡而患不均"主张,并非普遍认为的"均分财富"的意思,而是指以礼的名分规定来实现政治上的等级统治和经济上的等级占有。

的土地均分政策、北魏到唐朝时期的均田制、太平天国的天朝田亩制度等。土地平均和"耕者有其田"的理念，对我党土地政策产生了重要影响。1928年底，中共湘赣边区政府制定了我党历史上第一个土地法——《井冈山土地法》，第一次用法律形式肯定了中国农民分配土地的神圣权利。1929年7月，中共闽西召开第一次党代表大会，会上通过了《土地问题决议案》，明确提出以抽多补少为原则，按人口平均分配土地。1947年7月至9月，中共中央制定了《中国土地法大纲》，提出"实行耕者有其田的土地制度，按农村人口平均分配土地"。因此，推动当前的土地制度改革，需要兼顾土地平均这一传统观念对土地制度的影响，但这并非是简单要求对土地进行平均分配，而是在新的历史语境下，寻求土地"均"、"平"的新内涵，并将其与保护农民土地权利、实现共同富裕等有机结合起来。

（二）我国古代土地结构具有浓厚的土地公有、国有（王有）的特征，并呈现"二重性"

在原始社会，土地作为氏族、部落最重要的生产资料，属于集体公有财产，由社会成员共同耕作、平均分配。国家产生以后，土地公有转变为以国王为代表的奴隶制国家所有。由于我国的奴隶社会和封建社会都秉承"普天之下，莫非王土"、"天无二日、土无二王"[①]的理念，一切土地和臣民都属于以国王、君主或皇帝为代表的国家，因此，从严格意义上而言，这一时期的土地制度都具有国有或王有的特征，国家（或君主）成为土地的终极所有者。在这一制度下，土地国有（王有）就可以表现为两种形式，即呈现为"二重性"特征：一种是上述的土地国家（或君主）终极所有形式；另一种是国家（或君主）实际控制土地的形式，即国家（或君主）拥有土地的直接占用、使用和分配权。前一种形式，更多的是一种名义、抽象或象征性的所有权，构成各种土地所有制的基础；后一种形式，是与其他所有制形式相对应的，在不同的历史时期，具有不同的表现形式。例如，西周、春秋时期的井田制、春秋战国时期的授田制、王莽新朝的王田制、三国时期的屯田制、西晋的

---

① 《礼记·曾子问》。

占田制、北魏到唐朝时期的均田制。虽然自"秦开叶陌，遂得买卖"①以后，土地私有权得到认可，特别是秦始皇三十一年，政府颁布"令黔首自实田"的法令，标志着土地私有得到了法律的承认，所有制的形式发生了变化，但不意味着土地国有制的消亡，只是在土地国家（或君主）终极所有的前提下，土地私有制得到了发展。此时的土地私有制，实际上是一种次级所有制或实际占用制。与土地私有相对应，国家实际所控制的国有土地以公田、屯田、官地、禄田、营田、学田、职田、皇庄、官庄等不同的方式存在。

（三）国家政权稳定并不必然取决于某一特定的土地所有制形式，而在于土地收益分配状况

在土地所有制形式上，国家（或君主）拥有终极所有权。秦汉之后，在国家终极所有这一总体架构下，土地所有制大致又可具体分为三种次级所有制形式，即：国家土地所有制、官僚地主土地所有制和农民（自耕农、半自耕农）土地所有制。国家政权稳定状况，并非必然随着三种次级所有制结构的变化而变化，即：哪一种所有制的形式多一些，并不必然导致国家政权的不稳定。国家政权稳定与否，主要取决于土地收益分配状况。

在土地收益一定的情况下，国家、官僚地主和农民在收益分配中存在此消彼长的关系。在三者之间形成合理的分配机制，共享土地收益，是一种理想的分配模式。然而，在现实中常常存在土地收益分配失衡的状况。总体看来，在三者利益博弈之中，农民最为弱势，在收益分配中处于极为不利的位置，而官僚地主阶级凭其强势地位，利用种种手段逃避国家税赋，从而出现了"有田无税、有税无田"、"税租所不如者十居其七"②的现象。这种现象通常会带来两种影响社会稳定的后果，一是因国家财力拮据导致政府行政力控制下降而产生的政权不稳定；另一个是民不聊生所导致的政权不稳定。为解决前种困境，许多朝代都推行赋税制度改革，如唐朝中期的两税法、明朝中后期的一条鞭法以及清朝前期的摊丁入亩等。为解决后一种

---

① 《通考·田赋考》。
② 《宋史》卷一百七十三，《食货》之"农田"条。

困境，政府通常采取轻徭薄赋、实行赈济以及限制土地兼并等措施。我国古代社会的国家治乱兴衰和朝代更替，大都与土地收益分配不合理密切相连。秦朝统一后，田租按亩计征"泰半之赋"，即三分之二的赋税，"二十倍于古"①，"民愁亡聊"，终致秦朝灭亡。汉初则采取了"轻徭薄赋"的政策，实行"十五税一"的政策。后来汉文帝先后两次颁诏将田赋由"十五税一"减为"三十税一"，由此开启了历史上著名的"文景之治"。总之，能否处理好土地收益分配，事关国家兴衰治乱。

（四）土地产权制度从模糊、简单到清晰、复杂，土地使用权逐渐长期化

土地产权制度从模糊到清晰，主要体现两个方面：一是国家对次级所有权（主要是指私人所有权）由限制到认同、再到尊重和保护；二是土地产权的属性不断细分，由土地名义上的国有到承认私人的使用权和收益权，到处分权，再到使用权的长期化，对土地相关权利的保护更加明确、清晰。

当土地由公有转变为以国王为代表的奴隶制国家所有之后，国家（或君主）成为土地的终极所有者，由国家（或君主）授权给臣民耕种，产权性质较为简单。虽然在"井田制"中，也有"公田"和"私田"的划分，但所有权都属于国有，农民只有"私田"的使用权和收益权。随着"井田制"的瓦解，"公田"与"私田"的差别消除，春秋时期各国允许耕者长期占有固定的土地，如齐国的"案田而税"、鲁国的"初税亩"、晋国的"作爰田"等，这些措施都强化了土地占有权和收益权。商鞅变法推动了土地私有制的发展，对土地买卖由禁止、限制，逐渐放开，"秦开阡陌，遂得买卖"。秦朝建立之后，实行"使黔首自实田"，土地私有得到了法律的承认，土地产权进一步明晰。此后，官僚地主土地所有制和农民（自耕农、半自耕农）土地所有制逐渐形成，并得到不同程度的发展。北魏时期的均田制，把保护农民土地所有权提高到一个新高度，稳定了土地产权结构，但此时农民只有占有、使用权，而无处分土地之权，禁止自由买卖。直到北魏宣帝时更改职分公田为永赐，"得听买卖"。初唐时期的均田制，放宽对土地自由处分（买卖）的限制。中唐以后，国家放弃对土地买卖、流通的干预，土地私有产权更趋完整。宋代直至明清时

---

① 《汉书·食货志》。

期,"永佃制"得到了发展。"永佃制"将地权在地主和佃户之间进一步划分为"田底权"和"田面权"。前者为土地所有权,归地主所有,而后者则为永久使用权,归佃户所有。佃权可以买卖、典质、继承。这样,就出现"一地(田)二主"(地主和佃户)或"一地(田)三主"(地主、大租主和佃户)的状况。"永佃制",意味着国家所有权更多地体现在终极所有权的意义上。它不仅使土地所有权与土地使用权分离,而且使土地使用权长期化,其产权的清晰度、明细度和完整性较以前有了很大提高,这标志着我国古代土地产权制度达到了一个较高的水平。

(五)"抑兼并"或"不抑兼并"成为土地制度变迁的重要动因

由于土地是自然经济下最重要的生产资料,获取土地成为人们生存和积累财富的首要选择。总体而言,生产力发展是推动土地制度变迁的根本原因。土地制度是生产关系的基础,其确立和发展取决于当时的生产力发展水平。生产力的发展,为土地流转、兼并提供了物质条件和技术条件。例如,铁器的运用为更大范围开垦土地提供了可能,经济发展为购买土地积累了必要的财富,这不仅导致了"井田制"的瓦解,而且促使土地私有产权的发展,并在土地买卖得到法律认可之后,出现了土地兼并的趋势。加之,分封、赏赐以及贵族、官僚阶级凭借政治特权等诸多因素,进一步加剧了土地兼并。

无论在古代,还是在当今,对于土地兼并及其后果都存有争议,如围绕土地兼并是否引起农民起义进行了持续的争论。但一个无法回避的事实是土地兼并所带来的失地农民成为影响社会稳定的重要因素。首先,失地农民很难全部被地主阶级雇佣或转为从事工商业等其他职业,从而部分成为流民。其次,被地主阶级所雇佣的农民由于需要交租而加重了负担,一旦出现天灾人祸、农业绝收或歉收、政府赈济不到位,致使农民无法生存之时,必然会引发社会的动荡。可见,尽管土地兼并不是造成社会动荡的直接原因,但却是其深层次因素,一旦遇到外部的"导火索",就会对稳定产生极大的影响。因此,自汉代至中唐以前,"抑兼并"成为土地政策的主流,特别是在新政权建立之后,往往打击大地主,分土地给农民,实行休养生息,以维护新王朝的统治。以"抑兼并"为目的的土地政策,如从北魏到唐朝时期的均田制，基本适应了当时生产力的发展要求，从而调动了农民的生产积极性，使农业经济得以迅速恢复、发展。随着唐代商品经济和农业生产的发展，土地买卖禁令屡被突破，土地交易日渐频繁，均田制难以继续实行。于是，国家对土地采取"兼并者不复追正，贫弱者不复田业，姑定额取税而已"[①]的政策，意味着国家的土地政策由"抑兼并"转向"不抑兼并"。这种政策变动是生产力发展和社会经济条件变动的必然产物。到宋朝时期，商品货币关系达到前所未有的高度，土地交易更趋频繁，"不抑兼并"政策达到一个新的水平，这同样也是社会经济发展的结果。"不抑兼并"政策客观上促进了大规模的专业生产、精耕细作和农户垦荒。然而，即便是在十分崇尚"不抑兼并"的宋朝，"抑兼并"的呼声也不绝于耳，许多官僚士大夫指出兼并给社会带来的隐患，明确反对兼并。需要强调的是，无论是"抑兼并"，还是"不抑兼并"，都需要税赋制度、社会保障制度等与之协调配合，才能真正促进社会经济稳定、发展。

总之，我国土地制度变迁史表明："抑兼并"抑或"不抑兼并"，都是社会经济发展的大势使然。当一种土地制度不能适应经济社会发展需要时，就必将为另一种土地制度所取代。只有根据社会生产力发展的需要，及时调整土地制度，使其与经济社会发展水平保持大体一致，才能推动社会发展和历史进步。

二、土地制度改革面临的主要矛盾及应着力解决的重点问题

（一）土地制度改革面临"五个矛盾"

启动新一轮土地制度改革，不仅要考虑现有制度下产权主体不清晰、权利不平等、土地增值收益分配不合理等诸多固有矛盾，而且还应考虑在深入推进城镇化、农业现代化等大背景下，面临着的一些新的矛盾与挑战。

1. 国有土地与集体土地权利不平等所产生的矛盾

从所有权属性上来看，我国土地可分为国有土地和集体土地两种性质的土地。

---

① 《文献通考》卷三《田赋三》。

然而，这两种土地所有形式在权利上是不平等的，不仅表现在集体土地由于实行乡、村和村民小组"三级所有"所带来的所有权虚置问题，而且更为突出的表现在使用、收益和处分权上的不平等。我国严格限制农村集体土地转为建设用地。除特殊规定外，集体土地的使用权不得出让、转让或者出租用于非农业建设。这也意味着农村集体不能面向市场供地，只有经国家征用转为国有土地后，才能出让、转让和用于非农建设。作为农民用于建设房屋的宅基地，也禁止向城镇居民流转。集体土地通过征收转为国有土地，按照被征用土地的原用途给予补偿，农民在土地增值收益分配中处于极为不利的地位。因此，与国有土地权利相比，集体土地的使用权、收益权和处分权都是不完整的。国有土地与集体土地权利不平等，成为当前土地制度中的根本矛盾，是制约农村发展诸多问题的总根源。虽然近些年来我国在这方面做了一些改革探索和调整，如在2008年10月中共中央制定的《推进农村改革发展若干重大问题的决定》中，明确提出"允许农民以转包、出租、互换、转让、股份合作等形式流转土地承包经营权"，并使集体土地"在符合规划的前提下与国有土地享有平等权益"，但由于受诸多现实制约因素的影响，尚未真正实现国有土地与集体土地权利平等。

2. 土地增值中的利益博弈失衡所引发的矛盾

根据《土地管理法》等有关法律规定，土地实行用途管制制度被划分为农用地、建设用地和未利用地三大类。在农地非农化和旧城改造中，由于土地用途改变、土地供求变化以及基础设施和公共设施发展等原因，会带来土地价值增值。围绕土地价值增值的分配，地方政府、开发商、农民（市民）以及其他一些利益主体展开利益博弈。因土地权利的不平等、农民（市民）无法直接参与分配决策等因素，难以构建利益共享的合作博弈制度，导致利益博弈失衡，从而引发诸多矛盾。主要表现在两个方面：一是征地开发补偿诉求与补偿标准之间的矛盾。由于现行农地征收及拆迁补偿的标准较低，与农民或市民的补偿诉求有较大差距，因而出现了不同程度的拒征收、抗拆迁现象。甚至在一些地方出现矛盾激化，引发了群体性事件。此外，也出现了一些漫天要价的所谓"钉子户"，对补偿提出过高的要求。二是农地保护与城镇化用地之间的矛盾。一方面，由于人多地少，实行农地保护制度，是生存与发展的必然要求；另一方面，城镇化发展，必然造成城镇扩张和建设用地的增加，二者构成了一对矛盾。在农地非农化带来的巨大价差刺激下，进一步激发了地方政府征地冲动，一些地方千方百计将农地转为非农建设用地，甚至大肆征收占用农田耕地，这对粮食安全和社会稳定等构成了潜在的威胁。

3. 集体土地产权主体虚置与权益保护、土地流转等之间的矛盾

我国法律规定，集体是农村土地的法定所有者。1959年之后，我国农村基本上形成了以生产队为基本所有单位的"三级所有、队为基础"的体制。改革开放后，这一体制由"人民公社、生产大队和生产队"三级所有过渡为"乡（镇）、村和生产队（村民小组）"三级所有。然而，无论是作为一级政府的乡镇，还是作为农村基层群众自治组织的"村民委员会"，都很难成为真正意义上的民事权利主体，加上生产队（村民小组）已逐渐淡化，因此，集体所有权实际上处于一种虚置状态。在这种情况下，集体所有的权利如何得到体现和保障？"所有权所蕴涵的私法上的利用可能性，以及在私人之间如何对所有权实施保护的问题"①。特别是在农村社会成员流动增强的情况下，集体土地产权如何得以体现和保护，成为一个十分突出的问题。所有权的虚置，为侵犯集体土地权利大开便利之门。土地征收补偿不合理、强制征收、村委会成员利用土地谋私利等，都严重侵犯了农民的土地权利。同时，集体所有权的虚置，成为土地流转的制约因素。土地流转是城镇化发展的必然趋势，也是现代农业发展的内在要求，能够有效提高土地资源配置效率，促进农村剩余劳动力的转移。虽然近些年来国家逐步放宽并允许农民的土地承包经营权可以采取转包、出租、互换、转让、股份合作等形式流转，但在集体所有权虚置下，农民并未拥有完全的土地使用权，并且受承包经营期限、乡镇规划、具体操作程序等影响，限制了符合规模化和专业化经营要求的土地流转。

---

① 〔德〕鲍尔·施蒂尔纳：《德国物权法》，法律出版社2004年版，第513页。

4. 政府管控与市场自主调节的矛盾

在市场经济体制下,市场机制是资源配置的基本方式。土地作为一种生产要素,需要发挥市场的配置和调节作用,以提高配置效率。由于人多地少,土地在我国成为一种特殊的资源,且事关国家粮食安全。如果完全依靠市场自发调节,有可能导致农地使用不当、农地和建设用地比例失调。因此,需要政府发挥积极的管控作用。然而,在土地资源配置权力上,政府与市场之间往往处于一种此消彼长的矛盾之中。解决这一矛盾的关键是如何找到合理的边界,使政府与市场都能发挥积极作用,共同提高土地资源配置效率。一般而言,政府应该在保护耕地、保护各类土地产权、实施土地利用规划等方面发挥主导作用,市场应在土地资源配置上发挥主导作用。在现行体制下,政府在土地使用、管理与交易中存在管控过度与管控不到位并存的现象,市场的积极作用被抑制。政府在土地征用、开发、拍卖等方面承担了过多的职能,担当了土地供给者和使用决定者的角色。审批程序的复杂以及其他过度管制措施,不仅导致了交易成本过高、阻碍了土地的合理流动与优化配置,而且产生诸多腐败问题。另一方面,又存在土地管控不到位的情况,造成一些土地配置不合理、使用效率不高、私自改变土地用途等问题,特别是一些集体土地,更是出现了乱占乱建、私自交易等问题。因此,在城镇化加速推进和农业生产集约化要求下,客观上需要科学合理地处理土地资源配置与宏观调控中政府与市场的关系,提高土地要素的配置效率。

5. 政府主导城镇化与现实约束增强的矛盾

截至目前,我国城镇化的推进主要是由政府主导,这与现行的土地征收制度支持分不开。政府主导城镇化,是以大量的建设资金为前提的。没有资金保障,地方政府就难以为城镇发展提供必要的基础设施建设,政府主导的方式也就难以运行。现有征地制度的一大优势,就是通过低价征收、高价拍卖的方式,为政府推进城镇化积累了大量的资金支持。然而,随着农民土地维权意识的增强和各方博弈的变化,政府主导城镇化与现实约束增强的矛盾日益显现,城镇化很难再以这种低成本的方式继续推进。征地、拆迁费用的增长,使政府主导城市化的成本急速上升。农民、市民补偿诉求得不到满足而引发的冲突，成为影响社会稳定的重要因素。这意味着政府主导城镇化的经济风险、社会风险和政治风险都在增加。在这种情况下，如何处理政府主导城镇化与现实约束增强的矛盾，成为一个紧迫而重要的问题。

（二）土地制度改革应着力解决"六大问题"

在诸多矛盾交织中，新一轮土地制度改革必须重视和妥善处理好以下六个重要问题，以满足城镇化和现代农业发展的需要。

1. 改革风险与成本的控制问题

由于我国人多地少，加之属于传统的农业大国，土地问题一直重要而敏感。它不仅是一个经济问题，而且还是一个重要的社会问题与政治问题。这就决定了不能仅从经济学逻辑去设计改革方案，还要充分考虑土地制度的改革成本及由此带来的社会风险和政治风险。例如，对土地集体所有制的改革，既需要考虑路径依赖下的人们心理的接受程度，还要考虑现实中的可操作性。不能单纯的将这一改革视为所有权形式的简单变更，而是要与农村稳定、村级债务、农民的组织与引导、土地产权历史变迁等诸多问题联系起来，综合考虑各方面风险。在收入分配、社会公平等问题日益凸显的情况下，如何控制好土地制度改革的风险与成本，不仅关系到农村改革的成败，也影响到其他诸多领域的改革状况。

2. 农民与现代化、城镇化的有机融合问题

城镇化的核心在于实现人的城镇化。人的城镇化，从表象上看是农村人口转化为城镇人口的过程，但实质上在于农民转型。农民转型，不仅是身份的变化，而更为重要的是农民能够主动参与城镇化，分享现代化发展所带来的公共服务，即实现农民与现代化、城镇化的有机融合。而当前在一些地方，出现了农民"被城镇化"、"被上楼"的状况，并没有完全体现农民的意愿，相关的公共服务也没有及时跟进。土地制度的改革设计，应有利于实现农民与现代化、城镇化的有机融合。

3. 土地权利的清晰界定问题

城镇化的快速发展，使农村发生急剧变革。作为农村最重要的生产要素，如何

实现优化配置，事关城镇化发展的质量。在土地集体所有权出现虚置的情况下，实现土地的优化配置，依赖于土地的"确权"。明晰的土地产权，既可以加速土地流转，推动农业集约化发展，又可以消除与土地有关的一些纠纷和争议，化解社会矛盾。土地确权核心在于明晰农民享有的土地权益，让农民与市民享有同等财产权利。明晰农民享有的土地权益，一方面，可以提高农民参与城镇化的主动性，推进农民市民化进程；另一方面，有利于维护农民的权益，使其分享现代化发展的成果。

4. 土地增值收益的分配问题

这一问题有效解决，不仅对推进城镇化、加快土地流转、促进农民市民化进程具有重要意义，而且对解决我国当前收入分配差距过大、维护社会稳定起到积极作用。土地增值收益的分配实质上是要求理清"涨价归公"还是"涨价归私"的问题。因公共基础设施、地理位置和改变土地用途带来的土地增值，都属于社会发展的成果，与原土地使用者所付出的劳动及投资无关。因此，不能简单的将其"归公"或"归私"，而要探求合理的分配分享机制。土地增值收益，不仅要求在国家、开发商及农民之间进行合理地分配，而且要在不同区域居民之间进行合理的分配，即农用地征地和城镇拆迁补偿，不能只考虑土地使用者的局部利益，还要考虑其他土地使用者因土地位置和土地用途不能改变而丧失的机会成本，他们也应分享社会发展的成果——土地增值收益。

5. 土地产权变动的公平性与自愿性问题

中国土地制度变迁史表明，公平观念是影响我国土地制度变迁的重要因素。随着城镇化深入推进和农业集约化发展，客观上要求土地产权变动加速。在产权变动中，需要贯彻公平性原则。不仅要求土地增值收益的公平分配，而且要求农民在土地流转中具有一定的话语权，能够充分反映其诉求。同时，总体上还要遵循自愿性原则。强制流转，就可能造成对农民土地权利的剥夺，不仅会产生流转的低效率，而且必然会引发诸多社会问题。但同时也要强调公共利益原则，个人利益总体上要服务公共利益，在法治化框架内更多地采取有效的激励和疏导机制，引导土地的合理流转,而不应采取简单粗暴的强制办法。

6. 土地流转引发的劳动力安置、农民保障及粮食安全等问题

改革方案的设计,应考虑土地流转对一些重要问题产生的潜在影响,做到防患于未然。一是农村劳动力的安置。土地流转必然会带来农村剩余劳动力的安置问题。在原有土地的劳动力无法得到有效吸收、转移的情况下,如果放任资本大肆兼并土地,就可能会产生城市盲流,影响社会稳定。二是农民保障。在当前,土地依然承担了部分社会保障功能。2008年金融危机时,许多农民工在城市失去工作后,返乡种地,依然可以维持基本生活保障。土地流转所带来的社会保障"空白"应由政府通过完善社会保障制度予以填补。三是粮食安全。土地流转对粮食安全的影响主要体现在两个方面:其一,受经济利益驱使,耕地改种收益较高的经济作物或用作他途而带来的粮食安全问题;其二,土地流转后的农业集约化生产,虽然提高了整体效率,特别是节约了大量的劳动力资源,但也可能带来粮食产量下降的风险。

三、新一轮土地改革的基本理念与总体思路

(一)遵循"平权"与"共享"两大基本理念

根据上述所面临的主要矛盾及需要解决的重要问题,新一轮土地改革应遵循"平权"与"共享"两大基本理念。

1. 平权

我国土地制度中数千年的"均"、"平"思想,延伸至现代社会,必然融入现代社会的基本价值观的合理因子——权利平等,使其内涵体现现代文明的特点,即:它不仅表现为外在数量上的均、平,而更为重要的是体现在土地权利上的平等。长期以来,由于特殊的历史原因,以及保护耕地等诸多现实需要,我国集体土地与国有土地在使用、收益和处分权上并不平等,集体土地入市流转受到很大限制,宅基地、集体建设用地也不能用于建商品房。土地权利的不平等,一方面,不利于土地合理流转,降低了土地的配置、使用效率,不符合农业集约化发展方向;另一方

面，不利于保护农民权利，使农民在土地增值收益中处于极为不利的境地，阻碍了农民市民化进程。2008年10月，中共中央制定了《推进农村改革发展若干重大问题的决定》，允许土地经济承包权的流转，在土地平权上迈出了重要一步。

土地平权，意味着赋予集体土地与国有土地同样享有参与城镇化、工业化的权利和机会，其深层次意义在于保障农民权利，消除社会上各种对农民（包括农民工）的歧视，使其主动参与城镇化进程，享受现代化发展的成果。土地平权又以土地确权为前提。明确土地的各项权利，特别是明确农民的相关土地权利，才能为土地流转、保护农民利益消除制度障碍。没有平等的权利，就难以实现真正的权利保障，难以促使农民真正转型。缺少了土地平权的城镇化，也难以称得上是真正意义上的城镇化，其社会风险也会随着城镇化的推进而不断增大。因此，无论是着眼于降低交易成本，提高土地资源配置效益，还是为了减少社会矛盾、促进社会稳定、保障城镇化有序推进，进一步深化土地制度改革，都必须遵循平权的理念，实现集体土地与国有土地同权同价。

2. 共享

土地增值收益的合理分配首先要明确"涨价归公"还是"涨价归私"。"涨价归公"较早的理论依据来源于约翰·穆勒的"对自然增加的地租课以特别税"①，即对于因社会进步而增加的土地价值应以土地税的形式交给国家。1882年，美国经济学家亨利·乔治也提出了涨价归公的观点，认为土地价值"在任何情况下都不是占有土地者个人创造出来的；而是由社会发展创造的。因此社会可以把它全部拿过来"②。而"涨价归私"的观点则认为，土地发展权应归私人所有，由私人享有土地增值收益。理清这一问题，应该明确土地增值收益的来源。总体看来，土地增值收益主要来自于生产性因素和非生产性因素两个方面。生产性因素主要是指因私人投资而带来的土地价值的增加，而非生产性因素则是指由于社会发展、区位相对改变

---

1 〔英〕约翰·穆勒：《政治经济学原理及其在社会哲学上的若干应用》（下卷），商务印书馆1999年版，第391页。

② 〔美〕亨利·乔治：《进步与贫困》，商务印书馆2010年版，第369页。

和土地用途变更而带来的土地价值的增加，这主要是由土地的位置、供求状况和公共服务发展水平所决定。农地非农化、城市土地价值的增加，主要是由非生产性因素引起的。如果这一增值全归私人，而国家和其他居民无法分享，显然不合理。如果这一增值全归国家，原土地使用者无法分享，这相当于是对其收益权的剥夺，也不尽合理。因此，土地增值收益不是简单的"涨价归公"或"涨价归私"，而应是公私兼顾、社会共享。

共享的理念在实践中还需要明确两点：一是共享的范围。土地增值收益不仅要由国家、原土地使用人、开发商等共享，而且要考虑到其他不能改变土地用途的广大农民，考虑到因位置不同而不能分享增值的其他市民，应让社会成员共享社会发展而带来的土地增值收益。二是共享的形式与比例。共享并非均享，不同分享主体之间采取何种形式、享受何种比例，都需要做出积极稳妥的制度安排。

总之，只有遵循共享理念，处理好各种相关利益关系，实现土地增值收益的合理分配，才能消除因征地、拆迁补偿发生的矛盾，才能为农民市民化和城镇化建设提供必要的财力，才能更好体现社会主义的制度优势，使全体居民共享发展成果。

（二）推进新一轮土地改革的总体思路

在"平权"与"共享"两大基本理念下，为解决当前土地制度中存在的突出问题，保障城镇化和农业现代化顺利推进，需要启动新一轮土地制度改革。

我国城镇化推进中，在农村土地的"集体所有制"无法与市场完整、长久地匹配，同时土地"私有"在政治上又不可行的情况下，中国土地制度改革的大方向，是把所有土地都纳入"国有"法律框架后，对基本农田确立永佃制即赋予永久使用权；在非基本农田用地上则一揽子、一劳永逸地处理好宅基地和"小产权房"等历史遗留问题（具体利益兑现可分步完成），进而给予全体社会成员"国民待遇"，其后即有可能进入一个统一市场中土地产权的规范化、一元化状态：全部土地都是国有土地，其使用权可透明、规范、无壁垒地流转。政府可专注于做好国土开发、土地利用的顶层规划，同时非农田建设用地由一套市场规则和特许权规则来调节其交易或特定用途配置。除基本农田用地封闭式流转和发展规模化经营之外，真正把所有土地资源放到统一市场的一个大平台上。

在这一改革大方向下,推进土地制度改革的总体思路是:在平权和赋权的基础上,分步改革"两种所有制"结构,取消不同性质土地的权利差异,实现同地、同权、同价;创新土地产权制度,形成"两级所有权",淡化土地所有属性,构建以使用权为核心的土地产权体系,使土地的产权结构由侧重于土地归属转到侧重于土地使用和利用;完善分配,形成新的公平合理、社会共享的土地增值收益分配模式;建立管理与保障机制,加强对土地流转及使用的管理,提高土地配置效率,以新一轮土地制度改革,推动城镇化、农民市民化及农业产业化的深入发展,逐步实现城乡一体化。

四、新一轮土地制度改革的框架性设计与政策建议

遵循"平权"与"共享"两大基本理念,按照上述总体思路,新一轮土地制度改革需要抓好以下几个环节:

(一)在平权和赋权的基础上,分步改革"两种所有制"结构

为解决权利不平等问题,改革国有土地与集体土地并存的"两种所有制"结构势在必然。改革方案主要有三种:一是实行农村土地私有化,取消集体土地所有制;二是实行农村土地国有化,取消集体土地所有制;三是坚持并完善农村集体土地所有制。第一种方案,实现农地私有,确实能解决集体土地产权虚置、保护农民土地权益、防止村组织以权谋私等问题,但也会产生较大风险。例如,土地流转的交易成本高,阻碍土地的合理利用;私有化时可能涉及土地产权的历史追索难题,引发社会矛盾;在不同地区,受利益博弈力量等影响,可能会出现相互矛盾的两种发展趋势,有的地区可能出现大规模的土地兼并,而有的地区部分农民可能拒不流转,从而使农业集约化生产难以有效推进。因此,农地私有化方案的社会成本高,不可控因素较多,可能产生种种难以预期的后果,社会、政治风险都较大,这一方案并非最优选择。第二种全部土地国有化方案,既能够解决集体土地所有权虚置、土地权利不平等问题,又能避免因土地产权的历史追索而引发的社会风险,并且还

能有利于土地流转、便于国家统一管理。但这一方案在实践中也存在诸多困难。例如，土地国有的路径，是赎买还是直接收归国有？当前，国家显然不具备赎买的实力。如果直接收归国有，就可能引起农民质疑、反对，引发社会不稳定，并且在土地征收等相关制度不完善的情况下，容易造成对农民权利的侵犯和剥夺。此外，村委会职责的转变、村级债务以及农民组织等问题都对国有化形成制约。

从大的方向上来看，实现国有化是集体土地较为理想的改革方案，但一步到位式的改革无疑加大了风险和成本。为此，应该采取渐进式改革路径，分步推进。第一步，应以平权和赋权为重点，消除土地权利的不平等，使集体土地与国有土地享有同样的权利，特别是在土地使用权的流转方面，允许集体土地的使用权（包括宅基地、其他农村建设用地）在符合国家法规的前提下自由流转。同时，赋予农民长期的土地使用权，可称为"永佃权"。第二步，强调土地使用权，弱化所有权意识，逐渐消除农民的顾虑，在村委会转变职责以及相关条件成熟的情况下，取消土地集体所有权，建立统一的土地国有制，并用法律形式加以确认。这种改革方案，既可以解决因所有制权利不平等、集体所有权虚置产生的诸多问题，便于协调、管理，降低交易费用，提高土地使用效率，同时有利于保护农民权益，减少社会矛盾，降低改革风险。

（二）实行"两级所有权"模式，构建以使用权为核心的土地产权体系

在我国古代，国家（或君主）是土地的终极所有者，所谓"普天之下，莫非王土"，地主官僚所有制和自耕农所有制实际上是一种次级所有制或占有制，这种所有制模式兼具稳定性与灵活性特点。从我国现实情况来看，可以实行终极所有权和次级所有权的"两级所有权"模式，即：国家（或集体）作为土地的终极所有者，行使终极所有权；土地使用人作为土地的使用或占有者，行使永久使用权——事实上的次级所有权。待集体土地转为国有土地之后，形成统一的"国家——使用人（占有人）"的"两级所有权"。这种所有权模式，替代了传统产权中单一的所有权结构，不仅保证了国家在土地管理和最终决策上的权利，而且又具有很大的灵活性，防止国家管的过多过死，给实际土地使用者较大的使用、流转权利，从而有利

于解决当前土地制度中存在的诸多问题和矛盾。

在"两级所有权"模式下,土地产权的重心由所有权转向使用权,并构建以使用权为核心的土地产权体系。这就使土地的产权结构由侧重于土地归属转到侧重于土地使用和利用。在新的土地产权体系中,土地使用权是一种准所有权(次级所有权),居于体系的核心位置,它又可具体分解为占有、使用、收益、处分等权能,形成二级产权束。土地使用人享有永久的土地使用权。土地使用权可以抵押、租赁、入股、买卖,也可以合法继承、赠与等。宅基地及其他建筑用地的土地使用权,同样适用这一新的产权体系,允许自由买卖、流转,并享有收益权。国家凭借终极所有权,享受管理、收益和最终处置(特殊处置)等权利。在实际操作中,土地使用权的"确权"应以改革开放后的第一次或最近一次土地承包经营为依据,并以法律的形式确认,赋予农民长期使用权。

改革开放后,我国经济改革的成功源于土地制度改革,而土地制度改革又是以实行家庭联产承包责任制、下放土地使用权的形式开展的。在新的历史阶段,将承包权转为长期使用权,实现产权制度创新,形成以使用权为核心的新的土地产权体系,允许土地使用权流转,也必将给我国改革注入新的动力。

(三)完善分配机制,形成公平合理、社会共享的土地增值收益分配模式

土地增值收益分配实际上包含两方面问题:一是土地征收、拆迁中的经济补偿问题,二是除去开发补偿之后所剩余的增值收益在各权能拥有者之间的分配问题。土地增值收益的分配较为复杂,既有集体土地经征收转变为国有建设用地的增值收益分配、城市国有土地房地产开发的增值收益分配、房地产消费或投资的增值收益分配,也有未来集体土地流转(包括宅基地转让)带来的增值收益。由于产权和增值方式的不同,上述的增值收益分配机制也不尽相同。但总体看来,应按照共享的理念,需要处理好国家、集体、土地使用人和其他居民之间的分配关系,形成公平合理、社会共享的土地增值收益分配模式。大体框架如下:

1. 完善政府收益机制

政府作为国有土地所有者和公共事务管理者,凭借土地所有权和公共权力,以租、税、费取得土地收益。完善政府收益机制，一是在房地产保有环节开征房产税。应加快推进房地产税立法进程，适时在全国推开。二是改革土地增值税。将集体土地纳入征收范围，以出让、抵押、租赁、入股等方式有偿转让集体建设用地使用权的，应缴纳土地增值税，从而使国家以税收的方式参与集体土地收益分配。三是集体土地准予流转后，将个人转让集体土地使用权收入纳入个人所得税的征收范围。同时，为遏制地方卖地冲动，平衡区域之间的土地收益，应适当提高中央在土地收益上的分成比例，并与财政体制调整和地方税体系建设结合起来，逐步解决地方"土地财政"问题。

2. 建立集体收益机制

村集体可通过分享一定比例的土地出让金、提取土地流转收益分成等方式，参与集体土地收益分配，用于提供村级公共设施和公共服务。

3. 改革土地征收补偿机制。

为解决土地征收补偿不合理问题，应改革征收补偿机制，创新土地征收制度，使征地农民充分分享土地收益（具体详见下文）。

4. 建立其他居民共享机制

从土地收益中提取一定比例，设立土地补偿基金、社会保障与就业培训基金和农业发展基金等，建立其他居民共享机制。一是设立土地补偿基金。主要用途：补偿居民因国家限制土地用途，特别是因公共利益对土地利用的限制，而带来的相对损失；补偿以前被征地农民的相对损失，等等。二是设立社会保障与就业培训基金，用于解决居民特别是失地农民的基本生活、养老、医疗、就业等社会保障问题。三是设立农业发展基金，用于支持农业发展、农业技术创新等。

（四）创新土地征收制度，改革征地补偿机制

土地征收是绝大多数国家客观存在的行为，与土地公有、私有无关。解决我国当前土地征收中的突出问题，推进城镇化向纵深发展，应抓好以下四个方面：

1. 实行灵活多样的补偿方式，完善土地征收制度

我国实行以金钱为主、实物为辅的征地补偿制度，但实物补偿的方式较为单一。在城镇化推进需要大量征地、农民征地补偿诉求和实际补偿标准都在提高的情况下，为消除矛盾、解决资金不足等问题，可采取发放土地债券、抵价地补偿等灵活多样的补偿方式，探索实行一些新的征收补偿模式，如可借鉴台湾地区实行的区段征收模式和抵价地补偿方式，以及我国一些地区实行的留用地安置模式。在台湾地区，"区段征收是政府基于都市开发建设、旧都市更新、农村社区更新或其他开发目的需要，对于一定区域内的土地全部予以征收。区段征收的土地重新加以规划整理后，政府取得开发所需的土地及公共设施用地、国宅用地及其他可供建筑用地，原土地所有权人领回一定比例抵价地，再将剩余土地进行公开标售、标租或设定地上权，并将土地处分后的收入用于偿还开发总费用"[①]。这一模式，实质上是一种土地所有权人与政府之间的合作开发模式。在浙江、上海、广东、安徽、山东等省市实行的留用地安置模式，与台湾地区的区段征收模式有相似之处，在政府征用集体土地时，按照一定比例将部分土地返还给被征收的农村集体组织。无论是区段征收模式，还是留用地安置模式，都在一定程度上提高了农民分享土地开发增值收益的比例，并且为政府节约了大量的建设资金。这些经验，都值得总结、借鉴，并在实践中进一步探索和完善。

2. 进一步明确"公共利益"的范围，避免征地权滥用

一般而言，政府行使征地权其目的都是为了公共利益，但是人们对于公共利益内涵的理解却不尽一致，如既可理解为国家的需要，又可理解为社会公众的需要，甚至有时将能改变市容市貌、提供就业和服务的商业项目也可视为符合公共利益需要。此外，公共利益具有时代性特点，在不同时期其范围也不尽相同，在实践中很难清晰、毫无争议地界定公共利益的范畴。基于这种原因，各国解决征地问题的重点放在规范征地程序、确定补偿标准上。尽管如此，较为明确的界定公共利益范围，有利于限制征地权。各国对土地征收中公共利益的界定主要有概括性和列举

---

① 刘守英：《我国台湾地区土地征收的做法与借鉴》，《经济要参》2012年第31期。

性两种界定方法。我国采用概括性界定方法，界定的标准较为含糊，各地具有很大的解释空间和操作弹性。为强化对地方政府征地的约束，需要采取概括性和列举性相结合的界定方法，尽可能明确公共利益范围。例如，在概括性原则基础上，可采取列举法将公共利益的范围重点界定为：直接满足公共需要的各类国家重点投资项目；能源、交通、通讯、供电、供水、供气、供暖等公用事业和其他市政建设项目；科技、教育、文化、医疗卫生、环保等社会公益事业；国防军事设施及国家机构建设等。符合公共利益要求的项目用地，政府可以征地；不符合公共利益要求、只有少数人受益的商业项目用地，则交给市场解决。通过进一步明确公共利益的范围，限制地方政府对征地权的滥用，可以在一定程度上防止假借公共利益之名，侵害农民土地权益。

3. 严格土地征收程序，建立公开、透明和公众参与的征收机制

建立公开、透明和公众参与式的征收机制，目的在于两方面：一是充分听取公众的意见，接受公众监督，维护公众土地权益；二是防止"钉子户"的漫天要价，维护公共利益。征地之前，需将有关事项及时公示，允许公众就是否符合公共利益等展开公开讨论。在省一级成立专门的公共利益认定机构，负责辖区内公共利益的认定，并对征地进行全过程的监督。对于补偿的标准和方法，也要听取公众意见，在平等协商的基础上，使征地双方代表达成一致意见。如果无法达成一致，则由批准征用土地的省级以上人民政府根据有关补偿标准裁决。对于漫天要价的"钉子户"，国家基于公共利益具有最终定价权，可通过法定程序予以解决。同时，建立司法救济程序，允许公众寻求司法救济，法院应予支持。

4. 制定公平合理的补偿标准，提高农民分享土地增值收益的比例

我国《土地管理法》第四十七条规定："征收土地的，按照被征收土地的原用途给予补偿。征收耕地的补偿费用包括土地补偿费、安置补助费以及地上附着物和青苗的补偿费。"这种按被征收土地的原用途给予补偿的规定，造成了长期以来补偿标准偏低，这也致使农民分享土地增值收益的比例较低。从现实情况来看，土地对于我国农民而言是重要的生产资料，具有发展和保障功能。因此，制定公平合理

的补偿标准，就不能仅从土地原用途去考虑，而应综合考虑农民的职业转换成本、社会保障成本以及其他因失去土地而承载的社会成本等，扩大补偿范围，提高补偿标准，以使农民的生活水平不仅不下降，还应有所提高，从而让其合理分享城镇化和现代化发展的成果。

（五）完善保障与管理机制，促进改革平稳推进

为保证新一轮土地制度改革平稳推进，达到预期应改革目的，还需要转变政府职能，完善保障与管理机制。具体而言：

1. 实行严格的土地流转和耕地保护制度

政府应根据各地经济发展水平以及城镇化、工业化进程，决定农用地、城镇建筑用地、工业用地、商业用地等比例，做好规划、管理和控制，做到节约用地。随着城镇化和农业集约化经营的发展，土地流转势必加快。实现土地流转的良好愿望，依赖于严格的管理制度。我国古代及世界各国经验表明，不加管制、放任自流的土地流转将会带来严重的社会问题，危及社会稳定和粮食安全。许多国家都较为重视对土地流转的管理。例如，德国规定农地出让、租赁须经国家许可，以防止农地集中到非农民手中，影响农业生产；日本在放宽土地流转的同时，限制资本兼并土地，规定股份公司不得购买农地，使农地流动的方向主要是向"认定农业者"集中，从而保证了粮食种植规模。我国应加快建立健全农地流转的法律体系，加大对土地流转的指导和管理，警惕资本对农地兼并带来的不良影响，实现城镇化和农业现代化的有序运转。

2. 建立全国统一的土地市场

非公共利益的商业用地、农地的流转等，通过土地市场，由供求双方决定土地价格，既有利于优化土地资源配置、保障农民权利，而且可以实现建设用地来源多元化，解决供求矛盾，从而破解房地产调控中的高房价、高地价等难题，促进城镇化有序、平稳推进。应按照制度统一、规划统一原则，构建与土地征收制度改革相配套的全国统一市场体系。从大的框架上来看，这一体系应是包含农用地市场和城乡建设用地市场在内的多元、多层次的市场结构体系。在完善相关法律建设的基础上，着力构建统一、规范的信息发布平台、土地价格评估及咨询机构等市场中介服务系统，以满足土地市场交易的需要。

3. 建立健全多层次的社会保障制度

在土地承担部分保障功能的情况下，推动土地制度改革，应充分考虑农民土地流转所带来的保障替代问题。从我国现实情况来看，应在家庭保障的基础上，通过土地增值收益分成、财政投入等方式，建立健全最低生活保障、养老保险、医疗保险等多层次社会保障体系，为农民失去土地之后提供基本的生活保障，防止因土地流转而带来贫困问题。同时，加强社会保障网络建设，提高农民工社会保险覆盖率，尽早将所有在城市中稳定就业的农民工基本纳入社会保险、社会救助和社会福利体系，防止在城市形成大规模的盲流和贫民窟，危及社会稳定。

4. 建立农民培训机制

城镇化、农业现代化的发展，必然要求农民的能力素养随之提升。农民的转型，不仅是职业、生活方式的转型，更为重要的是知识技能结构的转型。唯有如此，才能降低农民职业转换、生活转换成本，使农民更好的融入城镇化、工业化发展之中，享受现代化发展的成果。为此，需要建立农民培训机制，为土地制度改革之后的经济社会发展塑造新型劳动力。一方面，培育现代化的专业农民。集约化与现有家庭式耕作、经营有很大不同，需要农民耕作、经营知识结构的转型，否则，很难适应农业现代化、集约化的需要。另一方面，培育适应工业、服务业需要的现代市民。通过各种新技能培训、从业资格培训、转岗培训和继续教育培训等有效途径，使脱离了农业的农民掌握多样化的谋生技能，增强自身竞争能力和素质，逐渐转变为适应现代化发展需要的市民。

第十二章

规范房地产市场秩序的财务会计管理

完善住房政策体系与规范房地产市场秩序，不仅要依靠宏观调控手段和政策措施，从中观层面和微观层次上，还必须落实宏观政策实施中的政府财务风险管控和房地产企业尤其是国有房地产企业的财务会计管理，也包括国有房地产企业的财务会计规范与相关信息监督，促进房地产行业微观运行秩序的规范。

一、财务会计管理在规范房地产市场秩序中的作用

第一，完善房地产行业会计相关准则，使企业提供更加真实可靠准确的信息。房地产行业在财务管理方面具有管理周期长、筹资金额大的特点，同时在会计账务处理上也存在着成本管理繁杂、收入费用核算特殊的特点，导致该行业在会计实务上存在着收入确认随意、各期的收入可比性差等问题。虽然企业会计准则中有一项准则对房地产会计的处理做了规范，但对很多特殊的事项还是没有具体的准则或者制度，导致会计人员对很多业务无从下手，只能根据企业的需要进行相应的处理，因此降低了房地产行业提供会计信息的可靠性、可比性和有用性。近些年来，随着会计理论不断发展，政府财政部门以及相关机构不断加强准则的完整性和系统性，进一步完善行业会计准则体系，例如金融企业会计，人力资源会计等。健全房地产

行业会计准则，促使房地产企业的收入成本核算更具有可比性，账目更加清晰，杜绝某些企业利润操纵和粉饰业绩的空间，也为会计信息使用者提供更加真实可靠的信息。

第二，提高房地产行业现金管理水平能够保持资金安全，促进资金的良性循环。在对上市公司的业绩进行财务分析时，人们越来越认识到利润不再是反应企业经营优劣的唯一指标，观察企业的资产管理的优劣以及财务状况的好坏不能单单凭借利润表和资产负债表。现金流量作为企业利润的"测谎仪"不仅在实务界引起了越来越多的重视，在理论界愈发成为研究的热点。现金流量的信息不仅对外部信息使用群体具有至关重要的作用，对于企业内部的财务管理也具有重大意义。就房地产行业来讲，由于房地产行业的开发周期长、投资大、资金收回速度慢，流动性不强，导致房地产行业的现金流不稳定，在现金流量的管理方面存在很大的风险，如果企业盈利情况较差或者承担了较多的债务则极有可能导致资金链断裂进而引发财务危机。因此对现金流量科学的管理方法和管理手段能够及时的对现金流进行预测和分析，了解现金缺口，维持企业资金链的安全，促进资金的良性循环。

第三，提高房地产开发企业信息披露的质量和财务人员风险意识。很多房地产行业缺乏健全完善的信息披露制度，企业的财务报表不能全面反应企业的财务状况和经营业绩。房地产行业的高收益往往是伴随着房地产经营过程中的高风险。这些风险包括政策风险、土地供应风险、资金链断裂风险、项目质量风险等。然而，房地产企业提供的财务报表通常仅仅反映了行业的高利润和收益率，无法全面的反应行业的风险信息。在附注中也仅仅对抵押贷款的担保风险等事项进行披露。因此，应督促房地产开发企业完善信息的披露，包括面临各类风险的披露，现金流量信息以及相关保证金信息的披露，丰富信息披露的含量，并提高财务管理人员的风险防范意识。

第四，加强房地产开发企业的内部审计，提升整体管理水平。在公司治理越来越被重视的今天，内部审计的职能已经不仅仅是传统意义上的监督和审查，它更着力于提升企业的整体管理水平，为促进企业的可持续发展提供内在的驱动力。在房地产这样一个特殊的行业，内部审计还存在着许多薄弱的环节。例如，随着房地产企业规模的不断扩大，会导致信息沟通不及时，跨区域经营管理的难度加大，在信息传达和反馈的及时性上都可能存在着很多的漏洞。房地产的建设周期长，资金投入巨大，造价管理复杂，使得舞弊行为更容易隐蔽。如果企业能够不断完善内部审计的职能，为企业配备高素质的审计人员，把握住企业内部审计过程中的薄弱环节，使内部审计工作充分发挥其制度优势和约束控制力，则有助于保障企业稳健持续经营并不断提升公司价值。

二、房地产行业财务会计管理现状分析

（一）房地产行业会计核算与信息披露现状分析

本章重点对房地产行业会计核算方法和核算内容的现状进行分析，同时探讨会计信息披露和管理的相关问题。

1. 收入核算问题

收入是企业在日常活动形成的，会导致所有者权益的增加，并拥有独立的经济利益的总流量。收入通常包括销售商品，提供劳务收入和让渡资产使用权的收入。房地产业务收入通常是指房地产开发企业开发自己的房地产市场上出售或出租取得的收入，包括：（1）土地转让收入，指房地产开发企业出售或者转让已经开发出的土地；（2）商品房及配套设施销售收入，指房地产开发企业新建商品房及配套设施对外销售取得的收入；（3）租赁收入也叫房屋租金收入，是房地产开发企业对外出租房屋取得的租金收入；（4）其他经营收入，如代建，工程，商品房，售后服务，转让无形资产，材料和耗材的销售和固定资产出租收入。在实际操作过程中，针对收入的确认规定，一些房地产企业采用盈余管理的手段操纵利润，粉饰会计报表误导公众和有关机构。因此，规范和统一房地产开发企业的收入确认原则和方法十分重要和迫切。

从谨慎性原则出发，对房地产企业收入确认一般应按照以下四项原则：第一，房屋竣工验收（商品合格）；第二，完成竣工结算（可测和可靠的成本）；第三，房屋销售合同的签署和接收房款（说明房款的收入能够可靠地计量，或能够流入企

业);第四,房屋处理程序转移交付业主(代表风险与回报的房屋所有权、管理权和控制权转移过户)。由于房屋属于价值较高的产品,往往采用预销售和分期付款销售方式,导致应收账款及房屋交付期限是不一致的。会计实务中,不同的房地产开发企业确认收入的方法如下:(1)提前收到房款和签订预售合同;(2)合同签订的预售合同收入后,金额予以确认;(3)竣工验收的房地产项目后,下发了"入住通知"及销售发票;(4)在收到的住房公积金,并完成产权过户手续的通知。关于确认销售收入,无论是国际会计准则或美国公认会计原则都注重实质的交易,确认等产品的销售与所有权相关的风险及回报的存在。而我国许多房地产开发企业更注重准则,特别是以手续办理作为销售收入确认,例如,产品是否发出,是否收取现金或收取现金的手续处理。

(1) 土地出让收入

土地开发包括一些清理施工现场的地面上工作,如原有建筑物,消除障碍的形成,除了建设场地平整,也有地下管线铺设,地面道路建设,如"七通一平"。具体的土地开发项目,其费用的内容是不同的,应根据不同的土地开发费标准的形式因素的差异制定价格。房地产开发企业应制定土地开发费的计算的标准估算开发土地出让成本,包括住房项目开发成本。房地产企业应签订转让土地使用权出让合同,在合同中注明的土地的位置、周围区域的边界、地面附着物、土地使用建筑高度、绿化面积、土地出让年限、土地出让金、支出模式和违反合同的责任、土地转让交易、协议、招标、拍卖和上市的方式。土地转让给其他单位的,应转移到土地转让明细表,将发票账单提交给买方,转让价中扣除银行存款,应收账款科目的借方和营业外收入或"主营业务收入-土地出让收益"科目的贷方。

房地产企业的土地出让金收入主要有两方面的问题:一方面是使用两种类型的合同,以达到逃税的目的和利润的调整;另一方面是隐瞒收入。

(2) 商品房及配套设施的销售收入

销售商品房及配套设施时,企业执行的《企业会计制度》要求收入要同时满足四个条件。目前,房地产开发企业收入的认可标准存在以下定义和解释:企业完成项目验收,并交付给买方的检查,商品房和发票已转移给买方,产权转让后确认收入。按照《企业会计准则》的规定，同时符合下列条件的，可以确认收入：①企业货物所有权的重大风险和报酬已转移给购货方；②既没有继续管理的保留与所有权相联系的权利，也没有对出售的商品实施控制；③收入的金额可以准确测量；④相关的经济利益很可能流入企业；⑤相关的已发生或将发生的成本能够可靠地计量。在正常情况下，完成结算时间和合同的时间一般比交房时间早，所以在实践中商业地产开发企业的销售收入确认应从处理房屋交接手续之日起，在该日期之前收到的金额，确认实现销售收入，结转计入"主营业务收入"。

房地产企业，销售重点主要是售前，售中确认的预售收入的时间和金额上，房地产开发企业按照国家法律、法规，上市前出售商品房的预售商品房价格的预售许可证，并只能用于工程建设的收入在企业先进的管理，并作为转移预收商品房竣工验收手续，应转化为营业收入。由于预售的房地产公司，房地产已经不生产刚刚签订了购房合同，房地产开发企业的业务发生的销售已不能满足这四个条件。因此，购买款项提前对企业来说是一种责任，售前和售中业务量发生预收账款，并不能确认为收入，只能等到商品房竣工并交付买家使用，然后将收到预付款作为主营业务收入。然而，由于房地产建设周期较长，企业施工前需要大量工程费用，因此，反映在会计报表上的大量利润，并不是真实地反映企业的经营状况。

（3）出租房租金收入

租金收入是企业将住房和土地使用权转让而获得房屋和土地租金收入，应按照租赁合同，在协议日期收取租金以实现当期营业收入。租金收入应按照出租合同、协议规定日期收取租金后作为当期经营收入的实现。通常情况下，房地产开发企业按出租合同约定的租金收取租金金额，作为出租产品经营收入的实现时间和经营收入的确认。另外还有企业不以合同签订的时点作为收入的确认时点，而是在收到租金时作为收入实现的时点。收到租金时，借记"银行存款"，贷记"经营收入—出租产品租金收入"。根据出租合同的规定，如果承租方未按期交纳租金，企业就应按照收入确认的条件，符合全部条件的按拖欠租金处理，借记"应收账款"科目，贷记"经营收入—出租产品租金收入"科目，收到租金时冲减"应收账款"科目。

不符合收入确认的规定条件，不核算出租产品租金收入。房地产开发企业在新建商品房交付使用前与承租方签订商品房租赁预约协议，取得预租价款，应先作为"预收账款"处理，待商品房竣工验收办理租约手续后，将"预收账款"转入"经营收入—出租产品租金收入"科目。和土地出让收入差不多，出租收入占房地产经营收入的比重也较少，但其收入的隐蔽性更强。因为，在房地产商开发的产品在没有卖出之前，通常属于存货，对于这些存货的处理，有的就暂时出租已收回一部分资金，而这部分收入通常很少入账，另外，即使是专门用于出租而建的房屋或土地其在租金收入的入账在时点上也是由开发商一手操纵的，这样给房地产开发企业的收入的监控带来了很大的困难。

（4）其他收入

房地产企业其他业务收入是主营业务收入以外的收入，如商品房售后服务收入，材料销售收入，无形资产转让收入，固定资产出租收入，机械操作，物业管理收入和各种其他业务收入。这些收入在房地产开发企业的整体收入中比例是非常低的，但作为项目的收入，它仍然按照收入准则规范执行。房地产营业外收入占近其利润的10%，对公司的利润调整起到了至关重要的作用。上官鸣、王瑞丽（2011）指出营业外收支是企业进行盈余管理的主要方式，房地产上市公司更偏向于利用资产减值准备进行盈余管理。亏损或被特别处理的上市公司会利用资产减值调减收益；当公司能够扭亏为盈时，会利用资产减值调增收益。

2. 成本费用核算问题

正确归集的成本，直接影响企业的会计收入会计。房地产开发的成本会计是指一定量的房地产开发的全部成本产生的成本项目归集和分配，最后计算总成本和单位成本的过程中，建筑面积开发项目。房地产开发企业按照总体规划的城市建设用地，综合开发，开发的土地，房屋及附属设施的价格出售。房地产开发成本，按照现行制度分为四个部分：第一，土地开发支出，包括成本收购土地，拆迁补偿费；第二，房屋开发成本，包括建筑和安装成本，以及建筑材料等，这两个部分的主要内容是房地产开发的成本，约占总成本的80%；第三，支持和其他费用，主要是指水、电、燃气、市政及公共建设费用，由当地政府和行政事业性收费收取的各种税费，这是房地产发展受到外部因素的成本，一般占总成本的10%~15%；第四，融资成本，这部分的开支占总成本的5%~10%。

（1）土地开发成本

土地开发成本是指房地产开发企业开发土地（即建设用地）所发生的各项支出。土地费用支出的大小是评价房地产开发项目是否可行的依据，也是评价是否有预期利润的最核心的经济指标。土地费用应包括置换成本、动迁费用、批租费用等。房产商决定开发一个项目前，都要通过土地面积和容积率对土地费用进行换算，估算出每平方米商品房的土地开发成本，作为项目的可行性的基础。国家以土地所有者身份，将一定年限内的土地使用权有偿出让给土地使用者。土地使用者支付土地出让金的估算可参照政府前期出让的类似地块的出让金数额并进行时间、地段、用途、临街状况、建筑容积率、土地出让年限、周围环境状况及土地现状等因素修正得到；也可依据所在城市人民政府颁布的城市基准地价或平均标定地价，根据项目所在地段等级、用途、容积率、使用年限等因素修正得到。国家建设征用农村土地发生的费用主要有土地补偿费、劳动力安置补助费、水利设施维修分摊、青苗补偿费、耕地占用税、耕地垦复基金、征地管理费等。农村土地征用费的估算可参照国家和地方有关规定进行。另外，因出让土地使原用地单位或个人造成经济损失，新用地单位应按规定给以补偿。另外还有基础设施费、配套设施费、筹资费用、应由开发土地负担的间接费用：基础设施费一般情况下是指达到预期使用功能的熟地状态所投入的建设费用，主要包括通电、通路、供水、通讯、排水和土地平整费用等；配套设施费，一般指电、水、市政和公建配套建筑物的建设费用，如邮电、银行、学校、公厕等；筹资费用包括房地产开发企业为开发土地而借入的资金所发生的利息等借款费用，在土地开发完工之前，作为土地开发成本，土地开发完工之后而发生的利息等借款费用，计入财务费用；应由开发土地负担的间接费用，包括企业所属单位直接组织、管理开发项目所发生的费用，如工资、福利费、劳动保护费、办公费等。

土地使用费、土地开发成本作为间接费用，按怎样的标准分配到那些成本收益对象中去，这也是目前房地产企业在成本计量中操作空间较大一部分。

（2）房屋开发成本核算

房屋开发成本是指房地产开发企业开发商品房所发生的各项费用支出。它包括：出包建筑安装工程成本、土地使用费分配、其他费用、土地开发成本、公共设施成本等。房地产开发企业建设的房屋，按其性质及建成后的用途可分为以下几类：为销售而开发建设的商品房；为出租经营而开发建设的经营房；受其他单位委托代为建设的代建房；受政府委托而建设的公租房、廉租房和经济适用房的国家政策性住房；为安置被拆迁居民周转使用而建设的周转房。前三种属于企业开发的商品房，理应计算其建设成本，后两种住房虽然不是企业对外销售的产品，但其价值也应分摊计入有关开发项目的成本，所以应计算其成本。

房屋开发成本，除了土地成本外，主要问题是在一些需要进行分配的费用的计算上，如小区的公共设施是开发商无偿建设给小区居民使用的，这一部分成本的分摊问题。又如，为销售楼盘而进行的广告宣传费用的分摊问题等，这些费用在收入确认的时点上应怎样进行成本的计量。

（3）配套设施开发成本核算

配套设施开发成本核算是指房地产开发企业开发能有偿转让的配套设施及不能有偿转让、不能直接计入开发产品成本的公共配套设施所发生的各项费用支出。其归集和核算方法视配套设施的不同建设情况而有所不同。如配套设施与房屋同步建设，发生的公共配套设施费，凡能分清负担对象的，可直接计入"开发成本—房屋开发"科目的公共配套设施费成本项目。如发生的配套设施费应由两个或两个以上的成本核算对象负担时，则先将这些费用归集到"开发成本—配套设施费"科目。该配套设施竣工时，再按一定标准，分摊计入各受益对象的"开发成本—房屋开发"明细科目的公共配套设施费成本项目。

配套设施开发成本，一方面是配套设施本身成本的归集问题，另一方面也同样存在一个成本的分配问题。由于房地产项目建设的周期长，涉及的材料上千种，费用名目种类繁多，这给企业成本的正确归集和核算带来了很大的麻烦，同时也为企业对收入的确认进行操控带来了便利条件。可以说，加强房地产企业成本核算的监控也是相关行政部门的一个重点所在。

（4）筹资成本核算

由于房地产市场是资金高度密集的市场，大约70%（有的项目甚至高达90%左右）的资金来自银行，借款费用金额较大是不可避免的。因此，房地产开发企业对借款费用进行正确的会计处理就显得极其重要。会计准则对此作了明确的规定：符合资本化条件的资产，是指需要经过相当长时间的购建或者生产活动才能达到顶定可使用或者可销售状态的固定资产、投资性房地产和存货等资产。房地产开发企业从事房地产的开发和销售业务，房地产产品在开发过程中属于企业的在产品，应作为存货管理，新准则将存货归入其中，更加明确了房地产开发企业借款费用的会计处理。依据此项规定，应将房地产商品达到顶定可销售状态之前发生的借款费用，计入开发成本或开发产品成本。

不仅如此，会计准则还扩大了借款费用资本化的范围，不仅包括为购建或者生产符合资本化条件的资产而借入的专门借款，而且包括为购建或者生产符合资本化条件的资产而占用的一般借款。

3. 会计信息问题

房地产企业会计信息披露的载体主要是金融和会计报表，包括损益表整体而言，中国的房地产企业会计信息披露存在的问题表现在以下几点：

（1）会计信息的真实性

很多房地产企业由于自身的利益考虑或者其他目的，经常出现蓄意造假的行为，导致会计信息披露上的失真，导致企业披露的会计信息不真实、不准确。对于房地产企业的财务管理部门及其工作人员而言，需要做到会计信息披露的准确与真实，确保没有严重误导性、虚假性的陈述，没有明显且重大的漏洞，并且要与公司董事会的内部成员形成连带赔偿的责任关系。然而，在具体实践中，房地产企业会计信息披露出现虚假信息的问题还是大量存在，主要表现在文字表述虚假和数字失真等方面，尤其是在上市房地产企业的上市、招股、再融资和年报等环节表现得尤为明显。

（2）会计信息的及时性

长期以来，我国的很多房地产企业都没有严格遵守信息披露制度中关于定期报告的相关规定，常常对各种不良会计信息延迟披露，而对各种有利会计信息提前披露，这在一定程度上造成了我国房地产企业在会计信息披露上的混乱局面，不利于投资者的科学决策。同时，很多投资者还发现，有的房地产企业常常将一些实际事项已经发生了很长一段时间后才进行补充披露。虽然很多企业会向投资者道歉，但这显然违背了会计信息披露制度的相关规定，有损投资者的基本权利。此外，根据房地产企业会计信息披露制度的相关规定，当房地产上市企业发生的重大变动并可能对股价产生影响时，房地产企业应当及时向社会公布，如企业之间的兼并、收购、股权转让以及财务纠纷等，然而在具体实践中，仍旧有很多企业为了自身的利益，有意违反此项规定，未能做到会计信息的及时公布和披露。

（3）会计信息的可比性

房地产开发企业从土地开发至确认收入短则一年，长则三至四年，在项目筹建期大量资金投入开发过程，大量管理费用计入当期损益；由于部分项目尚未完工，其预售款项也无法确认为收入，这样看来，会计理论中的收入费用配比原则在房地产业的体现并不明确，每年的损益表因项目在不同状态下而使利润波动大，如果某房地产企业的大部分项目在建设期内，该年度的业绩只反映费用的投入，因此该年的财务报表就不能适当地反映企业的真实情况，亦不能与其它同类企业比较，失去了可比性。而项目竣工并出售后，大量预售款项确认为收入，该年度的收入实质是企业几年的经营成果。所以，用一般的公司业绩评价指标如净利润等并不能正确、客观、全面地反映房地产企业的真实经营情况，并可能误导投资者。今后应该进一步完善房地产上市公司报表的可读性、可比性。

（4）会计信息的完整性

房地产企业不披露或隐瞒不良信息对投资分析和经济决策的投资者往往会产生不利影响，同时，房地产企业的会计信息披露不完整，也违反了会计信息披露制度，对于提高会计信息质量非常不利。

(5) 会计信息的规范性

会计信息披露要求房地产开发企业按照有关法律，法规，规章和规范的规定，严格遵循会计信息披露制度的有关规定，确保会计信息披露合法合规。目前，很多房地产企业的会计信息披露过于随便，在很大程度上降低了房地产企业会计信息披露的质量和水平。房地产公司中期报告普遍过于简单，会计信息披露往往缺乏严谨性和严肃性，不能进行财务分析和评价。

(二) 房地产行业会计规范情况分析

新中国成立初期，对城镇居民住房，政府采取了福利分配制和低租金制的政策，并且各单位对提供给职工的住房不计提折旧，从而使房地产行业日渐萎缩。随着1956年中国私有房地产业的社会主义改造和城市土地国有化的基本完成，加之受产品经济思想的影响，房地产业作为一个行业失去了市场活力。改革开放后，房地产业又开始由原来的"封闭型"、"管理型"转为"开放型"、"经营型"。尤其是近20年来，房地产业迅速发展起来。到90年代末，中国开发与经营房地产的企业已达数千家，全国大多数城市都已建立了房地产交易市场，并逐步形成了房地产市场交易机制。自1992年以来，中国房地产业经历了过热、调整和成长阶段，市场渐趋规范，行业运行机制渐趋成熟。到了20世纪末21世纪初，房地产业逐步走向专业化，成为一个十分活跃的行业。我国房地产行业会计规范主要可以分为改革初期阶段、中期阶段和国际趋同阶段。

1. 改革初期阶段

这一阶段从20世纪80年代末至90年代初。为了加强城市建设综合开发企业的经济核算，提高会计监控能力，推动城市设施建设公司的进步，财政部于1988年10月20日发布了《国营城市建设综合开发企业会计制度——会计科目和会计报表》。此项制度适用于包括涉及房地产和土地开发项目的企业在内的通过批准设立的全民所有制的城市建设综合开发企业。为了加强其会计基础工作，建立规范的会计工作秩序，提高会计工作水平，提高其会计信息质量，该制度针对当时中国城市土地开发和房地产业务的企业的会计核算，都曾发挥了正面的作用。但是，该制度仍然属于高度集中的计划经济模式，主要考虑企业内部管理和政府宏观经济管理的会计信息需要。其不足主要表现在以下几方面：第一，该制度虽然采用借贷复式记账法。但是允许各部门、各地区在保证会计科目对应关系清楚，账务不错不乱和便于稽核的前提下，可以规定所属企业采用其他复式记账方法（如增减记账法），从而影响会计作为商业语言的作用。第二，该制度只适用于当时的国营城市建设综合开发企业，对于非国营城市建设综合开发企业则采用其它会计制度。如房地产事业单位执行建设部颁布的《城市房产会计制度》（试行本）。第三，该制度对资产和负债没有按流动性的大小排列，从而无法进行必要的资产流动性和偿债能力分析，难以适应市场经济条件下财务报告使用者全面、系统地提供其财务状况信息的需要，难以适应企业多元化投资主体对会计信息需要的特点。第四，在会计政策选择上，不允许企业采用谨慎性原则，从而造成许多企业的资产、收入、费用不实。第五，该制度未确立资本保全的会计核算方法和要求。在会计核算上，该制度对资产的盘盈、盘亏、报废和毁损等需要冲减或增加企业所有者投入的资本金（当时称为各种"基金"）。

2. 改革中期阶段

这一阶段从 20 世纪 90 年代初至 2005 年。到了 90 年代，随着我国经济体制改革的深化和开放搞活的扩大，当时实行事业单位管理的城市房地产单位的经济业务得到了很大的拓宽和发展，相关的财税体制和财务制度也相继发生了较大变革。为了适应城市房地产单位加强经济核算的需要，统一和完善该行业的会计制度，提高会计工作的科学化、规范化水平，建设部、财政部共同对当时的《城市房产会计制度》（试行本）进行了系统的修订。因此，房地产事业单位自 1993 年 1 月 1 日起执行建设部与财政部于 1992 年 6 月 5 日联合发布的《房地产单位会计制度》。90 年代初开始实施的《房地产单位会计制度》（该制度于 1998 年财政部颁布和实施《事业单位会计制度》后停止实施）与原《城市房地会计制度》相比，更适应经济体制改革和开放搞活的进一步扩大的需要，促进了房管会计工作的科学化和规范化水平，扩大了实施面，对城市房管部门统一会计核算和加强部门的经济管理工作起了积极作用，而且对会计学科的发展也做出了积极的贡献。继《房地产单位会计制度》实施后，我国又颁发了《企业财务通则》和《企业会计准则》，同时颁布了若干个行业的财务、会计制度。"两则"、"两制"的实行，对《房地产单位会计制度》的执行有一定的影响，特别是对与生产经营有关的部分影响更大。《房地产单位会计制度》和当时企业实施的"两则"、"两制"已不能完全适应经济发展的需要。主要缺陷如下：（1）该制度与各房地产开发单位的多元化经营趋势的矛盾日益突显。随着市场机制的日益完善和风险机制的日益形成，多元化经营将成为房地产开发单位经营的必然趋势和选择。多元化经营必然使企业涉足于各不同行业、不同性质的经营业务，而该制度要求房地产开发单位对不同行业、不同性质的经营业务分别设置账户，并采用不同的会计程序与方法进行会计处理。这不仅增加了多元化经营企业会计核算的工作量，影响核算效率和质量，而且难以保持口径一致，反映综合的财务会计信息。（2）行业会计制度不利于会计信息的行业比较和分析。执行行业会计制度，使得不同行业、不同企业会计处理所依据的原则、程序、方法各不相同，这就必然导致会计信息在行业、企业之间失去可比性，不便于投资主体对潜在投资对象的比较、分析和选择。

因此，当时改革和统一房地产行业会计制度已势在必行。涉及房地产开发行业的会计核算制度和信息披露规范分为两类：一类是针对非上市公司，由财政部颁布并于1993年7月1日开始实施的《房地产开发企业会计制度》；另一类是针对上市公司的，如2001年开始实施的《企业会计制度》以及证监会2001年发布的房地产开发企业会计信息披露方面的特别规定等。从2005年开始，所有房地产企业全部要求实施新的《企业会计制度》。《企业会计制度》的颁布实施，标志着中国会计在国际化进程中迈出了关键的一步，但其进展亦不太理想。在许多方面与国际会计准则尚未协调，甚至差异较大，例如有关固定资产折旧、存货计价等会计方法，国际会计准则规定在保持一致性的前提下，企业可以自行选择，而在中国的会计准则和制度中，有关这些方法的选择作了较严格的限制。因此，一些在国外被广泛使用的会计程序和方法，如加速折旧法、成本与市价孰低法等在我国会计实务中尚未获得广泛地应用，受到严格限制。

3. 国际趋同阶段

这一阶段从 2006 年至今。财政部于 2006 年 2 月 15 日发布了 39 项《企业会计准则》和 48 项《注册会计师审计准则》，这标志着适应我国市场经济发展、与国际惯例趋同的企业会计准则体系和注册会计师审计准则体系的建立，其突出特征是公允价值的引入。在公允价值计量下，资产和负债按照在公平交易中，熟悉情况的交易双方自愿进行资产交换或者债务清偿的金额计量。相对于国际会计准则来说，新会计准则对公允价值计量模式的使用范围还比较谨慎。公允价值会计研究，对于财务会计模式的改进和改革将具有深远的意义。公允价值会计计量就是基于价值和现值的会计计量。

公允价值会计代表了财务会计的发展方向，它将起到连接财务会计过去与未来的桥梁作用。新会计准则引入的公允价值计量，更强调反映经济实质，更注重信息披露。采用公允价值来计量资产、负债、所有者权益、收益和损失才最接近现实，向投资者提供的财务状况、经营成果和现金流量才是最相关、最真实、最有用的。由于公允价值也具有数据资料不易取得、计量过程主观随意性较大、得出的信息不够可靠等缺点，我国会计准则对公允价值的引入是比较谨慎的、有条件的，只是适度引入，而不是广泛引入。企业在对会计要素进行计量时，一般应当采用历史成本，采用重置成本、可变现净值、现值、公允价值计量的，应当保证所确定的会计要素金额能够取得并可靠计量。为了规范投资性房地产的确认、计量和相关信息的披露，财政部根据《企业会计准则——基本准则》制定了《企业会计准则第 3 号——投资性房地产》。该准则共六章十九条，主要规范了投资性房地产的范围、确认和计量、转换和处置以及相关信息的披露等内容。这其中引入公允价值对投资性房地产进行后续计量是一大亮点。那么，对于房地产企业而言，由于执行统一的会计准则，相关业务必须适用于不同的会计准则：一是自用房地产，即为生产商品、提供劳务或者经营管理而持有的房地产。对于自用房地产，应该适用《固定资产会计准则》。二是作为存货的房地产，这可以说是房地产开发企业的主营业务。它应该适用《存货准则》。三是房地产开发企业代建的房地产，应该适用建造《合同准则》。四是投资性房地产的租金收入和售后租回，则适用于《租赁准则》。

（三）房地产行业财务状况分析

基于 WIND 数据库，笔者获得了我国沪深两市 A 股上市房地产开发与经营企业的财务数据，得到了 139 个样本，再剔除 ST 股之后共获得了 128 个有效样本。经过对 2008 年、2009 年、2010 年三年财务数据的分析，结果如下：

1. 净利润的分析

2008 年平均净利润 281133772.6 元，2009 年平均净利润 434570321.9 元，2010 年平均净利润为 559761627.9 元，从数值上看，近三年的平均净利润逐年上升。

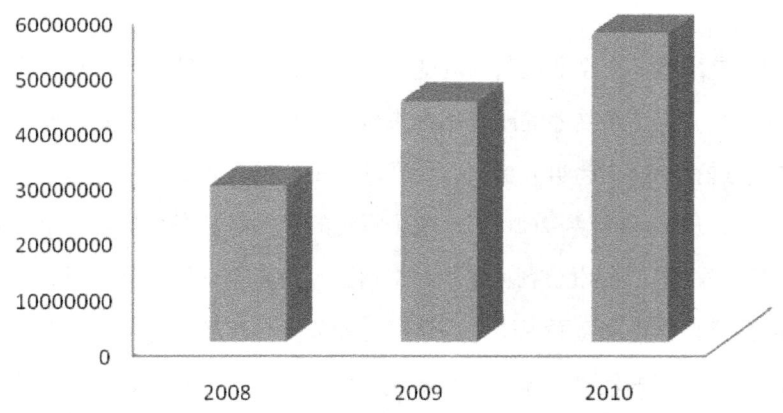

图 12-1　2008-2010 年房地产企业平均净利润

在这 128 个样本中，2008 年亏损的企业有 16 家企业，分别是光华控股、宋都股份、西藏城投、华夏幸福、东方银星、电子城、荣安地产、中弘股份、粤宏远 A、宝安地产、银亿股份、凤凰股份、鲁商置业、嘉凯城、华联控股、格力地产，占总样本数 12.5%；盈利企业总数 112 家，占总样本数 87.5%。2009 年亏损企业有 2 家，分别是宋都股份和天业股份，占总样本数 1.56%；盈利企业 126 家，占总样本数 98.44%。2010 年亏损企业有 4 家，分别是绿景控股、金宇车城、万好万家、运盛实业，占总样本数 3.13%；盈利企业 124 家，占总样本数 96.87%。

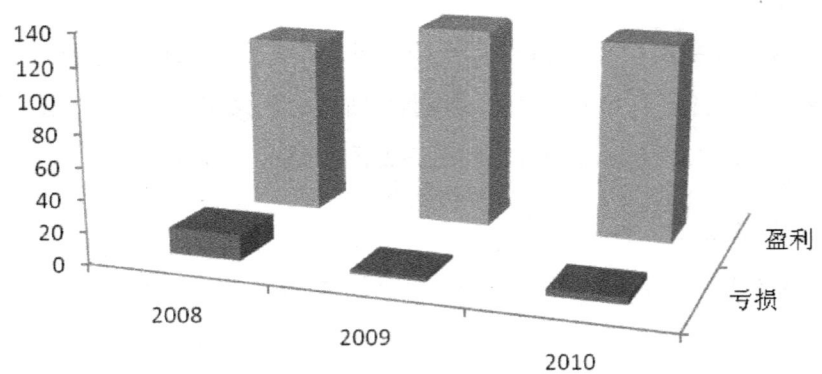

图 12-2 2008-2010 年房地产企业亏损数量

净利润是衡量一个企业经营盈利能力的重要指标，它能从绝对量上反映一个企业的盈利水平，相比于其他的比率指标来讲，更加直观、清晰。对这些房地产企业的利润数据进行了一个趋势分析，我们发现了一个很有趣的现象，就单从净利润的绝对额来说，从 2008 年到 2010 年，整个行业的平均净利润均呈现出上升态势，而在 2010 年，平均净利润已经达到了约 5.6 亿元。这是一个相当可观的数字，远远高于其他行业，这也从侧面说明了房地产行业的火热程度。房地产行业之所以有如此高的净利润，首先是跟土地资源的稀缺性和不可再生性有关，我国有明确的耕地红线规定，所以城区的土地价格和房地产销售价格随之出现了一个螺旋式上升；其次，我国近几年的城镇化进程不断提速，农村人员大量涌入城市，增加了房屋的刚性需求；第三，我国现阶段货币供应量增速很快，为了保值和攫取高额收益，大量的社会闲置资本涌入楼市，人为地增加了房屋的需求，导致房价处于一个不正常的高位，所以行业的平均净利润能有如此大的规模。

而从增长率上来看，2009 年的平均净利润增长率较 2008 年上涨了 54.58%，而 2010 年的平均净利润较 2009 年上涨了 28.81%。通过观察，我们发现虽然平均净利润的增长仍维持在一个较高的水平，但是增长趋势已经明显放缓。我们推测，2009 年的高增长率是因为在 2008 年我国出台的 4 万亿的经济刺激计划。在 2009 年大部分得到落实，其中大量资金投入到了基建行业当中，这促进了房地产业利润的大幅上升。但到了 2010 年以后，随着越来越多的企业加入到房地产市场当中，竞争开始进一步加剧。而且当年我国政府的房地产调控政策也已经初显成效，所以净利润虽然仍上升，但趋势已放缓。

从亏损企业的数量上来看，它也经历了一个起伏波动的过程，2009 年仍是一个拐点。2008 年受美国次贷危机的影响，整体经济形势不好，所以亏损企业的数量很多。2009 年经济形势好转，所以亏损的企业数量直线下降。但到了 2010 年由于各项调控政策的作用，一些房企受到了影响，所以亏损企业数量稍稍有所上升，但总量很少，这说明整个房地产企业的盈利状况都不错。

2. 加权平均净资产收益率的分析

现以加权平均净资产收益率指标试分析房地产行业的盈利能力。计算 128 个有效样本的加权平均净资产收益率得出行业平均净资产收益率，2008 年为 15.76%、2009 年为 17.87%、2010 年为 13.41%。

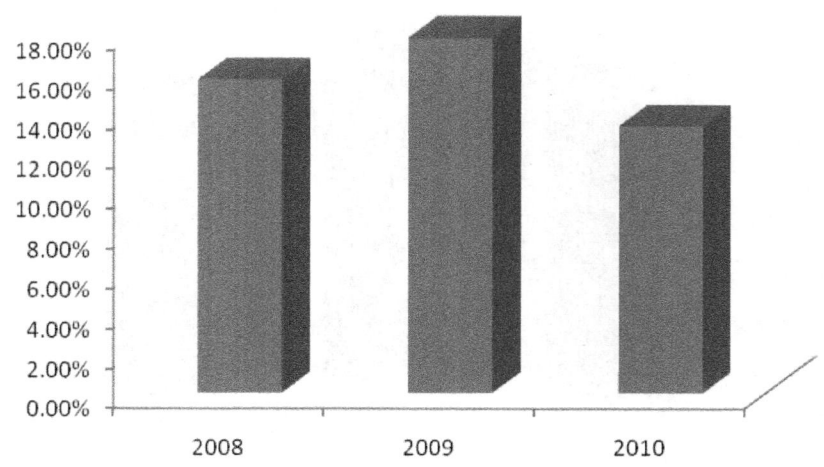

图 12-3　2008-2010 年房地产企业加权平均净资产收益率

净资产收益率是用来衡量上市企业资本盈利能力的重要指标由于它是一个相对量的指标，所以可用于不同公司或不同行业的比较分析。通过对沪深两市的房地产企业的平均净资产收益率进行趋势分析，我们可以发现，房地产行业的平均净资产收益率呈一个波动下降的趋势，在2009年出现了一个分水岭，在这之前呈上升态势，而自2009年以后，则开始出现了下降。由于我们没有对杜邦公式中的多项因素进行具体分析，所以无法确切得出到底是缘于哪一个因素的变动，但从上边的分析可以得出，房地产企业这几年的销售净利率是呈上升态势，而且房地产企业的负债率一直处于高位，所以导致加权平均净资产收益率下降的主要原因应该是总资产周转率的下降，可能是分期收款的原因，或者是受到了政府调控政策的影响，从而导致了整体房屋的销售量下降。但从整个行业发展阶段来说，平均净资产收益率下降是一个正常的趋势。

3. 总资产报酬率的分析

笔者统计了近三年来样本企业的总资产报酬率，并简单计算了每年的平均总资产报酬率，得到的结果如图12-4所示：

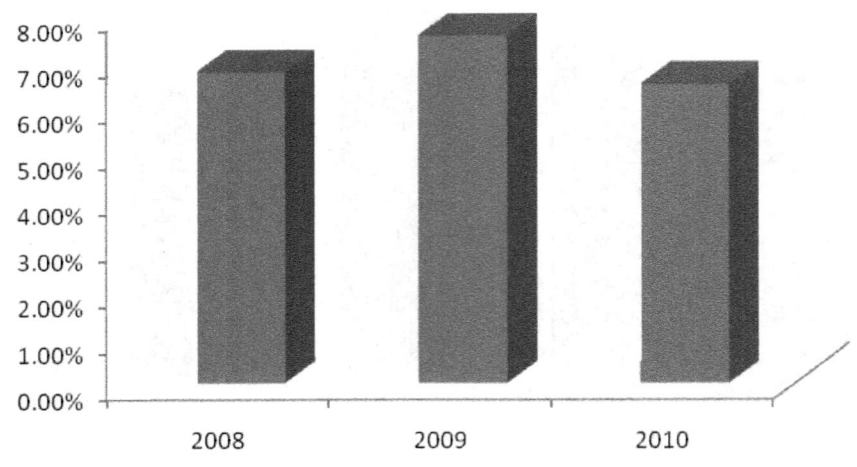

图12-4　2008-2010年房地产企业总资产报酬率

总资产报酬率是指所有投入资本的收益率，既包括债权人投入的资本，也包括股东投入的资本，它比净资产收益率更能综合地反映一个企业的资本收益状况，也可以用于不同企业的对比分析。

通过对房地产行业总资产报酬率的趋势分析，我们发现了与净资产收益率相似的结果，在 2009 年出现了一个大的转折。也是先上升后下降，而且在 2010 年有了一个较大幅度的下降。根据对净资产收益率的分析结论可以得知，销售息税前利润率应该是呈上升趋势，但由于总资产周转率放缓，所以整个总资产报酬率出现了下降的趋势。

因此，我们也看出了房地产企业可能面临的一个巨大的潜在财务风险，就是尽管它的利润率维持在一个很高的水平，但是由于它的整个运营效率不佳，导致它的周转率不高，从而导致它的资产投入收益比不高，而且还在不断下降，这就说明它应对财务风险的能力不强，由于房地产企业的财务杠杆很高，负债率很高，一旦到期债务太多，或是由于高额还本付息的压力，就可能导致企业的资金链断裂，从而走向破产。

4. 销售毛利率的分析

近三年房地产开发与经营企业的平均销售毛利率如图 12-5 所示：

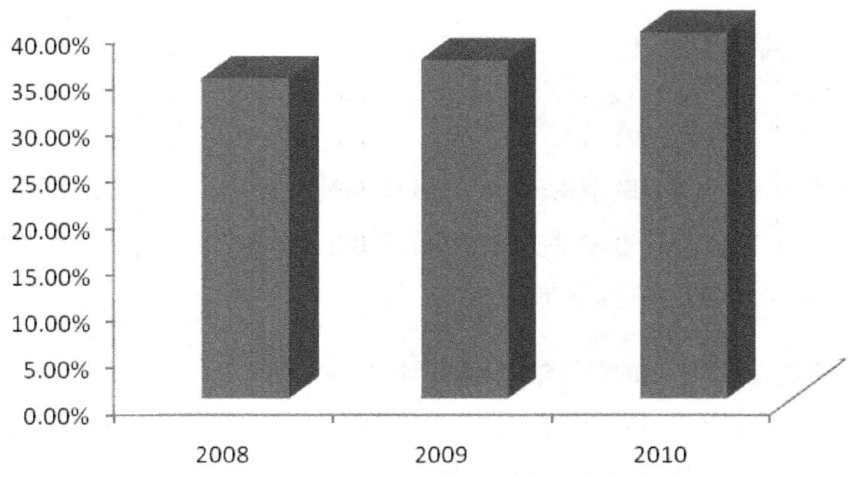

图 12-5　2008-2010 年房地产企业平均销售毛利率

从销售毛利率来看，近三年逐年增加。

销售毛利率是用来衡量商品经营盈利能力的重要指标，它是反映一个企业主营业务盈利能力的指标，从中我们可以看出一个企业主营业务收入的质量和增长的可持续性。这对评价一个企业的成长前景具有重要的指导作用。

通过对销售毛利率的趋势分析来看，房地产行业近三年的销售毛利率呈逐年上升态势，而且上升的幅度越来越大。它连续三年的销售毛利率都高于34%，这是一个非常可观的数据，说明它主营业务收入的高获利性，表明它盈利能力很强。通过进一步分析，我们得知这几年中国的房价出现了一个火箭式上升，房价是只升不降，房地产业成为一个名副其实的高利润行业，而房地产行业也因此造就了一个又一个亿万富翁，虽然同期的原材料价格也有所上升，但是它的成本上升幅度远低于它的销售收入上升的幅度。

从中我们也不难看出，房价其实是存在很高的泡沫，房价不能反映房屋的真实价格，这个时候的人们已经处于非理智状态。一旦人们变得理性，或是房价下跌，那么销售毛利率将会回归一个到正常的水平，而且这种高盈利和高增长也是难以为继的。

三、结论与建议

（一）研究结论

本章梳理了完善我国住房政策体系与规范房地产市场财务会计管理的关系，将研究重点聚焦在房地产市场秩序与财务会计管理的关系以及房地产行业财务会计管理的影响。具体研究结论有如下三个方面：

1. 我国房地产行业的财务会计核算管理存在诸多问题

房地产行业的财务会计核算问题集中体现在房地产开发的成本费用核算。房地产开发成本，按照现行制度分为四个部分：土地开发支出、房屋开发成本、支持和其他费用和融资成本。严谨明确的房地产开发成本核算有助于建立合理的房地产价格体系，但目前的核算中还存在一系列的问题。

土地使用费、土地开发成本作为间接费用，在实务操作中由于支出项目比较繁杂，按怎样的标准分配到那些成本收益对象中去，需要很明确的界定和细致的规范。但目前土地开发成本依然是地产企业在成本计量中操作空间较大的一部分。

房屋开发成本核算的主要问题是在一些需要进行分配的费用的计算上，如小区的公共设施以及为销售楼盘而进行的广告宣传费用的分摊问题和确认时点问题是难点问题。配套设施开发成本的核算一方面是配套设施本身成本的归集问题，另一方面也同样存在一个成本的分配问题。由于房地产项目建设的周期长，涉及的材料上千种，费用名目种类繁多，这给企业成本的正确归集和核算带来了一定困难，同时也为企业对收入确认进行操控带来了便利条件。

融资成本的核算关键是范围问题。新准则中借款费用资本化的范围不仅包括为购建或者生产符合资本化条件的资产而借入的专门借款，而且包括为购建或者生产符合资本化条件的资产而占用的一般借款。

2. 房地产行业的盈余管理行为动机较为明显

实证研究表明，房地产行业不仅存在会计核算问题，而且存在盈余管理问题。在最近几年，我国政府采用了较为严厉的宏观调控措施，遏制房价的非理性增长。面对这些调控政策，房地产企业为了自身的利益和应对外部压力，就产生了进行负向盈余管理的直接动机，以逃避政策管制或降低社会公众对其的舆论压力，维持自身良好的社会形象。

通过对房地产市场的实证检验①，发现房地产企业在政府宏观住房政策调控期间更倾向于负向的盈余管理，国有上市公司出于政治等方面的因素考虑，比非国有上市公司具有更强烈的负向盈余管理倾向。在宏观住房政策调整期间，房地产企业往往较为悲观，并运用财务会计管理方法，对企业利润进行调节。

3. 房地产行业应谋求企业和政府在房地产市场中的共赢

现阶段住房政策体系旨在对房地产市场秩序宏观指导、调节和监控，弥补市场

---

① 课题中相应的实证检验过程成书时已删略。

调节能力的不足，用"有形的手"对房地产市场的供给和需求进行调节，优化市场的供给结构和需求结构，以达到供需的均衡。尽管住房政策体系的调控对房地产市场的影响很大，设置了相应限制条件，对不良市场行为进行规范，从表面上看是可能降低了房地产市场的销售额，减少了对房地产公司的平均利润，对房地产行业的短期影响是消极的。但是从长远来看，宏观住房政策的调控是为了规避房地产行业的市场风险，是从全局和长远的角度综合考虑的结果，往往较好地平衡了房地产市场长期供求关系。因此，房地产行业不能对住房政策调控持悲观态度，更不能违反政策规定运作，而是要认真领会和贯彻住房政策，积极应对和适应宏观调控，通过财务会计管理的优化，实现企业和政府在房地产市场中的共赢。

政府对房地产市场的宏观调控和房地产市场财务会计管理的规范要求企业和政府发挥各自的作用。政府应该科学合理地对房地产市场进行监督，做到"有所为有所不为"，将市场调节功能充分发挥，从市场管理者转变为市场立法者和监督者，加强房地产市场财务会计规范的制定和执行。企业则应该针对宏观住房政策体系的变化，设定企业战略目标，严格执行房地产会计准则，提升企业的内部管理水平，采取适当的资金筹集策略，在项目投入前做好充分的可行性分析，在调控期谨慎投资，合理经营，将企业的社会价值列入企业经营目标，避免因为片面追求短期效益产生的各种损失。

（二）对策建议

1.强化政府宏观住房政策调控的持续性

现阶段我国政府频繁出台宏观住房政策。2013年2月20日举行的国务院常务会议出台了楼市调控"国五条"。会议不仅再次重申坚持执行以限购、限贷为核心的调控政策，坚决打击投资投机性购房，还在继2011年之后再次提出要求各地公布年度房价控制目标。自2009年12月份开始楼市调控以来，政策经历了四次升级，分别是2010年1月的"国十一条"、4月的"国十条"、9月的"9.29新政"，2011年1月的"新国八条"，2013年2月20日出台的"国五条"是第五次调控升级。2013年房价稳中有升，中央提出的城镇化将带来巨大的新增人口与人口红利，市场需求力旺盛。当前土地制度导致土地供应逐年负增长，加之货币不断超发，投资渠道缺乏。而收入翻倍与基础设施的增加，譬如25个城市新报地铁，必然支撑房价上涨。中国经济快速发展，城市化进程加快，但人口多和可耕地少是土地价格上升的根本原因。改革土地收入管理模式，减少地方财政对出售土地的依赖，把对房地产增量征税改为对存量征税，才能抑制投资性购房，遏制房地产价格快速上涨。土地私有化只会导致土地私人所有者坐地起价，加剧土地供应的无序化，不仅会更高的提升地价、房价，还会加剧贫富分配不公。这在近几年各地频出的卖地亿万富翁事件得到了证实，个别人的一夜暴富建立在众多买房人更多付出的基础上，而地方财政也失去了投资基础设施建设长久资金来源，更多的市民将失去享受市政生活设施的权利。

  从2000年开始，政府针对房地产市场的调控住房政策整体而言是从扶植到管制的过程，但在此期间，政府宏观住房政策调控措施变化较多，且由于2008年出现的金融危机而出现了明显的波动特征。政府宏观住房调控政策的时紧时松，造成房地产上市公司的投机预期。即在政府宏观住房政策调控较为严厉时，就采用盈余操纵的方式降低自身的政治成本，同时利用虚假盈余信息改变政府宏观住房政策调控政策的持续性，使政府做出放松监管的错误决策，进而达到逃避管制的目的。政府应改变宏观住房政策调控的不规则波动模式，强化宏观调控的持续性，使房地产上市公司放弃自动盈余管理的投机预期。因此，政府在制定宏观政策调控需要注意以下几点：第一，在制定宏观政策调控之前一定要对国内外经济形势进行深入研讨，充分认识外界可能对我国房地产市场带来的影响，对宏观政策调控的的经济后果进行长期预测，尤其是要强调宏观住房政策调控对房地产行业市场秩序的指导作用；第二，在制定宏观政策调控过程中，要对宏观政策执行结果进行预测和评估，加强政策风险评估，加强住房政策调控的延续性和全面性；第三，在阶段性的宏观政策调控后，要及时分析总结政策调控的利弊及其对经济的影响，为下一阶段政策出台提供经验和依据。

2. 加强对房地产行业财务信息披露质量的管理

目前,房地产行业财务信息披露有待提高的方面主要包括可靠性、完整性和可理解性。对于目前普遍存在的房地产行业会计核算不规范和盈余管理问题,除了加强会计准则建设之外,还要制定具体的激励约束制度。房地产行业的虚假财务信息不仅会扰乱房地产市场秩序,甚至会给广大投资者带来无法预见的损失。所以,证监会、财政部及其他相关管理部门,对于房地产行业尤其是上市公司的财务信息的可靠性和真实性要加强监管,采取更有力度的惩戒措施达到预防和警示的效果。

完整性的财务信息意味着房地产企业和上市公司需要提供内容完整的财务报告,尤其要强化财务信息的深度和广度。完整的财务信息包括财务报表、附表、报表附注、统计报表和其他文字说明式的报告。房地产上市公司的财务信息不能止于表面,需要通过报表附注、附表及相关统计数据进一步说明主表中的重要数据、会计政策等,并结合相关统计数据来反映企业的财务全貌。作为财务报告不可缺少的组成部分,房地产企业需要提供规范化的财务情况说明书和重要事项的书面说明材料,使信息使用者和相关管理部门全面掌握房地产行业的财务状况,为相关经济决策和管理决策提供切实的依据。

可理解性也可以称为财务信息的透明度。"阳光是最好的消毒剂,灯光是最好的警察"。为此,信息透明是加强房地产行业财务信息披露管理的关键。信息透明可以从两个维度来理解,一方面是财务信息的公开性,另一方面就是财务信息的明晰性和可理解性。与前者相比,后者更为重要。普华永道将不透明定义为:在商业经济、财政金融及政府会计监管等领域缺乏清晰、准确、正式、易于理解和普遍认可的惯例。高透明度则意味着财务信息使用者和相关管理部门可以"通过现象看到本质",可以发现房地产企业的真实财务状况、经营业绩和潜在的风险,如果是公开披露复杂难懂的财务信息,则失去了公开的意义。所以,房地产企业应致力于披露简明易懂而全面的财务信息,对于重要的财务信息要予以说明,对于复杂的财务信息要加以引导和提供摘要,避免使用者的误解和误用。

3. 完善房地产行业相关会计准则

政府颁布和执行房地产行业会计准则和制度规范的目标是为了规范房地产行业的会计行为和财务报告内容。Robert Edelstein Wenlan Qian（2011）分析了特定的国家制度特点与房地产证券收益之间的关系，并且经过研究进一步证实了之前的有关国际房地产的研究结论：一个公司的个别特点和一个国家的宏观经济环境是房地产证券收益的重要决定因素。同时，他还提出假设，认为公司治理、法律体系、会计准则这三个国家制度因素可以解释收益的相关问题。

一般而言，企业对财务报告进行人为控制的会计行为，即盈余管理主要有两种方式，一种是通过操控性应计利润进行盈余管理，另外一种则是通过实际的经济活动调整进行盈余管理。虽然两种盈余管理方式难以截然分开，但本课题的研究验证了房地产上市公司尤其是国有公司存在明显的应计利润管理的倾向，这在一定程度上说明现行企业会计准则和相关会计制度还存在一定的操纵空间，应考虑降低会计准则和会计政策的可选择性以及某些豁免性条款，同时加大上市公司盈余管理的难度和实施成本。为了确保对房地产行业财务报告人为控制的有效性，一方面，要细化房地产企业的会计核算制度，建立明确的成本核算制度，防止因成本界定不清造成的价外加价等抬高房价的投机行为；另一方面，要加强对房地产企业的会计监管，防止会计造假行为，有效遏制房地产企业粉饰暴利的行为。

房地产开发类企业具有的收入实现的特点，使其可以很容易的做到推迟或提前"确认收入实现"，因此对新出台的《企业会计准则——收入》应如何完善的研究就成为了当务之急。企业应该在建立公认标准的收入确认之后，确立并实施面向于具有特殊性质业务的会计准则指引，从而使房地产开发公司能够使用标准统一的会计确认方式。由于西方社会会计体系形成较早，并已经达到比较成熟的阶段，因此国际会计准则没有更多的对房地产开发公司关于收入确认方面进行疏导。但我国经济的不断发展及社会性质的转变，要求会计体系应该配合经济发展而进行改革，会计从业人员的职业素质应该大幅提高，会计准则指引也需要及时进行深化和明确。2005年初中国香港会计师公会颁布会计准则指引第24号——房地产行业收入确认准则指引，就是为了统一房地产售楼收入的确认方法，该指引中明确规定由于完工百分比法并不适合其开发产品，进而房地产业除了应该遵循《企业会计准则——收入》四项原则之外，还应保证在项目主体完成，并且买方拿到合同后，才能确认全部预售款为当年收入。再以澳洲为例，在 2003 年会计师公会亦颁布了关于房地产开发商售楼收入确认原则的准则解释指引。通常情况下房地产商品销售流程分为四个步骤：签订预售合同和预收房款、签订正式合同、工程竣工后验收合格交付买方验收、办理过户手续。在签订预售合同和预收房款环节中，工程处于尚未完工的情况下，房屋面积不能最终确定，此外，房屋产权上的风险和报酬也未转移到购买方，因此在这一环节不适合确认收入。在签订正式合同这个环节上，尽管双方已经签订立了合法的销售合同，但介于工程并未完工不能确认质量是否合格，所以也不适合在这一环节确认收入。在工程竣工后验收合格交付买方验收环节中，竣工决算仍未全部完成，此时与之相关成本的计量也不是最精确的，所以也不能在此时确认收入。在办理过户手续环节中，一方面，在办理过户手续的过程中要涉及到房地产管理、土地管理以及其他政府相关部门，由于产权证书审批时间不能控制，若此时确认收入，很可能造成收入滞后；另一方面，在所有权上的风险和报酬尚未实际转移到购买方，因此即便所有权凭证交付给买方，也不能确认收入。

基于上述情况的阐述，我们认为，房地产企业销售收入的确认应满足下列条件：第一，房地产开发单位与购买者已签订商品房销售合同，同时通过相应法律手续；第二，工程完工并检验合格，房屋面积经测量确定；第三，购买方确认房屋结构、面积及付款方式，并且房屋过户手续完成；第四，收入的金额能够准确地计量。一般情况下在第三个环节到第四个环节之间应确认其销售收入。除此之外，房地产单位的成本费用应有明确的规定，同时应该根据房地产类企业的特点持续提高可操作性。可以说，收入与成本费用确认准则的完善会使房地产单位的会计确认与计量方面的任意性大大降低，也将减少企业会计政策选择的自由度。细分这一会计准则对提高会计信息质量有极大的促进作用，也是从体制上整治会计信息失真的必经之路。同时，相关会计准则改革应在土地收入确认时增加一个条件，就是统一以在土地管理部门过户的合同价作为买方的购买成本和卖方的销售收入。而对房屋出租收入，由于通常房屋的租赁期为半年、一年或更长的时间，因而定期对各房地产公司的楼盘租、售情况进行抽查摸底，了解销售和出租情况，进而对房地产企业的出租收入就能有较好的监控。另外，通过建立房地产企业开发产品的全部销售和出租以及土地转让信息档案，就基本能够掌握房地产企业的现金流，如果该房地产企业当年既没有销售商品房及配套设施，也没有土地出让，出租房收入也较为稳定，但是通过银行往来账目上看到在现金流量上有较大的波动，这就说明该企业有较大的其他方面收入来源出现，这就要引起相关部门的注意，有必要在年底进行检查，核实该企业的收入和纳税情况。

从企业成本管理角度来看，针对房地产企业成本管理的特殊性，建议通过会计准则改革出台一种较为通用的成本归集对象，本着直接费用直接计入、间接费用分配计入的原则，只有一栋房屋的开发项目成本全部由该单体承担，开发项目为多栋房屋的项目，其每栋房屋的直接成本由每栋承担，间接费用可先分清大类，如住宅类、写字楼类、商业用房类等，然后由于它们的前期各项费用的费率标准不一样，所以按照不同的百分比分别承担，要注意的是在分清大类后，对同类也要进一步进行成本归集。

4. 完善房地产企业的治理结构

国有房地产上市公司由于产权性质的特殊性，很容易造成一股独大和内部人控制的问题。而国有房地产上市公司正是基于内部人控制的考虑，粉饰财务信息而降低政治成本。为此，国有房地产上市公司应结合企业内部控制规范指引，构建结构合理、运行有效的公司治理结构，改变内部人控制问题。这样，不仅改善了公司治理结构，同时也会降低管理层对于政府的依赖心理和对于政治成本的过度预期。

房地产开发企业可以通过加大对董事会、监事会、股东大会、经理层的结构、功能与权力等方面制度安排的关注力度来解决问题。从代理理论角度看来，企业应该主要以企业所有者为治理对象，建立完善的内部制约监督机制；协调公司所有者之间的利益关系可以以利益相关者为基础建立一系列包含正式和非正式的制度来完成即通过适当的分配利益相关者的职权来形成有利于公司的治理制度，使得各契约方的产权利益得以维护。我们可以针对企业内部和外部两个角度来进行实际配置。

从内部来看,企业是通过董事会来控制管理者与股东之间的关系契约,通过经理来维持企业内外的关系契约,因此给其配置适当的权力是必要的。我国现阶段的公司治理结构并未足够完善,提高空间也较大,企业和相关监督部门要把完善上市公司治理守则设为努力目标。在当今社会,某些西方国家,会计准则要求董事会中应该包括等于或大于三分之一的独立董事,并完善独立董事制度。但是,相关制度尚未建立,同时相关会计人才也相对匮乏,因此尽快制定完善包括董事培训制度等在内的相关制度。在这个过程中,我们要特别注意注册会计师审计的重要作用。注册会计师(CPA)在这个过程中应该充分发挥其重要作用,严格执行独立审计准则,审计意见必须实事求是、客观公正。由此可见,通过对房地产企业的公司治理结构进行补充和完善,来更好的管控和治理会计信息失真问题,为将来健康公正的经济环境提供重要保障。

(三)小结

与政府宏观调控政策和管理制度相比,规范房地产市场的财务会计管理属于微观的管理制度。对于我国的房地产行业和房地产市场,宏观调控和微观管理相结合才能达到治标又治本的双重效果,既有效满足不同收入群体的住房需求,又能够合理控制房地产市场秩序混乱的问题。

本章研究的出发点是如何发挥财务会计管理在规范房地产市场秩序中的作用。在建立理论框架的基础上,我们将研究重点主要聚焦在两方面,一是房地产市场秩序与财务会计管理的关系,二是房地产行业财务会计管理的现状及发展方向。

通过研究得出三个方面的结论:第一,房地产企业尤其是上市公司,为了自身的利益和应对政府调控的外部压力,产生了进行负向盈余管理的直接动机,主要通过逃避政策管制或降低社会公众对其的舆论打压来维持自身良好的社会形象。国有上市公司出于对其政治成本的考虑,比非国有上市公司具有更强烈的负向盈余管理倾向。第二,房地产企业在会计核算方面存在诸多难点和疑点,这些问题集中体现在房地产开发的成本费用核算方面;第三,房地产行业对住房政策调控持悲观态度是促使其会计核算违规和会计盈余管理的深层次动因。因此,房地产企业应该要认真领会和贯彻住房政策，积极应对和适应宏观调控，通过财务会计管理的优化，实现企业和政府在房地产市场中的共赢。政府对房地产市场的宏观调控和房地产市场财务会计管理的规范要求企业和政府发挥各自的作用。政府应加强房地产市场财务会计规范的制定和执行。企业则应该针对宏观住房政策体系的变化，设定企业战略目标，并严格执行房地产会计准则，提升企业的内部管理水平，将企业的社会价值作为企业的经营目标之一，避免因为片面追求短期效益而产生损失。

针对房地产企业财务会计核算和会计管理中存在的问题，我们提出规范房地产市场秩序的财务会计管理对策及建议。首先，强化政府宏观住房政策调控的持续性。宏观政策波动将会引发房地产市场的悲观情绪并刺激房地产企业的盈余管理行为，影响房地产企业的财务信息披露质量；其次，强化房地产企业的财务信息披露的质量管理，核心是提高财务信息的可靠性、完整性和透明度；再次，以收入确认和成本费用核算的相关内容及条款为主要切入点，完善房地产行业相关的企业会计准则；最后，完善房地产企业的治理结构，降低房地产企业对于政治成本的过度预期而导致的盈余管理动机。

附录

华夏新供给经济学研究院

简介

华夏新供给经济学研究院是由贾康、白重恩、王庆等12位学者发起设立、经政府管理部门批准成立于2013年9月的新型民间智库组织,现任理事长为中国民生银行董事长洪崎先生,监事长为蚂蚁金服集团总裁井贤栋先生,院长为华软资本管理集团股份有限公司董事长王广宇先生,首席经济学家为贾康先生。按中央《关于加强中国特色新型智库建设的意见》的精神,研究院秉承"求真务实融合古今,开放包容贯通中西"的全球视野和时代责任感,以"责任、专业、团结、创新"为文化,以"人才是核心,研究是基础,社会效益是追求"为理念,践行勤勉奋进的"梅花精神"和开放包容的"牡丹精神",打造学习型组织和创新型团队。研究院通过构建跨界合作的"中国新供给经济学50人论坛"和"中国养老金融50人论坛(CAFF50)",努力建设具有高学术品味和国际影响力的中国特色新型智库。已有百位经济学家、实业家、金融界精英和媒体人士加盟的新供给研究院的研究团队,通过举办新供给双周学术研讨会、季度宏观经济形势分析会、《中国2049战略》圆桌、新供给金融圆桌以及新供给年度重点课题研究等活动,致力于建设特色鲜明、制度创新的高端智库,为中国改革开放予以理论阐释和提出积极建言,持续推动中国经济改革和发展实践,为中国和世界经济繁荣和社会进步竭尽所能。

China Academy of New Supply-side Economics

China Academy of New Supply-side Economics is a new civil think tank organization established in September, 2013 by 12 scholars including Jia Kang, Bai Chongen and Wang Qing etc., and approved by government administration department, with President of China Minsheng Banking Corp. Ltd. Hong Qi as current Director-General, President of Ant Financial Services Group Jing Xiandong as Supervisor, Chairman of the Board of China Soft Capital Wang Guangyu as President and Jia Kang as Chief Economist. In accordance with the spirits of the Opinions on Strengthening the Construction of A New Think Tank with Chinese characteristics, the Academy adheres to the spirits of " truth-seeking and pragmatism, integration of the ancient and the present, openness and tolerance, and combination of Chinese and western cultures " , takes basis on global view and the sense of time responsibility, holds the culture of " responsibility, professionalism, teamwork and innovation", sticks to the philosophy of "talent is the core, research is the base and social benefits is the pursuit" and practices diligent and endeavored "plum flower spirit" as well as open and tolerant "peony spirit". The Academy makes efforts to establish a new think tank with highly academic atmospheres and international influence and also Chinese characteristics by means of setting up a cross-discipline cooperative "China New Supply-side Economists 50 Forum" and " China Ageing Finance Forum". Currently, hundreds of economists, industrialists, financial experts and media personnel have joined the research group of China Academy of New Supply-side Economics. Organize new supply-side biweekly academic symposium, quarterly macro economic analysis workshop, China 2049 Strategy round table, new-supply financial round table and annual new supply-side key research programs, etc., and devote to build a high-end think tank with distinctive features and innovative system so as to theoretically explain China's opening up and reform and actively put forward policy suggestions, continuously promote China's economy reform and development practice and make great efforts for China and the world's economic prosperity and social progress.

中国新供给经济学50人论坛

简介

"中国新供给经济学50人论坛"(以下简称"论坛")是由中关村华夏新供给经济学研究院(以下简称"研究院")内部设立和管理的经济学术研究平台,由中国经济学界、实业界具有较强学术功底和颇具社会影响力的成员组成。

论坛以全球视野和时代责任感,秉承勤勉奋进的"梅花精神"和开放包容的"牡丹精神",坚持"求真务实融汇古今,开放包容贯通中西"的基本理念,以战略性、法制性、国际性、实践性思维,致力于通过构建跨界合作的新型研究平台,对中国改革开放予以理论阐释和提出积极建言,夯实中国经济学理论基础,特别是新供给经济学理论创新,以经济学理论的不断发展创新持续推动中国经济改革和发展的成功实践,为中国和世界经济繁荣竭尽所能。

第一届论坛成员是国内外有影响力的经济学家、企业家和相关行业专家等。为了突出论坛的广泛性和跨行业特点,论坛设立特邀研究员和特邀媒体合作伙伴,注重其所在行业的影响力。为了培养青年人才,论坛设立特邀论坛成员,侧重于培养具有较大发展潜力,年龄在40岁以下(不包括40岁)的青年学者。论坛专职工作人员具备高素质、忠实勤勉、有奉献精神。

中国新供给经济学50人论坛秘书处
论坛秘书长:王广宇

China New Supply-side Economist 50 Forum

China New Supply-side Economist 50 Forum (hereafter referred to as "Forum") is an internal economic and academic research platform established and managed by China Academy of New Supply-side Economics, composed of members with strong academic foundation and great social influence in China economic circles and business community.

The forum has global view and senses of time responsibility, adheres to diligent and endeavored "plum spirit" as well as open and tolerant "peony spirit", sticks to the basic philosophy of " truth-seeking and pragmatism, integration of the ancient and the present, openness and tolerance, and combination of Chinese and western cultures ", and takes strategic, legal, international and practical view. By means of establishing a cross-discipline cooperative new type think tank platform, the forum is committed to theoretically explaining China's opening up and reform and actively putting forward suggestions, building a solid foundation for Chinese economics theories, especially the innovation of new supply-side economics theories, continuously promoting China's successful reform and development practice based on the continuous developing and innovative economic theories, and making great efforts for China and the world's economic prosperity and social progress.

The members of the first session of the forum are influential economists, entrepreneurs and relevant industry experts both at home and abroad. To highlight the breadth and cross-discipline characteristics of the forum, the forum sets specially invited researchers and media partners, focusing on their influence in corresponding industry. To cultivate the young talent, the forum sets specially invited members, and focuses on the cultivation of young prospecting scholars with age less than 40 years old (not including 40 years old). The forum has high-quality, loyal, diligent and dedicated staff.

Secretariat of New Supply-side Economist 50 Forum
Secretary-General: Guangyu Wang (Concurrent)

中国养老金融50人论坛

简介

中国养老金融50人论坛(CAFF50)由华夏新供给经济学研究院和中国人民大学董克用教授联合多家机构共同发起,于2015年12月9日正式成立。论坛成员由政界、学界和业界具有深厚学术功底和重要社会影响力的人士组成,致力于成为养老金融领域的高端专业智库,旨在为政策制定提供智力支持,为行业发展搭建交流平台,向媒体大众传播专业知识。论坛的使命为:推动我国养老金融事业发展,促进我国长期资本市场完善,推进普惠养老金融建设,践行改善民生福祉的社会责任。

中国养老金融50人论坛秘书处

论坛秘书长:董克用

China Ageing Finance Forum (CAFF50)

Introduction

China Ageing Finance Forum (CAFF50) was established on December 9, 2015, which was launched by Professor Keyong Dong, China Academy of New Supply-side Economics and other organizations. Members of CAFF50 are top experts on ageing finance from political, academic, and industry areas, who also have great reputation and social influence. Committed to become a high-quality and independent think tank, CAFF50 acts to provide research support for policymakers, to build a communication platform for industry professionals, and to be a financial literacy center for the public. The mission of CAFF50 is promoting the development of ageing finance industry, perfecting the long-term capital market, impelling the construction of inclusive pension finance, and undertaking obligations to improve people's livelihood and well-being in China.

Secretariat China Ageing Finance Forum (CAFF50)

Secretary: Keyong Dong (Concurrent)

参考文献

[1] Anderson T.L. *Fracture Mechanics: Fundamentals and Applications* (First ed.) [M]. Boca Raton: CRC Press, 1991.

[2] Baker G, Gibbons, Murphy K. Relational Contracts and the Theory of the Firm. Quarterly Journal of Economics [J], 2002, (117): 39-83.

[3] Barker, K. *Review of Housing Supply: Final Report.* London: HM Treasury [R], 2004.

[4] Chan, K.W. 'Internal Migration in China: Trends, Determination, and Scenarios'. *Report Prepared for World Bank* (April), University of Washington, 2000.

[5] Denise DiPasquale and William C. Wheaton (1995): Urban Economics and Real Estate Markets [M]. Prentice Hall, 1995.

[6] E.S. Mills, 'Has the United States over invested in housing? [J]. *AREUEA Journal* 15 (1987) 601-616.

[7] Esping-Andersen, G. Social Foundation of Post-industrial Economics [M]. Oxford, NJ: Princeton University Press, 1999.

[8] Esping-Andersen, G. The Three Worlds of Welfare Capitalism [M]. Princeton, NJ: Princeton University Press, 1990.

[9] Evans & Alan W.Blackwell.Economics, Real Estate and the Land [J]. 2004 (1): 57-65.

[10] Frank D L. 'The Demand for Housing: A Review of Cross - Section Evidence', Review of Economics and Statistics [J]. 1971, 53 (1): 1-10.

[11] G.W. McCarthy, S. Van Zandt, W.M. Rohe. 'The economic benefit and costs of homeownership: a critical assessment of the literature', *Working paper* No. 01-02, Research Institute for Housing America [J], Washington, DC, 2001.

[12] Geoffrey C. 'Income Elasticity of Housing Demand' .*Review of economics and Statistics*.1973, 55 : 528-532.

[13] Healy, P. Palepu, K. Information asymmetry, corporate disclosure, and the capital markets: A review of the empirical disclosure literature. Journal of Accounting and Economics [J]. 2001 (31): 405-440.

[14] Hill S, Lupton M, Moody G and Regan S. A stake worth having? The potential for equity stakes in social housing, London: Chartered Institute of Housing and IPPR. 2002.

[15] Hills J and Stewart K (eds). A More Equal Society? New Labour, poverty, inequality and exclusion [M]. Bristol: The Policy Press, 2005.

[16] HM Treasury. Public Expenditure Statistical Analyses 2006. London:TSO.

[17] Kenneth G. & Christine W. 'Towards the More Effective Use of Housing Finance and Subsidy' [J]. Housing Studies, 2007, Vol. 22, No. 2, 183-200.

[18] Linda Vincent .The information content of funds from operations (FFO) for real estate investment trusts (REITs). The Journal ofAccounting and conomics [J], 1999, (1): 69-71.

[19] Maclennan D. 'UK housing policy reform - a global perspective' in Dwelly T and Cowans J (eds), Rethinking Social Housing [M], London: Smith Institute. 2006.

[20] Olsen, E. "Housing programs for low-income households" . In R. Moffit, ed., Tested Transfer Programs in the United States [M]. Chicago: University of

Chicago Press, 2003.

[21] Richard A. 'Housing vacancies, thin markets and idiosyncratic tastes', Journal of Real Estate Finance and Economics [J], 1989, 2: 5-30.

[22] Richard A. 'Housing policy in developing countries: the importance of the informal economy' [N]. The World Bank Working paper, 2008, NO.13.

[23] Robert D. and Donald H. 'The social and private micro-level consequences of homeownership' [J]. Journal of Urban Economics, 2003, 54:401-450.

[24] Simon H. Rationality as Process and as Product of Thought. American Economic Association Papers and Proceedings, 1978, (68)23-265.

[25] Smith, B. and Campell J.M. 'Aggregation bias and the demand for housing', International Economic Review [J], 1978, 19(2): 495-505.

[26] Smith, L.B., Rosen, K.T. and Fallis, G. 'Recent developments in economics models of housing markets' [J]. Journal of Economic Literature, 1988, 29-64.

[27] Stephens M, Whitehead C and Munro M. Lessons from the past, challenges for the future for housing policy [N]. London: Office of the Deputy Prime Minister, 2005.

[28] Torgersen, Ulf. 'Housing: the wobby pillar under the welfare state' in Bengt Turner, Jim Kemeny and Lennart Lundqvist Between State and Market: housing in the Post-industrial Era [M]. Almqvist and Wicksell International, 1987.

[29] Wilkinson, R.K. 'The income elasticity of demand for housing' [J]. Oxford Economic Papers, 1973, 25(3):361-377.

[30] 阿列克斯·施瓦兹. 美国住房政策 [M]. 中信出版社, 2008.

[31] 安体富, 王海勇. 我国房地产市场发展与房地产税收制度改革研究 [J]. 经济研究参考, 2005(43).

[32] 巴曙松. 当前中国房地产税制改革的政策选择 [J]. 金融研究, 2010(1).

[33] 财政部科研所课题组. 我国房产税税制改革研究 [J], 财贸经济, 2002

(6).

[34] 陈杰. 中国住房模式向何处去[J], 探索与争鸣, 2012 (1).

[35] 陈杰. 房产税试点初评与房产税改革深化的意义[J]. 探索与争鸣, 2011 (5).

[36] 陈晟. 中国房地产政策急需顶层设计[J]. 当代社科视野, 2012 (2).

[37] 陈酉宜. 保障性住房政策对房地产市场影响研究[J]. 经济纵横, 2009, (04):20-21.

[38] 陈钊. 我国住房市场消费需求的中长期预测[J]. 消费经济, 1994 (4).

[39] 程恩富. 激辩"新住房策论"[M]. 中国社会科学出版社, 2011.

[40] 褚超孚. 城镇住房保障模式研究[M]. 经济科学出版社, 2005.

[41] 戴友英. 公积金贷款支持保障房建设"新政"探源[M]. 地方财政研究.2011, (2):28-31.

[42] 段忠东, 朱孟楠. 不确定性下房地产价格波动与货币政策反应[J], 经济评论, 2011 (01):15-17.

[43] 耿新辉. 关于房地产企业财务管理现状探究, 现代经济信息[J]. 2011, (12):68-69.

[44] 谷俊青. 2007-2009年国家推出的保障性住房政策——2007-2009年保障性住房实施效果评价及政策建议(连载一)[J]. 中国建设信息, 2010 (03).

[45] 谷俊青. 2007-2009年国家推出的保障性住房政策——2007-2009年保障性住房实施效果评价及政策建议(连载二)[J]. 中国建设信息, 2010 (05).

[46] 谷俊青. 2007-2009年国家推出的保障性住房政策——2007-2009年保障性住房实施效果评价及政策建议(连载三)[J]. 中国建设信息, 2010 (07).

[47] 郭奕康. 日本住宅统计调查[J]. 江苏统计, 1995 (3).

[48] 国务院住房制度改革领导小组办公室, 中国城镇住房制度改革研究会. 中国住房制度改革[M], 改革出版社, 1996.

[49] 何溪明. 房地产周期及其宏观调控政策研究[J]. 天津:南开大学, 2010, (05):1-134.

［50］贾康．论收入分配中政府维护公正兼顾均平的分类调节［J］．财政研究，2007（8）．

［51］贾康，刘军民．中国住房制度改革问题研究［M］．经济科学出版社，2007．

［52］贾康，孙洁．运用PPP机制提供保障性住房的建议［J］．中国财政，2011（8）．

［53］贾康，吴方伟．关于我国住宅提供方式改革的构想［J］．财政研究，2010（7）．

［54］贾康，张晓云．我国住房供应体系的基本逻辑和政策要领［J］．中国国情国力，2013（8）．

［55］贾康，刘军民．我国住房改革与住房保障问题研究［J］．财政研究，2007（7）．

［56］贾康，刘微．"土地财政"分析及出路——在深化财税改革中构建合理、规范、可持续的地方"土地生财"机制［J］．财政研究，2012（1）．

［57］贾康，刘薇．财政支持"市民化"为核心的我国新型城镇化［R］，财科所《研究报告》，2013（18）．

［58］贾康，孙洁．运用PPP机制提供保障性住房的建议［J］．财政研究简报，2011（12）．

［59］贾康．本轮房地产调控与相关的中长期考虑［J］．金融发展评论，2010（8）．

［60］贾康．房地产税的作用、机理及改革方向、路径、要领的探讨［J］．北京工商大学学报（社会科学版），2012（2）．

［61］贾康．房地产制度建设的"双轨统筹"［J］．上海国资，2012（8）．

［62］贾康．关于保障性住房建设的八点基本认识［J］．中国经济时报，2012（11）．

［63］贾康．关于我国若干重大经济社会问题的思考（上、下）［J］．国家行政学院学报，2012（2）（3）．

［64］贾康.再谈房产税的作用及改革方向与路径、要领［J］.国家行政学院学报，2013（4）.

［65］贾康.中国房地产调控与房地产税问题探讨［J］.首都经济贸易大学学报，2011（3）.

［66］凯梅尼.从公共住房到社会市场——租赁住房政策的比较［M］.中国建筑工业出版社，2010.

［67］李埏，武建国.中国古代土地国有制史［M］.云南人民出版社，1997.

［68］李艳芳，陶军德，杜国明，吕颖.黑龙江省城镇居民住房消费需求弹性分析［J］.商业经济，2009（5）.

［69］刘守英.我国台湾地区土地征收的做法与借鉴［J］.经济要参，2012（31）.

［70］刘文涛.国八条下房地产行业盈余管理空间探析［J］.财会通讯综合，2012（03）:21-22.

［71］马海敏.对房地产业财务管理和成本控制问题的探讨［J］.财会研究，2012（01）:32-34.

［72］米尔顿·弗里德曼、罗丝·弗里德曼.自由选择［M］.机械工业出版社，1990年.

［73］倪鹏飞.新型城镇化的基本模式、具体路径推进对策［J］.江海学刊，2013（1）.

［74］秦晖.十字路口的中国土地制度改革.http://news.ifeng.com/opinion/200810/1007_23_819334.shtml.

［75］上官鸣，王瑞丽.房地产上市公司盈余管理工具偏好性分析［J］.财会月刊，2011（42）:12-13.

［76］申山宏.国内中小型房地产企业财务管理的困境与对策［J］.商业经济》，2011，（09）:12-14.

［77］宋士云.新中国城镇住房保障制度改革的历史考察［J］.中共党史研究，2009（10）.

［78］覃芳．宏观调控背景下房地产市场可持续发展的研究［J］．企业经济，2012（02）:14-15．

［79］王云中．城市房价的调控与住房制度改革［J］．管理学刊，2011（24）:6-7．

［80］吴立范．美英住房政策比较［M］．经济科学出版社，2009．

［81］谢伏瞻．中国不动产税收政策研究［M］．中国大地出版社，2005．

［82］徐如浓，梁媛媛．杭州居民住房需求的收入弹性分析［J］．特区经济，2008（5）．

［83］许国涛，李贞颖．论我国房地产行业困境的成因及对策经济研究［J］．经济研究导刊，2011（20）:63-64．

［84］许子枋．中国房地产大萧条还有多远［M］．湖南人民出版社，2013．

［85］杨红旭．中国房地产"黄金十年"的"是与非"［J］．上海房地，2011（1）．

［86］姚玲珍．中国公共住房政策模式研究［M］．上海财经大学出版社，2009．

［87］叶翠青．我国房地产行业发展的现状与趋势分析［J］．经济研究参考，2009，（69）:54-57．

［88］易尚斌．新型城镇化是未来中国经济发展重点［J］．房地产时报，2013（5）．

［89］尤昊月．房地产企业税收筹划的五种策略［J］．山西财经大学学报，2011，（12）:7-8．

［90］余南平．金融危机下欧洲国家经济衰退原因比较——以欧洲不同住房模式、住房价格变化为视角［J］．欧洲研究，2010（2）．

［91］余南平．欧洲社会模式——以欧洲住房政策和住房市场为视角［M］．华东师范大学出版社，2009．

［92］袁平．论住房公积金贷款支持保障性住房建设风险防范［M］．中国房地产金融，2012（04）:6-7．

［93］张婧．房地产企业财务管理与房价调控政策的博弈［J］．财会研究，2011（12）:14-15．

[94]张千帆.农村土地集体所有的困惑与消解[J].法学研究,2012(4).

[95]张世涵.住房公积金支持保障性住房项目贷款之我见[J].现代财经,2009(12):13-15.

[96]张晓山.中国农村土地制度变革的回顾和展望[J].学习与探索,2006(5).

[97]张占录,张远索.我国房地产市场现状与可持续发展研究[J].经济问题探索,2011,(08):1-6.

[98]郑思齐、刘洪玉.住房需求的收入弹性:模型、估计与预测[J].土木工程学报,2005(7).

[99]郑小涓.房地产企业面对宏观调控下的问题与财务管理对策[J].财会研究,2010,(12):36-38.

[100]中国领导决策数据分析处理中心.从城镇化水平看居民住房需求[J].领导决策信息,2008(37).

[101]中国社会科学院财经战略研究院课题组.深化城镇住房制度综合配套改革的总体构想[J].财贸经济,2012(11).

[102]周天勇.土地制度的供求冲突与其改革的框架性安排[J].管理世界,2003(10).

[103]周阳敏.基于包容性社会治理的保障房建设与管理研究——国外的经验教训及其对中国的启示[J].河南社会科学,2011(7):122-127.

[104]朱国荣.浅析如何构建房地产企业财务管理体系[J].财政监督,2012(3):17-19.

后 记

住房是关系国计民生的重大现实问题，涉及民众福祉、关乎经济发展、影响社会稳定，成为近十几年来中国社会最为炙热的话题之一。中国住房问题直观的突出表现，是城镇化进程中全国大中城市房价的普遍、持续、过快上涨和中小城市跟进后较快进入的房市相对低速与"去库存"压力。十余年间政府在政策调控中已反复采取限购、限贷与取消限购、限贷为代表的两个极端的措施，房市楼市在如"打摆子"般的轮回中于近年形成了"水火两重天"的分化格局。这些已引发了显著的社会焦虑与不和谐因素，其实质是中国经济社会发展中各种基础性、体制性深层次矛盾的综合反映和现实折射，以及中国走向现代化国家治理境界所必须经受的转轨转型制度建设的历史考验。研究中国住房问题，理应洞彻现象本质，把握系统全局，着眼发展长远，立足标本兼治，力求治本为上。正是基于这样的认知要领和总体思路，本书对我国保障性住房建设和供应模式、房地产市场调控、以及密切相关的住房金融政策和投融资体制、房地产税制改革、土地制度及供应政策等进行了系统研究，分析了制度安排和政策体系运行中存在的突出问题，并重点围绕构建房地产健康规范发展所需的长效机制，研究提出了增加有效制度供给、完善住房政策体系和改革房地产税制的一系列对策建议。

本书是基于国家社科基金重大项目"完善我国住房政策体系与规范房地产市场

秩序研究"（10ZD&33）结项成果主报告修改而成。课题研究成果于2012年初获得国家社科基金评审通过。本书的核心内容来自贾康研究员提出的"双轨统筹"的住房供应体系总体思路和推进房地产税制改革的总体要领，是贾康研究员和他组织的研究团队多年来在这一领域深入思考、深耕精作的一项研究集成，也是贾康研究员等学者近年来在多个场合不懈"鼓与呼"谏言献策的书面反映。本书绪论由贾康、刘军民执笔，第一章由贾康、李婕执笔，第八章由贾康执笔，第二、三、四、五、十章初稿由刘军民执笔，第六、十一章初稿由陈龙执笔，第七章初稿由胥玲执笔，第九章初稿由孟艳执笔，第十二章初稿由常丽执笔。全书由贾康、刘军民统稿。

随着时间的推移，我国房地产市场形势格局与住房保障政策体系均已发生了较大变化，由于课题稿成稿时间较早，为此在交付出版之际，贾康、刘军民两位研究员又花了大量精力对全书内容进行统筹修改，大量地补正、修订了相关材料，尽可能地更新了有关重要数据。书中一些疏误或纰漏仍可能在所难免，敬请读者批评指正。

最后，还要特别感谢企业管理出版社聂无逸老师和工作人员为此书出版付出的辛苦劳动。同时也要感谢中国新供给经济学研究团队将此书纳入《中国新供给经济学研究书系》。

著者

2016年10月